大历史

从宇宙起源到人类文明

徐鸣／著

BIG
HISTORY

FROM THE ORIGIN OF THE UNIVERSE
TO HUMAN CIVILIZATION

中国科学技术大学出版社

内容简介

传统的历史是建立在考古和文献研究基础上的人文历史,而大历史是建立在科学观察和研究基础上的科学认知历史。本书以时间为轴线,从宇宙大爆炸到生命发生、生物进化、人猿分道、人类文明发展,追溯和定格从宇宙起源到人类文明繁衍137亿年蹒跚进程中的"精彩瞬间",绘制出一幅幅囊括宇宙学、物理学、地质学、生物学、人类学、考古学、哲学等诸多学科经典知识组成的"时空地图",展现出一幅脉络清晰、气势恢宏、波澜壮阔的历史画卷。

图书在版编目(CIP)数据

大历史:从宇宙起源到人类文明/徐鸣著.—合肥:中国科学技术大学出版社,2020.4(2020.5重印)

ISBN 978-7-312-04886-9

Ⅰ.大… Ⅱ.徐… Ⅲ.科学知识—普及读物 Ⅳ.Z228

中国版本图书馆CIP数据核字(2020)第039607号

出版	中国科学技术大学出版社 安徽省合肥市金寨路96号,230026 http://press.ustc.edu.cn https://zgkxjsdxcbs.tmall.com
印刷	安徽国文彩印有限公司
发行	中国科学技术大学出版社
经销	全国新华书店
开本	710 mm×1000 mm 1/16
印张	22.5
字数	356千
版次	2020年4月第1版
印次	2020年5月第2次印刷
定价	80.00元

丰富属于我们自己的知识宝库
（代序）

我们每一个人都有属于自己的知识宝库。这个知识宝库在我们的成长过程中经过一点一滴的积累，储存在记忆中，成为我们思想的重要组成部分。在学习和工作中遇到困难与问题时，我们可以从中寻找化解的方法和答案。丰富多彩的"知识之旅"拓展人们的视野，开阔人们的心胸，增进人生阅历，成为我们的心灵港湾和精神家园，让人生愈加丰满、更显充盈。

当前，我们置身的是一个"知识爆炸"和"知识碎片化"交织并存的时代。新生事物、新鲜知识如雨后春笋般大量涌现，让我们应接不暇。类似亚里士多德那样"百科全书"式的人物已难以再生，而"什么知识最有价值"再度令人沉思。今天，一本《大历史：从宇宙起源到人类文明》的书稿摆在案头，让我爱不释手、获益良多。这是一部国内较为罕见、范式新颖的历史图书。多少年来，历史书籍浩如烟海，但大多摆脱不了"人类中心主义"的窠臼，一般记载的是人类社会建立城邦以来5 000多年的以文字记载为主的历史。这一部大历史著述，高屋建瓴，鸟瞰宇宙万物，追溯和定格从宇宙起源到人类文明繁衍137亿年蹒跚进程中的"精彩瞬间"，绘制出一幅幅囊括宇宙学、物理学、地质学、生物学、人类学、考古学、哲学等诸多学科经典知识组成的"时空地图"，展现出一幅脉络清晰、气势恢宏、波澜壮阔的历史画卷。托尔斯泰说："最高超的智慧是一种纵观全局的知识，它涵括整个宇宙并能够解释其中的万物众生以及人在其中的位置。"这本书的弥足珍贵之处，就在于它没有被传统的史学藩篱所羁绊，而是"超越人类看人类"，赋予人类社会全新的方位感和归宿感，揭示出人类"渺小"的同时，也竭力唤醒"天人合一"的观念和"人类命运共同体"的意识。

最让我叹为观止的是本书的统合力之强和信息量之大：从《圣经》中的"创世纪"到古印度的"大象巨龟"神话，从"双黑洞"到"时空弯曲"，从海水蒸干盐平均厚度"可达75米"到地球生物拥有的共同"生命密码",从"米勒实验"到巴斯德"科学家有自己的祖国",从绣花女工绣出"满园春色"到爱因斯坦大脑的"240个切片",从梵·高的《新向日葵》到柴可夫斯基的"命运三部曲",从马斯洛的"需求层次理论"到西班牙巴洛克文学的代表作《孤独》,从"6 000多种语言"到"东边的故事",从歌德的《浮士德》诗剧到小说家罗兰"用音乐写作",内容包罗万象而自成体系,行文流畅且妙趣横生。当前,我国高校本科教育的弊病之一就是课程体系过于"专"而"通"不足,学生的知识结构不尽合理,自主性、选择性和创造性受到束缚,如何"让杰出人才冒出来"依然在困扰着我们。南京大学实施"三三制"本科教学改革的目的之一就是开展以培养学生个性为主要价值取向的通识教育。这本大历史作品就是一本很好的通识课读本。不仅对大学生,而且对于在忙碌中不知"时间都去哪儿"的人们而言,挤出闲暇时间,放飞自我,与科学同行,与自然为伴,享受鸟语花香,感恩文明赐予,不亦乐乎?

本书的作者徐鸣是南京大学中文系汉语言文学专业1976级学生。当时,"文革"刚刚结束,学校的正常教学秩序已经恢复,师资和课程都较为完备。他极其珍惜在校的学习时光,是同学中的佼佼者。大学毕业后,他较长时间从事文秘和党政机关的领导工作,走出校门仅五年就被选拔到丹徒县委,成为当时江苏省最年轻的县委书记。尤为难能可贵的是,在繁重的工作之余,他不忘初心,始终保持着对学习和写作的热情,真正做到了事业和爱好"双丰收",成为南大校友的楷模。

英国哲学家、思想家、作家和科学家,被马克思称为"英国唯物主义和整个现代实验科学的真正始祖"的弗朗西斯·培根(Francis Bacon)给后人留下这么一句名言:"读史使人明智,读诗使人灵秀,数学使人深刻,伦理学使人庄重,逻辑修辞学使人善辩。凡有所学,皆成性格。"说的是知识能塑造人的性格。可以毫不夸张地说,读这本《大历史:从宇宙起源到人类文明》,会让你愈发睿智、灵秀,愈发缜密、深刻,愈发庄重、善辩。

是为序。

陈　骏

中国科学院院士

南京大学原校长

2019年2月

前　言

　　古人云："观今宜鉴古。"哲人道："历史是一面镜子，照出现实，也照出了未来。"我们热爱历史，我们喜爱学习和了解历史，这是因为我们希望从历史中获得启示，以便更好地认识今天的现实，也便于更好地把握变化中的未来。

　　我们处于 21 世纪，一个科学与技术高度发达的时代。今天，人类已经把脚印留在了月球，能够在太空迈步行走。太空探测器登上了火星，飞出了太阳系。射电望远镜能够接受来自 100 多亿光年（1 光年约为 94 600 亿千米）之外遥远距离的微波信号，电子显微镜能够窥测原子内部的结构奥秘。大型计算机拥有了每秒超过千万亿次的浮点运算能力，高能粒子加速器不断发现来自未知领域的新型粒子。人类首次完成了"人类基因组计划"，描绘出了生命的图谱等。我们对身处的这个世界，有了比我们的前人更多、更深入、更全面的了解。在今天，当我们回望历史的时候，借助当代科学与技术的发展，我们能够将眼光放得更加长远，放眼人类 5 000 多年的文明史、700 万年的人类进化史、38 亿年的生命孕育史、45 亿年的地球演变史以及 137 亿年的宇宙发展史，乃至将我们的目光驻留在时间与空间的起点。我们能够将视野放得更加广阔，展望人类社会，展望自然界，展望太阳系、银河系、庞大的河外星系，乃至探索整个浩瀚的宇宙。从宇宙起源到生命孕育，从生命孕育到生物进化，从生物进化到人猿分道乃至人类社会的文明进程，让我们的思绪跨越一个更长久的时间维度，一个更广阔的时空背景，由此更精准地寻找我们今天所处的历史方位，认真思考人类社会的未来、宇宙演化的未来，把握人类文明的发展方向。这就是我们要说的大历史观。

　　应该讲，大历史是我们所知宇宙的全部历史。我们传统的历史，大体是指人类社会 5 000 多年前建立城邦和有文字记载以来的文明史；而所谓的大历史观，则考察的是从宇宙起源到人类文明整个过程大约 137 亿年的大历史。传统的历史是建立在考古和文献研究基础上的人文历史；大历史是建立在科学观察和科学研究、人文研究基础上的科学认知历史。现代科学与技术的发展，使人类的知识更丰富、视野更广阔、思想更深邃，对整个宇宙的起源、生命的孕育、生物的进化、人类的演变、文明的发展等有了更多的认识、更多的思考、更多的启示。大历史包含了宇宙学、物理学、地质学、生物学、人类学、考古学、历史学和哲学等诸多学科，是自然科学与人文科学深度融合、科学认知与历史史实完美结合的产物，是一部百科全书式的大历史。

历史发展到今天，我们必须树立大历史观，一方面，当今世界是高度融合的世界。人类的经济社会发展深刻地改变了地球的自然生态环境，地球的自然生态环境变化也深刻影响着人类的价值取向、公共政策和发展趋势。各种因素相互影响、各种事物相互融合是这个时代最重要的特征，我们必须以融合的眼光看待这个世界。另一方面，当今世界是飞速发展变化的世界。科学技术日新月异，推动着人类社会的政治、经济、文化比以往任何时候都更快地向前发展。生活在这样一个时代，我们必须不断吸收新的信息，更新知识结构，开阔视野，丰富思想，才不至于成为一个时代的脱节者和落伍者。传统的历史学必须跟上时代发展变化的步伐，从多学科、全方位的角度，用更概括、更宏观的方法，让人们更全面、更深刻地了解和认识这个世界的全部历史，从而总结历史的规律，探索历史的发展趋势，推动人类社会乃至整个世界朝着更加正确的方向前进。大历史观就是在这样一个时代背景下应运而生、逐渐成长的。学习和研究大历史，对我们认识自然演变、探索科学规律，进而更好地把握人类和人类社会的命运，具有十分重要的意义。

传统的历史研究，以时间为主线，以重要历史人物和重大历史事件为重点，由古及今、循序渐进、分阶段进行论述。我们所说的大历史，以宇宙、生物、人类、文明等不同对象的历史发展为主轴，将宇宙的起源、生命的孕育、生物的进化、人类的诞生、文明的发展，逐一分别进行论述。每一个对象都既是相对独立的系统，按自身的规律发展变化；又是相对开放的系统，相互关联、相互影响。宇宙的演变孕育了太阳系，太阳系的形成使地球得以出现，地球的独特生态系统孕育了生命、滋养了万物，生命和万物化育了人类，人类创造了人类社会、发展了人类文明，人类社会的文明发展又影响和改变着地球的自然生态环境。人与自然逐步和谐，共同决定世界未来的发展方向。在这个庞大的系统中，人类文明的发展是影响自然演变的一个关键因素，而宇宙的演变又是决定一切的终极力量。因此，人类只有认识宇宙，掌握宇宙的运行规律，才能最终实现人类社会、人类文明的永续发展。这是人类唯一的历史使命，而大历史也将成为人们认识这一历史使命的一种重要方式。

传统的历史研究以既有的考古和文献资料为基础，即使考古和文献有一些新的发现，记录的历史事实一般也不会出现颠覆性的变化。历史的魅力往往在于述说者独特的叙事方式和解读历史时所表达的精湛思想。而我们所说的大历史以科学研究和人文研究为基础，人类的科学技术日新月异向前发展，这种发展不断地深化我们对世界本质的认识，也影响我们的价值观念、文化习俗乃至政治制度，一切都在永无休止的变化之中。我们今天仍不能够说对宇宙的奥秘、生命的本质、人类社会的发展规律有了完全的理解，探索永无止境，一切的认识都在不断深化之中。但我们总要选择一个时间点，将我们已有的认识做一个梳理，将我们现时的思想成果进行归纳，为未来新的探索厘清基本的思路。我们的大历史尽量选择最新的科学研究成果，采用科学界、史学界和社会大众较认可的主流观点，做一些普及性的描述。这里最困难的是，我们如何在对前沿科技了然于胸、融会贯通的基础之上，深刻阐发科学技术进步与人类社会发展之间的相互关系，从科学与技术发展的趋势去认识人类社会、人类文明发展的规律，真正把握人类社会前进的正确方向。如果真正能够做到这一点，就可以既能给人以知识与启示，又不负大历史的神圣使命。

说到这里，我从内心深处由衷地羡慕和敬佩古人。在人类历史上，许多响当当的大师巨匠，像古代的亚里士多德、达·芬奇以及近现代的牛顿、达尔文、爱因斯坦等，都堪称在多方面学识不凡的博学家。他们善于用科学和哲学的眼光看待世界，他们充满睿智的思想像漫漫长夜中的火炬照亮了人类前行的崎岖长路。比之这些前辈大师，我们显然是不及了许多。我们今天处于一个被称为"知识大爆炸"的年代，前人知识的层层累积，今天科学的种种发现，让信息量、知识量呈指数式增长。许多人穷其一生，夙夜研读，也仅在某一个方面偶有建树。应该讲，这是一个鲜有博学家的时代。在这里，我们丝毫没有厚古薄今的意思，而是今天的博学确实要比前辈古人付出更为艰辛的努力。著名科学家牛顿有一句人人皆知的名言："如果说我比别人看得更远些，那是因为我站在了巨人的肩上。"今天的科学巨人比之以往任何一个时代都要更加的高大伟岸。今天要站在巨人的肩上已经十分不容易，而要站在巨人的肩上有所发现、有所创新则更加不容易。但这仍是一个需要科学巨人、需要博学家的伟大时代。我们需要科学巨人高擎科技之光照亮人类的前程，需要通晓科学与人文的博学家帮助我们从纷繁复杂的科学现象、社会矛盾中解脱羁绊，让我们能够大步迈向前，奋勇开拓未来。我们衷心期望，这一部百科全书式的大历史，成为未来的大师、未来的博学家踏上最初的知识台阶时所踩到的第一块方砖。

我们希望大历史成为未来历史科学发展的一个重要方向，使传统的历史科学在科学文明、智能文明的时代焕发出新的时代光彩。

徐 鸣

2019 年 2 月

目 录

丰富属于我们自己的知识宝库（代序）/ i

前言 / iii

第一篇
宇宙的起源 / 001

探宇宙之源 / 003　　宇宙大爆炸 / 015

星光耀宇宙 / 024　　太阳生命源 / 032

地球我的家 / 042　　宇宙的未来 / 051

第二篇
生物的进化 / 059

生命的出现 / 062　　微生物的演化 / 073

植物的进化 / 083　　动物的进化 / 098

第三篇
人类的演变 / 129

人猿分道 / 132　　智人崛起 / 140

走出非洲 / 155

第四篇
文明的发展 / 167

原始文明 / 171	农业文明 / 185
农业的发展 / 188	古代的世界 / 203
古代的文化 / 223	工业文明 / 251
工业的崛起 / 254	现代的世界 / 273
现代的文化 / 302	

第五篇
回望历史，展望未来 / 333

后记 / 347

第一篇

宇宙的起源

BIG HISTORY
FROM THE ORIGIN OF THE UNIVERSE
TO HUMAN CIVILIZATION

历史是记录并研究过去发生的一切重大事件的一门科学。一般来说，传统的历史学主要是研究人类社会发生发展过程中的各种历史现象。这里所讲的大历史，显然有着更加广泛的含义，主要是研究自然史和人类社会发展史的历史学，从更加宏观的角度观察和认识客观世界与主观世界的运动发展的过程，从中寻找出历史演变的规律。

任何历史都有一个起点。我们的大历史以时间的源头作为起始，而时间的源头又在哪里呢？我们在小时候听老一辈讲历史故事，开头总是那一句话，"在很久很久以前"。这个"很久很久以前"指什么时间呢？没有人认真考究过，这是一个非常模糊的时间概念。因为我们并不知道时间的源头在哪里。文学家说，时间有停不下的脚步、走不完的行程。中国思想家孔子曾对着流水感叹"逝者如斯夫，不舍昼夜"，这反映了人们对时间的感性认识。哲学家说，时间是特质存在的一种客观形式，是由过去、现在、将来构成的连续不断的系统，是物质的运动和变化的持续性、顺序性的表现。这反映了人们对时间的理性认识。物理学家说，时间是一个基本的物理概念。时间与物质、空间联系在一起，时间是对物质运动过程的描述。物质总在一定的空间内运动，没有物质与空间，时间就没有任何意义。这反映了人们对时间的本质认识。按物理学的定义，时间的起始是与物质与空间的起始联系在一起的，而物质、空间、时间的共同起始就是宇宙的起源。宇宙是由空间、时间、物质和能量构成的一个统一体，是一切空间和时间的总和。中国古代哲学家尸子讲："上下四方曰宇，往古来今曰宙。"这个表达充分说明了中国古人的智慧，空间为宇，时间为宙，空间和时间合在一起为宇宙。今天，现代物理学和天文学已经能够对宇宙的起源、结构和运动的状况做一个大多数学者能够基本接受的理论描述。在古代社会，宇宙是如此宏大，技术是如此简陋，人类是如此渺小，古人很难全面而正确地认识宇宙，许多对宇宙的描述停留在主观臆想和神话传说、宗教故事之中。但许多古代的思想家仍孜孜不倦地探索自然的奥秘、宇宙的奥秘。回过头来看，早期人类对宇宙的许多认识是幼稚的、可笑的，甚至是错误的；但正是这些幼稚的、可笑的粗浅认识一点点积累，在正确与谬误的思辨中不断改进，构成了人类今天对宏大宇宙的整体认识。

回顾人类探索宇宙奥秘的艰辛过程，足以激发起我们对前辈学者、科学家的敬仰之心，在追寻人类社会光明未来的道路上不断前行。

探宇宙之源

我们每一个人几乎都有这样的体验,在一个月白风清的夏日夜晚,少年的你不经意间仰望星空,广阔而浩瀚的天空繁星点点,一颗流星从天幕深处飞驰而过,激起你的缤纷思绪:银河的星星知多少?天空的边界在哪里?宇宙的年龄又有多大?这或许仅是你电光一闪的念想,尽管令人烦恼却很快便会随风消失;这或许会激起你探索宇宙奥秘的无穷兴趣,让你穷其一生去追寻这些近乎无解的奥秘。宇宙的奥秘,可以说,是我们这个世界有数的几个终极秘密之一。从古至今,无数宗教界、思想界、科学界的大师及智者都在争相发表自己的看法,寻求自己认可的最终的"解"。

《圣经·创世纪》写道:"起初神创造天地。地是空虚混沌,渊面黑暗;神的灵运行在水面上。神说:要有光。就有了光。神看光是好的,就把光暗分开了。神称光为昼,称暗为夜。有晚上,有早晨,这是头一日。"《圣经》描述了上帝六天创造天地万物的过程。"到第七日,神造物的工已经完毕,就在第七日歇了他的一切的工,安息了。"因此基督徒们把一个星期的第七天称为"安息日"。这一天要去教堂做礼拜,感谢神创造了天地与万物,所以又叫作礼拜天。《圣经》描绘的"创世纪"影响了这个世界几千年。其他宗教大多也有属于自己的创世故事。

在各国的民间,还流行着各种各样的创世神话传说。古巴比伦人认为,天和地都是拱形的,大地被海洋所环绕,而其中央则是高山。古埃及人把宇宙想象成以天为盒盖、大地为盒底的一个大盒子,大地的中央则是奔腾的尼罗河。在古印度的神话故事里,天地万物的创造者是梵天,传说梵天是从漂浮在混沌汪洋中的宇宙金卵里孵化出来的神。成书于公元前 900 年左右的印度古籍《森林书》中描写道："万物从梵天而产生，依梵天而存在，毁灭时又还梵天。"古印度人还有一个神话传说：大地是一个半圆球，驮在四头大象的背上，大象站立于巨龟的背上，而巨龟则遨游于大海之中。甚至还有传说：世界被一只乌龟驮在龟壳上，而这只乌龟被一只又一只的乌龟驮着，这个龟塔直至无限。古人的想象力令人赞叹不已。在现代人看来，古代人对于宇宙的这些想法是极幼稚的，甚至是极其可笑的。但在科学与技术不是十分发达的古代，正是这些看似幼稚而可笑的想象，激发了人们以更大的热情去探索宇宙无穷的奥秘。

中国影响最大的创世传说是"盘古开天辟地"的神话。据三国时代吴国徐整著的《三五历纪》记载："天地浑沌如鸡子，盘古生其中。万八千岁，天地开辟，阳清为天，阴浊为地。盘古在其中，一日九变，神于天，圣于地。天日高一丈，地日厚一丈，盘古日长一丈，如此万八千岁。天数极高，地数极深，盘古极长。后乃有三皇。数起于一，立于三，成于五，盛于七，处于九，故天去地九万里。"东方的神话传说和西方的宗教故事一样神奇而富于创造性。

除了创世的宗教故事和神话传说，古代的思想家也在理性思考着宇宙万物起源的奥秘。毫无疑问，西方世界的思想渊源有相当一部分来自古希腊。古希腊的思想家崇尚探索世界的本源和宇宙的结构。古希腊思想家泰勒斯兴趣广泛，研究范围涵盖科学和数学领域，他相信水是构成世界万物的本源。泰勒斯的学生阿那克西曼德认为宇宙的最初物质不是水，而是更加无形的东西。另一名学者阿那克西美尼则认为，宇宙中的气体是宇宙最原始的元素，可以渗透到宇宙的所有物体中。无论是水还是气，他们都认为世界的本源只有一种元素，这些学者即所谓的"一元论"者。这些朴素的思想源自对自然的直接观察，避免了用超自然或其他神秘的方式去解释世界，这是一种原始的启蒙。古希腊数学家、哲学家毕达哥拉斯试图用数学和音乐的方式解释宇宙。他认为，世界万物由火、气、水、土四种基本元素组成，此即所谓的"多元论"。毕达哥拉斯还认为，宇宙中心有一个"中央火"，地球、月球、金星、水星、火星和太阳等十个天体围绕"中央火"做和谐的均圆运动，这是关于宇宙结构的最初想象。而另一名古希腊思想家赫拉克利特则认为，世界的本源是火。赫拉克利特有一句名言:"人不能两次走进同一条河流。"这句话的意思是,河水川流不息,当你下次踏入同一条河流时,河内已是新流入的河水。他的基本论点是,世界万物是运动的,运动是有规律的,推动这种运动的基本力量是火,宇宙是永恒的活火。古希腊思想家柏拉图在吸收前人对宇宙本源、结构思想成果的基础上,形成了独特的宇宙论。他的宇宙论思想反映在著作《蒂迈欧篇》中,这是一篇关于宇宙论的对话。柏拉图认为,宇宙是由"宇宙创造者"创造出来的。"宇宙创造者"首先创造出了世界灵魂,然后依次创造出了天体、各种动物,最后创造出了人。柏拉图在这里所说的"宇宙创造者"显然具有超乎自然的能力,但也并不能认为这就是指神或上帝。柏拉图是一位客观唯心论者,他认为整个世界由"理念世界"和"可感世界"组成。"宇宙创造者"属于"理念世界",世界灵魂是理念世界和可感世界的中介,这些都是玄之又玄的唯心理念。天体是指日、月、星等星体,它们有序地分布在地球的周围。柏拉图以不朽的灵魂贯穿于宇宙万物之中,显现出自然宇宙的生生不息,具有生命性的一面。

柏拉图像

柏拉图的学生亚里士多德也是古希腊的一位大思想家。亚里士多德发展了当时流行的"地心说"。他认为，宇宙是一个有限的球体，分为天、地两层。地球是球形，位于宇宙的中心。运行的各个天体也是物质的实体。地球与天体由不同的物质组成。地球上的物质由水、气、火、土四种元素构成。天体由虚构的第五种元素"以太"构成。地球之外有9个等距的天层，由里及外的排序依次是：月球天、水星天、金星天、太阳天、火星天、木星天、土星天、恒星天和原动力天，此外空无一物。上帝推动了恒星天层，带动了整个天体的运动，人类居住的地球则静静地处于宇宙的中心。亚里士多德较为完整地描绘了宇宙的大体结构，形成了最初的"地心说"，产生了较为深远的影响。

中国古代对宇宙结构的认识有"盖天说"和"浑天说"之分。"盖天说"起源于商末周初，见诸文字则最早载于汉赵爽注的《周髀算经》，书中将天地形容为"天象盖笠，地法覆盘"。意思是，天空如斗笠，大地像翻扣的盘。《晋书·天文志》又对"盖天说"作了比较详细的阐述。"盖天说"反映了原始、直观的朴素宇宙观。"浑天说"比之"盖天说"有了进步。"浑天说"的代表人物是东汉天文学家张衡。张衡在天文学方面的著述有《灵宪》《浑仪图注》等。张衡在《浑仪图注》中说："浑天如鸡子。天体圆如弹丸，地如鸡子中黄，孤居于天内，天大而地小。""浑天说"认为宇宙像一个天球，地球在球的中央，日月星辰分布在天球之上。张衡的代表作《灵宪》被《后汉书·天文志》刘昭注所征引而传世。张衡在《灵宪》中认为，宇宙是无限的，天体运行是有规律的；月光是日光的反射，月食起因于地遮蔽了日光，月绕地行且有升降。他经过对日月星辰运行的精细观测，得出"一周天为三百六十五度又四分度之一"的结论，这与近代所测地球绕日一周历时365天5小时48分46秒的数值十分接近。应该讲，这在古代是十分了不起的成就。张衡是中国古代一位伟大的科学家，他还制作了著名的"地动仪"和"浑天仪"等。"地动仪"是古人观测地震的仪器，"浑天仪"是古人观察天象的仪器。"浑天仪"有一个直径四尺多的铜球，球上刻有二十八宿、中外星官以及黄赤道、南北极、二十四节气、恒显圈、恒隐圈等，成一浑象。以漏壶流水控制浑象，使之与天球同步转动，以显示星空的周期运动，让人们更加直观地认识了"浑天说"阐述的宇宙天体运行原理。"浑天说"逐渐为世人接受，在中国产生了上千年的影响。在中国古代，对天文学有所贡献的人物还有南北朝的祖冲之、唐代的高僧一行、北宋的沈括、元代的郭守敬、明代的徐光启等人。但总体上讲,东方的思想界以探索道德仁术、治世理政的道理为主流,对自然科学的观测与研究不为世人所重视,这成为东方国家科技发展较为迟缓的一个重要原因。

与张衡大体同一时期,古希腊产生了一位重要的天文学家、地理学家、占星学家和光学家克罗狄斯·托勒密。托勒密一生著述很多,重要的有《天文学大成》(13卷)、《地理学指南》(8卷)等。其中,《天文学大成》是汇集当时天文学的研究成果及其思考而写成的一部西方古典天文学的百科全书,在很长时间内成为古代西方学习天文学的重要典籍。托勒密继承了亚里士多德等人的"地心说",并作了某种程度的修正和完善。托勒密认为,地球处于宇宙中心静止不动。从地球向外,依次有月球、水星、金星、太阳、火星、木星和土星。每颗行星在一个被称为"本轮"的小圆形轨道上做匀速转动。"本轮"的中心则在一个被称为"均轮"的大圆形轨道上做匀速转动。地球不在"均轮"圆心,而与圆心有一定的

托勒密的地心说示意图

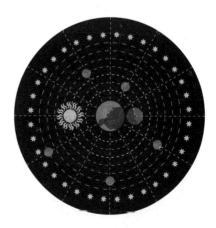

距离。在太阳、月球、行星外面是镶嵌恒星的"恒星天"。"恒星天"一样绕地球转动,"恒星天"的外面是推动天体运动的原动天。托勒密的"地心说"确认地球是圆形的,把行星从恒星中区别出来,运用数学计算行星的运行,建立了"运行轨道"的概念。他还设计出一个"均轮"和"本轮"的模型,使"地心说"较为符合当时人们观测行星运行的实际情况,在航海上具有实用的价值。应该讲,托勒密的"地心说"体现了天文科学的进步。但"地心说"认为地球是宇宙的中心,这是一个根本性的错误。

在欧洲中世纪,因"地心说"符合天主教教会的意图,从而得到了中世纪教会的官方认可。"地心说"在欧洲盛行了上千年时间。但"地心说"毕竟不符合天体运行的客观实际,到了中世纪的后期,随着人们观测天体运行能力的不断增强,行星位置和运行的测量愈加精确,被观测到的行星运行状况与托勒密的天体运行模型的偏差愈加突出,而信奉"地心说"的人士开始显然并没有认识到"地心说"本身的错误,却用增加"本轮"的办法来弥补"地心说"的不足。他们仍以地球为圆心,不断增加绕地球运行的小本轮,甚至出现"轮上轮"的假设,最多时的小本轮达到了 80 多个,但仍不能满意地计算出行星的准确位置和运行轨道。这时,人们开始对"地心说"产生了种种怀疑。而真正向"地心说"发起挑战的是尼古拉·哥白尼。

哥白尼是一位波兰的天文学家、数学家、医生兼牧师。哥白尼不是职业天文学家,但他经过长年的天体观测和计算完成了他的伟大著作《天体运行论》。哥白尼在《天体运行论》中论述了地球绕其轴心运转、月球绕地球运转、地球和其他行星都绕太阳运转的天文现象。哥白尼在书中阐述的宇宙结构就是我们今天熟悉的太阳系,即以太阳为中心的天体系统,形成了所谓的"日心说"。"日心说"比之"地心说"显然前进了一大步,但在今天看来,仍有一定的局限性,例如他认为天体以近乎完美的圆形轨道运行,天体的中心仍是稳定不动的等。哥白尼既是一位伟大的天文学家,也是一位虔诚的牧师,他对提出"日心说"是否冒犯教会,内心充满了疑虑和纠结。他的《天体运行论》一直到他古稀之年才决定出版。1543 年 5 月 24 日,在他去世的那一天,他临终收到了出版商寄来的新书。他抚摸着充满油墨香味的《天体运行论》封面,安然合上了双眼。哥白尼的《天体运行论》不仅是对"地心说"的挑战,更是人类对宇宙认知的一次革命,它使人类的宇宙观从传统观念的束缚中解放了出来。从历史的角度看,《天体运行论》是现代天文学的一个起点,也是现代科学发展的一个起点。

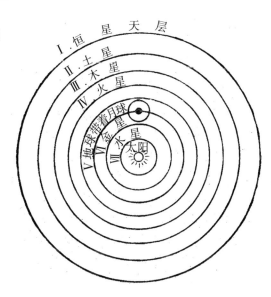

哥白尼的日心说示意图

尽管哥白尼的《天体运行论》对"地心说"发起了挑战,但在最初的时候并没有引起教会的激烈反应,教会一些人士以嘲讽的态度对待"日心说"。随着时间的推移,《天体运行论》倡导的"日心说"日益引起人们的重视,尤其是文艺复兴的兴起,进步的知识分子用人文精神对抗教会的专制统治,"日心说"成为挑战教会权威的思想武器。1600年2月17日凌晨,勇敢宣传并捍卫哥白尼"日心说"、反对教会、反对经院哲学的意大利思想家、自然科学家、哲学家乔尔丹诺·布鲁诺被教会宗教裁判所判为"异端"烧死在罗马鲜花广场,成为了那个时代进步和落后对抗的一个象征。

伽利略·伽利雷像

对"日心说"起到重要推动作用的还有意大利物理学家、数学家、天文学家伽利略·伽利雷。伽利略出身贫困但勤于学习，成年后在比萨大学、帕多瓦大学担任教育与研究工作。他倡导数学与实验相结合的研究方法，有过多项重要发明和学术成果，是近代实验科学的奠基人之一。1609年5月，正在威尼斯做学术访问的伽利略偶尔听到一个消息，荷兰有人发明了用一块凸透镜和一块凹透镜制成的望远镜。经过几个月的努力，在这年的10月，伽利略发明了人类历史上第一架天文望远镜。伽利略发明的是一种折射式望远镜。他借助天文望远镜，发现了月球的环形山，发现了土星的光环、太阳的黑子、太阳的自转、金星和水星的盈亏现象等，打开了人类窥探广袤宇宙的天窗。伽利略的一系列天文发现轰动了当时的欧洲，他的著作《星际使者》（1610年）和《关于太阳黑子的通信》（1613年）都宣扬了哥白尼的"日心说"。1613年，哥白尼的《天体运行论》被教会法庭列为禁书，伽利略受到了严重警告。1616年，教皇保罗五世下达了著名的"1616年禁令"，禁止伽利略以口头或文字形式宣传"日心说"。1632年，伽利略出版了《关于托勒密和哥白尼两大世界体系对话》一书，该书出版 6 个月以后，便遭到罗马教会勒令停止出售。伽利略是勤奋的科学家，也是虔诚的天主教徒。他认为，科学家的任务是探索自然规律，教会的职能是管理人的灵魂，两者应该各得其所，互不侵犯。而教会则没有停止对伽利略的迫害。晚年的伽利略曾遭教会严刑审讯，并予以软禁。他最后双目失明，在潦倒中病逝。

中世纪的许多科学家或遭受迫害，或遭遇贫困，但这些磨难都没有阻止科学家们追求真理的前进步伐，他们始终给人类指引着光明的前程。从哥白尼开始，欧洲许多天文学家也是宗教信仰者，有的甚至是牧师或教会的其他神职人员，他们对待宗教一样虔诚。然而在宗教与科学发生矛盾时，他们却选择了站在科学的一边，这对他们个人来讲是十分痛苦的，但对科学来讲又是十分幸运的。

与伽利略同一时期，还有一位重要的德国天文学家约翰尼斯·开普勒。他在图宾根大学毕业后曾有幸给当时著名的丹麦天文学家第谷·布拉赫当助手。第谷致力于创造一种介于"地心说"与"日心说"之间的宇宙结构体系，并做了大量极为精细的天文观测工作。第谷逝世以后，开普勒被任命为皇家数学家，继承了第谷的工作。开普勒整理出版了第谷的遗著，并对第谷的天文观测资料进行数学计算分析。1611 年，开普勒发明了由两片凸透镜组成的一种折射式望远镜。这种望远镜成像颠倒，但视野更加开阔，被称为开普勒望远镜。经过长期的天文观测和数学计算分析，开普勒最终发现了"行星运动三定律"，这也被称为"开普勒三定律"。"行星运动三定律"分别是轨道定律、面积定律和周期定律。这三大定律可以表述为：所有行星分别在大小不同的椭圆轨道上运行，太阳位于椭圆轨道的一个焦点；在同样的时间里太阳和运动中行星的连线所扫过的面积相等；行星公转周期的平方与它同太阳距离的立方成正比。开普勒开创性的研究成果彻底否定了托勒密的"地心说"，为哥白尼的"日心说"找到了更为坚实的理论基础。以此为始，哥白尼的"日心说"逐渐在天文学界占据了主流地位。

现代天文学有三大法宝，分别是天文观测、数学计算和物理学原理。早期的天文学家大多数同时兼数学家。随着物理学的发展，物理学在天文学中的作用日益显现出来。在 17 世纪，最著名的物理学家莫过于艾萨克·牛顿。牛顿不仅是英国的物理学家、天文学家、数学家及光学家，也是世界性的大科学家，一位百科全书式的"全才"。牛顿在天文学方面有过许多重大贡献。1668年，牛顿设计制成了第一架反射式天文望远镜。这种天文望远镜能反射较广的光谱范围而无色差，容易获得较大口径，开了制造现代大型天文望远镜的先河。他在1687年发表的不朽著作《自然哲学的数学原理》中用数学原理阐明了万有引力和运动三大定律，尤其是万有引力在天文学方面有着重要的意义。万有引力定律表明：任意两个质点由通过连心线方向上的力相互吸引；该引力大小与它们质量的乘积成正比，与它们距离的平方成反比，与两物体的化学组成和其间介质种类无关。如果说开普勒解释了行星是怎样绕太阳运动的，那么牛顿的万有引力定律则阐明了行星为什么这样运动。不仅如此，万有引力定律还揭示了天体运动的规律。天文史上哈雷彗星、海王星等的发现，都是万有引力定律取得重大成功的实例。牛顿把地球物理力学与天体力学统一到一个基本力学体系之中，创立了经典力学理论体系，也证明了地球上适用的物理定律在已知宇宙中一样严格适用的物理普适性原理。这为现代天文学的发展打开了物理学宝库的大门。

如果说牛顿是经典物理学的奠基人，而另一位大科学家阿尔伯特·爱因斯坦则是现代物理学的开创者。他的许多重大发现对天文学和天体物理学都产生了巨大影响。1905年，爱因斯坦发表了《关于光的产生和转化的一个试探性观点》的论文，提出的光量子概念推动了量子力学的发展。属于理论天体物理学范畴的恒星大气理论，就是在量子理论和辐射理论的基础上建立起来的。爱因斯坦事业成就的终身标志是他的相对论。同在1905年，爱因斯坦发表了论文《论动体的电动力学》，全面阐述了狭义相对论。狭义相对论成功揭示了能量与质量之间的关系，解决了长期存在的恒星能量来源的难题。1915年，爱因斯坦发表了关于广义相对论的论文。他的广义相对论是一个关于时间、空间和引力的理论，把万有引力解释为时空的弯曲，认为万有引力不同于其他力，是一种几何效应。有人把广义相对论形象地比喻为："物质告诉时空如何弯曲，时空告诉物质如何运动。"爱因斯坦本人则对广义相对论的发现非常自豪，他曾经说过："狭义相对论如果我不发现，5年之内就会有人发现；广义相对论如果我不发现，50年之内也不会有人发现。"广义相对论的发现最初是一种理论上的推导,有人对这匪夷所思的理论持有疑虑。爱因斯坦大胆提出了检验广义相对论的三个预言:① 水星轨道近日点的进动;② 光线在太阳附近的偏折;③ 光波的引力红移。结果,这三个预言一一得到了验证。2015 年 9 月 14 日,美国利文斯顿和汉福德的激光干涉引力波天文台的两台探测器均观测到了 10 亿光年以外双黑洞并合所产生的引力波信号,波形与广义相对论针对双黑洞模型的计算一致,这是人类首次直接观测到引力波,也是对广义相对论的强有力的验证。爱因斯坦的相对论极大地改变了人类对自然和宇宙的"常识性"观念,引入了"四维时空""时空弯曲"等全新的概念,使人类的思想观念由此焕然一新,对宇宙的认识进入了一个全新的境界。

爱因斯坦的广义相对论拓展了人们研究宇宙的视野。许多人根据广义相对论构建新的宇宙模型。1917 年,爱因斯坦本人发表了《根据广义相对论对宇宙学所作的考察》一文,建立了一个有限无边的静态宇宙模型。荷兰天文学家威廉·德西特提出了一个膨胀的宇宙模型。苏联科学家亚历山大·弗里德曼提出了一个均匀各向同性的膨胀或收缩模型。他指出,宇宙的膨胀或者收缩取决于宇宙物质的平均密度,即所谓欧米伽值。1929 年,美国天文学家爱德温·哈勃在长期天文观测和研究分析的基础上得出了一个重要结论:星系看起来都在远离我们而去,且距离越远,远离的速度越快。哈勃在天文观察上有着许多重要的贡献,是他首先发现了银河系外存在着巨大的河外星系,建立了大尺度的宇宙观。哈勃还认为,星系退行的速率与星系距离的比值是一个常数,两者之间存在着线性关系,这一关系被称为哈勃定律。哈勃定律的发现有力地推动了现代宇宙学的发展。比利时天文学家、牧师乔治·勒梅特曾在 1927 年发表论文阐述了广义相对论方程式的解,这个解的结果表明宇宙正在膨胀,膨胀起源于一个"原始原子"的爆炸。在哈勃定律发布后,勒梅特完善了自己的想法,进一步提出了宇宙起源于一个"原始原子"的思想,这个"原始原子"像一个比太阳大 30 倍左右却含有今天所见宇宙中全部物质的"蛋"。这是最初关于宇宙大爆炸的一个基本想法。

在宇宙大爆炸理论呼之欲出之际,天文学界发生了一场有趣的争论。1945 年,第二次世界大战结束后,世界恢复了往昔的和平与宁静,天文学有了很好的发展。1948年，英国年轻的天文学家福雷德·霍伊尔等人提出了宇宙稳恒态理论。宇宙稳恒态理论认为：宇宙的过去、现在和将来基本上处于同一种状态，从结构上说是恒定的，从时间上说是无始无终的。这个理论认为，当宇宙膨胀之时，每个新星系团将随着自身的不断膨胀而爆发，爆发后的碎片又形成了更多新的星系。从老星系爆发到新星系的形成，宇宙会不断膨胀，但宇宙的总密度不变。与此同时，美籍俄裔核物理学家、宇宙学家乔治·伽莫夫与他的两个学生一起在第73期《物理评论》上发表论文，提出了所谓"α-β-γ"理论，这个理论提到了宇宙起源时最初的核合成反应。这两个同样基于相对论但又完全不同的宇宙理论激起了宇宙学界的广泛争论。1949年，英国广播公司（BBC）曾经邀请霍伊尔和伽莫夫就宇宙起源问题进行辩论。霍伊尔嘲笑伽莫夫关于宇宙起源的理论看起来像发生了一场"大爆炸"。伽莫夫是一个幽默风趣的人，他随即认可了这个提法，并把他的理论称为"宇宙大爆炸理论"。随着天文观测和研究的深入，宇宙大爆炸理论涉及的宇宙外层空间绝对温度、微波背景辐射和太空中氦的丰度等问题一一得到验证，尤其是宇宙微波背景辐射被称为宇宙"大爆炸"留下的古老"化石"。1963年初，美国科学家彭齐亚斯和威尔逊在天文观测时无意中发现了微波背景辐射，微波背景辐射的发现奠定了宇宙大爆炸理论的科学基础。1965年，霍伊尔在《自然》杂志发表文章承认宇宙稳恒态理论的失败。在宇宙大爆炸理论基本确认的基础上，一些天文学家对这个理论的某些重要方面进行了不断的完善，使大爆炸理论更加符合天文观测的实际，巩固了宇宙大爆炸理论的科学地位。

　　从古老的宗教故事、神话传说到最新的宇宙大爆炸理论，人类在探索自然与宇宙奥秘的道路上走过了一段曲折而又令人神往的路程。在这条道路上，有险峰、有深渊，也有风景无限，而我们的前辈古人和现代学者义无反顾、迭克磨难，一路奔驰前进。我们应该庆幸，人类拥有一个充满智慧的大脑，我们会学习，能思考，思想可以充分交流，知识可以代代相承。科学与技术的发展，使我们不断增强探索自然与宇宙奥秘的能力。宇宙的奥秘永无穷尽，但人类的智慧增长一样没有极限。我们相信，人类或许不可能穷尽宇宙的所有奥秘，但能够无限接近那个宇宙的终极秘密，这是人类的必然追求，也是人类社会的必达使命！

宇宙大爆炸

我们现在知道，关于宇宙的故事要从"宇宙大爆炸"说起。经过众多天文学家、物理学家的不懈探索，宇宙的诞生、形成和发展被描述为"宇宙大爆炸"的结果，形成了"宇宙大爆炸理论"。在宇宙大爆炸理论的创建过程中，爱因斯坦的广义相对论、哈勃观测到的宇宙膨胀现象，以及弗里德曼、勒梅特、伽莫夫等人的宇宙大爆炸思想都发挥了重要作用。宇宙大爆炸理论初步创建后，又经过许多天文学家的不断修正、完善，最终得到了绝大多数学者的认可，成为现阶段宇宙学理论的一个主流学说，标志着人类对宇宙的认识发展到了一个新的阶段。

按照宇宙大爆炸理论的描述，宇宙大爆炸大约发生在137亿年之前，宇宙大爆炸的原爆点是一个致密炽热的奇点。宇宙大爆炸的发生，导致了时间、空间、能量和物质的诞生。在宇宙大爆炸发生时，物质以中子、质子、电子、光子和中微子等基本粒子的形态出现。宇宙大爆炸发生后，宇宙的空间急剧膨胀，宇宙的温度急剧下降，宇宙中物质的密度也急剧下降，宇宙中的基本粒子逐步形成原子核、原子、分子等，然后又形成气体，气体凝聚成星云，星云演化为恒星、星系、星系团等，最终形成了我们今天观察到的浩瀚宇宙。宇宙由能量、空间和物质组成，具有宏大的尺度结构。自宇宙大爆炸发生以来，宇宙一直处于膨胀过程之中。宇宙的膨胀现象构成了宇宙大爆炸理论的重要依据。

宇宙大爆炸理论的一个重要理论基础是物理学的普适性原理。在宇宙大爆炸理论中，宇宙大爆炸发生后的一切现象几乎都可以从现代物理学的理论中找到合理的解释，而唯一难以理解的是奇点。奇点是宇宙大爆炸的原爆点，也是时间、空间、能量和物质的起始。那么，究竟什么是"奇点"呢？"奇点"最初是一个数学概念，在几何意义上是一个无限小且实际不存在的点。在宇宙大爆炸理论中，奇点是指一个密度无限大、时空曲率无限大、温度无限高且又十分微小的"点"。在这个奇点上，一切已知的物理定律均失去了效应。可以认为，奇点无法用现有的物理学概念去理解，但它又确实存在。当代著名物理学家史蒂芬·威廉·霍金在《时间简史》中说："从爱因斯坦广义相对论本身就能预言：时空在大爆炸奇点处开始。"在一般人看来，这个奇点真是一个非常奇异的"点"。从一个十分微小的"奇点"中，居然蹦出了一个包罗万象的宏大宇宙。英国物理学家布莱恩·考克思和杰夫·福修在他们合著的《量子宇宙》一书中表述，在量子力学的理论体系中，基本粒子没有任何物理尺度。"这样我们就不必担心整个可见宇宙的体积曾经被压缩到一颗葡萄大小，甚至一枚大头针头那么大。"无论如何，我们今天的科学无法准确地描绘奇点，任何科学实验也无法真实地再现奇点，所以我们现在也无法窥探它的"庐山真面目"。然而，我们仍可运用现有的知识并联系天文观测得到的经验去努力理解奇点。理解奇点的一个重要参照物就是黑洞。按照黑洞理论，在黑洞中心就存在着一个质量巨大、密度趋于无限的奇点。黑洞的奇点与宇宙大爆炸的奇点可能存在巨大的数量级的差别，但在本质上却有相似之处。这不由得引人发问，如果一个黑洞中心奇点的质量足够大、引力场足够强，是否就有可能成为引发宇宙大爆炸的那一个奇点呢？人们如此关注宇宙大爆炸的奇点，不仅仅是想探究宇宙的起源，甚至还想努力寻找宇宙的前世，并由此去推测宇宙的未来，奇点值得天文学家和物理学家不断去揭开它神秘的面纱。

从奇点开始，宇宙大爆炸发生之后的现象，基本上都能运用现代物理学的理论合理地解释。但是，如果我们要较好地去理解这些解释，还必须对现代物理学的许多概念作基本的了解，因为说明宇宙大爆炸的过程需要涉及许多现代物理学的基本概念，其中包括粒子物理、核物理、等离子物理、原子和分子物理、量子力学、流体力学、热力学和统计物理等领域的基本定义。其中，最重要的是必须具备一些现代力学和物质构成的基础知识。根据现代物理学研究成果，我们得知，自然界有四种基本力，即引力、电磁力、弱作用力和强作用力。引力是物质存在的吸引力；电磁力是带电荷粒子通过电磁场的相互作用力；弱作用力是引起中子衰变的作用力；强作用力是夸克之间的相互作用力。粒子是构成世界上各种各样物质的基础。根据作用力的不同，可以把世界上的粒子大体分为三类。一类是媒介子：媒介子有光子和胶子两种粒子，光子传递电磁相互作用，胶子传递强相互作用。一类是轻子：轻子只参与引力、电磁力和弱作用力作用；轻子有6种粒子，分别是电子、电子中微子、μ子、μ子中微子、τ子、τ子中微子。一类是强子：强子主要参与强作用力，强子有质子、中子、介子和超子，而这些强子又由6种夸克组成，6种夸克分别是上夸克、下夸克、奇夸克、粲夸克、底夸克、顶夸克。夸克是目前已知物质的最小单位。我们现在知道：2个下夸克加上1个上夸克构成1个中子，2个上夸克加上1个下夸克构成一个质子；中子和质子构成原子核；原子核和电子构成原子；原子是一种元素能够保持化学性质的最小单位。各种原子结合在一起组成各种分子，各种分子组成了世界上各种有生命的和无生命的物质。在宇宙大爆炸的创生过程中，依次从最基本的粒子开始逐步演化成各种物质。在众多的粒子中，光子没有静止质量，只有能量，而其他粒子都有质量，能够称为物质。在一定的温度条件下，光子可以通过碰撞产生成对的正反粒子，而正反粒子碰撞又可变成光子（称为湮没）。光子与其他粒子互相转化时，能量与质量的关系可以运用爱因斯坦的质能转化公式 $E=mc^2$ 表示，其中，E 为能量、m 为质量、c 为光速。光子通过碰撞产生其他粒子，温度必须达到一定的数值（称为阈值）。阈温 T 按玻尔兹曼公式 $E=KT$ 估算，其中 E 为转化粒子所需要的能量，K 为玻尔兹曼常数。根据估算得知，通过光子碰撞产生正负电子所需的阈温为59亿开尔文（K，热力学温度单位，开氏度＝摄氏度＋273.15），产生质子和反质子、中子和反中子的阈温为10万亿开尔文。在温度和密度都极高的状态下，正负强子会破碎为夸克。温度降低后，夸克又会结合成正负强子。当我们对这些现代物理学的基本概念有了一个初步了解之后，我们就可以开始述说宇宙大爆炸的基本过程了。

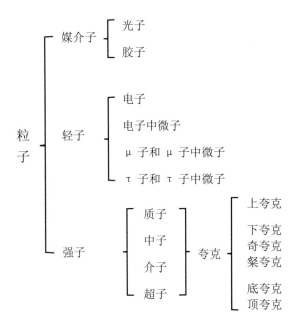

基本粒子示意图

关于宇宙大爆炸的基本过程，曾有许多著名的天文学家、物理学家在他们的众多科普著作中都做过十分精彩的描绘，包括英国物理学家霍金的《时间简史》、美国物理学家史蒂芬·温伯格的《最初三分钟》、英国天体物理学家马丁·里斯的《宇宙大百科》等。但较为通俗易懂的，当属中国天体物理学家林元章研究员的科普著作——《话说宇宙》。在这里，我以林元章研究员《话说宇宙》的表述为主，综合他们各自略有不同的述说，作一个大体的描绘。

宇宙大爆炸的起点是一个密度无限大、时空曲率无限大、热量无限高且体积十分微小的奇点。在这样极高的温度条件下，目前已知的任何物质都不可能存在。随着大爆炸的发生，封闭的时空被打开，密度迅速下降，温度迅速下降，宇宙在量子涨落的背景下出现。

我们的描述从宇宙大爆炸后的千分之一秒开始，这时宇宙的温度大于1×10^{13}开尔文。温度高于光子转换为轻子和强子所需的阈温，光子转化为正负粒子和正负粒子转化为光子的情形都有可能会发生，正向和反向的过程达到了一种平衡态，光子的数量和其他粒子的数量大体相等。在这样的一个高温下,强子破碎为夸克,夸克基本处于自由状态。在这时的宇宙物质构成之中,强子质量占有优势,称为强子时代。

在宇宙大爆炸后的百分之一秒时,宇宙的温度大约为 1×10^{11} 开尔文。温度低于光子转换为强子所需要的阈温,这种转换已经停止。但温度还高于光子转换为轻子所需要的阈温,这时光子碰撞产生正负电子和正反中微子,正负电子和正反中微子也会转化为光子,正向和反向的过程也达到了一种平衡态。这时强子不再破碎,而处于基本自由态的夸克却可以或正反湮灭,或组成强子(质子和中子)。正反强子湮灭之后,剩余的强子中质子和中子各占一半。这时的轻子数量激增,轻子和强子的数量比例约为 10 亿比 1,称为轻子时代。

在宇宙大爆炸后的 1 秒时,宇宙的温度大约为 1×10^{10} 开尔文。温度继续下降,在正反中微子的参与之下,中子与质子不断进行相互转化。由于中子质量略大于质子,中子转化为质子的概率略大一些。这时,质子与中子的数量比值约为 76∶24。中微子和反中微子不再参与其他粒子的相互作用而成为自由粒子,这个阶段称为中微子脱耦阶段。

在宇宙大爆炸后的 5 秒时,宇宙的温度大约为 5×10^{9} 开尔文。宇宙温度已经低于轻子所需要的阈温,一方面轻子无法由光子湮灭而产生,轻子的数量锐减;另一方面则是大量的正反电子湮灭。这一过程释放的能量使得宇宙的降温稍为减缓,宇宙仍维持较高的温度。在高温的条件下,虽然质子和中子可以复合成氘核,但这时氘核的结合能仍较弱,遇到能量稍强的光子仍能使氘核重新分解为质子和中子,而这时光子的数量比质子和中子的数量要多出几十亿倍,氘核实际上仍无法持续存在。这是核合成前的一个过渡阶段。

在宇宙大爆炸后的 3 分钟,宇宙的温度大约为 1×10^{9} 开尔文。这时宇宙的温度更明显低于轻子所需要的阈温,由光子再变成其他粒子已不再可能。光子的平均能量也已经明显下降,能够使氘核重新分解为质子和中子的光子数量已经不多,从而出现了大量的氘核。氘核可以与一个中子碰撞形成氚核(^{3}H),也可以与一个质子碰撞形成氦-3 核(^{3}He),又可以与质子和中子一起碰撞形成稳定的氦-4 核(^{4}He)。这时的宇宙进入了核合成时期,最初的核合成过程中产生的轻核元素中有 4 种是稳定的,它们分别是氦 –4、氘、氦 –3 和锂 –7。这时质子与中子的数量比值大体为 87∶13,所有的中子与等量的质子组成氦核,剩余的质子组成氢核。宇宙此时的氦核与氢核的比值约为 74∶26,宇宙最初的物质构成为氢约占 3/4,氦约占 1/4,其余元素合计不足 1%。宇宙大爆炸模型显示的宇宙早期物质构成比例与目前观测到的宇宙元素丰度完全符合,这为宇宙大爆炸理论提供了有力支持。到了这个时候,宇宙早期能量转化为物质的反应基本停止,一个物质的宇宙业已诞生。因此宇宙学界有"三分钟创造宇宙"之说。这被称为宇宙的核合成时代。

在宇宙大爆炸发生后的 38 万年,宇宙的温度大约下降到 3×10^3 开尔文。这时原子核与电子复合成中性原子,而能够电离氢核的光子已经很少,只有复合形成的中性原子才能存在,宇宙逐渐从等离子体状态变成中性原子的气体状态,这被称为"复合"阶段或"重新合成"阶段。中性原子的产生使得自由电子逐渐消失。光子与以原子为主的物质脱耦,光子可以在宇宙中不再经历碰撞而自由穿行,宇宙变得清晰透明。而因此时宇宙温度产生的黑体辐射随着宇宙膨胀红移至微波波段。一些宇宙学家预言,至今宇宙间仍保留着 3 开尔文左右的微波辐射。1963 年初,美国天文学家阿尔诺·彭齐亚斯和罗伯特·威尔逊用射电望远镜发现了 3.5 开尔文的宇宙背景辐射,成为宇宙大爆炸理论的重要观测证据。

在宇宙大爆炸后的 4 亿年,宇宙仍然持续膨胀,温度降至 100 开尔文左右。这时的宇宙辐射压力减弱,引力成为主要作用力,宇宙间的物质开始凝聚,终于诞生了第一批古老的恒星。巨大的恒星在引力的指引下聚集成星系、星系团,这时宇宙的大尺度结构逐渐形成。在恒星诞生之前,宇宙虽有微弱的背景辐射,但整个宇宙基本上是黑暗的,被称为黑暗时代。随着大批恒星的诞生,在恒星明亮的星光照耀下,宇宙中的氢和氦再次电离,成为等离子体。这一时期被称为再电离时期。在恒星内部,核反应把轻元素转化为较重的元素;再因超新星爆发而变为更重的元素,并一起被抛向宇宙空间。这些含有较重元素星云的重新集聚,产生了下一代的恒星。大约距今 46 亿年前,银河系一颗名为太阳的恒星诞生,它的附近形成了地球。大约在 38 亿年前,地球出现了生命。

大约在700万年前,地球出现了人类、人类社会。宇宙持续不断地演化,一直延续到今天。

对于标准的宇宙大爆炸模型的研究,总体上比较顺利,宇宙学家的预言一一得到验证。欧洲核子研究中心的科学家们已经能够通过制造包含自由夸克和胶子的等离子体来重现宇宙大爆炸之后不久的宇宙环境。但随着天文观测和天体物理研究的深入,又发现了一些新的难题,这就是所谓粒子视界疑难、平直性疑难、磁单极疑难等。所谓粒子视界是指在宇宙诞生时,光子传播在一定时间内能够到达的最远距离。这是能相互影响的空间两点之间的最大距离,或者说是具有因果关系的最大距离。这个距离与宇宙年龄成正比,超过这个两点之间的距离,不可能存在因果关系,因为光子不可能超光速传播。从宇宙尺度讲,这一距离随时间变化而变化,与宇宙的膨胀速度相关联,而宇宙膨胀速度又取决于其具体的物质状态。在宇宙年龄为几十万年之前,宇宙以能量为主,其膨胀速度接近光速。在宇宙年龄为几十万年以后,宇宙以物质为主,其膨胀速度远小于光速。粒子视界总是小于宇宙尺度,这表明在宇宙尺度

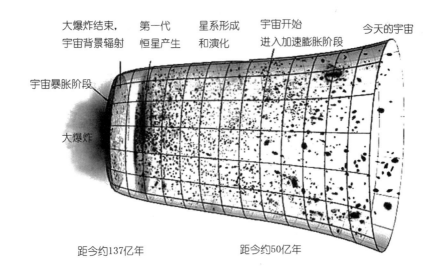

宇宙大爆炸模型

范围内不存在因果关系。但这不符合宇宙观测结果,因为宇宙背景微波辐射的观测结果表明,宇宙在大尺度上是各向同性和均匀的,暗示宇宙各处之间必然曾有过相互作用,存在着因果关系。这就是粒子视界疑难。所谓平直性疑难又是什么呢?根据宇宙大爆炸理论推算,极早期的宇宙空间非常接近平直,这种概率应当是很小的,而为什么会出现这种现象被称为平直性疑难。所谓磁单极疑难则是在宇宙大爆炸过程中,理论上存在着大量的磁单极,而在当今宇宙中,从未找到存在磁单极的证据,这被称为磁单极疑难。这些疑难曾在很长时间内困扰着众多天文学家。

1981年,美国粒子物理学家古斯借用真空相变概念提出在宇宙极早期曾经发生过急速膨胀(称为"暴胀")之后,这些疑难才得以逐一破解。古斯认为宇宙在大爆炸发生后的10^{-44}秒至10^{-35}秒的极早期大统一时代(弱作用力、强作用力、电磁作用力尚未分离),宇宙曾经短暂停留在亚稳真空态,持续时间只有10^{-33}秒,随后发生相变而转化为基态真空态,并释放能量导致产生大量粒子。古斯指出,亚稳真空态必然会导致宇宙发生猛烈膨胀,在短暂的大约10^{-33}秒的时间之内使得宇宙尺度猛然增加了几十个数量级,其膨胀速度远远超过了光速。而这是空间的膨胀速度,并不违背相对论中物质运动速度不会超过光速的制约。

按照这个宇宙极早期的暴胀模型,原来存在的三个疑难就可以迎刃而解。首先,对于粒子视界疑难,由于暴胀使得宇宙尺度急速增大了几十个数量级,远远超过视界与宇宙尺度之间的距离。按照暴胀模型,我们今天观测到的宇宙实际上是由大统一时代小于视界的一个极小区域膨胀而产生的。目前看到的宇宙均匀性,正是由于原本均匀的小区域膨胀造成的,因此超越了来自光速传播的因果关系。其次,对于平直性疑难,因为宇宙加速膨胀,很容易将宇宙的空间押平,使空间曲率减小,宇宙空间平直就成为非常自然的事情。再次,对于磁单极疑难,尽管理论上早期的宇宙存在大量的磁单极,但后来因不再产生新的磁单极,而原有的磁单极子的密度由于宇宙暴胀被极大地稀释了,因此也就难以寻找。古斯提出的宇宙极早期暴胀模型,经过一些天文学家、宇宙学家的修正,尤其是俄国天文学家林德等的完善,获得了广泛认可。虽然暴胀只是发生在宇宙极早期仅 10^{-33} 秒的极短暂时间，但是真空相变产生的大量粒子在暴胀后使得宇宙重新加热，从而与标准的宇宙大爆炸模型平稳接轨，宇宙大爆炸理论逐渐得到了完善。

人类总是在不断地发现并创造，在发现与创造中开辟人类的未来。在前进的道路上，我们清除了旧的障碍，又遇到了新的险阻，人的认识与思想只有在排除千难万险之后才能驰骋万里。在现阶段，宇宙大爆炸理论回答了宇宙诞生、形成和发展的基本问题。但是，随着天文观测成果的丰富、宇宙学理论研究的深入，仍不断有新的疑问、新的问题被提出。在粒子视界疑难、平直性疑难、磁单极疑难等问题解决之后，天文学家又提出宇宙可能存在暗物质、暗能量。暗物质、暗能量有可能是推动宇宙持续膨胀的一个重要原因，但我们至今仍不知道暗物质、暗能量究竟是什么。一些天文学家也不断对宇宙大爆炸理论提出挑战，只是尚不足以颠覆这一理论。浩瀚的宇宙中隐藏了太多的秘密，人类将在探索宇宙奥秘的道路上一路前行。

星光耀宇宙

夏日的夜空，布满繁星的银河一带如水，显得如此沉静美好，又显得如此富有诗意。在中国古代文化中，有许多述及银河的诗篇。著名的诗句有李白的"飞流直下三千尺，疑是银河落九天"，杜甫的"沧海先迎日，银河倒立星"等，都十分生动传神。英国天体物理学家马丁·里斯在《宇宙大百科》序言中写道："夜空的美是全人类的共同体验。它超越了不同的文化，并由史前时代以来的人类所有世代共同分享。"人们遥望星空，总是那么好奇，总是那么神思飞扬，渴望更多地知晓这个繁星点点、深邃而神秘的星空世界。

从宇宙大爆炸至今，宇宙大尺度结构业已形成，宇宙的星系不断演化，构成了如今星光灿烂的繁荣景象。我们的地球属于太阳系，太阳系位于银河系。人类最早的星空观察显然是从遥观银河系内的漫天繁星开始。在晴朗无月的乡村夜晚，一般人用肉眼可以看到的全天恒星在 5 000～6 000 颗，而用天文望远镜观察则可以看到更多的恒星。建立在天文望远镜基础上的星空观察，毫无疑问是从天文望远镜的发明人伽利略开始的，伽利略运用天文望远镜不仅发现了月球山岭、土星光环、木星的 4 个卫星等，也发现了银河是由无数单个恒星组成的，为人们打开了星空世界的新大门。英国天文学家汤姆斯·赖特较早提出银河系是一个扁平的恒星系统。对银河系观测作出较多贡献的是英国天文学家弗里德里希·威廉·赫歇尔。他用自己设计的大型反射式望远镜观察太阳系和银河系，发现了天王星和太阳红外辐射，还用统计的方法证实银河系为扁平状圆盘的假说，绘制了世界上第一张银河截面图。赫歇尔出身天文世家，他的妹妹和儿子都是天文学家，有过许多重要的天文发现。20 世纪初，天文学家把以银河为表观现象的恒星系统称为银河系。荷兰天文学家雅格布·卡普坦运用统计方法研究银河系恒星的运动和空间分布，结合恒星计数，建立了第一个银河系模型，并认为太阳位于银河系中心的附近。美国天文学家哈洛·沙普利对球状星团和造父变星（中国天文学家以古代历史人物造父命名的亮度周期性变化的恒星，称为造父变星）进行了系统的研究，从球状星团的分布来研究银河系的结构，认为银河的中心在人马座 A* 方向，太阳系处于银河系的边缘。真相在许多时候总是那么姗姗来迟。沙普利的研究为人们正确认识银河系奠定了基础。20 世纪 20 年代，瑞典天文学家林德布拉德用特征分类方法揭示出银河系有次系统，并由此创建了银河系自转理论。银河系的秘密不断被天文学家们揭示。2009 年 12 月 5 日，美国威斯康星大学一个科学家小组利用美国宇航局斯皮策太空望远镜拍摄的超过 200 万张的图像，合成了一张 360 度银河系全景图，这是人类为银河系照的第一张"全家福"，银河系全景图清晰地反映了银河系新的结构与内涵。随着天文观测和理论研究的不断深入，人类对银河系、对自己所居的太空环境的认识也在不断深化。

根据现有的天文观测和研究，我们可以对银河系做一个大致的描述：银河系是一个由 2 000 多亿颗恒星、数千个星团和星云、星际物质组成的巨型漩涡星系（现在也有人认为属于棒旋星系）。从形状看，银河系是一个巨大的圆形盘面结构。侧面看是一个中心略鼓的大圆盘，俯视呈漩涡状，有 4 条旋臂从银河中心均匀对称地延伸出来。银河圆盘的直径约为 10 万光年，中心厚度约为 1 万光年，边缘厚度为 3 000～6 000 光年。银河中心凸出的部分是一个十分明亮的扁球状体，称为银核。银核直径约为 2 万光年，厚度约为 1 万光年。在银河中心的人马座 A* 方向，发出了很强的红外和射电辐射。一般认为，银河系的中心有一个质量约为太阳 300 万倍的超大黑洞。在银盘的外面有一个更大的球形，主要由稀疏的恒星和星云、星际物质组成，称为银晕，直径约为 7 万光年。在银晕的外面，有人认为还存在一个更为巨大的球状射电辐射区，称为银冕。从银河中心延伸出的旋臂现在也有了观测记录，天文学家最早用射电观测的方法探测到 3 条旋臂，分别为英仙臂、猎户臂和人马臂。20 世纪 70 年代，天文学家又通过探测银河系一氧化碳分子的分布，发现了银河系的第 4 条旋臂，称之为 3 000 秒差距臂。太阳位于猎户臂的内侧，在人马臂和英仙臂之间，更靠近英仙臂。银河系有两个伴星系，分别是大麦哲伦星系和小麦哲伦星系。

银河系是一个恒星的世界，银河系的可见物质约90%集中在恒星，其余的10%为星云和星际物质等。恒星是明亮的、大质量的等离子球状或类球状天体。从我们在银河系中所处的位置看去，银河系呈现一条由恒星组成的穿越天空的明亮光带，因此称之为银河。在古希腊神话中，传说宙斯的妻子在给孩子赫拉克勒斯喂奶时，听说赫拉克勒斯并非自己亲生，生气地将他推开，乳汁溅到天上形成了宽阔而明亮的银河。太阳就是一颗恒星，是离地球最近的恒星，也是地球能量（热能和光能）的主要来源。恒星的诞生，是以氢气为主，并与氦及其他元素混合的云气发生坍缩，在核心的密度达到一定程度时，引发核聚变而形成的。恒星的一生要经历各种不同的演化阶段。恒星以内部氢核聚变为主要能源的发展阶段是恒星的主序星阶段，恒星的主序星阶段是恒星一个相对稳定的阶段。当恒星度过生命

银河系结构图

10万光年

太阳　银心　旋臂

周期的主序星阶段，在恒星核心的氢核燃料将要消耗殆尽时，恒星会因质量和物质存在方式的不同而产生各种演变，先是膨胀成为一颗红巨星或超红巨星，然后会坍缩成白矮星，有的超大恒星还会引发超新星爆发，来一个轰轰烈烈的闭幕式，把剩余的物质抛向星空，凝聚成新的恒星，留下来的核心演化成中子星、黑洞等。

绝大多数恒星生命周期的演变都十分漫长，因此天文学家称之为恒星，取恒久不变之意。但也有一些恒星的光度和其他物理特性呈现周期性的变化，天文学家称之为变星。造父变星就是一种变星，它的亮度随时间呈现周期性变化。中国古代的星相家们也早就发现了变星的存在。星相家们不了解变星的性质，视变星为灾星，认为出现变星意味着灾难将要来临，这些都是无稽之谈。在宇宙中存在众多类型的恒星，不同类型的恒星有着不同的起源和演化方式。天文学家依据恒星的物理性质、化学组成、空间分布和运动特性等予以分类。1944年，美国天文学家沃尔特·巴德提出恒星大体可以分为三类星族，分别为年轻的第一星族、年长的第二星族和最老的第三星族。在银河系主要有两类星族，年轻的第一星族恒星与星际气体、尘埃一起主要分布在银盘的旋臂上。年长的第二星族恒星则主要分布在银盘里。按照万有引力的原理，宇宙间的恒星往往通过引力凝聚成团，有两颗恒星相互绕转的双星，也有三颗恒星组成具有力学联系的三合星等。天文学上，10个以内的恒星组成的群星称为聚星，10个以上的恒星组成的群星称为星团。银河系中大约有2 000多个恒星的星团。

银河系内除了恒星之外，还存在大量的星云、星际物质，甚至还可能有暗物质等。星云是星际空间的气体和尘埃合成的云雾状天体。它们的主要成分是氢、氦，还有一定比例的金属元素和非金属元素。1990年，哈勃空间望远镜升空以来，还发现有的星云含有有机分子等物质。星云的物质密度比较低，但体积十分庞大，星云的平均大小可达几十光年。星云从形态分类，可以分为广袤稀薄而漫无定形的弥漫状星云、亮环中央具有高温核心星的行星状星云、超新星爆发后剩余物质形成的遗迹性星云等三类；从发光性质分类，可以分为受附近炽热恒星激发而发光的发射星云、靠反射附近恒星光亮而发光的反射星云、附近没有发光天体的暗星云等三类。暗星云本身不发光，也没有光能反射，且因星云自身的密度遮蔽了来自星空背景的恒星光线，成为夜空星光中的一块暗斑。星云经常与恒星相伴，两者之间有着某种程度的联系。在通常的情况下，当星云的密度超过了一定的限度，星云物质会在引力的作用下逐渐收缩，直至凝聚成为恒星。而当恒星成长、衰老到最终死亡时，有的超大恒星会发生超新星爆发，将大量的物质抛洒到星际空间，再形成新的星云、新的恒星。

星际物质是指密度比星云更低，存在于星际空间的气体、尘埃和辐射物质。星际气体包括气态原子、分子、电子和离子等。星际气体的元素丰度与宇宙的元素丰度相似，以氢元素为主，氦元素次之，其他元素都很少。星际尘埃通常是直径小于1微米的固态物质，分布在星际气体之中。星际尘埃的物质构成主要为三类：一类为水、氨、甲烷等冰态物质；一类为二氧化硅、硅酸镁、三氧化二铁等矿物质；还有一类为石墨晶粒等物质的混合物。星际辐射物包括了宇宙射线、电磁辐射和磁场等粒子的混合体。星际物质的成分99%为气体，1%为尘埃。银河系内星际物质的总质量约占银河系总质量的1%。星际物质在银河系呈现不均匀分布，总体上讲，平均密度非常之低，每立方厘米大约只有1个氢原子。说起来，这个密度要大大低于地球上任何一个实验室所能够实现的真空密度。

近年来的研究表明，宇宙之间还存在着暗物质。1915年，爱因斯坦根据相对论推导得出，宇宙呈有限封闭的状态，宇宙的形态取决于宇宙的质量。从理论上计算，宇宙物质的平均密度必须达到5×10^{-30}克/立方厘米。但迄今为止观测到的宇宙密度却低于这个值的1/100。宇宙间的大多数物质"失踪"了。天文学家和物理学家们把这些"失踪"的物质统称为暗物质。20世纪30年代，暗物质被作为一种理论假设提了出来。随着现代天文学对球状星系旋转速度、引力透镜、宇宙膨胀理论等的研究深入，人们越来越相信暗物质是存在的。一般认为，暗物质不带电荷，不与电子发生干扰，能够穿越电磁波的引力场。暗物质的密度非常小，但数量非常多，充满了整个宇宙，因此总质量很大。暗物质有质量，也有能量。天文学家大胆推测，宇宙中最重要的成分是暗物质和暗能量。暗物质约占宇宙质量的 25%，暗能量约占宇宙质量的 70%，而通常观测到的普通物质仅占宇宙质量的 5%。至今为止，人们仍未发现任何暗物质，但有理由相信，暗物质的发现和理论研究的突破，将会引发现代天文学和物理学的一场新的革命。

银河系的年龄一直是天文学家感兴趣的研究课题。这些年来，天文学家使用甚大望远镜的紫外线视觉矩阵光谱仪研究分析银河系恒星的物质构成，在球状星团 NGC6397 的两颗恒星内发现了铍元素，由此推断银河系的年龄约为 135 亿年，正负误差 2 亿年。天文学家还发现，银河系这个古老的星系，与宇宙间许多星系一样，整体作较差自转，太阳处自转速度约为 220 千米/秒。每秒跑 220 千米在地球上是不可思议的飞驰，但银河系实在是太大了，即使如此飞速，太阳绕银河系中心运转一周仍须耗时约 2.25 亿年。

宇宙的浩瀚常常使人惊叹不已。中国有一句古语叫作"天外有天"，现在用这一句古语来描述宇宙，真是再恰当不过了。从地球看太阳系、银河系，感觉太阳系、银河系宏大无比。但再从太阳系、银河系看整个宇宙，则更加震撼于宇宙的广阔，常常有匪夷所思的感觉。

天文学界把银河系之外广大宇宙存在的星系，统称为河外星系。在 17 世纪，伽利略发明天文望远镜以后，人类的视野逐渐拓展到了宇宙的深处。天文学家陆续在遥远的星空中发现一些云雾状的天体，最初仅仅称之为"星云"。1924 年，美国天文学家爱德文·哈勃用当时世界上最大的、威尔逊天文台 2.5 米直径的望远镜观察仙女座星云，第一次发现这些星云其实是由许多恒星所组成。哈勃利用造父变星（变星的一种，它的光变周期与它的光度成正比，可以用于测量星际和星系际的距离）测定仙女座星云位于 70 万光年之外，这远远超出了银河系的范围。这时人们才逐渐明白，这些遥远的"星云"其实就是"河外星系"。哈勃在发现河外星系之后，根据河外星系的形状和结构，又把河外星系分为旋涡星系、棒旋星系、椭圆星系和不规则星系等。哈勃还与他的天文助手们一起，对遥远星系的距离与红移进行了大量的测量工作。所谓红移是指一个天体的光谱向长波（红）端的位移。一般来讲，天体的红移是离开，蓝移是靠近。他发现远方星系的谱线均存在红移现象，而且距离越是遥远的星系，红移越是明显。哈勃由此得出了一个重要结论,遥远的星系均在离开地球而远去。这个结论成为宇宙膨胀的重要证据,最终导致了宇宙大爆炸理论的诞生。哈勃在河外星系的发现和研究方面作出了杰出的贡献。

爱德文·哈勃像

随着现代制造业和科学技术的发展,天文望远镜的口径越来越大,观测技术也越来越进步。20世纪30年代,天文学家发明了射电望远镜,用于接收来自宇宙深处的射电信号。射电望远镜曾经有过许多重要的天文发现。为了排除地球大气等的干扰,天文学家尝试把天文望远镜架设在太空之中。1990年4月24日,美国"发现号"航天飞机把一架大型天文望远镜送入环绕地球运动的空间轨道,为了纪念哈勃这位著名的天文学家,这架天文望远镜被称为"哈勃空间望远镜"。

哈勃空间望远镜

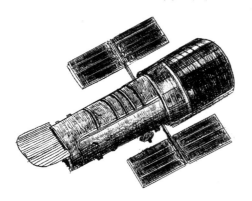

2012年10月，上海天文台建造了亚洲最大的可转动的大型射电望远镜，能够观测100亿光年以外的天体。2016年7月3日，500米口径球面射电望远镜（FAST）在中国贵州完成主体工程，这是世界上最大的单口径固定式射电望远镜。这些都大大促进了天文观测事业的发展，使得人类的眼睛看得更广、更遥远。天文学家发现的河外星系也越来越多，著名的有小麦哲伦星系、大麦哲伦星系、仙女座河外星系、猎犬座河外星系、室女座河外星系、仙后座河外星系等，至今观测到类似银河系的河外星系已经有10亿个之多。河外星系的发现是人类探索宇宙的一个新的里程碑。

河外星系与银河系处于同一宇宙空间，从理论上讲，河外星系的天文现象、天文原理应该与银河系是一样的。但是，河外星系所代表的宇宙空间更加广阔，天文现象更加丰富，必然给我们带来更多的发现与惊喜。类星体就是从河外星系得到的一个新发现。所谓类星体，是类似恒星天体的一种简称。类星体曾与脉冲星、微波背景辐射和星际有机分子一起被并称为20世纪60年代的天文"四大发现"。类星体是迄今为止人类观测到的最遥远的天体，距离地球至少有100亿光年。类星体尽管距离遥远，但又是具有极高光度、极强射电的天体。类星体通常比正常的星系亮1 000倍，而能量如此之大的天体，体积又不可思议的小。超小的体积、超强的亮度，使其能够在100多亿光年以外的遥远天际被天文学家观测到。据推测，大约在100亿年前，类星体的数量更多、亮度更高。正是因类星体都十分遥远，我们现在对类星体的了解仍然较少。有的天文学家甚至怀疑，所谓类星体就是宇宙遥远深处一个类似黑洞的天体。对人类来说，宇宙仍然有着太多太多的未知秘密。

当我们昂首仰望星空，当我们把天文望远镜的焦点聚在天际的点点繁星之上，当我们从航天器上接收到来自宇宙深处的信息时，我们常常会由衷地感叹道，宇宙是如此宏大，科学是如此神奇，人类是如此伟大！面对一个正在迅速膨胀的宇宙，人类的目光和思想其实是在与光速赛跑，追寻不断远去的星系，探索宇宙的终极秘密。如果说地球是人类的摇篮，太阳就是人类的奶瓶，人类终究要成长，要走出地球，走出太阳系，走出银河系，到广大的宇宙去驰骋，去追光逐热，把生命的种子、智慧的种子撒向更为辽阔的太空，这难道说不是人类注定的命运吗？

太阳生命源

万物生长靠太阳。我们的星球是一个充满阳光的蓝色星球。在温暖而明亮的阳光下，鲜花在开放，草木在生长，鸟儿在飞翔，昆虫在欢唱。即使在沉沉的黑夜里，太阳也把光明给了月亮，月光反射阳光照亮了每一个人的梦乡。太阳就是我们这个星球的造物者，给我们光明，给我们温暖，给我们能量，给地球上一切生命生长、生活的希望。无法想象没有太阳我们的人类社会将会是什么样，我们也不能设想如果没有太阳地球上的一切生物生命又将会怎么样！今天，我们沐浴在阳光里，眼睛里是满满的光明，身上洋溢着暖暖的气息，内心一派宁静与安详。太阳就是这个星球一切生命之源泉！

从天文学上讲，太阳是银河系中一颗普通的恒星，更是宇宙中亿万颗恒星中的一颗。但在太阳系里，太阳是唯一的恒星。太阳位于太阳系的中心，太阳系 99.86% 的质量都集中在太阳上，太阳系的其他天体全部加起来，与太阳相比仍显得微不足道。太阳系中的八大行星和众多的行星、卫星、彗星和尘埃等，都围绕着太阳运行，而太阳则围绕着银河系的中心运行。

天文学家从太阳的光谱研究计算，太阳的表面温度约为 6 000 开尔文，并由此推算太阳中心的温度高达 1.5×10^7 开尔文。在这样一个高温条件下，太阳内部的所有物质都已经呈现等离子化。因此讲，太阳是一团巨大而炽热的气体星球。太阳的半径约为 69.6 万千米，约为地球半径的 109 倍。如果作一个比较，地球到月球的距离大约为 38 万千米，太阳的半径比这个距离大了将近一倍。太阳的体积约为地球的 130 万倍。这么一个庞然大物，要细说起来，在银河系里仅仅算是一颗质量中等的普通恒星。天文学家推算出太阳的质量约为

1.989×10^{30} 千克，这个质量是地球的约 33 万倍。从太阳的体积和质量可计算出太阳的平均密度为 1.409 克/立方厘米，这个密度比地球上水的密度还要大一点。虽然太阳中心的密度高达 148 克/立方厘米，但表面密度仅为 8×10^{-8} 克/立方厘米，相当于地球高空约 80 千米处的空气密度。太阳是一个巨大的气体星球，太阳和地球一样有自转，但太阳的自转与地球不一样，地球是一个固体星球作整体性自转，太阳各处气流的旋转速率不同，在太阳的赤道处自转周期是 24.47 地球日，在两极处的自转周期为 31 地球日，太阳的自转呈现不均匀状态，称之为较差自转。太阳也有磁场，但磁场比较弱，且处于不断变化之中。天文学家常常通过研究太阳磁场的变化观测太阳内部的演化。太阳的物质构成，按质量计，氢占 71%，氦占 27%，其他元素合计占 2%，主要为碳、氮、氧和各种金属元素，这与银河系内许多恒星的物质构成大体相类似。

从太阳的内部结构分析，在太阳中心约占四分之一的区域为"核心层"。这是太阳的核心部分，核心层像一个巨大的核反应炉，不停地进行着 4 个氢原子聚变成 1 个氦原子的热核反应，这个核反应炉

太阳结构示意图

每秒消耗400多万吨的物质。以这样的速率，到目前为止，太阳已经将100个地球的物质转化成了能量，产生了大量的太阳辐射。在核心层外面约占太阳半径一半的区域为"辐射层"。太阳在核反应中产生的能量通过这一层以辐射的方式向外输送。从辐射层至太阳表面附近约占太阳半径四分之一的区域为"对流层"。在对流层，太阳表面的物质与内部的能量作上下对流运动。在对流层的可见表面是"光球层"，它是一个约有100千米厚度的发光球层，地球接受的太阳辐射几乎全部由这一层发射，我们通常说的太阳表面和天文望远镜观测太阳看到的就是光球表面。太阳的黑子、耀斑是在光球层形成的巨大气流旋涡，反映了太阳辐射的变化。在光球层之上还有一个"色球层"，色球层的厚度为2 000～10 000千米。色球的亮度只有光球的万分之一。除日全食时外，我们一般用肉眼看不到色球，必须使用所谓色球望远镜才能看到红色的色球层。色球层之上即太阳的最外层，称为"日冕"。日冕的亮度比色球更暗，除日全食时外，同样必须使用专门的仪器（日冕仪）才能看见。在日冕处，大量的热电离气体粒子连续向外膨胀，形成了太阳风。人类无法对太阳内部的核心层、辐射层、对流层进行天文观察，仅能作理论推测。太阳外部的光球层、色球层、日冕合称为太阳大气，太阳依靠它们辐射能量，而天文学家也可以通过专门仪器对它们进行观察，它们是天文学家了解太阳变化的直接依据。

　　按天文学分类，太阳属于黄矮星。黄矮星的寿命一般在100亿年左右。通过恒星演化的电脑模型模拟和太阳系古老物质的放射性定年法推算，太阳的年龄约在45.7亿岁。可以设想，45.7亿年前，一颗超新星爆炸的震波使得邻近的星云密度陡增，受引力作用影响造成了星云坍缩，由此诞生了太阳及相应的行星，形成了太阳系。天文学家研究结果显示，太阳演化过程大体分为五个阶段。① 主序星前阶段：密度稀薄而体积庞大的原始星云在引力作用下逐步收缩，导致星云中心密度和温度上升而发生热聚核反应，形成了称为太阳的恒星。这个阶段经历的时间约为3 000万年。② 主序星阶段：从太阳开始进行热聚核反应到核心层的氢物质基本消耗完毕。太阳在这个阶段已经进行了45.7亿年。据太阳的质量推算，太阳的热聚核反应仍能稳定地进行54亿年。③ 红巨星阶段：在太阳核心层的氢物质耗尽之后，开始消耗外层的氢物质，导致太阳急剧膨胀，温度逐渐下降，辐射的波长移向红区，太阳变成一颗红巨星。这一阶段大约将持续 4 亿年。④ 氦燃烧阶段：在太阳的氢物质消耗将尽时，太阳中心开始收缩，温度和密度上升，氦接着进行核反应。整个氦物质的燃烧阶段大约为 5 000 万年。在氦物质耗尽之后，可能还有一些更重元素的燃烧过程，但都十分短暂。⑤ 白矮星阶段：当太阳的主要燃料氢、氦物质等都已耗尽之后，太阳仅仅剩余一些更重的原子，太阳的体积大约收缩至现有体积的百万分之一，密度大约是现在的一百万倍，光度也只有现在的千分之一，太阳变成了一颗白矮星。白矮星之后约 50 亿年，太阳剩余的热量将扩散干净，最后成为一颗不发光的黑矮星。

这是天文学家从理论层面推测的太阳演化过程。应该讲，与太阳差不多质量的恒星大体上都是这样一个演化过程。但在实际演化过程中会有许多不可预料的变化。有的天文学家估计，随着太阳中氢的逐步消耗，太阳的核心温度每 10 亿年就会增加 10%，5 亿年后因太阳的光度增长，地球就将会变得非常之炎热。到了红巨星阶段，地球或被膨胀的太阳融合，或因太阳引力下降而偏离现有的轨道。这是太阳系的末期，当然这些都是很久很久以后的事情了。

今天的太阳正处于年富力强的中年阶段。太阳强大的热聚核反应能力，源源不断地给地球提供光与热，孕育着地球的亿万生命。太阳的巨大引力，也维系着整个太阳系的各类天体。我们现在知道，太阳系有 8 大行星、5 颗已经辨认的矮行星、173 颗已知的卫星和数以亿计的小天体。

以太阳为中心，最靠近太阳的第一颗行星是水星。水星离太阳的平均距离为 5 790 万千米。水星、金星、火星与地球相类似，被合称为 4 颗类地行星。但水星要比地球小得多，半径只有 2 439.7 千米，为地球的 38%。水星与地球一样，属于岩石类星球，主要物质成分为铁、镍和硅酸盐等。水星的外层主要是硅酸盐，核心主要是铁和镍等。水星的平均密度为 5.43 克/立方厘米，仅次于地球。水星的大气极其稀薄，有微弱的磁场。水星因靠近太阳，又没有大气调节，向阳面温度最高时达到 430 摄氏度，而背阴面夜间温度可降至 −160 摄氏度，昼夜温差将近 600 摄氏度。水星绕太阳轨道偏扁，近日点距离 4 600 万千米，远日点距离 6 981 万千米。水星绕太阳公转一周为 88 地球日，自转一周为 58.646 地球日。水星自转三周为一昼夜，需 176 地球日，恰好绕太阳公转两周。因此有人讲，水星上的一天等于两年。1974年，美国发射的"水手10号"航天器曾经三次掠过水星，据拍摄到的水星照片显示，水星的表面被无数陨石坑和环形山所覆盖。

按离太阳由近及远的次序，第二颗行星是金星。金星离地球最近时为3 820万千米。从地球仰望天空，金星是天空中最明亮的一颗行星。中国古代称之为启明星、太白金星等。金星与地球有许多相似之处，素有"姐妹星"之称。金星的半径为6 073千米，仅比地球半径小300千米。体积为地球的88%，质量为地球的75%，平均密度为5.24克/立方厘米，略小于地球。金星有浓密的大气层，气压为地球的90倍。大气成分97%为二氧化碳，其余为氮、氩和硫酸蒸汽，因此经常会下酸雨。由于严重的温室效应，金星表面温度高达500摄氏度，昼夜温差较小。金星的物质成分和结构与地球差不多，外壳主要为硅化合物，核心主要为铁和镍等。金星绕太阳轨道最接近圆形，离太阳平均距离为1.08亿千米。金星绕太阳公转一周为224.65地球日，自转方向与公转方向相反，自转一周为243地球日。从20世纪60年代起，苏联、美国、欧洲空间局、日本都曾多次派出航天器探测金星，发现了金星多个环形山和火山地貌，获取了金星表面温度、大气化学构成和天文单位精确数值等资料。

按次序的第三颗行星是地球。地球将作专门述说，这里先要说的是第四颗行星火星。火星也是一颗类地行星。火星与地球相邻，离地球最近时约为5 500万千米。火星的半径为3 398千米，约为地球半径的一半。火星体积为地球的15%，质量为地球的11%，平均密度为3.94克/立方厘米。火星的大气密度只有地球的1%，大气成分95.3%为二氧化碳，2.7%为氮，1.6%为氩，其余为氧和水蒸气。火星表面平均温度为−55摄氏度。火星的密度比较低，表面为沙漠、砾石等，核心估计为硫化铁等。火星绕太阳轨道为椭圆形，近日点距离为2.067亿千米，远日点距离为2.492亿千米，公转一周为687地球日，自转一周为24小时37分。火星的一年为地球的将近2倍，而火星的一天仅比地球略长几十分钟。火星有两颗卫星，分别是火卫一、火卫二。两颗卫星的形状不规则，推测是被捕获的小行星。天文学家们对火星一直十分感兴趣。从20世纪60年代起，苏联、美国、欧洲空间局曾发射了多个航天器探测火星，并有多个探测器直接成功登陆火星，对火星的土壤、岩石和大气进行分析，拍摄了

火星登陆车

大量的火星图片。天文学家对这些资料研究的结果表明,火星历史上曾有过大量的水,并怀疑火星十几亿至几十亿年前曾经有过某种形态的生命存在。现在,中国、俄罗斯、印度及日本也制定了用航天器探测火星的计划,美国甚至正在酝酿启动载人登陆火星计划等。可以说,火星是人类除地球之外最希望了解、也了解最多的一颗行星。

在火星轨道与木星轨道之间,存在一个由无数小行星组成的小行星带。国际天文组织对经过若干轨道周期的观测、轨道的参数特性等已经确定的小行星给予了国际编号。目前已经获得永久编号的小行星有 21 万多颗,其中半径在 50 千米以上的小行星有 200 颗左右,半径在 15 千米以上的小行星约有 1 000 颗,半径在 0.5 千米以上的小行星估计超过了 100 万颗。小行星形状不规则,多数由硅酸盐岩石和陨铁等金属类物质组成。天文学家对小行星的研究非常重视。一方面,有的小行星十分古老,是研究太阳系起源的重要依据;另一方面,小行星带距离地球较近,轨道不稳定的小行星是地球的重大威胁。古生物学家相信,6 500 万年前,一颗直径约为 10 千米的小行星撞击地球,导致了地球的生态灾难和恐龙的灭绝。

按次序第五颗行星是木星。木星与太阳系中的土星、天王星、海王星一起皆属气体行星，合称为类木行星。这类行星体积都比较大，而木星正是太阳系中最大的行星。木星半径为 71 493.5 千米，为地球的 11.2 倍；质量为其余 7 颗行星总和的 2.5 倍，为地球的 318 倍；平均密度为 1.33 克/立方厘米。木星表面有着浓厚的大气层，大气的成分约 82% 为氢、17% 为氦，其余为甲烷和氨等。大气层的下面是厚达 4.4 千米的液态氢和氦，内核可能为铁和硅构成的固态合成物。木星绕太阳沿椭圆轨道运行，距太阳平均距离为 7.78 亿千米，近日点为 7.4 亿千米，远日点为 8.16 亿千米。木星公转很慢，绕太阳一周约为 11.86 地球年。自转非常快，自转一圈约为 9 小时 50 分。木星表面温度为 −168 摄氏度，但核心温度很高，据推测可达 20 000 摄氏度，主要是重力压缩产生的热能，但这个温度尚不足引起核反应。天文观测发现，木星表面有一个巨大的红斑，据分析是由磷化物组成的一个气体漩涡；它还有稀薄的甲烷、氨和冰水化合物形成的云层，使星球呈现黄色条纹状。木星有 68 颗卫星，天文学家对其中的木卫一、木卫二比较感兴趣。木卫一距离木星 42 万千米，半径为 1 815 千米，体积和密度与月球相似，表面有平原、山脉，还有活动频繁的火山。木卫二比月球略小，外层为厚约 100 千米的冰层，内部或拥有液体水世界。从 20 世纪 70 年代开始，美国曾发射多个航天器对木星进行探测，发现了木星存在光环，并对木星的大气化学成分、磁场等作了精确分析。

按次序第六颗行星为土星。土星与木星相似，是一颗气体行星。土星体积仅次于木星，半径为 60 330 千米，为地球半径的 9.4 倍。它的质量比木星要小很多，为地球的 95 倍。土星平均密度仅 0.7 克/立方厘米，比地球上的水还小，因此被戏称为"可以浮在水上的星球"。土星的结构同样与木星相类似，外面为厚厚的大气层，大气成分为 96.3% 的氢、3.25% 的氦，其余为氨、甲烷、乙烷等。大气层下面有一个液态氢和氦层，内部有一个半径约为 1 万千米的岩石核心。土星一样沿椭圆形轨道绕太阳运行，距太阳平均距离为 14 亿千米，近日点和远日点相差 1.5 亿千米。土星公转一周为 29.5 地球年，自转一周为 10 小时 14 分。土星表面温度为 −178 摄氏度，核心温度高达 11 700 摄氏度，天文学家认为高温是因重力压缩和液态氢摩擦而产生。土星天空也有与木星类似的暗淡条纹，主要是氨冰等构成的云层。土星最显著的特点就是有一条巨大的光环，称为"土星环"。土星光环位于土星赤道位置，距土星距离约 6 万千米，分为 A、B、C、D 等多条光环，光环之间有空隙，整个光环宽约 20 万千米，厚度约为 150 千米。光环主要由冰粒和尘埃等组成。土星确认的卫星有 62 颗。天文学家对土卫六、土卫二比较关注。土卫六半径约为 2 575 千米，表面温度为 –179.15 摄氏度。其大气密度为地球的 1.5 倍，大气主要成分为氮、甲烷和一些有机分子。土卫六表面有湖泊和冰火山，天文学家怀疑冰封的湖泊内存在着原始的生命痕迹。土卫二比较小，半径仅 250 千米，也是一个冰封的星球。但土卫二内核存在着热能，天文学家怀疑冰封的下面存在一个巨大的地下海洋，构成了生命的存在条件。从 20 世纪 70 年代开始，美国、欧洲空间局、意大利空间局曾多次发射航天器探测土星和土星的几个卫星。2004 年 12 月，美国与欧洲空间局合作的"惠更斯"号登陆器成功登陆土卫六，为人类探测土卫六迈出了可喜的第一步。

按次序第七颗行星是天王星。天王星远离太阳，与太阳的平均距离为 28.69 亿千米，大气层内最低温度只有 –224 摄氏度，是太阳系内最冷的一颗行星。整个星球由冰与岩石组成，被称为冰巨星。天王星的半径为 26 000 千米，为地球的 4 倍。质量是地球的 14.5 倍。平均密度为 1.29 克/立方厘米。天王星大气的主要成分为氢和氦以及由水、氨和甲烷等结成的冰，大气下面是水和氨及其他挥发物组成的稠密流体，核心为岩石。天王星表面温度为 –180 摄氏度，内核温度达 6 650 摄氏度。天王星沿椭圆形轨道绕太阳运行，近日点为 28.49 亿千米，远日点为 30.04 亿千米。天王星公转一周约为 84.32 地球年，自转一周约为 17 小时 14 分。天王星有一个暗淡的行星环系统，环的主要成分是冰块等。天王星已知有 27 颗卫星，这些卫星大部分是由冰和岩石组成。20 世纪 80 年代，美国宇航局的"旅行者" 2 号曾经探访了天王星、海王星。

按次序的第八颗行星是海王星。海王星距离太阳 45 亿千米，为离太阳最远的行星。海王星半径为 24 766 千米，略小于天王星；但质量大于天王星，大约为地球的 17 倍，平均密度为 1.66 克/立方厘米。海王星的大气以氢和氦为主，有少量的甲烷。从表面看，海王星是一个蓝色星球。海王星的内部结构与天王星相似，大气下面是一个高度压缩的过热流体，内核由冰和岩石构成。海

王星云顶温度为 -218 摄氏度，而核心温度达 7 000 摄氏度。海王星同样沿椭圆轨道绕太阳运行，近日点为 44.53 亿千米，远日点为 45.54 亿千米，公转一周约为 146.8 地球年，自转一圈约为 16 小时 6 分。海王星有一个正在退化的暗淡光环，有 14 颗已知的卫星。1989 年 8 月 25 日，"旅行者" 2 号飞越海王星，这使人类第一次看清了海王星的面貌。

太阳系结构图

我们现在认为，太阳系存在八大行星。但在历史上，人们曾认为太阳系存在九大行星，第九颗行星称为冥王星，它是于 1930 年被发现的。过去一般认为，冥王星半径 1 150 千米，不仅小于月球，而且比太阳系的许多卫星都要小。它的平均密度约为 2 克/立方厘米，与太阳的平均距离约 59 亿千米，公转周期约 248 地球年，自转周期 6.38 地球日，表面温度 -220 摄氏度，其表面据推测可能是一层固态甲烷冰。冥王星有 5 颗卫星。后来，天文学家发现了与冥王星类似的鸟神星、妊神星、创神星和阋神星等矮行星。2006 年 8 月，国际天文联合会通过决议，更改行星定义为：行星是绕恒星运转、质量足够大使之成球体、不是卫星的天体，必须具有清理轨道区域内大小相当天体的能力。冥王星因不能满足这些条件而被降级为矮行星。2008年，国际天文联合会再次将冥王星划分为类冥矮行星。2015年7月，美国航空航天局发射的"新视野"号航天器成功飞越了太空深处的冥王星，发回了大量的数据。据初步分析，冥王星半径约为1 185千米，比原来估计的略大。冥王星表面有稀薄的大气层，内部可能存在海洋等。"新视野"号航天器发回的大量数据将逐步解读，人们期望能够以此掀开冥王星神秘的面纱。

1951年，美籍荷兰裔天文学家杰拉德·柯伊伯提出，在海王星轨道之外可能存在着一个充斥着大量冰冻天体的带状区域。他的这一假设后来被天文观测所证实，这个带状区域就被称为柯伊伯带。现在发现，柯伊伯带存在数以亿计的冰冻星体，这些星体的半径从几米到1 000多千米不等。柯伊伯带小天体的数量要大大多于火星与木星之间的小行星带。柯伊伯带还被认为是一个短周期彗星的策源地，而长周期彗星则来源于更遥远的奥尔特云区。冥王星及与冥王星差不多大小的鸟神星、妊神星、创神星和阋神星等矮行星也位于柯伊伯带。柯伊伯带距太阳50～500个天文单位（AU，1天文单位≈1.496亿千米）。美国航空航天局发射的"新视野"号航天器在完成对冥王星及其卫星的考察后继续飞向柯伊伯带，在2017～2020年探测柯伊伯带的其他天体，给人类揭示柯伊伯带的各种秘密。

最后的一个问题是，如果太阳系有边界的话，这个边界在哪里？现在许多天文学家相信，在柯伊伯带的外面，还存在着一个所谓的奥尔特星云。1950年，荷兰天文学家奥尔特提出彗星起源理论，认为在太阳系的边缘有一个大量彗星构成的巨大小行星云，把太阳系裹在其中，受附近恒星的引力摄动，就像有一根不断挥动的高尔夫球杆，把彗星持续抛入了太阳系。奥尔特认为这个星云与太阳的距离约为1光年。许多天文学家认可了奥尔特星云的存在，并认为这是一些较长周期彗星的发源地，而这些较长周期彗星的轨道往往横跨整个太阳系，显然是受到了太阳和比邻恒星引力的交互影响。如果太阳系的边界以太阳系最遥远的天体为标志的话，奥特尔星云应该算作太阳系边缘的范围。但如果说太阳系的边界以太阳的引力范围，甚至是太阳风的顶端为边界，那起码要在这个距离的基础之上再翻一番多，显然是太过遥远了。

地球我的家

地球是全人类共同的家园，也是地球上所有生物共同生活的世界，这里有我们熟悉的繁华大都市和田园风光，有开满鲜花的社区，有绿树成荫的街道，城边有清澈的小溪，远处有翠绿的山冈，一家人去远处郊游，让身心融入大自然，一切都使我们感到那样的温馨亲切。而当我们背起行囊，脚踏实地行走在大地上时，你可曾有过稍纵即逝的奇思妙想，辽阔的大地真的像一道弧形吗？我们脚下大地的深处真的有奔腾不息的岩浆吗？我们的地球从何而来？我们世代居住的这片土地将来又将是怎样一番景象？你可曾感到这周遭的一切既熟悉而又有一点儿陌生？

我们的地球，也是太阳系中的一颗行星。从太空中观察地球，这是一颗蔚为壮观的蓝色星球。据英国《每日邮报》报道，我们从前看到的水蓝色的地球卫星图片是美国航空航天局利用色彩校正处理过的照片，而2014年日本气象卫星"向日葵"8号拍摄的无修正地球卫星图片，看上去要略微暗淡一点。这张地球的"素颜写真"可以在日本气象厅的官网上免费下载。你可以下载之后，一睹地球的真实面貌。

按距太阳由近及远的次序，地球是太阳系第三颗行星。地球距太阳的平均距离约为1.496亿千米，天文学家把这个距离作为1个天文单位。经过精准测量发现，地球其实并不是一个标准的正球形。地球受自转产生的惯性离心力影响，由两极向赤道膨胀，成为一个略扁的旋转椭球体。地球赤道半径为6 378.137千米，极半径为6 356.752千米，赤道半径略长。因此地质学家认为，地球上的最高峰不是海拔高度8 844.43米的珠穆朗玛峰，而是位于赤道附近的钦博拉索火山，尽管它的海拔高度只有 6 200 多米，但它的山顶却是距地心最远的地方。地球总体上属于岩石类星球，主要物质为大气、水、硅酸盐和含金属类物质的岩石等，平均密度为 5.518 克/立方厘米，在太阳系中属于密度比较大的一颗行星。地球有浓厚的大气层，大气层对地球起到了重要的温度调节和保护作用。地球表面平均温度约为 15 摄氏度，极地最低温测量数据约为 -94 摄氏度，地核温度大约为 6 880 摄氏度。地球存在磁场，地球磁场的两极与地理上的南北极不完全重合，存在着一定的磁偏角。地球绕太阳运行的轨道呈椭圆形，近日点为 1.471 亿千米，远日点为 1.521 亿千米，公转一周的时间为 365.242 19 天，我们称之为一年。地球绕自转轴由西向东自转，在地球赤道上，自转的线速度为 465 米/秒。地球自转一周的时间为 23 小时 56 分 4 秒，约等于一天。天文学家发现，地球的自转存在长期减慢、不规则及周期性的变化。

地球有一颗卫星，我们称之为月球。月球是人类最为熟悉的地外天体，距地球平均距离为 38.4 万千米。月球与地球一样，是一颗岩石类固态星球。月球的半径为 1 738 千米，大约是地球的 1/4、太阳的 1/400，而从月球到地球的距离相当于地球到太阳距离的 1/400，因此从地球上看太阳和月亮是差不多大小。月球永远是一面朝向地球，我们习惯称之为月正面。月球绕地球运转一周时间为 27.32 天，大体上为一个月的时间。月球本身不发光，只是反射太阳光，反射状况随地球视线角度的变化而变化，呈现月圆月缺状态。地球与月球构成一个天体系统。

天文学家认为，地球的诞生略晚于太阳。太阳的年龄约为 45.7 亿年，地球的年龄在 45 亿年左右，比太阳的年龄晚了约 6 500 万年。关于地球的起源，历史上曾经有过"星云说""灾变说""陨石说"等多种假说。当代天文学通过对太阳系外行星的观测，结合天体物理学的发展，逐步形成了创新的吸积理论。所谓吸积是指致密天体由引力俘获周围物质的现象，可以被用作说明恒星、行星等的生成过程。现在一般认为，大约 45.7 亿年前，在太阳的原始星云附近发生了一次超新星爆发，在超新星爆发能量的推动下，原始星云坍缩并吸积周围星际物质形成太阳的中心天体，当中心天体达到一定密度时引发热聚核反应而形成了太阳。新生的太阳向外抛射剩余的物质并带动了周围的星云旋转，形成了一个巨大的涡旋状星云环。在巨大的涡旋状星云环内，星际物质相互碰撞和凝聚，较大的天体在引力的作用下吸积同一轨道的星际物质，逐步形成太阳系内包括地球在内的行星和其他卫星等。

我们如果极简要地了解地球演化过程，地球的地质年代大体上可分为四个阶段：第一阶段为冥古宙阶段，大约在46亿至40亿年前，原始的地球在凝聚过程中，重力的位能、放射性衰变的热能和碰撞所释放的能量使原始物质逐步熔化分离，铁、镍等较重元素沉淀，形成了原始地球的内核，硅酸盐等较轻的物质在内核外层形成了原始地幔。在此期间，大量陨石撞击地球，并发生了一次小天体撞击地球事件，这次撞击使地球形成了地月系统。第二个阶段为太古宙阶段，大约在40亿年至25亿年前。在太古宙的始太古代，陨石的撞击使得地球的表面温度升高，地球不断释放能量，陨石和岩石处于熔融状态，岩石中的挥发成分被分离，形成了地球大气圈的雏形。在陨石的冲击下，陨石和岩石中的结晶水被分离，形成了大量的水蒸气，为原始海洋的形成奠定了基础。在这一阶段，地球的温度逐渐下降，初步形成薄而活动的原始地壳，形成大气圈和水圈，孕育了最初的低级生命。在此过程中，蓝藻的光合作用增加了大气中的氧气比重，为生物圈的形成创造了条件。第三阶段为元古宙阶段，大体在25亿至5.4亿年前，地球的地质运动逐步趋于稳定，这是一个重要的成矿时期。从原核生物到真核生物，从单细胞生物到多细胞生物，生命演化进入了一个新阶段。第四阶段为显生宙阶段，大体为5.4亿年前至今。经过多次地壳运动和气候变化，岩石圈、水圈、大气圈和生物圈不断发展，地球逐渐演化成为现今的面貌。从寒武纪大爆发开始，生物逐渐向高等级阶段进化，呈现出地球生物的多样性。

地质年代表

宙	代	纪	世	代号	动物进化	植物进化
显生宙（距今5.42亿年～今天）	新生代（距今6550万年～今天）	第四纪	全新世（距今1.1万年～今天）	Q	哺乳动物	被子植物
			更新世（距今180万～1.1万年）			
		新近纪	上新世（距今533万～180万年）	N		
			中新世（距今2303万～533万年）			
		古近纪	渐新世（距今3390万～2303万年）	E		
			始新世（距今5580万～3390万年）			
			古新世（距今6550万～5580万年）			
	中生代（距今2.51亿～6550万年）	白垩纪（距今1.45亿～6550万年）		K	爬行动物（恐龙、鸟类、哺乳类）	裸子植物
		侏罗纪（距今1.99亿～1.45亿年）		J		
		三叠纪（距今2.51亿～1.99亿年）		T		
	古生代（距今5.42亿～2.51亿年）	二叠纪（距今2.99亿～2.51亿年）		P	两栖动物	孢子植物
		石炭纪（距今3.59亿～2.99亿年）		C		
		泥盆纪（距今4.16亿～3.59亿年）		D	鱼类	
		志留纪（距今4.43亿～4.16亿年）		S		
		奥陶纪（距今4.88亿～4.43亿年）		O	海生无脊椎动物	海生藻类
		寒武纪（距今5.42亿～4.88亿年）		Є		
元古宙（距今25亿～5.42亿年）	新元古代（距今10亿～5.42亿年）			Pt	低等无脊椎动物	
	中元古代（距今16亿～10亿年）					
	古元古代（距今25亿～16亿年）					
太古宙（距今40亿～25亿年）	新太古代（距今28亿～25亿年）			Ar	原核生物（蓝藻、细菌等）	
	中太古代（距今32亿～28亿年）					
	古太古代（距今36亿～32亿年）					
	始太古代（距今40亿～36亿年）					
冥古宙（距今46亿～40亿年）				Ha		

地球是一颗巨大的固态星球，如果我们要了解地球的大气层，可以通过释放高空探测气球等方法进行，但要勘探地球内部的物质和结构就非常不容易。人类目前最深的钻井大约能够到达地下 12 000 多米，越往下越是高温高压，钻探的难度就越大。地质学家的办法是透过地震波反射的不同频次，分析地球内部的物质和大体结构。从地球结构上看，地球大致可以分四个层次：最上层的当然是大气层。大气层的厚度在 1 000 千米以上，没有确切的上界，75% 的大气集中在地面至 10 千米高度的对流层范围，大气层的主要成分为氮气占 78.1%，氧气占 20.9%，氩气占 0.93%，还有少量的二氧化碳、稀有气体和水蒸气等。大气层对地球起到了避免太阳直接辐射和调节温度等作用。在大气层的下面是地壳。地壳的厚度并不均匀，平均厚度大约为 17 千米。大陆地壳平均厚度约有 33 千米，高山和高原地区的厚度可达 60～70 千米，而海洋的地壳较薄，平均厚度只有 6 千米左右。地壳的物质除了沉积岩

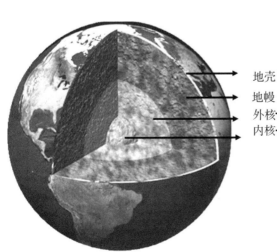

地球结构示意图

之外，基本上是花岗岩、玄武岩等。地壳的温度一般随着深度的增加而升高，地壳的底部温度可达 1 000 摄氏度。地壳的下面是地幔。地幔是介于地壳和地核之间的中间层，厚度约为 2 865 千米，主要是由致密的造岩物质构成。这是地球内部体积最大、质量也最大的一层。地幔分为上地幔和下地幔。上地幔主要由橄榄岩等超基性岩组成，顶部放射性物质较集中，容易蜕变放热，使岩石高温软化，造成局部的熔融，称为软流层。下地幔温度和压力都极高，密度陡然增大，地幔岩石呈可塑性固态。地幔的下面则是地核。地核是地球的核心，半径约为 3 470 千米，主要由铁、镍元素组成。地核的体积与火星接近，但质量却是火星的 3 倍。地质学家往往把地核分为外地核和内地核两个部分。外地核的厚度约为 1 742 千米，物质呈液态结构。内地核的厚度约为 1 728 千米，平均密度增至 12.9 克/立方厘米，温度可能高达 6 880 摄氏度。主流说法认为，内核物质是致密的重金属，主要成分为铁、镍等，呈固态结构。关于地核的作用，地质学家认为，受地球自转的影响，液态的地外核围绕以铁、镍为主的金属固态地内核做对流循环运动，像是一台不停旋转的磁力发电机，成为地球产生磁场的主要动因。而地球磁场在保护地球免受宇宙射线和太阳风带电粒子流的侵害方面，发挥了极其重要的作用。

在地球的岩石圈下面，地表以下约 70 千米或 100 千米至 1 000 千米之间，即上地幔区域，因高温高压造成岩石的熔融，并呈滞黏状态缓慢流动，形成一个称为"软流层"的区域。通俗一点讲，这是一个流动的、滚烫的岩浆层。软流层的运动是造成地震、火山爆发和大陆板块移动的重要力量。对软流层的流动成因，地质学家有多种不同的理论，但总体上讲是高温高压下岩石物质熔融产生化学反应和热力反应导致的结果。当软流层流体运动遭遇阻力，积蓄的能量需要释放时，就会导致地震和火山爆发。软流层流体运动的另一个结果就是造成大陆板块的移动。1910 年，德国地球物理学家、气象学家阿尔弗雷德·魏格纳注意到位于大西洋两岸的南美洲大陆与非洲大陆的海岸线相当吻合，他从地质学、古生物学、气候学的角度进行了考察，提出了著名的"大陆漂移说"。魏格纳表示，大约在 3 亿年前，南方大陆聚集在一起形成冈瓦纳古陆，而北方大陆则是由北美洲、欧洲及亚洲组成的劳亚古陆，分隔这两者的是地中海及以东一带的特提斯洋，冈瓦纳古陆与劳亚古陆联合组成了盘古大陆。随着大陆漂移，印度板块与亚洲板块相撞形成了喜马拉雅山脉和青藏高原，非洲板块与欧洲板块相遇产生了阿尔卑斯山脉，南美板块与非洲板块分离形成了大西洋等。经过了地球漫长岁月的板块移动，逐步形成了如今的大陆现状。20世纪60年代，地质学家运用计算机对地球大陆板块位移现象进行模拟运算，逐步建立了"板块构造学说"。"板块构造学说"认为，地球岩石圈的构造单元是板块，全球共分为六大板块：亚欧板块、太平洋板块、美洲板块、非洲板块、印度洋板块和南极洲板块。地幔软流层流体的循环对流造成了板块运动。据地质学家估测，现在大陆板块每年移动 1~6 厘米，大陆板块移动有一个"威尔逊旋回"现象，若干年后，分散的大陆板块仍会聚合到一起。正应了中国那句古话，"分久必合，合久必分"。

地球有广袤的大陆，也有辽阔的海洋。地球上海洋的总面积约为 3.6 亿平方千米，约占地球表面积的 75%。从某种程度上讲，地球就是一个水球。地球海洋中含有超过 13.5 万亿立方千米的水，约占地球上总水量的 97%。大家都知道，海水是"咸"的。海水平均含有 3.5% 的氯化钠，但各大海洋的海水所含的盐分并不完全一样。海水中的盐分来自海底火山喷发和硅酸盐等岩石风化而释放出来的盐类。如果将海水全部蒸干，剩下的盐平均分配的话，厚度应该可达 75 米。太阳照射着整个海洋，海水的温度一般在 -2~30 摄氏度，其中年平均水温超过 20 摄氏度的区域占整个海洋面积的一半以上。海洋最上层 2 米深的海水中所包含的热量超过了整个大气层中的热量。海洋受地球自转偏向力和海水冷热交换影响形成环流圈，而洋流中的热量循环在控制和调节全球气候方面起到了至关重要的作用。

气候变化对人类与生态系统有着重要的影响。2016 年，全球平均气温为 14.72 摄氏度。气象学家评估，从 1880 年到 2014 年的 100 多年时间内，全球的地表平均温度始终处于增长趋势。人类用温度计准确计量温度的历史仅有 150 年左右，但人们仍然能够借助史料描述和利用沉积物、冰芯中的同位素对比等科学方法确定历史的气候变化。地质学家告诉我们，自新石器时代起，即上一个冰川期基本结束，地球生物就有幸享受着相对稳定的温暖气候。地质记录表明，这种稳定性过去不曾有过，而计算机模拟告诉我们，未来也不会再出现。回顾地质历史记录发现，地球经历过剧烈的气候变化。最重要的证据就是地球上出现过多次极寒冷的冰河时期。据地质考古资料表明，地球历史上至少存在过5个主要的冰河时期。第一个冰河时期大约出现在24亿年前，称为休伦冰河期；第二个冰河时期最为酷寒，出现在前寒武纪晚期；第三个冰河时期出现在奥陶纪结束的时候；第四个冰河时期开始于3.6亿年前并持续了约1亿年之久；第五个冰河时期大约始于距今300万年前，结束于1万～2万年前，称为第四纪冰期。在近325万年之间，地球上冰期与温暖的间冰期交替出现。地球出现极寒冷的冰河时期的原因极其复杂。一般性的间冰期可能与地球生态系统自身的变化和地质灾害有关系，例如大气中二氧化碳的变化、火山爆发产生的火山灰影响太阳辐射等。而天文学家推测，极寒冷的冰川期可能与太阳系运行经过银河系某个区域因引力变化导致地球偏离轨道有一定关系。气象学家分析，尽管目前地球气候出现了暂时的温度上升，但整体上来讲，我们仍处于下一个冰川期的前期。

地球最大的特点就是有生命。尽管每一次气候的剧烈变化都给地球生物带来了灾难，但灾难过去都能给地球生物带来新的繁荣，生命始终是如此顽强。从历史的源头来看，地球最早的生命就是在地球原始海洋恶劣的环境之中孕育的，火山喷发、陨石碰撞、电闪雷鸣，成就了生命的奇迹。从原核生物到真核生物，从单细胞生物到多细胞生物，生物进化经过了漫长的不凡岁月，也见证了地球的演变历史。在生物进化的漫长历史进程中，曾发生过多次生物灭绝事件。古生物考古表明，自5亿年前寒武纪生命大爆发以来，地球上就发生过5次大的生物灭绝事件，灭绝了地球半数以上的物种，其中最著名的就是6 500万年前白垩纪末的恐龙大灭绝。但恐龙的灭绝却带来了哺乳动物的大繁荣。600万～800万年前，人猿分离，人类开始登上历史的舞台。从现代人（晚期智人）出现到如今，仅有短短数十万年时间，但整个世界却因人类的出现而发生了翻天覆地的变化。按地质年代划分，我们现在属于显生宙新生代第四纪的全新世。许多生态学家、地质学家和人类学家共同认为，人类正在以不可逆转之势改变着地球，最终会在地质记录中划分出一个特征鲜明的时代。因此讲，全新世应该改名为"人类世"。每一个世通常在1 000万年左右。"人类世"能否达到1 000万年，又将要为地球创造怎样一个辉煌的时代，非常值得期待。

人类或许最终将成为宇宙的主宰，但今天的宇宙仍主宰着人类的世界。在人类现有知识可以预期的未来，地球正按照自然的规律发生着演变。在下一个冰期来临之前，地球温度仍将持续上升，海平面缓慢升高，气候将变得更加不可捉摸。因板块挤压造成的喜马拉雅山脉的升高可能会慢慢停止，非洲大裂谷渐渐形成新的海洋，各大板块重新聚回到一起，组成一个称为"阿美西亚"的超级大陆。这可能是大陆的最后一次漂移。随着地球地核的逐步冷却，地核外核和地幔软流层皆渐成固态，地球磁场可能将会消失，大陆漂移也将会逐渐停止。而太阳一点一点地膨胀，像一个红红的大火球，会变得越来越炎热。到了那个时候，人类必须认真考虑是否真的要搬家，能否寻找到更加适宜人类居住的星球。在对未来的种种预测中，最不容易预料的是人类自身的发展。人类是一种智慧生物，也是一种情感生物，理性和冲动相伴，创造与破坏并存，事情如何发展往往取决于人的一念之间。人类是屈服大自然成为一个灭绝的生物物种，还是超越命运成为宇宙的幸运儿？一切取决于人类的理性与智慧能否战胜冲动和愚昧，指引人类像当年走出非洲一样走出地球，走向宇宙广阔无垠的新天地。

宇宙的未来

人类探索宇宙，叩问宇宙的未来，终极目的是关怀人类，探索人类社会的命运。宇宙是一个宏大的系统，地球的未来、太阳系的未来以及人类社会的未来，说到底，与宇宙的未来紧密地联系在了一起。在某种程度上讲，宇宙的命运就是人类的命运、人类社会的命运。就现在而言，我们认识宇宙的能力仍十分有限，我们认识宇宙的科学知识也十分有限。但是，能力总是一点一滴增长，知识也总是一点一滴积累。人类的科学与技术发展到今天，让我们完全有理由对人类的智慧充满信心，对人类社会的未来充满信心。我们相信，人类就是宇宙创造的一个奇迹。宇宙既然创造了人类，也必然赋予了人类某种重大的历史使命。

任何未来都以当代作为起点。从宇宙大爆炸到如今，我们了解宇宙最多的一个趋势性现象，就是宇宙的不断膨胀。天文学家观察到宇宙的膨胀现象有两个重要的观测时期。第一个重要时期是在 20 世纪 20 年代，以美国天文学家哈勃为代表，通过对河外星系的大量观测，发现了遥远星系的谱线红移现象。宇宙学意义上的红移现象表明了星系的远离。哈勃认为远方星系的谱线均有红移，而且距离越远的星系，红移越大。他由此得出了一个重要的结论：星系看起来都在远离我们而去，且距离越遥远，远离的速度越快。哈勃的这一观测结论，直接导致了宇宙大爆炸理论的诞生。天文学家们对星系红移的理解，主要集中在宇宙大爆炸方面，认为是宇宙大爆炸导致了宇宙的膨胀，星系谱线红移是宇宙膨胀的一个直接证据。但是，从道理上讲，如果是宇宙大爆炸导致宇宙膨胀而产生星系的远离现象，宇宙大爆炸的能量总会逐步消减，在星系引力的作用下，星系远离的速度应该是一个逐渐放缓的过程。第二个重要的时期是在20世纪90年代，美国天体物理学家索尔·珀尔马特、澳大利亚天体物理学家布莱恩·施密特和美国天体物理学家亚当·里斯等通过观测遥远超新星而发现了宇宙加速膨胀的现象，并由此共同获得了2011年诺贝尔物理学奖。珀尔马特和施密特、里斯分别率领的两个观测小组，通过对50多个Ia型超新星的观测与分析，发现这些超新星的一个共同特点是亮度比预期的更加黯淡，表明他们比哈勃定律测算的距离更遥远，从而显示出宇宙正在加速膨胀。这个观测结果引起了天文学界极大的兴趣。根据广义相对论，宇宙大尺度结构的作用力只有引力，在引力的作用下，宇宙膨胀的速度只会逐渐放缓，不太可能出现加速现象。而现在观测到宇宙加速膨胀，这就意味着宇宙中存在一种抗拒引力的斥力，也意味着存在一种产生斥力的新物态。最后，天文学家和天体物理学家把寻找新物态的注意力放在了暗物质和暗能量上。根据现有的宇宙学理论，宇宙大爆炸后的一段时间，宇宙的膨胀曾存在着放缓的趋势。但随着宇宙膨胀导致的空间增大，暗物质的密度下降，暗能量逐渐成为主控因素。据美国航空航天局威尔金森微波各向异性探测器的观测结果分析，宇宙质能构成比例大体为：暗能量占72.8%，暗物质占22.7%，可见物质占4.5%，这个观测分析结果与天文学家、天体物理学家的判断基本相符。天文学家初步研究后认为，宇宙大约在距今60亿年前从减速膨胀转化为加速膨胀，而暗能量的作用则可能是宇宙重现加速膨胀态势的一个重要原因。

　　理论研究认为，如果宇宙膨胀仅仅是宇宙大爆炸的一个结果，我们要分析宇宙膨胀的趋势，只要计算宇宙膨胀速率与星系引力之间的平衡关系便能够得到答案。而这个答案早在20世纪20年代，苏联数学家弗里德曼在求解爱因斯坦引力场方程式时建立的宇宙模型中已经阐述明白。弗里德曼取了三个重要参数：H（哈勃常数），决定宇宙膨胀的速率；Ω（欧米伽值），宇宙物质的平均密度；λ（拉姆达值），与真空空间有关的能量。弗里德曼是一位非常了不起的数学家和天文学家，他用这三个常数之间的微妙关系确定了整个宇宙的演化趋势。早期天文学家们假设与真空的空间有关的能量拉姆达值等于零，让宇宙密度欧米伽值被宇宙临界密度除，可以得出三个结论。① 如果欧米伽值小于零，宇宙中没有足够的物质逆转大爆炸产生的原始膨胀，结果是宇宙将永远膨胀，直到温度接近绝对零度，陷入大冻结状态。② 如果欧米伽值大于零，宇宙物质充分，物质引力最终将逆转宇宙膨胀。宇宙将从膨胀再回到收缩，形成大坍缩状态。这个大坍缩最终的结果将是回归奇点，重演宇宙大爆炸的过程，称为宇宙震荡理论。③ 如果欧米伽值精确地等于1，换句话说，宇宙密度等于临界密度，整个宇宙就会处于一种平衡的状态。当然，这是人类非常期望的一种宇宙的理想状态。

现在显然又出现了新的问题，我们在认为欧米伽值起决定作用时，是假设与真空空间有关的能量拉姆达值等于零，因为宇宙的临界密度大约为每立方米有10个氢原子，相当于平均在3个篮球大的体积内发现1个氢原子，我们有充分理由认为这就是真空，拉姆达值能够假设为零。但是，我们现在在原来认为真空的空间内感觉到了暗物质与暗能量可能存在，而我们又对这种暗物质与暗能量几乎一无所知，甚至仍不能确定暗物质、暗能量是否真实存在。天文学家现在认识到，暗能量的特性关乎宇宙的最终命运。如果暗能量一直这么稳定地存在，宇宙显然会加速膨胀，最终走向大冻结。如果暗能量本身不稳定，强度逐渐减弱，宇宙的物质引力迟

爱因斯坦像

早将重新发挥作用，宇宙一样会从膨胀再回到收缩，最终走向大坍缩状态。当然，也并不排除仍然出现第三种的平衡状态。说到底，一个膨胀的宇宙，无论情况如何千变万化，最终的结果无外乎是这三种状态：膨胀、收缩或平衡。

综上所述，关于宇宙的演变趋势，许多关键性的问题仍未清楚，短时间很难有比较确切的判断。但是，有些天文学家另辟蹊径，从多元宇宙着手，探寻宇宙未来演变的可能趋势，似乎获得了新的进展。所谓多元宇宙，就是理论上存在多个甚至无限个可能的宇宙，排除了宇宙的唯一性。目前对多元宇宙的认识，集中体现在多重宇宙和平行宇宙两个方面。多重宇宙即在我们的宇宙之上存在一个更为巨大的母宇宙。母宇宙的一个类似黑洞的天体发生大爆炸，导致了我们这个子宇宙的诞生。母宇宙是子宇宙的根源，子宇宙的命运必定受母宇宙的影响。平行宇宙则是从量子力学的量子纠缠特征引申出来的一个概念。有的天体物理学家认为，既然每一个量子都有不同的状态，宇宙就不可能只有一个，必然存在着不同类型的宇宙。天体物理学家眼中的平行宇宙，与量子力学一样不可思议。平行宇宙可能处于同一空间体系，但因时间体系不同，两者既不重合，也不相交，或因偶然的特殊事件，两个宇宙却能够相互感知对方的存在。美国科幻大片《星际穿越》中，最后用一组奇幻的镜头，显示了平行宇宙的奥妙。从现在的情况看，多元宇宙的理论仍有许多大胆设想的成分。但是，物理学的许多原理，最初何尝不就是一个美丽的想象。在许多时候，跟随物理学家的思绪，人类的想象力能够走向思想的极限。如果多元宇宙确实存在，无论是多重宇宙，还是平行宇宙，人类的未来必然又将燃起新的希望。

我从来就是一个乐观主义者，也是一个科学与技术决定论者。我始终认为人类社会的发展前景是光明的，照亮人类社会发展前景的就是科学与技术之光。人类的科学与技术发展到今天，按美国发明家、未来学家雷·库兹韦尔的说法，当代科学技术的发展已经到了一个即将突破的临界点，他称之为奇点临近。从天文学和与之相关的物理学来讲，爱因斯坦曾希望建立一个揭示引力、电磁力、强作用力、弱作用力相互作用的统一场理论，作为当代物理学的一个重要基础。他把后半生的大部分精力献给了这个事业，但终究没有获得成功。20 世纪 80 年代，物理学界兴起了弦理论、超弦理论。根据弦理论，如果你能用显微镜观察放大了的电子中心,你看到的不是一个点状的粒子,而是一根震动的弦,弦动造成了物质的变化。后来弦理论又演变成 M 理论。M 理论本意是希望解释所有物质与能量的本质与交互关系,致力于将量子力学与广义相对论在新的理论框架之内相容起来。M 理论在发展中结合了所有的超弦理论和十一维空间的超引力理论,试图用一条规律来描述已知的所有力,在本质上与爱因斯坦设想的统一场理论有异曲同工之妙。2010 年,霍金的哲学著作《伟大设计》出版。他在书中指出:"M 理论是解释宇宙本原的终极理论,是爱因斯坦穷极一生所追寻的统一场理论的最终答案。"应该讲,M 理论获得了很大的成功,但离物理学的终极理论尚有一定的距离。霍金也曾做过一个形象的比喻,他说:M 理论就像一个拼图游戏,我们已经把容易辨认的边缘拼好,而且拼得相当好,但拼图的中央仍有空洞,在这个空洞没有拼好之前,我们仍不能说成功。人类总是在发现问题、解决问题,又发现新的问题,再解决新的问题,周而复始,螺旋上升,把人类对主客观世界的认识不断发展到更新的阶段。

宇宙是宏大的,人类是伟大的。人类的伟大在于人类的智慧增长,在于人类的科学技术的进步。人类的智慧与科技的发展能否最终在宇宙的演变中完全掌控人类自身的命运,取决于两个关键的因素。一是人类能够掌握足够的能量。宇宙如此宏大,人类如果没有掌握足够的能量,不可能在宇宙的演变中做到趋利避害,无法扭转乾坤。二是人类拥有足够的智慧。宇宙如此奇妙,人类如果没有足够的智慧,就不可能破解宇宙的奥秘,化险为夷,点石成金,最终成为宇宙的主人。

苏联天文学家尼古拉·卡尔达肖夫曾经提出用人类文明发展水平指数来衡量人类能量的发展水平。这一指数又称卡尔达肖夫指数,它以人类的能源开发程度作为衡量文明发展的水平,包括了三个不同的阶段:① I 类文明阶段,指能够充分开发利用一个行星的能源与资源所达到的文明,例如人类能够充分开发和利用地球的能源与资源而建立的文明,据卡尔达肖夫测算,可利用的能量为 $10^{16} \sim 10^{17}$ 瓦;② II 类文明阶段,指能够充分开发和利用一个恒星的能源与资源所达到的文明,例如人类能够充分开发和利用太阳的能源与资源而建立的文明,据卡尔达肖夫测算,可利用的能量大约为 4×10^{26} 瓦;③ Ⅲ类文明阶段,指能够充分开发和利用一个星系或若干星系的能源与资源所达到的文明,例如人类能够充分开发和利用整个太阳系及其他星系的能源与资源而建立的文明,据卡尔达肖夫测算,可利用的能量在 4×10^{37} 瓦以上。这个构想非常之超乎想象,但要认真去想一想,如果人类不是拥有这超乎想象的能量,又如何能够驰骋辽阔无际的宇宙?

关于人类的智能发展水平,美国未来学家雷·库兹韦尔在他的《奇点临近》中曾从生物与技术两个方面以宇宙大爆炸为起点将宇宙进化的历史概念划分为六个纪元。第一纪元为物理与化学的纪元。这一纪元从宇宙大爆炸开始,反映了宇宙的演化过程。在这个过程中最主要的是物理与化学的作用。第二纪元为生物与DNA(脱氧核糖核酸)的纪元。这一纪元本质上是生命进化的纪元,从生命的孕育到生物的进化,从低级的生物到高级的生物。第三纪元为大脑的纪元。这一纪元实质上是人类成长的纪元。伴随人类成长,人类的智慧不断得到发展。第四纪元是技术的纪元。所谓技术的纪元,反映了工业革命以来科学与技术的突飞猛进,人类的知识呈现指数式增长。第五纪元为人类智能与人类技术结合的纪元。这一纪元就是雷·库兹韦尔所预言的人类社会奇点临近的纪元,"人机文明超越人脑的限制","人类技术的典型特征是:更大的容量、更快的速度、更强的知识分享能力"。第六纪元为宇宙觉醒的纪元。在这一纪元里,人类文明向宇宙注入创造力与智能,使得宇宙的奇点降临,整个宇宙成为一个智能的宇宙。

这些都是匪夷所思的极大胆的预言,雷·库兹韦尔在《奇点临近》中恰如其分地引用了美国著名棒球运动员尤吉·贝拉的一句名言对其评价:未来并不是像它过去那样发展。

未来不同于过去,未来是崭新的,甚至是极其出人意表的,是现在的人们所无法理解与想象的,这正是未来的魅力所在。人类总是孜孜不倦地向着未来探索前进,宇宙的未来尚不可预测。以我们通常的认识,这个世界上的任何事物,有它的开始,也必然有它的终结。宇宙是不是也该如此?天文学家近期从威尔森微波各向异性探测卫星上所得到的信息是宇宙正在加速膨胀。如果这个趋势不改变，宇宙的未来将走向大冻结。一些天文学家甚至将宇宙大冻结的生命过程划分为五个时期，分别为原始时期、群星遍布时期、退化时期、黑洞时期和黑暗时期。黑暗时期的宇宙所有的热源都将消耗殆尽，温度接近绝对零度，一切信息处理过程都将停止。这五个时期的时间周期或将超过 10^{101} 年。尽管时间十分久远，但仍描绘了一幅凄凉的宇宙末世图。在这样一个宇宙的大背景中，作为宇宙智慧生命的人类将如何延续自己的文明？现在看来只有两条出路：一是改造宇宙，二是逃离宇宙。改造宇宙就要逆转宇宙的演化过程，按照物质不灭定律，重新激活宇宙的热核反应，点亮希望之光。我们寄希望于物理学的统一场理论或 M 理论及更新的理论能够告诉我们一个完美的终极答案。逃离宇宙以多元宇宙的存在作为基本前提，让人类文明在母宇宙或平行宇宙中得以延续。美籍日裔物理学家加来道雄在《平行宇宙》一书中，提出了一个令人脑洞大开的逃离宇宙"十一步法"，即：① 创立一种万物理论；② 找到自然存在的虫洞；③ 发射探测器穿越黑洞；④ 创建一个慢动作的黑洞；⑤ 创建一个婴宇宙；⑥ 建造巨型原子击破器；⑦ 创建内向聚爆机制；⑧ 建造一架曲速引擎机；⑨ 利用来自压缩态的负能量；⑩ 等待量子跃迁；⑪ 最后的希望。这些都是极匪夷所思的奇思妙想，他自己也讲："我所提到的这一过程的每一步都远远超出了今天的技术能力，给人的感觉肯定像是在读科幻小说。"说实话，我非常喜欢加来道雄的科普著作，深入浅出，娓娓道来，将高深莫测的物理理论说得如此动人心弦。

前几年，美国科幻大片《星际穿越》的上映在世界各地掀起了一波天文热。趁着这波天文热，我在网上选购了一架入门级的天文望远镜。在一个风清月朗的夜晚，当我在城市大楼的屋顶平台，架好自己的天文望远镜，调准天文望远镜的焦距，第一次在天文望远镜的目镜中看到月球的环形山，看到土星的光环，内心竟然涌动起了一种少年时才有的欣喜。夜空中繁星点点，深邃而神秘，流星划过天幕，四周一派宁静。在清凉的夜风中，我摆弄着崭新的天文望远镜，漫无目的地搜寻茫茫星空，内心期望遥远的太空深处会灵光一闪，让我略微领悟宇宙无穷的奥秘。

第二篇

生物的进化

人类曾以自我为中心，认为宇宙之间的一切都围绕着人类、围绕着人类心中的神而运行，因而分别曾把人类居住的地球和照耀人类成长的太阳看成是宇宙的中心，因此才有过"地心说""日心说"等宇宙观念。现代宇宙学却告诉我们，地球仅是太阳系中一颗普通的行星，太阳又仅是银河系中一颗普通的恒星。说是普通，这是因为在广大宇宙的天体世界里，地球和太阳都只是亿万行星和恒星之一。然而却又不普通，这是因为在地球这颗太阳系的行星上孕育了生命，生长着亿万生物，出现了具有高等智慧的人类，组成了具有强大科学技术的人类社会。自人类及人类社会诞生以来，我们仰望星空，凭借各种天文观察设备遍寻宇宙，至今没有发现像地球一样存在生命的星球。因此，地球和太阳虽不是位居宇宙的中心，却一样是宇宙之中耀眼的"明星"。

地球的独特之处在于孕育了生命，生长着亿万生物。生命是一个寓意丰富的词汇，有广义与狭义之分。广义的生命是指一切物体与事物发生、存续和消亡的过程，可以指客观物体，如地球的生命周期、太阳的生命周期等，也可以指主观的事物，如政治生命、艺术作品的生命等。狭义的生命特指生物体的生命。现代生物学对生物体生命特征的表述为：生物体所表现的自身繁殖、生长发育、新陈代谢、遗传变异以及对刺激产生的自身反应等的复合现象。生命的现象十分复杂，以至于许多生物学家都认为，生命可以表征，而不可以定义。地球上的生物种类繁多，生物学家估计，世界上真菌大约有150万种，植物大约有30万种，动物超过了150万种，而不知名的生物更是不知其数。按照现代生物学的分类，世界上的生物可分为两界、三界、四界、五界甚至六界。两界即植物界和动物界，三界为原生生物界、植物界和动物界，四界是原生生物界、真菌界、植物界和动物界，五界包括原核生物界、原生生物界、真菌界、植物界和动物界，六界涵盖古细菌界、真细菌界、原生生物界、真菌界、植物界和动物界。我一直以为，对一般人来说，生物还是分为三大类比较简单，即微生物类、植物类、动物类，容易让社会大众理解。按生物学分类，在界以下分别为门、纲、目、科、属、种。生物分类的日益精细化，标志着人类对生物的认识更加深入。

在地球的生物世界里，生物的形式千姿百态。在自然界，有参天大树，也有奇花异草。非洲的龙血树、欧洲的云杉都能够活到数千年；而非洲撒哈拉沙漠中的短命菊，沙漠稍微湿润就立刻发芽、生长开花，整个生命周期只有几个星期，是种子植物中寿命最短的。在辽阔的大海中，有巨无霸的蓝鲸，也有娇小的胖婴鱼。蓝鲸是世界上最大的哺乳动物，长可达33米，体重可达180吨，相当于25头非洲象。而澳大利亚的胖婴鱼体长仅有7毫米，体重约1毫克，100万条胖婴鱼才能凑够1千克，为世界上最小的脊椎动物。在蔚蓝的天空下，有闪电般飞翔的雨燕，也有步履蹒跚的企鹅。褐雨燕是飞翔速度的冠军，速度最快可达300千米/小时。而企鹅是早已失去飞翔能力却擅长游泳的海鸟。在土壤、空气和水中，甚至在各种动植物的身体内，各式各样的微生物无处不在，而我们对这些生活在微观世界里的微小生物仍知之甚少。每一种生物都有自己的特定生活环境，既相互竞争，又相互依存，在同一片蓝天下自由生长。

在生命的大千世界里，最令人赞叹的毫无疑问是人类。人类是具有高等智慧的生物体。自从灵长类动物中分离出来之后，人类一直在持续进化、进步，形成了人类社会，发展了人类文明，堪称"地球的主人"。联合国人口基金会估计现在世界总人口已经超过了70亿人，而世界总人口仍在增长，大约每年增加8 000万人，人类当之无愧成为地球生物的主体。人类最为神奇的是具有高等智慧，会学习，能思考，有追求，日益发展的科学与技术正在创造着改变世界的奇迹。人类是动物大家庭中的一员，和其他生物共同居住在地球这个美丽的家园里，构成了地球庞大的生物圈。地球的生物圈是地球生态系统中重要的组成部分，同地球上的山川、森林、草原、湿地、湖泊、海洋、城市与乡村等一起，形成了一个生机勃勃的世界。

地球是一个充满生命活力的星球，一个活跃着亿万生灵的星球，一个散发着智慧光芒的星球。现代生物学家告诉我们，在地球这个具有生命和生物的独特星球上，所有的微生物、植物和动物不仅都是一个大家庭的成员，而且拥有共同的生命起源，共同的生命密码。生命之树，枝繁叶茂；追根溯源，根却是在一处。

生命的出现

地球因生命而精彩，地球因活跃着亿万生物而显得生气勃勃、生机无限。尽管许多人对外星人、对地球以外的文明充满了浓厚的兴趣，但十分遗憾的是，到目前为止，就我们所能确切得到证实的情况来看，生命仅仅是地球所独有的现象。在广大的宇宙空间，类似地球的行星成千上万，为什么地球会产生生命？而地球的生命又是如何产生的呢？这对人类来说，始终是一个十分有趣的谜题！

一般认为，大约在60多亿年前，银河系发生了一次超新星大爆炸。超新星大爆炸所产生的星际物质导致了周围的星云密度陡增，经过漫长的星云凝聚过程，大约在46亿年前形成了太阳。新生的太阳向外抛射剩余的物质并带动周围的星云形成了一个涡旋状的星云环。在巨大的涡旋状星云环内，星际物质相互碰撞和凝聚，逐步形成地球和其他行星，构成了整个太阳系。初生的地球，在星际物质引力势能和放射性物质热能的双重作用下，呈现出熔融的状态。高温熔融状态的地球不停地旋转，在地球自转的离心作用下，较重的物质下沉构成了地核，较轻的物质上浮构成了地幔和地壳。在40亿～43亿年前，地球逐步形成了原始的地壳。这就意味着，地球从天文行星年代过渡到了地质年代。

处于熔融状态的地球是一个灼热的世界，不可能有任何生命体的存在。地球生命的起源过程，必然是在原始地壳初步形成之后的时间内才会逐渐发生。运用现代科学技术，地质学家已经能够比较准确地测定岩石的年龄。早一些年，地质学家发现世界上最古老的岩石是位于格陵兰岛靠近北极南部地方的蛇纹石化石，这些蛇纹石化石的年龄估计在 40 亿年以上。近些年来，地质学家又在澳大利亚西部杰克山的变质砂岩中，发现了远古形成的锆石晶体。经过铀－铅放射法进行年代测定发现，这些锆石晶体形成于距今 43.74 亿年之前。当然，我们不可能凭借一个地区发现的古老岩石就判断整个地球形成了完整的地壳的时间，地球地壳的形成必然是一个渐进的过程。但是，我们可以据此初步断定，地球地壳的形成时间在 40 亿～43 亿年前。原始的地壳为生命的诞生准备了温床，但我们至今仍不能知道生命诞生的确切时间。2011 年，据《自然地球科学》杂志发表的一项研究报告，在澳大利亚西部皮尔巴拉地区的砂岩层中发现了距今 34 亿年的远古微化石，这是一种夹杂在石英砂砾中的微小化石，直径只有约 10 微米，非常不容易被发现。地质学家首先确定这一地层的历史年代，然后对这一地层的各种岩石和物质一点一点进行筛选，对被认为有价值的化石作进一步的研究分析。西澳大利亚大学和牛津大学的研究人员对发现的微化石进行了 3D 图像的重建修复。通过重建截面，着重揭示了古老细胞的球状特征。初步确认，这是到目前为止有记录以来发现的最早的微生物化石。2002 年，曾有一些科学研究人员在距离不远的同一地层发现了可能是细菌化石的物体，但最终没有能够确认。在此之前，地质学家曾在格陵兰岛 38.5 亿年前的岩石层中发现了碳的化石。据这些碳化石的同位素分析，科学家推测这些碳为有机碳，来源于生物体。综合以上分析，地质学家们初步判断：地球生命的起源时间在 38 亿～40 亿年前。

38 亿～40 亿年前的地球，地壳十分薄弱，到处火山喷发、陨石碰撞。岩石熔融后的挥发物形成了最初的大气层。大气中的水蒸气冷却后化作倾盆大雨，逐渐形成了原始的海洋。以现代人的眼光来看，原始地球的生态环境十分恶劣，但这却是生命诞生的最佳时机。从现代生物学的角度理解，生物就是一个有机生化体。生命的起源就是一个化学进化的过程。生命的化学进化必须具备三个要素：① 基本的化学元素，② 适合的温度，③ 一定的能量。当然，生命产生后还要有基本的生存环境。从当时的地球状况来看，这三个要素基本具备。太阳系是超新星爆炸的产物，在超新星这个大熔炉中融合了丰富的元素。太阳是第二代恒星，地球是太阳诞生后的剩余物质凝聚成的岩石类行星，元素丰度本身比较高，加之地球早期遭受大量陨石袭击，又增加了地球的元素丰度。构成生命的基本元素氢、氧、氮、碳、硫、磷、铁、钙、镁等都比较丰富。这时的地表温度比之地球形成初期的熔融状态有了明显的下降，但仍高达 300 摄氏度左右。通常认为这个温度不适合生命的存在。但在 20 世纪 70 年代末，科学家在东太平洋的加拉帕戈斯群岛附近发现几处深海热泉，尽管热泉喷口温度达到了约 300 摄氏度，但在热泉喷口周围仍生活着众多的生物，其中包括一些嗜热古细菌。在此以后，科学家在世界上的其他地方也发现了同样的嗜热古细菌。实证表明，原始生命有可能就是产生于这样一个高温的环境。至于推动生命元素产生化学进化的能量，可能来自太阳的辐射，可能来自炙热水体的热能，也可能来自原始地球的电闪雷击等。生命的化学进化，各种要素基本具备，进化在一个不为人知的时刻渐渐展开了。

在生命化学进化展开之前，必须关注的是生命的起源场所。生命的起源场所，历来有海洋起源说、陆地起源说、大气层起源说、深海烟囱起源说和宇宙起源说等学说。所谓海洋起源说，就是认为地球生命起源于原始海洋。持海洋起源说的学者认为，地球是一个"水球"，占地球表面约 70% 的面积为海洋；原始海洋是温热、偏淡的，能够溶解许多化学物质，是生命化学进化的理想场所；生命的基本单位为细胞，而水占绝大多数细胞成分的 80%～90%；现在发现的大量古生物都生活在海洋之中，以后逐步进化上岸；在海洋火山口和深海热泉附近还发现了嗜热古细菌等。一切似乎都是生命起源于海洋的有力证据。持陆地起源说的学者认为，原始海洋中所含的盐分并不利于细胞膜的生长，生命应该是起源于陆地的火山口或热泉附近的水体。最早认为生命起源于陆地的是著名的英国生物学家查尔斯·罗伯特·达尔文。1871 年，达尔文在写给生物学家约瑟夫·胡克的一封信中提到："人们常说形成第一个生命体的所有条件仍然存在，但是如果我们能够想象在某个温暖的小池塘中，化合成蛋白质所需的氨和磷盐、光、热、电等都具备，且准备好经历更为复杂的变化的话，那么今天这样的物质在形成生物体之前就会立即被吞食或吸收。这是一个非常大胆的假设。"

这是达尔文关于生命起源的一段非常著名的论述——"温暖小池塘"的假说。多少年来，人们一直把这个"温暖小池塘"的论述仅当作一个假说。但

达尔文像

是，2012 年，美国物理学家阿尔门·穆尔基德加伊安在《美国国家科学院院刊》上发表文章认为，海洋并不含有培育生命所需的最稳定成分。他和他的同事从美国黄石国家公园的温泉和间歇泉等内陆"孵卵处"提取了最简单的细胞进行分析之后指出：细胞进化前的阶段可能就发生在充满冷凝地热蒸汽的小池塘中。这类蒸汽含有多孔硅酸盐矿物，同金属硫化物和磷化合物混合在一起。如果浓缩进池塘的蒸汽含有陆地矿物质，这个环境就为细胞的基本生物化学过程提供了一个自然起点。这一研究成果发表后，有多名学者表示了对这一观点的赞同和支持。持大气层起源说的学者认为，大气中的水、甲烷、氨气等容易形成化合物，在阳光照射作用下合成复杂的氨基酸和蛋白质，落入海洋后与海洋中的有机物结合，有可能发展成为最初的生命体。持深海烟囱起源说的学者认为，在原始海洋的大洋深处，因岩浆作用在地壳裂隙处产生了许多热泉，热泉涌出的硫化物等都堆积在泉眼附近，会形成一个个"黑色烟囱"。黑色烟囱喷出的甲烷、氨气等，在高温和硫化物的催化作用下能够形成具有生命性质的团聚体。持宇宙起源说的学者认为，宇宙间的一些彗星陨石上往往含有构成生物体所需要的有机物，这些彗星陨石落入地球，导致了地球生命的起源。

我个人比较倾向陆地起源说，支持陆地起源说的关键是取其两点，即矿物质（尤其是硫、磷为主的矿物质）形成的多孔矿床和阳光照射浅水体的光合作用，这两点在细胞的形成过程中发挥着重要作用。如果说，生命起源于大陆水体，尤其是邻近海洋的大陆水体，生命形成之后的生物体被流水带入了海洋，在海洋中孕育成长，这个假设是可以成立的。完整地讲，生命起源于陆地，但最终汇聚并孕育成长于海洋。

较早对生命起源的化学进化过程进行系统研究的有苏联生物化学家亚历山大·伊万诺维奇·奥巴林，奥巴林的主要著作有《地球上生命的起源》《生命起源与进化》等。他认为，生命来自原始海洋，生命起源分为三个阶段。奥巴林关于生命起源的理论影响十分广泛，许多生物化学家都赞同他的学说，并从实验和理论两个方面给予支持和完善。综合奥巴林学说和现代生物学研究成果，生命化学进化的过程大体上可分为这样三个阶段。

第一个阶段是从无机小分子到有机小分子的阶段。原始地球的物质比较简单，一般为单一元素物质和无机小分子化合物。而有机化合物则是生命产生的物质基础。一般认为，第一阶段的化学进化是在地球原始大气中产生的化合反应。地球原始大气主要由甲烷、氨、氢、二氧化碳、一氧化碳、水蒸气等组成，为缺乏游离氧的还原性大气。在宇宙射线、太阳辐射、雷鸣电闪和高温的催化作用下，逐步形成了氨基酸、核苷酸及单糖等有机小分子化合物。这些有机小分子化合物最终落入地球水体，成为生命起源的物质基础。1953年，美国芝加哥大学研究生米勒在导师指导下用玻璃器皿模拟原始地球的还原性大气环境，再将500毫升烧瓶内的水煮沸，使得水蒸气与还原性大气不断循环，并在另一个容量为5升的大烧瓶中，受火花放电（模拟雷鸣闪电）一周时间，最后生成了多种氨基酸等有机物。这就是著名的"米勒实验"。后来有许多人进行了类似的实验，都获得了成功。米勒的实验证明：在原始地球的还原性大气中由无机物合成有机小分子化合物是完全可能的。

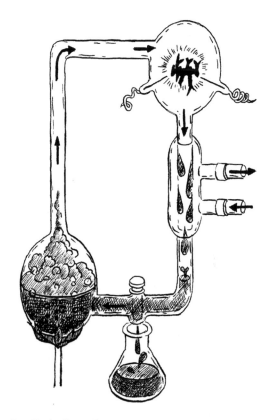

米勒实验

第二阶段是从有机小分子到生物大分子阶段。从大气中落入陆地水体或海洋的氨基酸、核苷酸等有机小分子经过长期的积累和相互作用,在高温和矿物质的催化下,逐步浓缩、聚合成原始的蛋白质和核酸大分子。1955年,美国生物化学家福克斯曾进行了一系列实验,他把各种氨基酸的混合物加热到200摄氏度,3个小时以后,它们形成了类似蛋白质的分子链,称为类蛋白。1960年,福克斯又把酸性类蛋白放入稀酸中加热溶解,冷却后发现物质缩结成团,形成微球体。在显微镜下,福克斯发现这种微球体很像细菌,经过特定处理后还能生长。福克斯认为,早期的地球温度很高,依靠热能足以使简单的化合物形成复杂的化合物。他提出了生命起源的类蛋白微球体假说，并由此否定了生命起源于原始海洋的假设，成为了陆地起源说的有力支持者。福克斯的实验证明：在适合的条件下，有机小分子聚合成生物大分子是完全可能的。

第三阶段是从生物大分子到多分子体系，最终演变成原始的生命。这是最难也是最为关键的一个阶段。到了这个阶段，组成生命体的各种物质都已经具备，关键是将这些物质有机地组合在一起，形成一个活的生命体。从有机组合来讲，并不是十分困难。奥巴林曾提出一个团聚体假说。他通过实验表明，将蛋白质、多肽、核酸和多糖等放在适合的溶液中，它们能自动地浓缩聚集为分散的球状小滴，这些小滴就是团聚体。奥巴林实验中的团聚体小滴与周围的液体呈现明显的区别，外围增厚形成膜样结构。在液体中加入的磷酸化酶和葡萄糖可以进入团聚体内，在磷酸化酶的催化下形成淀粉，排出磷酸，并使团聚体增大，具有了原始的代谢特性等。标准的生物生命体具有三个基本的特征：形成生命体与环境隔离的膜结构、具备某种新陈代谢和自我复制功能。奥巴林的团聚体已经非常接近这些特征。应该讲，奥巴林的实验十分成功，实验中的团聚体已经表现出了种种生命的迹象。但是，生命是经过漫长的进化过程才产生的，我们不能期望一个短暂的实验能够即刻创造出生命的奇迹。更进一步说，即使实验中创造出了新的生命体，我们同样无法证实实验中创造的生命体与大自然创造的原始生命体完全一样，也无法证实生命起源的演变过程就是实验中的演化过程。我们没有原始生命体的标本和化石，我们也不知道原始生命体的性状与特征。时至今日，人们在地质勘查中仍找不到38亿～40亿年前这一时间段的岩石层。今后即使能够找到生命起源这一时间段的岩石层，也不能指望在其中找到十分有价值的化石标本。原始生命体十分微小，也十分脆弱，经过悠悠岁月，能够留下的最多也仅是一些有机碳屑而已。然而，这些实验仍然具有很高的价值，它至少告诉了我们两件事情：一是原始地球的生态环境能够创造生命，二是原始生命的化学进化的大体基本路径。明白了这两件事情，许多问题就得以迎刃而解了。

随着现代生物学和分子生物学的发展，我们对生命起源和进化又有了更多认识。我们现在知道，一个完整的生命体至少有新陈代谢的功能和自我复制的功能。在自然状态下，因各种内外因素的促发，一些生物大分子形成具有原始代谢特性的多分子团聚体是有可能的，而要同时具有自我复制的功能就不是那么简单了。现在世界上所有生物（RNA病毒除外）的自我复制几乎都是依靠一套DNA系统。DNA又称脱氧核糖核酸，是一种生物大分子，可组成遗传指令，引导生物发育和生命机制运行。带有蛋白质编码的DNA片段称为基因。在生物学家揭开基因的秘密之后，许多学者都由衷地感叹，生命像是精心设计的杰作。那么，在生命起源过程中，原始的生命体的自我复制功能是如何产生的呢？较早从基因科学角度对原始生命体自我复制功能的发生进行论述的是英国著名生物学家查理德·道金斯。他在成名之作《自私的基因》一书中描绘："到了某一时刻，一个非凡的分子偶然形成。我们称之为复制基因。它并不见得是那些分子当中最大最复杂的，但它具有一种特殊的性质——能够复制自己。"道金斯也认为"看起来这种偶然性非常之小"。但他又诙谐地说："我们人类在估计什么可能或什么不可能发生的时候，不习惯于将其放在几亿年这样长久的时间内考虑。如果你在一亿年中每星期都购买一次彩票，说不定你会中上几次头等奖呢。"道金斯所说的最初的"复制基因"可能是DNA，也可能是RNA。许多学者更倾向是RNA。RNA又称核糖核酸，主要功能是实现遗传信息在蛋白质上的表达。在特定情况下，RNA也是遗传信息的载体。倾向RNA

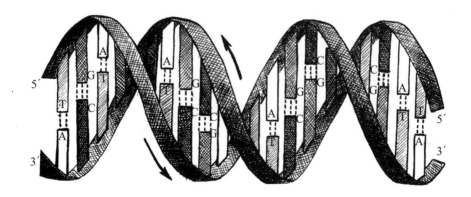

DNA双螺旋结构示意图

的学者认为，在进化过程中，RNA兼具DNA和RNA的功能，RNA先于蛋白质和DNA出现，生命起源于第一个能够自我复制的RNA分子。更有学者认为，在RNA出现之前，可能还有一种与RNA类似、比RNA更简单的复制因子，那才是生命起源的真正源头。当然，仍有许多学者反对，他们认为，DNA、RNA等都是复杂的有机大分子，在原始条件下自发形成的概率太低了。因此，又产生了以新陈代谢为基础的小分子起源的假说。这样，以分子生物学理论为基础的生命起源说就形成了两大类假说，即复制因子起源说和物质代谢起源说。前者认为，能够复制自身的大分子（如DNA、RNA等）是偶然形成的；后者认为，生命起始于小分子有机物自发形成的隔间和反应网络，在能量的驱动下，聚合体逐渐形成了简单的增殖机制。但我以为，无论物质代谢起源的假说多么巧妙，聚合体内形成的遗传信息最终都要进化成类似RNA、DNA的复制因子，这是一个无法替代的过程。到目前为止，这两种假说都缺乏有力的证据予以证明。现在看起来，生命的起源是极其偶然的小概率事件。这似乎也在暗示，在浩瀚的宇宙之中，地球上的生物可能就是一个孤独的群体。我们希望，随着分子生物学的发展，人类能够从生物基因这部天书中找到生命起源更多的秘密。

中国有句古语，叫作"万事开头难"。生命的起源就是一个例证。生命出现以后的事情，我们似乎已经逐渐明白了。最早的原始生物可能是具有生命特征的"原生体"，这是一种非细胞的生命物质，类似现代支原体的一种微生物。随着生命的不断演化，出现了原核单细胞生物，称为原核生物。原核生物构造简单，一般仅具有细胞质、细胞壁、细胞膜等。原核生物耐盐、耐酸、耐热，能够在极端的环境中生存，适应原始地球的生存环境。原核生物具有自养和异养两种不同特征。异养以吸收环境中的有机物为能量。自养中一种较为原始的方式为分解无机矿物质化学合成所需要的能量，称为化学自养。在铁卟啉分子进入原始细胞后，一些原核生物具有了光合作用，由化学自养变为光合自养。原核生物汲取能量方式的多样化，促进了自身的进化。20世纪70年代，美国生物学家马古利斯出版了《真核细胞的起源》一书，提出了内共生学说，认为细菌被原核生物吞噬后长期共生成为线粒体，逐步形成细胞核，演变成了真核细胞。马古利斯是一位多产的生物学家，她的内共生学说运用广泛，也为地球的"盖亚假说"提供了理论支撑。真核细胞结构复杂，能够进行有丝分裂。具有光合自养功能的真核细胞，光合效率提高，加速了自由氧在大气和海洋中的积累，改善了地球生态环境。真核细胞的出现，是生物进化史上的一个重大事件。由真核细胞组成的生物被称为真核生物。真核生物由单细胞生物进化为多细胞生物，生物进化从低级到高级，逐渐呈现多样化趋势。

地球上的生命从最原始的无细胞结构的"原生体"生物进化为有细胞结构的原核生物，从有细胞结构的原核生物进化为具有细胞核的真核单细胞生物，从真核单细胞生物进化为多细胞生物，最终演化出微生物类、植物类、动物类等各种生物。更进一步讲，生物的进化从水生到陆生，从简单到复杂，从低级到高级，呈现出一种进步性的趋势。最早萌生生物进化思想的当属古希腊的哲学家亚里士多德，他在《动物志》《论植物》中论述，生命的演化经历了由非生命到植物再到动物的一个积微渐进的过程。现代第一位系统阐述进化论思想的是法国生物学家让·巴蒂斯特·拉马克，他在《动物学哲学》一书中提出了"用进废退"和"获得性遗传"两个法则，并认为这既是生物产生变异的原因，也是适应环境的过程。而进化论思想的奠基者毫无疑问是英国生物学家查尔斯·罗伯特·达尔文。1831年，达尔文乘坐英国皇家海军"贝格尔"号军舰作了历时5年的环球旅行，对动植物和地质环境进行了大量的科学考察，撰写了许多科学考察笔记。在对科学考察资料进行深入研究的基础上，1859年达尔文出版了著名的《物种起源》一书，原书的全称为《物种起源：通过自然选择的方式或在生存斗争中保留优势种群的方式》。达尔文认为，无论植物或动物，生物都是进化的，自然选择是生物进化的动力。在自然界，生物有过度繁殖的倾向，而生存空间与食物总是有限的，因此所有的生物都必须为生存而斗争。在生物的种群中，也总是存在个体的变异。激烈的生存竞争，使得那些适应环境的有利变异个体存活下来并繁殖后代，而那些不能适应环境的不利变异个体即被淘汰。在地球环境的变化过程中，经过长期的自然选择，微小的变异积累成为显著的变异，由此导致了新的物种产生。达尔文的进化论将生命起源和生物演化从神创造万物的思想禁锢中解放了出来，进化论奠定了现代生物学的重要基础。

但是，在生物科学的发展历程中，仍有人不断挑战达尔文的进化理论，尤其是在近现代，随着遗传学和分子生物学的兴起，人们对生物的进化有了更为深入的认识。现在我们知道，DNA组成了生物的遗传指令，DNA的变异导致了生物遗传性状的突变。最新的研究表明，生物遗传的突变来源于DNA损伤，而DNA损伤修复中有一种直接跨过DNA损伤进行合成的特殊聚合酶，称为跨损伤合成聚合酶。这种跨损伤合成聚合酶在修复损伤DNA的过程中会产生变异，直接导致了生物性状的遗传突变。但是，这种随机的个体突变并不决定生物群体进化的方向，适应生存环境的突变个体得到繁殖，不适应生存环境的突变个体会被淘汰，决定生物群体进化方向的仍是自然选择。自然选择不断调整生物与环境的关系，使得生物朝着适应环境的方向进化。现代进化理论由此认为，进化是在生物种群中实现的，而突变、选择和隔离是生物进化和物种形成过程中的三个基本环节。在这三个基本环节中，自然选择仍是生物进化具有决定性的力量。由此可见，现代生物学并没有否定进化论，而是丰富与发展了达尔文的生物进化理论。通过生物进化理论，结合地质与生物化石考证以及DNA测序分析，人们愈来愈清晰地描绘出了地球生物进化之树的真实模样。从达尔文开始，现代生物学进入了科学发展的新阶段。

微生物的演化

我们的世界是一个生物的世界,更是一个微生物的世界。我们现在知道,地球上最早的居民不是人类,也不是各种植物和动物,而是微生物。可以说,微生物是地球上数量最多、活动范围最广、历史最为悠久的一种生物。经生物学家考证,在上至数千米的高空,在下至万米的深海,在火山口附近高达300摄氏度的喷泉,在北极 -250 摄氏度的冰川,在地下2 000米的岩层里,在各类动植物的身体内,甚至在地球各种含酸、含盐、含碱的极端环境中,都有微生物的身影。美国微生物学家马丁·布莱泽在他的畅销书《消失的微生物》中说:"请记住这个事实,不可见的微生物组成了地球上生物量的主体,超过了海洋与森林中所有的鱼类、哺乳动物、爬行动物。"人体中有一个微生物王国,人体中的微生物构成了人体微生物系统。据估算,人的身体由30万亿个细胞组成,但是它却容纳了超过100万亿个细菌与真菌细胞,这些微生物朋友们与我们协同演化。可以说,微生物无孔不入、无处不在。这些微小的生物在地球的各种环境中都保持着非凡的旺盛生命力。

虽然微生物无处不在,但在很长的时间内,我们并不知道这个世界上有这些微小生物的存在。人类在发现和研究微生物之前,非常干脆地把一切生物分为两大类——动物界和植物界。亚里士多德就曾把世界上的生物分为两类,一类是可以移动的生物,称之为动物;一类是不可以移动的生物,称之为植物。随着对微生物的认识愈加深入,这些形态各异、性质不同的微小生命倒是让生物学家大大纠结了一番。生物学分类出现了两界说、三界说、四界说、五界说,甚至六界说等。这些形态各异、种类不同的微生物如何科学归类让生物学家们伤透了脑筋。

世界上第一个发现微生物的是一位具有传奇色彩的小人物,他叫安东尼·列文虎克。

安东尼·列文虎克像

列文虎克出生于荷兰的代夫尔特城,家境较为贫寒。他幼年在阿姆斯特丹当学徒时,在隔壁一家眼镜店学会了磨制镜片,中年后回到家乡在市政厅当了一名看门人。闲暇之余,他磨制镜片,制作简单的凸透镜。列文虎克勤奋好学,他制作的凸透镜的精细度超过了同时代的许多人。他不仅磨制镜片,也十分热衷于观察放大镜下所展示的显微世界,还喜欢绘制各种微生物的图谱。列文虎克怀着极大的兴趣观察过雨水、牙垢、血液、污水、精液、黄油、腐败的肉等,可以说无一不是他放大镜之下的观察物,终于慢慢掀开了人们尚未知晓的微生物世界的神秘面纱。后来,他经一位医生朋友的介绍与英国皇家学会建立了联系。1673 年,英国皇家学会首次收到了列文虎克的观察记录和他绘制的栩栩如生的微生物图谱,这些稀奇古怪的微小生物的模样让许多科学家大吃一惊。在 1673～1723 年间,列文虎克曾向英国皇家学会寄出了 200 多份微生物的观察报告。1680年，列文虎克被正式吸收为英国皇家学会会员。1683年，列文虎克绘制的第一幅细菌绘图刊登在《皇家学会哲学学报》上。列文虎克成为了举世公认发现微生物的第一人。

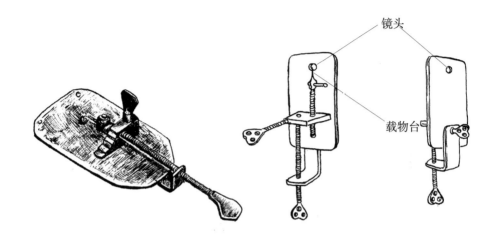

列文虎克的显微镜

现在认为，微生物一般指广泛存在于自然界，肉眼看不见或看不清，必须借助显微镜观察的显微生物。这些显微生物包括了细菌、病毒、真菌、显微藻类以及一些微型原生生物等在内的一大类生物群体（但有些微生物是肉眼可以观察的，如灵芝、蘑菇等真菌）。微生物有如下一些特点：① 个体微小。微生物的大小一般以微米为单位衡量，常见的霉菌为 2～10 微米，病毒仅为 10～20 纳米。② 种类繁多。微生物的种类呈现多样性，现在已经发现的约为 10 万种。但生物学家估计，世界上微生物的实际种类将大大超过这个数字，估计为 50 万～600 万种。③ 分布广泛。微生物在自然界的分布极其广泛，存在于土壤、空气、水体、动植物身体和一些极热、极寒、极酸等的极端环境之中。④ 结构简单。微生物个体通常是细胞本身，除大型真菌外，一般没有细胞分化现象，微生物的营养吸收方式和代谢调节方式也比较简单，被认为是世界上最简单的生物。⑤ 容易变异。微生物的生命周期非常短暂，有的可存活几天，有的仅能存活几个小时。生命周期愈短，繁殖愈快，加之结构简单，必然极容易产生变异。

这些微小的生物形态各异，生存环境各不相同，生理结构呈现多样化的特点，甚至有些微生物的基因表达方式都与其他生物不一样。根据微生物的差异化特征，生物学家在确定生物分类时，并没有把微生物分成一类，而是根据微生物的细胞结构和营养方式把它们归属不同的类、域、界，即所谓的两类（非细胞类、细胞类）、三域（古细菌域、细菌域、真核生物域）、五界（原核生物界、原生生物界、真菌界、植物界、动物界）等。其实，上述各种类别中，除了植物界、动物界，其余类别所属的基本上都是微生物。因此，我始终以为，地球生物分为微生物、植物、动物三类更简单，也更容易让社会大众所理解。

依据微生物的细胞结构状态，微生物可以分为三大类：原核微生物、真核微生物、非细胞型微生物。

第一大类为原核微生物。原核微生物是指没有成形的细胞核或线粒体的一类单细胞生物。这是微生物中的一个重要群类，绝大多数为单细胞生物，也有一些种类可形成多细胞或多细胞丝状体。原核微生物包括了细菌、放线菌、蓝细菌、立克次氏体、螺旋体、支原体和衣原体等。说起来，古细菌也属于原核微生物。原核微生物除没有形成细胞核或线粒体外，一般都拥有细胞的基本构造并含有细胞质、细胞壁、细胞膜以及鞭毛等。原核微生物极微小，通常只有几微米，最小的支原体只有几纳米。绝大多数原核微生物为水生生物，能够在水中进行有氧呼吸。常见的原核微生物有细菌类。细菌是结构简单、种类繁多的微生物类群，具有二分裂繁殖和水生性较强的特征。从形态上分为球菌、杆菌、螺旋菌，例如链球菌、葡萄球菌、乳酸杆菌、大肠杆菌、刚螺菌、胃幽门螺旋菌等。放线菌介于细菌与真菌之间，是一种以丝状体存在的原核微生物。放线菌在自然界分布极广，以土壤中居多，主要有链霉菌属、放线菌属、小单孢菌属、链孢囊菌属等。蓝细菌是含有叶绿素、能够在光合作用时释放氧气的一类原核微生物。藻类有原核藻类，也有真核藻类，这里主要指原核藻类。原核藻类的细胞核无核膜，细胞壁与细菌相似，含有肽聚糖，革兰染色阴性，常见的有蓝藻、鱼腥藻、螺旋藻等。立克次氏体是介于细菌和病毒之间、在许多方面类似细菌而寄生于真核细胞内的致病性原核微生物。支原体、衣原体是唯一不含有细胞壁的原核微生物。其他还有螺旋体、黏细菌、鞘细菌、蛭弧菌等。许多原核微生物是世界上最古老的生物。

　　第二大类为真核微生物。真核微生物是指细胞核具有核仁和核膜、能进行有丝分裂、细胞质中有线粒体等细胞器的微小生物。真核微生物主要包括真菌类的酵母菌、霉菌和藻类、原生动物以及微型后生动物等。真菌和藻类的主要区别在于真菌没有光合色素，不能进行光合作用。所有的真菌都是有机营养型，而藻类是无机营养型的光合生物。真菌和原生微生物的主要区别在于真菌的细胞有细胞壁，细胞壁的成分大都以几丁质为主，也有部分真菌（卵菌）的细胞壁以纤维素为主，而原生微生物的细胞则没有细胞壁。原生微生物与后生微生物的主要区别在于原生微生物是单细胞生物，而后生微生物是多细胞生物。真菌种类繁多，形态、大小各异，包括霉菌、酵母菌及蕈子等。霉菌是形成疏松的、绒毛状菌丝体的真菌，例如毛霉、根霉、青霉、曲霉等。酵母菌是单细胞的真菌。蕈子是由大量菌丝紧密结合形成的真菌子实体，例如蘑菇、木耳等。霉菌具有很强的分解复杂有机物的能力，在有机污水

细胞结构图

和有机固体废物的生物处理中运用广泛。酵母菌在食品发酵方面发挥着重要作用。真核藻类也是一种真核微生物。真核藻类的细胞含完整的膜系统，有一个或多个细胞核。按色素、光合作用的贮存物质、细胞壁组分和藻体形态等，分为绿藻、金藻、硅藻、甲藻、裸藻、隐藻等，红藻、褐藻和轮藻为大型藻类。原生动物是最原始、最低等的动物，其形态多样，长度为 10～300 微米，需在显微镜下观察。它们的身体虽由单个细胞构成，具有细胞质、细胞核和细胞膜，但细胞内分化出多种生理功能的胞器，有着一般动物所表现的各种生活机能。原生动物的主要类群有肉足类、鞭毛类、纤毛类、吸管虫类等。微型后生动物是指形体微小，有的需借助显微镜才能观察到的多细胞动物。常见的有轮虫、线虫、颤蚓、水蚤等。

第三大类是非细胞型微生物。病毒是一种不具有细胞结构，但具有遗传、复制等生命特征的非细胞型微生物。病毒一般由一个核酸分子与蛋白质构成或仅由一种特殊的蛋白质构成，又称为"分子生物"。病毒十分微小，往往只有几个纳米。病毒结构简单，寄生性强，只能利用宿主活细胞内现成的代谢系统合成自身的核酸和蛋白质成分。但病毒在离开宿主细胞后能够以无生命的生物大分子状态存在，并长期保持其侵染活力。一旦遇到新的宿主细胞，病毒会吸附、进入、复制、装配、释放子代病毒而重新显示生命特征。因此，可以说病毒是介于生物与非生物之间的一种原始生命体。病毒一般呈现球状、杆状、蝌蚪状。从遗传物质分类，有 DNA 病毒、RNA 病毒、蛋白质病毒（朊病毒）。从病毒结构分类，有真病毒、亚病毒。从寄主类型分，有噬菌体（细菌病毒）、植物病毒、动物病毒（禽流感病毒、天花病毒）等。从病毒毒性看，有比较温和的病毒，也有比较凶恶的病毒（埃博拉病毒等）。病毒对一般抗生素不敏感，但对干扰素较为敏感。至今为止，已经发现了 4 000 多种病毒。从未来的趋势看，病毒是威胁人类健康的一个大敌。

在微生物的大家庭中有一类成员比较特殊，这就是古细菌，又称古生菌，或古核生物。20 世纪 70 年代，美国微生物学家卡尔·乌斯在对一些产甲烷细菌、极端嗜盐细菌、极端耐热耐酸的奇异细菌进行基因分析和研究后认为，这些细菌的细胞结构、基因特征既不同于一般细菌，也不同于真核生物，因此建议把这一类微生物单独划为"古细菌域",这便导致了生命三域学说(古细菌、细菌、真核生物)的诞生。古细菌大都生活在极端环境中,其细胞无核膜及内膜系统,属原核生物。但其细胞组成、结构、细胞膜类脂组分、核糖体的 RNA 碱基顺序、代谢、呼吸进化等,与真细菌有很大的区别,在某些方面接近真核生物。古细菌单独划归一个域有一定的道理。古细菌域包括了嗜泉古菌界、广域古菌界和初生古菌界,代表性的古细菌有极端嗜热菌、极端嗜盐菌、极端嗜酸菌、极端嗜碱菌、产甲烷菌等。古细菌的发现对研究生物进化有着重要的意义。我们知道,研究微生物演变历史最大的障碍是缺乏化石,从而难以了解从最古老的原核微生物到现代微生物这几十亿年之间的演变与进化。古细菌的出现,提供了一个很好的契机。古细菌生长在极端环境中,基本上与外界隔绝,成为了一种"活化石"。生物学家发现,古细菌在生物特征上比真细菌更接近真核生物。因此,有的生物学家认为,在生物进化树上,第一个分叉产生了真细菌和古细菌,然后极有可能是一个古细菌与真细菌融合,融合后二者分别成为细胞核和细胞质,形成互利共生关系,产生了真核生物。当然,这些仅仅是一种推测与猜想,生物学家对古细菌的研究正在深化之中。

人类在发现微生物之前,在生产、生活的实践中早已学会了微生物的应用。中国有 4 000 多年的酿酒历史,美索不达米亚有 5 000 多年的制作奶酪历史,这些都是微生物应用的实例。但是,微生物作为一门科学,是在 17 世纪末显微镜发明之后逐渐形成的。在科学发展史上,微生物学的发展,大体上经历了四个阶段。

第一个阶段是形态学阶段,时间为 17 世纪下半叶到 19 世纪中叶,人们主要运用显微镜观察微生物的个体形态。通过广泛观察,人们了解了微生物存在的广泛性,代表人物就是列文虎克。到了 19 世纪中叶,一些生物学家开始简单地对微生物进行分类。但由于微生物分布极广、种类极多、个体极微小,学界至今仍没有对微生物的分类予以完全确认。

第二个阶段是生理学阶段,时间为 19 世纪下半叶,代表人物是法国微生物学家、化学家路易·巴斯德和德国微生物学家科赫。巴斯德在微生物领域的研究具有开创性,是近代微生物学的奠基人。他在工业和医学微生物研究方面取得了三大重要成果。巴斯德认识到：① 微生物导致了酿酒过程中的发酵作用，他发明的"巴氏杀菌法"解决了啤酒过度发酵而导致的发苦现象；② 每一种传染病都是微生物在生物体内滋生的结果，他发现一种侵害蚕卵的细菌并找出应对方法，拯救了当时的丝绸工业；③ 传染疾病的微生物经过特殊培养可以减轻毒性成为防病的疫苗，他成功地研制出鸡霍乱疫苗、狂犬病疫苗等。巴斯德是法国一位十分杰出的科学家，在整个欧洲享有很高声誉，德国波恩大学曾授予巴斯德名誉学位证书。普法战争爆发后，德国强占了法国领土。巴斯德把名誉学位证书退回波恩大学，他有一句名言："科学没有国界，但科学家有自己的国家。"科赫的研究成果主要集中在两个方面：一方面是在微生物研究的基础操作方面，他所领导的微生物实验室建立了多种微生物纯培养及染色方法，推动了微生物的科学研究；另一方面是在疾病的病原菌学说方面，发现了多种疾病的病原菌。科赫因对结核病的系列研究获得了 1905 年的诺贝尔生理学或医学奖。

第三个阶段是生物化学阶段，时间是 19 世纪末到 20 世纪 50 年代，代表人物有德国化学家爱德华·比希纳。他一生从事发酵过程和酶化学研究，发现酵母菌的无细胞提取液能与酵母一样具有发酵糖液产生乙醇的作用，从而认识了酵母菌酒精发酵的酶促过程，将微生物生命活动与酶化学结合起来，他由此获得了 1907 年的诺贝尔化学奖。从 20 世纪 30 年代起，人们利用微生物进行乙醇、丙酮、丁醇、甘油、各种有机酸、氨基酸、蛋白质、油脂等的工业化生产。这一时期还有一位代表人物是英国的微生物学家亚历山大·弗莱明。弗莱明发现了青霉素，并与英国的病理学家瓦尔特·弗洛里、生化学家鲍里斯·钱恩发明了青霉素的提纯方法，共同获得了诺贝尔生理学或医学奖。青霉素的发现，使人类找到了一种具有强大杀菌作用的药物，结束了那个可怕的传染病几乎无法治疗的年代。人们开始不断寻找新的抗生素，人类进入了一个制造合成新药的时代。

第四阶段是分子生物学阶段，时间是 20 世纪 50 年代至今。20 世纪 30 年代，电子显微镜的问世大大拓展了人们观察微观世界的视野，分子生物学应运而生。分子生物学是从分子水平研究生物大分子的结构与功能，从而阐述生命本质的一门科学。20世纪50年代以来，这门科学发展得十分迅速，涌现出了一大批著名科学家。据统计，这些年来，诺贝尔自然科学奖的几乎三分之一都颁给了生物化学或分子生物学。1938年，德裔美籍物理学家、生物学家马克斯·德尔布吕克从研究噬菌体着手，分解出核酸和蛋白质，开创了分子生物学的先河。1953年，美国生物学家詹姆斯·杜威·沃森和英国生物学家弗朗西斯·哈利·康普顿·克里克在《自然》杂志上公布了DNA双螺旋模型和核酸半保留复制学说，奠定了分子遗传学的理论基础，成为20世纪重要的科学发现之一。遗传学理论的诞生，对整个生物学起到了重大影响。德尔布吕克和沃森等分别获得了诺贝尔生理学或医学奖。由于微生物结构简单，微生物的基因测序和重组相对比较容易。这些年来，微生物的基因重组不断获得新的进展。胰岛素通过基因转移由大肠杆菌发酵生产，干扰素也开始用细菌生产。现代微生物学的研究继续向分子水平深入，向生产的深度和广度发展，形成了一个崭新的生物技术产业。

许多具有远见卓识的科学家认为，21世纪是生物学的世纪。在生物领域的发展过程中，微生物学的研究与应用将发挥重要的作用。微生物学是一门年轻的学科。人类真正开展微生物科学研究的历史仅有100多年时间，人类利用的微生物资源仅是极少的一个部分。当前，人类社会发展面临的人口爆炸、粮食危机、食品安全、能源缺乏、环境污染等种种问题，都能从微生物领域找到解决之道。随着人口增长，粮食安全成为人类生存至关重要的大事。微生物在提高土壤肥力、防治粮食作物病虫害、促进粮食转化、发展食品工业等方面都可以大显身手。化石能源日益枯竭，困扰世界各国的发展，微生物在参与石油勘探与二次开采利用、发展沼气能源与生物质能源、开发燃料电池等方面也具有广阔前景。生态环境污染威胁着人类社会生存。微生物在污水处理、污染土壤修复、生活及生产废弃物的处理等方面又有着独特作用。微生物还与人类健康关系密切。现代研究表明，人体的健康与两个生态系统关系密切，一个是自然生态系统，一个是微生物生态系统。过去，我们对自然生态系统比较关心，重视环境污染给人类健康带来的危害。现在，我们也开始认识微生物生态系统对人类健康的重要影响，注意人体自身微生物群体的协调平衡。对人类健康而言，微生物具有两面性，细菌、病毒是人类生病的重要原因，人体内的有益微生物却维护了人体的健康,而微生物制药又是人类抵御疾病的重要手段。许多与人类健康有关的生物药品,例如疫苗、抗生素、维生素、酶制剂等都是微生物的产品。微生物学家估计,发明种痘使人类的平均寿命提高了 10 岁,抗生素的发明使人类的平均寿命又提高了 10 岁。但是,抗生素的滥用,又导致了耐药细菌的大量产生,也给人类带来了极其危险的后果。美国微生物学家马丁·布莱泽在《消失的微生物》一书中大声疾呼:"我的忧虑在于,由于滥用抗生素及剖宫产,我们已经进入了一片危险的区域—失去了世代传承的微生物群系,走入了前途未卜的现代生活。"

2016 年 5 月 13 日,美国宣布启动"国家微生物组计划",微生物组计划的目标之一就是对健康成年人体内微生物的基因进行测序分析,展开多方面研究,以回答多样化生态系统中微生物组的基本问题。许多科学家也呼吁建立"国际微生物组研究计划",联合全世界的跨学科学者、科学家,共同推进微生物科学的持续发展。

植物的进化

我生活在南京,这座美丽的城市满城翠绿的法国梧桐树让人印象深刻。南京的夏季十分炎热,但走在城里绿树成荫的街道时却觉得凉风习习,非常惬意。南京的梧桐树据说是民国时期栽种的。当时的政府从远隔重洋的法国引进了这种行道树,故称之为法式梧桐树。据《中国植物志》记载,法国梧桐在植物分类上被称为三球悬铃木,因果枝上常有3～5个圆球形头状果序而得名。法国梧桐原产地并不在法国,而是在欧洲东南部和亚洲西部,我国早在晋代就已引种,陕西户县至今存有古树,叫作祛汗树或鸠摩罗什树。由此可见,人类社会的出现,使得植物的迁徙变得异常频繁。但无论如何,南京人都十分喜爱法国梧桐,既喜爱法国梧桐带来的夏日清凉,也喜爱法国梧桐所寄托的对孙中山先生的点点追思。今日的南京,绿意盎然,草木繁盛,翠绿的法国梧桐、挺拔的雪松、清香的樟木、细嫩的青草、明媚的花朵,人与植物和谐共生。即使在阴雨灰霾的日子里,摇曳的树枝,满眼的绿色,也能给人们带来一丝清新、一点芬芳、一些心灵上的慰藉与美好期望。

植物是人类的好朋友。这个好朋友经历了比人类更为漫长的进化过程,它们蓬勃生长,茁壮茂盛,形成了种类繁多的植物大家庭,也成为地球生命的主要形态之一。据生物学家估计,现在存世的植物种类大约有35万种,经确认的种类有28万多种。世界上的植物门类繁多,形态各异。常见的植物有乔木、灌木、藤类、花草、地衣、蕨类及藻类等。生物学家给植物的定义为:行固着生活和自养的生物。这个略显拗口的定义的意思很直白,植物一般为固定生长,依靠阳光能量自身制造养分的生物。植物生命活动的基本单位是植物细胞。植物细胞一般由原生质体和细胞壁两部分组成。原生质体是细胞壁内一切物质的总称，主要由细胞质和细胞核组成。在细胞质或细胞核中还有若干不同的细胞器。植物结构和功能的一个重要特征就是细胞核内具有叶绿体，含有叶绿素。细胞壁则是由葡萄糖聚合体——纤维素组成，具有细胞壁是植物的又一个重要特征。一般来讲，植物有六大器官，分别为根、茎、叶、花、果实、种子。植物的成熟器官基本上组成了三大组织系统，分别为皮组织系统、维管组织系统和基本组织系统。

与动物不同，植物一般具有光合作用的能力。所谓光合作用，即光能合成作用，指含有叶绿体的绿色植物（某些细菌同样具备这种功能）在可见光的照射下，经过光反应和碳反应，利用光合色素，将二氧化碳和水转化为植物所需要的有机物，并释放出氧气的生化过程。光合作用是一系列代谢反应的总和，是生物界赖以生存的基础，也是地球碳–氧平衡的重要媒介。植物光合作用是如何形成的呢？据生物学家推测，植物的祖先都是单细胞的非光合生物。一个偶然的机会，它们融合了光合细菌，二者形成了一种互利共生关系，光合细菌生活在植物细胞内，最后逐步蜕变为叶绿体，成为植物细胞特有的细胞器。植物的光合作用是地球上最为普遍、规模最大的生物化学反应过程，在有机物合成、蓄积太阳能、净化空气、保持大气中氧含量和碳循环的稳定等方面起着极其重要的作用。据生物学家计算，全世界的绿色植物每天大约可以产生4亿吨的蛋白质、碳水化合物和脂肪，向空气中释放5亿吨的氧，为人和动物提供了充足的食物与氧气。

与动物相同，高等植物一般具有呼吸作用的能力。植物具有的呼吸作用与植物的生命活动关系密切。植物细胞通过呼吸作用将物质不断分解，为植物体内的各种生命活动提供所需能量，并合成重要的有机物营养。呼吸作用是植物体内代谢的枢纽。植物的呼吸作用分为有氧呼吸和无氧呼吸两种类型。在正常情况下，有氧呼吸是高等植物进行呼吸的主要形式，但在缺氧条件和特殊状态下的植物也可以进行无氧呼吸，以维持代谢的持续进行。

从某种程度上讲，具有光合作用、呼吸作用的植物就像一座小型的生物化工厂。这座生物化工厂工作的情况，可以通过植物的"脉动"进行观察。每天太阳从东方升起，植物的树干便开始收缩，这种收缩一直延续到夕阳西下。到了夜间，树干停止了收缩，又开始膨胀，膨胀一直延续到第二天早晨。而遇到下雨天，树干的"脉动"又几乎停止。降雨期间，树干总是不分昼夜地持续增粗，直到雨后转晴，树干重新开始收缩。植物这种日细夜粗、雨粗晴细的"脉动"，周而复始，循环反复，但每一次"脉动"，膨胀总略大于收缩，这使得树木一天天地在生长。从表面上看，植物的这种"脉动"是由植物体内的水分运动引起的，但实际上这反映了植物在光合作用和呼吸作用过程中依靠水分传输营养、制造能量的过程。植物学家观察到，在树木的表面有许多的气孔，白天植物的气孔大多数是开放的，水分蒸腾增加，树干就会趋于收缩。夜晚植物的气孔大多数是关闭的，水分蒸腾减少，树干就会趋于膨胀。当然，作为一棵树木，这种膨胀与收缩十分细微，肉眼是观察不出来的，这只是植物学家根据植物的生理特征所作的一种形象描述。植物的生命活动在呼吸之间、脉动之中，显得如此奇妙。

从生物进化论来看，随着地球地质自然环境的变迁，植物界呈现一个缓慢发展变化的过程。这个发展变化过程就是植物进化的过程。植物的进化适应地球地质自然环境的变化，以地质年代作为进化的参照序时，在一定的地质年代中存在一定种类的植物。按照植物界的自然演变历史，总有一些种类的植物被另一些植物种类所替代。简而言之，植物的进化经历了从藻类到苔藓、蕨类，再到裸子植物、被子植物这样一个从低级到高级、从简单到复杂的漫长进化演变过程。

地球上最早出现的植物是蓝藻。现代考古发现，在澳大利亚北部匹尔巴拉地区距今35亿年的轻变质硅质叠层石中保存了一些丝状细菌和蓝藻遗骸。在南非特兰斯尔距今34亿年的无花果树群浅燧石岩中，也发现了类似细菌和蓝藻的微生物化石。这是迄今为止人类发现的最古老的植物化石。前寒武纪是蓝藻疯狂繁殖的时期，因此有的学者将这一时期称为"蓝藻时代"。蓝藻，又称为蓝绿藻，属于原始藻类。在所有植物中，蓝藻是最简单的，也是最原始的一种植物。蓝藻是一种单细胞植物，它的细胞没有细胞核，在细胞中央仅有一种类似核的物质，一般呈颗粒状或网状，染色体和色素均匀分布在细胞质中。核物质没有核膜和核仁，却具有核的功能。因此，蓝藻是一种原核生物。

现在，有些生物学家把蓝藻归为蓝细菌，强调了蓝藻的原核生物属性。但也有些生物学家把蓝藻归为植物，主要是因为蓝藻有细胞壁并具有光合作用的能力。蓝藻没有叶绿体，但蓝藻的细胞器内有叶绿素，能够进行光合作用。生物学家推测，蓝藻的光合作用可能从原始的光合细菌发展而来。光合细菌具有细菌绿素，利用无机的硫化氢作为氢的供应者，产生了光合系统。蓝藻的叶绿素可能是从光合细菌的绿素进化而来的。蓝藻的光合作用属于一种光合放氧反应，它在光合作用过程中会产生氧气。随着蓝藻的大量繁殖，光合细菌逐渐退居次要地位，而放氧型蓝藻逐渐成为优势种类，释放出来的氧气逐渐改变了原始地球的大气成分，使整个生物界朝着能量利用效率更高的喜氧生物方向发展。地球大气层逐步增加的氧气在高空中经受宇宙射线和太阳高能粒子流的作用，形成了臭氧层。臭氧层的形成又阻挡了太阳紫外线和宇宙射线等对地球生物的危害。这是蓝藻在地球生物进化过程中一个重要的贡献。蓝藻结构十分简单，但有着极强的生命力和适应性，历时悠久，分布极广。在淡水和海水中，在潮湿的土壤或岩石上，在温泉中、冰雪上，甚至在盐卤池内，都有蓝藻的踪迹。蓝藻从几十亿年前出现一

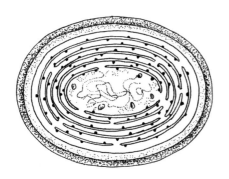

蓝藻细胞结构图

直存活到现在,是世界上存世最悠久的生物。2007年的夏季,中国第二大淡水湖——太湖因水体富营养化而导致蓝藻大暴发,大量的蓝藻堵塞了自来水厂的水源地,致使邻近城市一度中断了自来水供应,这就是所谓的"太湖蓝藻事件"。在漫长的岁月中,蓝藻沿着三个途径向真核生物进化。一是从原核的蓝藻进化到真核的红藻。红藻为海洋性藻类植物,大多数为多细胞体,有性繁殖。红藻含有藻红素,藻体多呈红色,红藻聚集处海水也呈红色,红海也由此而来。二是从蓝藻先进化到比较原始的甲藻、隐藻,进而发展到较高级的黄藻、金藻、硅藻和褐藻等。三是从蓝藻发展为原绿藻、白裸藻、轮藻等藻类。在蓝藻出现后的十几亿年时间内,地球上的主要生物就是藻类。藻类涵盖了原生生物界、原核生物界和植物界。藻类植物缺乏真正意义上的根、茎、叶和其他高等植物的组织构造,也无维管束、无胚的叶状体,被称为原植体植物。藻类植物产生能量的方式为光合自营性,一般生活在水体之中。目前人类知道的藻类植物大约有3万多种。生物学家根据藻类植物所含色素、细胞构造、生殖方法和生殖器官构造的不同,将它们分为绿藻门、裸藻门、轮藻门、金藻门、黄藻门、硅藻门、甲藻门、蓝藻门、褐藻门和红藻门,共有33 260种。现在,人们不断发现藻类植物的经济价值,在利用和开发藻类植物方面取得了新的进展。

海洋是生命的摇篮,大地是植物的家园。植物从水生到陆生,这是植物进化过程中迈出的重要一步。植物走向了陆地,深深扎根于土壤,才有了后来蓬勃兴旺的繁荣景象。生物考古发现,最早陆生植物的化石记载可以追溯到4.75亿年前的隐孢子四分体及其孢子囊的化石,这可能是一种原始苔类的矮小植物。最初的苔类植物存在于阴暗潮湿、离水体不远处的陆地,属于一种两栖植物。据此推测,植物登陆的最初发端,应该在寒武纪,水生植物大体用了1亿年时间完成了登陆。为什么水生植物会在这个时候走向了陆地呢?古生物学家有许多不同的见解,综合各种见解而比较一致的观点大体有三点:第一,植物自身的进化,提高了生存能力;第二,地质的变迁,大陆逐步发育成熟;第三,大气有氧环境的形成,利于陆生植物的生长。在距今约4.4亿年前的奥陶纪晚期,地球出现了一次冰川期。在古南极形成了一个大冰盖,海平面下降了50~100米。约1 000万年以后,冰川期结束了。冰川开始消融,海平面重新上升。但这一时期地球进入一个地质活跃期,海平面升降极不稳定。这个时候,在水陆相交处的一些水生植物应对地质变化带来的水体不稳定,面对陆地面积逐步扩大的趋势,最终选择了走向陆地生长。

植物的进化逐步从水体走向陆地,先是从浅水区到半湿半干的潮湿地带,这时苔藓植物就开始登场了。苔藓植物属于一种小型的绿色植物,苔与藓是类型相同、形态各异的两类植物。在植物界的演化中,苔藓的植物体已有茎、叶的分化。生殖器官为多细胞结构,特别是颈卵器的出现,使卵和合子得到了很好的保护。合子发育要经过多细胞胚的阶段,这些都有别于藻类等低等植物,生物学家将其划入高等植物的范畴。但与其他高等植物相比,苔藓植物尚不具备真根,体内无维管组织分化,受精过程离不开水等,仍属于比较简单的高等植物。苔藓植物喜欢阴暗潮湿的环境,一般生长在阴暗的森林和沼泽地中以及潮湿的裸露石壁上。有些苔藓植物特别不耐干旱及干燥,对温度也有一定的要求,它们的生活温度不可低于 22 摄氏度,最好保持在 25 摄氏度以上生长才会良好。这些都表明,苔藓是一种处于水生植物向陆生植物过渡阶段的植物。苔

苔类植物——地钱

苔藓植物起源于什么呢？许多生物学家主张起源于绿藻。他们认为，苔藓的叶绿体与绿藻的载色体相似，具有相同的叶绿素和叶黄素，并且角苔中具有蛋白核，储藏物亦为淀粉。苔藓植物生长发育的过程也很像绿藻，苔藓生殖时所产生的游动精子，与绿藻相似，有两条等长的顶生鞭毛，精、卵结合后所产生的合子，在配子体内发育，这点与绿藻中的鞘毛藻类有一些相似。苔藓植物体发育第一阶段的原丝体，也与绿藻相似等。20世纪40～50年代，生物学家先后在印度发现了佛氏藻，在日本和加拿大发现了藻苔。佛氏藻是绿藻门中的胶毛藻科植物，这种植物主要生长在潮湿的土壤上，偶然也生长在树上，植物体由许多丝状藻丝构成，有的丝状体伸入土壤中成为无色的假根，有的丝状体向上生长构成气生枝，这种结构与叶状的苔类极其相似。藻苔是苔藓门中的苔类植物，植物体的结构比较简单，它的配子体没有假根，只有分枝的主茎，在主茎上有螺旋状着生的小叶，小叶裂成2～4瓣，裂瓣呈线形。藻苔有颈卵器，侧生或顶生在主茎上，没有发现有精子器、精子和孢子体。藻苔的形态和结构很

葫芦藓结构图

像藻类，在没有发现颈卵器之前，人们认为它就是藻类。这两种植物的发现，给生物学家认为苔藓起源于藻类提供了佐证。当然，也有人认为苔藓植物起源于裸蕨类植物。从地质年代讲，裸蕨类应该出现在志留纪，而苔藓类发现于泥盆纪中期，苔藓类比裸蕨类晚了数千万年。但从苔藓植物的形态与结构来讲，苔藓的配子体虽然有茎、叶的分化，但茎、叶构造简单，喜欢阴湿，在有性生殖时必须借助水，这些都表明苔藓植物是从水生到陆生的过渡型植物。苔藓类植物有三个纲，分别为苔纲、角苔纲、藓纲。苔纲的常见植物为地钱。地钱常生长在阴湿的地方，叶状体深绿色，叉状分裂，雌雄异株，颈卵器和精子器都是生殖器官，可以进行有性繁殖。角苔纲的常见植物为角苔。角苔为叶状，叶呈淡绿色或绿色，叉形分瓣或不规则圆形，每个细胞内有一个绿色载色体，雌雄同株，常生长在土表、田洼边。藓纲的常见植物为葫芦藓。葫芦藓分布极广。它是小型藓类，高 2 厘米左右，有茎、叶的分化，茎的顶端具有生长点，生成侧枝和叶。葫芦藓为雌雄同株植物，但雌、雄生殖器官分别生长在不同的枝上，进行有性生殖。全世界现存苔藓约有 23 000 种，其中，苔纲包含至少 330 属，约 8 000 种苔类植物；藓纲包含近 700 属，约 15 000 种藓类植物；角苔纲有 4 属，近 100 种角苔类植物。

水生植物走向陆地真正的主角是蕨类植物。蕨类植物是比苔藓植物更为高等的陆生植物。蕨类植物最早出现在距今 4 亿年前的志留纪，在泥盆纪、石炭纪成为遍及陆地的主要植物，在二叠纪逐渐消亡，繁荣了将近 2 亿年的时间。早期的蕨类植物为裸蕨植物，裸蕨植物因无叶而得其名。裸蕨植物大体分为三种类型，即瑞尼蕨型、工蕨型、裸蕨型。瑞尼蕨型的代表植物为瑞尼蕨，这是一种构造简单的小型草本植物，比较原始。工蕨型的代表植物为工蕨，工蕨是原始瑞尼蕨的衍生植物。裸蕨型的代表植物为裸蕨，裸蕨也是从原始瑞尼蕨演变而来，但裸蕨主枝粗壮，外部形态比瑞尼蕨复杂，是裸蕨类植物的典型代表。裸蕨一般体型矮小，结构简单，植物体无真正的根、茎、叶的分化，仅有地上生的极其细弱的二叉分枝的茎轴和地下生的拟根茎。但裸蕨出现了维管组织，在茎轴基部和拟根茎下面生长出了假根，这不仅有利于水分和养分的吸收，也加强了植物体的固着能力。裸蕨的茎轴表皮还产生了角质层和气孔，以调节水分的蒸腾。裸蕨从藻类植物进化而来，进化以最简单的办法解决了植物从水生到陆生的生存之道。到了泥盆纪，地球气候变得干燥，池沼干涸，裸蕨植物逐渐消亡，代之而起的是由裸蕨演化而来的各种蕨类。蕨类植物的生长演变进入了中期。裸蕨的趋异演化大体沿着三条路径进行，分别为石松类、节蕨类（木贼类）、真蕨类。这三类蕨类植物早期仍是草本植物，但到了泥盆纪晚期和石炭纪，气候更加趋向温暖潮湿，对蕨类植物生长非常有利，石松、节蕨和真蕨等蕨类植物走向了繁荣。这时，进化了的蕨类逐渐有了根、茎、叶的分化。根可以使植物体得到稳定并深入土壤之中充分吸收水分和更多的营养物质。茎使植物体能够直立起来，更为重要的是其内部维管束结构的形成为植物体建立了完善的营养输送系统。叶则成为专门进行光合作用的器官，叶表面积的增大使植物能够更多地汲取阳光中的能量。蕨类植物逐步演化成为高大乔木植物。石松类的鳞木树高可达 30～40 米，树身直径可达 2 米。它们的树干与裸蕨一样两叉分枝，狭长的叶子长可达 1 米。树叶呈螺旋状排列在树干上，叶子脱落后留有鳞片状的印痕，故称

蕨类植物——卷柏

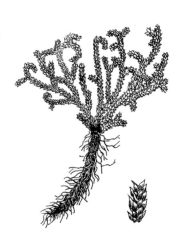

之为鳞木。节蕨类的芦木树高也可达 20～30 米，芦木与现代乔木不同，树干有明显的节，各个分枝从节上生出，狭长的叶子也轮生在节上，整个枝叶像一把"大扫帚"。芦木在地下还生长有巨大的根状茎，从根状茎的节上生长出根须。真蕨类的高大乔木有树蕨，距今 2 亿多年前，在中国南方生长有一种名为六角辉木的树蕨，树高可达 10 多米，树干直径超过 20 厘米，羽状复叶型的叶子很长大，有 2～3 米长。高大的鳞木、芦木、树蕨等繁荣一时，在潮湿的热带地区形成了茂盛的热带雨林。进入二叠纪以后，地球表面气候又趋于干旱，这些巨大的乔木蕨类植物迅速衰落。到了二叠纪晚期，高大乔木状的蕨类植物几乎全部灭绝。随着地质运动，这些蕨类乔木的高大遗体被深深埋入地下，成为主要的造煤植物。从晚二叠纪到早三叠纪，蕨类乔木植物灭绝了，但蕨类植物并没有完全消亡。蕨类植物中的某些种类，特别是一些真蕨植物又变成了草本植物，一直繁衍生长到今天。从那个时候起，蕨类植物进入生长演变的晚期。现在地球上生存的蕨类植物约有 12 000 种，分布在世界各地，但其中绝大多数生长在热带、亚热带地区。蕨类时代是植物的根、茎、叶从无到有，从简单到完善的一个时期，也是植物的繁殖方式从孢子发展到种子的前夜。可以说，蕨类时代是植物进化史上一个重要的转变时期。

　　植物的进化，体现在植物体根、茎、叶的演变上，也体现在植物体繁殖方式的完善上。早期的原核藻类主要通过细胞分裂或断裂进行营养繁殖。原核藻类进化为真核藻类以后，逐步从无性繁殖过渡到有性繁殖。但藻类仍透过释放游动孢子的方式，使受精的合子脱离母体进行细胞分裂，成长为新的植物个体。作一比方，藻类是"卵生"，而高等植物则是"胎生"。苔藓植物为有性繁殖，繁殖的主要器官为配子体，配子体上产生多细胞构成的精子器和颈卵器。精子器产生精子，精子有两条鞭毛，借助水游到颈卵器内，卵细胞受精后成为合子，合子在颈卵器内发育成胚，胚依靠配子体的营养发育成孢子体，孢子体成熟后散出孢子，在适宜的环境中萌发成新的植物体。在苔藓的繁殖过程中，从孢子萌发到形成配子体，配子体产生雌雄配子，这一阶段为有性世代；从受精卵发育成胚，由胚发育形成孢子体的阶段为无性世代；有性世代与无性世代相互交替形成了世代交替。世代交替在高等植物中的表现各不相同。在苔藓植物中配子体占绝对优势，孢子体以寄生状态存在，依靠配子体供给所需营养。在蕨类植物中孢子体比较发达，配子体则退化为原叶体，但仍能独立生活。到了裸子植物和被子植物阶段，孢子体更加发达，而配子体则更加退化，通常寄生在孢子体上。一般来讲，越是高等的陆生植物，它的孢子体越是发达，而配子体越是退化，这是植物界由低级向高级发展的一个重要标志。到了裸子植物，它的配子体并不脱离孢子体独立发育，而是受到母体的保护。受精卵在母体发育成胚，形成种子后才脱离母体。种子外面没有包被而裸露的，称为裸子植物。裸子植物以后出现的是被子植物，被子植物有了花，花的"风媒传粉""虫媒传粉"等功能增强了植物的繁殖能力。种子外面的包被及果实增强了种子的保护和营养。植物进入种子植物时代以后，繁衍后代的能力大大增强。与孢子植物相比，种子在离开母体以后，可以长时间保持休眠状态，直到环境条件适宜的时候才萌发成新的植物。种子具有顽强的生命力，某些特殊植物的种子甚至可以在地层中埋藏数千年仍能萌发成正常的植物。20世纪50年代，中国东北地区的泥炭层发现了一些古莲子，经鉴定这些古莲子的寿命有1 280多年，经处理后仍能萌发并年年开花。据目前所知，寿命最长并能正常萌发、生长的植物种子是一种"羽扁豆"种子，人们发现它们经历了约1万年的休眠，萌发后依然显得生机勃勃。

到了二叠纪晚期，地球气候逐渐转凉且变得十分干燥，这对长期在温暖潮湿气候中成长起来的蕨类植物非常不利。在干燥气候条件下，孢子很难萌发成配子体，萌发的配子体也因其缺少水的助力而不易受精，大量的蕨类植物走向消亡。这时替代蕨类植物而兴起的是裸子植物。可以说，裸子植物是种子植物中较低级的一种。裸子植物的特点是胚珠和种子裸露。裸子植物的孢子体发达，退化的配子体寄生在孢子体上，多数裸子植物仍有颈卵器结构。裸子植物的雌、雄性生殖结构分别聚生成单性的大、小孢子叶球，不同种类植物有同株或异株之分。雌性的大孢子叶平展，腹面长有裸露的倒生胚珠，形成裸露的种子。雄性的小孢子叶背部丛生小孢子囊，孢子囊中的小孢子或花粉粒，可发育成雄配子体。花粉成熟以后，以风等为媒将精子送到胚珠的珠孔处，受精卵发育成具有胚芽、胚根、胚轴和子叶的胚。原雌配子体的一部分则发育成胚乳，单层珠被发育成种皮，形成成熟的种子。种子的优势使得裸子植物在一定的地质年代大行其道。裸子植物从蕨类植物进化而来，在蕨类植物与裸子植物之间，曾有过一些过渡类型的植物。一类具有裸子植物的某些特点，但不会产生种子，这些植物被称为前裸子植物，如古羊齿类、戟枝蕨类等；一类是已经能产生种子，但仍保留着蕨类的许多特点的植物，如种子蕨等。在蕨类时代，这两类植物都曾先后出现并有过繁荣期。到了三叠纪和侏罗纪，由于气候更趋干燥，种子蕨迅速崛起，替补了大型乔木蕨类消失之后的空缺。但种子蕨毕竟属于原始的裸子植物，待裸子植物大量出现后，种子蕨在白垩纪早期也逐渐消亡。裸子植物的繁荣时代大约从距今2.2亿年前的早三叠纪开始，到距今1亿年前的晚白垩纪为止，延续了1亿多年的时间。据统计，目前世界上存在的裸子植物有800余种，隶属5纲9目12科71属，包括苏铁纲、银杏纲、松柏纲、红豆杉纲和买麻藤纲等。在裸子植物时代，早期以苏铁类和本内苏铁类植物为主，苏铁又称为铁树、凤尾松等，考证为种子蕨演变而来，本内苏铁类已经灭绝；晚期在北半球以银杏和松柏植物为主，在南半球以松柏植物为主。银杏类和松柏类植物据信为前裸子植物的科达树类演变而来，现科达树类植物已经灭绝。现存的裸子植物主要是银杏、水杉和松柏等。银杏为落叶乔木，4月开花，10月种子成熟，种子为

裸子植物——银杏

橙黄色的核果状。银杏在三叠纪、侏罗纪曾经繁荣过，到白垩纪逐渐衰落。现在与银杏同纲的其他植物皆已灭绝，唯有银杏存活下来，号称"活化石"。水杉也是一种古老的植物，在白垩纪、第三纪的北半球曾繁盛一时。到第四纪地球进入冰川期，水杉基本绝迹。20世纪40年代，生物学家在中国湖北、四川的深山老林中发现了幸存的水杉，以后逐步引种，复活了这个古老的树种。松柏类一直繁荣至今，成为现存裸子植物的主要类群。

大约在1亿年前的白垩纪年代，裸子植物盛极而衰，被子植物开始登上了植物界的大舞台。据植物学家推测，原始的被子植物可能起源于侏罗纪晚期热带地区具有两性孢子叶穗的一种原始裸子植物，如本内苏铁等。但也有植物学家认为，被子植物与本内苏铁应该有共同的祖先，更原始的种子蕨可能是被子植物最早的祖先。但由于缺乏这方面的化石，被子植物的起源仍是一个有待确定的问题。植物分类学意义上的被子植物门是植物进化过程中到目前为止出现最晚的一类植物，也是植物界最高级的一类植物。被子植物最显著的一个特点就是能够开花结果，因此被子植物又被称为显花植物、有花植物。被子植物拥有真正的花，各种鲜艳的花、奇异的果，使这个世界显得格外的芬芳、甜美。当然，被子植物的开花结果，并不是为了供人来欣赏、给人来品尝的。花是被子植物重要的繁殖器官，果实为种子的生长准备了最初的营养。2015年4月，中国科学院南京地质古生物研究所的专家声称在中国辽西地区1.62亿年前的侏罗纪地层中，发现了称为潘氏真花的化石，据信这是世界上最早的花。花是如何诞生的呢？植物学家比较一致的看法是将花看作植物体上的一个变态短枝，而较早提出这一观点的居然是德国诗人、剧作家和博物学家歌德。他认为花就是适于繁殖的变态枝，植物学家则认可了这种说法。从功能上讲，花实际上是一个生殖芽，起源于孢子叶穗。被子植物典型的花由雌蕊、雄蕊、花冠、花萼组成。雌蕊由一到几个心皮组成，心皮就是带有胚珠的大孢子叶。心皮折合形成了子房、花柱和柱头。胚珠被包在子房内，受到子房的保护，长成的种子因有包被而被称为被子植物。雄蕊由小孢子叶演变而成，小孢子叶变成细长的丝状，这就是花丝。孢子囊连合成聚合囊，这就是花药，花粉就产生在花药内。花冠由花瓣组成，花瓣由雄蕊退化而来，也起源于小孢子叶。花萼是由营养叶演化而成的，保持着营养叶的本色和机能。

原始的被子植物的花为两性花，雌蕊和雄蕊在同一花中。后来变成了单性花，要么是雌花，要么是雄花。单性花先是雌雄同株，后来出现了雌雄异株。两性花可以自花授粉，而单性花和雌雄异株要异花授粉。早期的被子植物以风传粉，后来逐渐发展到昆虫传粉。为了吸引昆虫传粉，被子植物的花变得更鲜艳，而且散发芬芳、分泌香甜的花蜜，增大了昆虫传粉的概率。被子植物的授粉有一个双受精现象。花粉成熟后，通过自然风或昆虫传送至雌蕊的胚珠，受精时会有两个精细胞进入胚囊，一个与卵细胞结合形成合子，一个与极核结合，发育成胚乳核，成为种子的营养物质。用现代的眼光来看，被子植物是很完美的。花的诞生，果的孕育，使植物的繁殖器官和生殖过程更加完善。从植物构造分析，被子植物孢子体更发达，配子体更退化，颈卵器消失，茎的构造更合理，输导组织更为顺畅。叶器

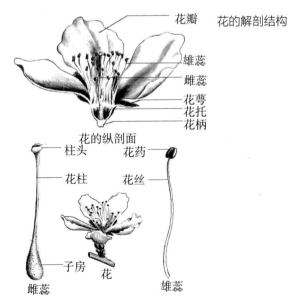

花的解剖结构

官从单叶到复叶,增强了光合功能。随着气候的变化,有的被子植物会落叶,减少水分的蒸腾等,被子植物逐渐成为地球上占优势的现代植物。自新生代以来,被子植物在地球上占有绝对的优势。现在所知,世界上的被子植物有25万种以上,有高大的乔木、矮小的灌木和众多的草本植物,其约占植物界现有植物总数的一半。被子植物种类繁多,分类比较复杂。生物学家根据胚的子叶数目分为两纲:双子叶植物纲和单子叶植物纲。一般认为,单子叶植物从双子叶植物演化而来。

回顾植物的进化历程,整个植物界从藻类植物到苔藓植物、蕨类植物、裸子植物,再到被子植物,随着地球地质与生态环境的变化,植物通过自然选择、遗传变异,沿着从简单到复杂、从水生到陆生、从低级到高级的规律进行演化。待人类社会出现后,随着生物学的发展,又有了更多的人工选择满足人类的各种需求。特别是随着分子生物学和基因科学的发展,人类扮演造物主的角色,出现了人工编辑和重组基因的植物,亦称为转基因植物。社会大众对转基因的非食用植物尚能接受,对转基因的食用植物疑虑较多。人工编辑与重组基因植物的出现和发展,对植物的自然进化进程带来了不可预见的影响。总之,新的种类在不断产生,不适应环境条件变化的种类不断死亡与灭绝,这条植物演化的长河将永不间断,也许永远不会有终结!

动物的进化

我们的世界是生命的世界,有植物,也有动物。植物与动物,一静一动,相映成趣。植物多美丽,动物多可爱。我喜欢看中央电视台播放的《动物世界》节目,阳光下的清水湾,海豚成群,追波逐浪,惹人爱怜。辽阔的非洲大草原上,角马组成的迁徙大军长途跋涉,蔚为壮观。在南极的冰雪世界,企鹅步履蹒跚,憨态可掬。在赤道附近的密林深处,动物们比邻而歌,演绎着森林奏鸣曲。人们热爱动物,因为我们曾是动物大家庭的一员。我们从动物的群体中走了出来,在许多动物的身上能够看到人类昔日的影子。有人说,动物缺乏智慧,没有情感,有的只是一种动物的本能。我和许多热爱动物的人士一样,并不完全认同这一种说法。《动物世界》里那些感人的故事告诉我们,动物一样有亲情、友情,甚至有着人世间也罕见的忠义。我曾看过一部电影《忠犬八公的故事》。影片讲述一位大学教授收养了一只小秋田犬,取名"八公"。每天的清晨,八公将教授送到车站,傍晚等待教授一起回家。不幸的是,教授因病辞世,再也没有回到车站。在之后的9年时间里,八公依然每天按时在车站等待教授归来,直到最后死去。这是一部根据真实故事改编的影片。在车站的苦风凄雨中,小秋田犬那充满期待的眼神,让人怦然心动,久久难以忘怀。

动物属于有机生命体,地球上所有的生命都有共同的源头,海洋是孕育生命的温暖大摇篮。生命的起源、生物的进化,经历了从原核生物到真核生物、从单细胞生物到多细胞生物、从简单的微生物到各种的植物和动物一个漫长的进化过程。就我们熟悉的植物与动物相比较而言,植物的出现要先于动物。植物为食草动物提供了食物,食草动物又为食肉动物提供了食物。动物死后的尸体或为食腐动物所分享,或经微生物的分解成为植物的肥料,大自然构成了一个完美的生态链。动物与植物相比，有着较为明显的区别，植物一般为固着生物，而动物为活动生物。植物一般具有光合作用，属光能自养生物；而动物以植物或其他动物为食物，属异养生物。从这个意义讲，有人称植物为生产者，而称动物为消费者。从生理构造看，植物细胞有细胞壁，而动物细胞却有细胞膜、没有细胞壁。从生理过程看，植物可以吸入二氧化碳、呼出氧气，而动物只能吸入氧气、呼出二氧化碳。植物与动物的生理活动达成了地球大气中氧气和二氧化碳的基本平衡。从生长的过程看，许多植物从一颗小小的种子或胚芽发育长大，幼小时往往只有根、茎、叶，成年后开出美丽的花朵，花朵凋谢后结出果实种子，植物的一生各种器官在不断发生着变化。而绝大多数动物为胎生或卵生，出生后肢体和各种器官都已经具备，很多动物从幼小到成年，仅是肢体更为壮大，器官更为完善，并没有太大的体形变化。植物与动物构成了这个星球上风格迥异的两大生命系统。

地球上的动物形态各异，种类繁多。天空中有飞鸟，河湖海洋里有游鱼，森林内有走兽，大地上有各种昆虫。飞禽走兽，鱼虾虫蛇，充分显示了地球生命的多样性。生物学家把动物分为无脊椎动物和脊椎动物两个大类。到目前为止，生物学家发现了约130万种无脊椎动物，鉴别出近5万种脊椎动物。生物学家还告诉我们，地球上现实存在但人们尚不知晓的生物超过了1 000万种，其中绝大多数为各种昆虫和小动物。而历史上存在、现时已经灭绝的动物种类更是难以准确统计，尤其是一些远古的微生物和小动物连化石也难以寻觅遗迹。动物化石考古表明，地球上最早的动物起源于海洋。海洋动物经过漫长地质年代的演化历程，经寒武纪的生命大爆发，大大丰富了早期地球的动物种类。在悠长的历史岁月中，历经地球不断变换的地质生态环境，一些动物相继灭绝，一些动物演变繁衍，生命之歌婉转而悠长，动物也呈现了从简单到复杂、从低等到高等的进化趋势。

世界上最早的动物是原生动物。原生动物是一种单细胞的真核生物，为原生动物门物种的统称。原生动物从最原始、最低等、构造最简单的原生生物分化而来。在远古海洋有机物十分缺乏的生存环境中，原生生物逐渐向两个方向分化：一个方向是加强光合作用的器官与机能，向完善的自养方式发展，发展成为了植物的一支；一个方向是加强运动的器官与机能，向摄取现成有机物的异养方式发展，发展成为了动物的一支。大约在35亿年前，远古海洋中出现的蓝藻是地球上最早出现的原始植物，而原生动物的出现大约比原始植物的出现稍稍晚一点。生物学家告诉我们，原生动物体形微小，一般在几微米到几十微米之间，少数原生动物有几厘米长。原生动物多数由单细胞构成，少数种类为单细胞合成的群体。原生动物形态结构比较简单，由单细胞组成一个完整的有机体，拥有明确的细胞核，但不具有细胞间的分化，而是由细胞质分化出各种细胞器实现多种的生命功能。原生动物具有三种营养方式，一是植物性营养，即光能自养；二是动物性营养，即吞食营养；三是渗透性营养，即腐生营养。由此可见，单细胞的原生动物，大都兼具了植物与动物的基本功能，保留了许多原始生物的特性。原生动物的适应性很强，当遇到不利环境时，一些原生动物能够形成包囊，把自身与不利环境隔开，将新陈代谢水平降至最低限度，处于休眠状态。因历史久远，前寒武纪单细胞原生动物的化石缺失，最初的原始原生动物早已无迹可寻。现在发现的最古老的原生动物化石有放射虫、有孔虫和纺锤虫。放射虫化石在前寒武系地层开始出现，大多保存在海洋沉积层的硅质岩内。有孔虫化石出现在前寒武系、寒武系和以后的海洋沉积层里。从现存的放射虫和有孔虫来看，它们的身体主要就是一个细胞。放射虫具有硅质骨骼，有孔虫具有钙质外壳。它们都具有丝状的伪足，伪足能排出废物，并使虫体移动。放射虫、有孔虫曾是远古海洋的主要生物，现在依然存在。纺锤虫是一种已经灭绝的动物，最早出现在早石炭纪晚期，早二叠纪时曾盛极一时，到了二叠纪末期全部灭绝。纺锤虫生活在大约100米深的热带或亚热带的海底，它也有钙质外壳，外壳随着虫体生长而增大，大的可达20～30毫米。放射虫、有孔虫和纺锤虫的化石之所以能够保存是因为它们都有硅质或钙质的外壳或骨骼。

在极远古的地质年代，地球的生态环境极为恶劣，生物的进化也极为缓慢。单细胞的原生动物单独存在了20亿年，一直到了元古代的晚期，约距今9亿年以后，开始出现一些低等的多细胞动物，称之为后生动物。一般认为，从单细胞动物发展到多细胞动物，推测经过了一个群体的中间阶段，许多单细胞动物集聚生活形成了群体。群体中逐步有了运动细胞和生殖细胞的分化，当每个单细胞离开群体不能独立生活时,就发展成为了多细胞个体。在低等的多细胞动物中,海绵动物是最原始的代表,它最早出现在前寒武纪,并一直延续至今。海绵动物的体内有一个空腔,它的内壁有许多襟细胞,这种襟细胞与襟鞭毛虫非常相似。海绵动物还具有非凡的再生能力。生物学家由此认为,海绵动物的襟细胞就是单细胞动物向多细胞动物过渡的一个重要证据,许多类似襟鞭毛虫的襟细胞聚集在一起最终形成了海绵动物。

海绵动物

原始的多细胞动物还有层孔虫、古杯动物等。层孔虫、古杯动物都是已经灭绝的底栖海洋动物,它们都有钙质骨骼,死亡后沉积海底不易分解,又称为造礁动物。古杯动物已经兼具海绵和腔肠动物的特征。经过了亿万年的演化,有些原生动物一直延续到了今天,而这些现存的原生动物也已经属于现代种,并不能将其认为是各种动物的始祖,但它们仍保留了原生动物的某些特征。现存的原生动物大约有3万种,归属动物界的原生动物门。动物学家根据这些原生动物的运动胞器、细胞核以及营养方式等将其分为4个纲,分别为:鞭毛虫纲,其运动胞器是一根或多根鞭毛，如绿眼虫、衣滴虫等；肉足虫纲，其运动胞器是伪足，伪足兼具摄食功能，如变形虫、沙壳虫等；孢子虫纲，其没有运动胞器，全部营寄生生活，如疟原虫、巴贝斯虫等；纤毛虫纲，其运动胞器是纤毛，细胞核分大核和小核，大核与营养有关，小核与生殖有关，如草履虫、结肠小袋虫等。今天的原生动物是众多动物门类中的一种动物类型。

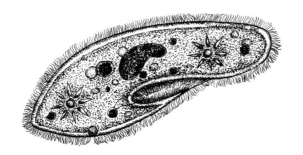

草履虫

动物的进化，从单细胞动物到低等的多细胞动物，再到双胚层的腔肠动物，这是生物进化的重要一步。腔肠动物是一种双胚层的多细胞动物。腔肠动物的出现，预示着原始动物的进化从细胞分化进入到了组织器官的分化阶段。一般认为，所有的高等多细胞动物都是从双胚层的腔肠动物进化而来的。腔肠动物通常为辐射对称形态，成体结构由内胚层和外胚层两个胚层构成，出现了最初的组织器官的分化，有原始的消化腔及原始神经系统，属于低等的后生动物。腔肠动物的内胚层细胞呈鞭毛状，能分泌酶帮助消化食物，逐步成为消化腔，提高了动物对食物营养的吸收。腔肠的前端有一个小孔，称为原口。原口既是食物的入口，也是排泄的出口，反映了腔肠动物的原始状态。腔肠动物的外胚层细胞逐步分化成皮肌细胞或神经细胞,也称为感觉细胞。这种原始的神经细胞星星点点分布全身,一处受到刺激,往往引起全身的收缩反应。腔肠动物消化腔和神经组织的形成,为动物身体各种组织器官的分化和完备提供了一个极简单的雏形,而这极简单的组织器官却同样提高了动物的觅食效率,增强了动物对外部环境的反应能力。腔肠动物的基本类型主要有水螅型和水母型,这两种基本形态在生活中交替出现,是适应水中生活方式世代交替的结果。水螅型适应水中固着生活,身体呈圆筒状。水母型适应水中漂浮生活,身体呈圆盘状。对腔肠动物的起源,生物学家也有两种认识,多数认为腔肠动物是由一种类似浮浪幼虫的古生物进化而来的;也有认为是由一种原始的硬水母进化而来的。1947 年,在澳大利亚南部发现的埃迪卡拉动物群化石,据考证生存年代为前寒武纪,距今 6.8 亿～6 亿年。动物群中的化石 76% 为腔肠动物,主要是原始

水母

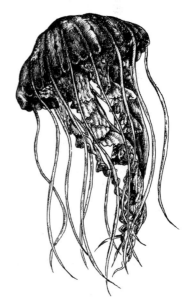

的水母。由此推测，前寒武纪的海洋曾经是一个水母的世界。从动物分类来讲，腔肠动物主要分纲有三大类，即水螅纲、钵水母纲、珊瑚纲。水螅纲动物属于比较原始、简单的腔肠动物，多数生活在海水中，少数生活在淡水中，常见种类有水螅、筒螅、薮枝虫、桃花水母、钩手水母、僧帽水母等。钵水母纲动物全部生活在海水中，结构比水螅纲动物复杂，常见种类有海月水母、海蜇等。珊瑚纲是腔肠动物中最大的一个纲，也全部生活在海水中。珊瑚纲属于水螅型的单体或群体动物，结构也较水螅纲复杂。常见种类有红珊瑚、细指海葵、海仙人掌等。珊瑚虫生活在温暖的海水中，拥挤地附着在岩礁上，珊瑚丛生长成树枝状，枝条纤美柔韧，形态美丽多姿，颜色五彩缤纷。活的珊瑚虫有吸收钙质制造骨骼的本领，活的珊瑚虫死去了，新的珊瑚虫又生长，日积月累，便形成了今天人们看到的珊瑚礁、珊瑚岛，成为海洋中的一个常见美景。

　　进化是如此之神奇。从双胚层的腔肠动物到三胚层的蠕虫动物，动物进化再上一个台阶。蠕虫是指借由身体的肌肉收缩而作蠕形运动的多细胞无脊椎动物。蠕虫动物是这一大类动物的统称，这一类动物具有共同的特征，在动物进化史上也有着十分重要的意义。蠕虫动物的共同特征是身体分节，两侧对称，在腔肠动物的内胚层、外胚层之间形成了中胚层，因此又称之为三胚层动物（所有比腔肠动物高等的动物都属于三胚层动物，蠕虫是三胚层动物中最低等的一大类）。蠕虫动物中胚层的形成减轻了内、外胚层的负担，引起了一系列组织、器官、系统的分化。在中胚层的脏壁与体壁之间形成的空隙为体腔，体腔中充满体腔液。体腔的出现使得内脏器官处于相对稳定的环境中，并使它们具有运动的可能（如肠胃的蠕动、心脏的跳动），增强了内脏器官的功能作用。蠕虫动物的体腔有原生体腔和真体腔之分，中胚层与内胚层（消化器官）外壁之间没有膜的称为原生体腔。中胚层的外围由体腔膜所包围的体腔称为真体腔，也称作次生体腔。中胚层产生以后，动物的进化分成了两支，一支是原口动物，一支是后口动物。原口动物指体腔形成后与外界相通的孔成为了动物的口。后口动物指体腔形成后期与原口相反一端的孔成为动物的口，而原口则变成了排泄口。具有原生体腔或根本没有体腔的原口动物属于比较低等的蠕虫动物，如蠕虫类的扁形动物门。真体腔的后口动物逐步成为了进化的主线，从原始的后口动物一步步走向高等的脊椎动物。蠕虫动物大都肢体柔软，

蚂蟥结构图

缺乏钙质、硅质、角质等构造，没有完整的骨骼，因此在地质地层中留下的化石十分稀少。从前寒武纪到现代的沉积物中，仅能发现一些蠕虫动物活动留下的遗迹，如在沉积物表面蠕虫动物爬行过程中因物理、化学因素造成的"虫管结构""蠕虫状结构"等。在澳大利亚埃迪卡拉动物化石群、中国云南澄江动物化石群中都发现有这类化石痕迹。最完整的古蠕虫来自保存在琥珀中的标本，生物学家往往拿来与现代蠕虫作比较研究。全世界现有蠕虫动物种类超过100万种，分布于世界各地的海洋、淡水和陆地，甚至有些寄生于动物和人类的身体之中。

在动物分类学者看来，蠕虫动物主要分为扁形动物门、纽形动物门、线形动物门、担轮动物门和环节动物门等。扁形动物身体扁平，有三胚层，中胚层形成实质组织和间质，但没有形成体腔，属蠕虫动物中比较低等的种类。扁形动物现约有2万多种，一般分为涡虫纲、吸虫纲、涤虫纲。纽形动物身体扁平或呈圆筒形，常延长成带状，绝大多数为海洋底栖生活，大约有700多种，属于一个小门，分为无针纲和有针纲。线形动物身体通常为长圆筒形，两端尖细，由三胚层形成原体腔，内脏悬在体腔里，体腔没有隔膜分隔，分为铁线虫纲和游线虫纲，前者生活在淡水和潮湿土壤，后者生活在海洋。担轮动物身体短而圆，有透明角质的壳，两侧对称，体后多数有尾，生活在海洋或淡水中，也属一个小门，主要为轮虫纲。环节动物身体呈长圆筒形或长而扁平，左右对称，由前后相连的许多环节合成。体节的出现为动物的头、胸、腹各部分的分化提供了可能。环节动物现有约13 000多种，常见的有蚯蚓、蚂蟥、沙蚕等，分为多毛纲、寡毛纲和蛭纲。蠕虫动物五个门类各有不同的形态结构，一定程度上预示了它们各自不同的进化方向。

在5.4亿～4.9亿年前的前古生代的寒武纪，地球的陆地上仍是一片荒凉，没有森林，没有草原，生命的迹象十分罕见。但在广阔的海洋里，生命却在不断繁衍生长，已经出现了形形色色的海洋动物。近代的考古实践表明，在5.4亿～5.3亿年前的2 000多万年间，海洋里突然涌现出了许多各种形态的无脊椎动物，生物学家称之为"寒武纪生命大爆发"。因此，在地质年代上，寒武纪被看作显生宙的发端。近代以来，陆续发现的中国云南澄江生物群、加拿大布尔吉斯生物群和凯里生物群，所谓世界三大页岩型生物群，为寒武纪地质年代的生命大爆发提供了有力证据。在这些化石群中发现的动物有海绵动物、腔肠动物、蠕虫动物、腕足动物、软体动物、节肢动物，甚至出现了原始的脊索动物等，形成了多种门类动物同时存在的繁荣景象。现代动物多样性的基本框架，即门一级的动物分类，在寒武纪大爆发的过程中已经基本形成，成为生物进化史上的一个伟大奇迹。寒武纪生命大爆发的现象，引起了众多生物学家的关注与研究。综合各种论述，一般认为，寒武纪生命大爆发是地球地质生态环境演变和生物进化相互作用的结果。主要原因有这样几个方面：第一，寒武纪之初，地球大气的氧水平达到了一定的临界点，有利于各种耗氧生物的生长；而臭氧层形成后吸收有害的紫外线和宇宙射线等，使得生物免于太阳辐射的伤害。第二，真核藻类大约在9亿年前就出现了有性繁殖，有性繁殖容易导致生物遗传变异，增加了生物的多样性。第三，寒武纪生命大爆发前，海洋中各种原始藻类和原始动物已经比较丰富，这就为各种新物种的出现提供了营养来源。分子生物学诞生之后，生物学家以基因突变的理论解释寒武纪生命大爆发之谜，认为与一种"同源异形"基因（Hox）的形成和调控有着直接的关系。总之，在寒武纪之初，地球生命繁荣的各种因素都已经基本具备，最终导致了寒武纪生命大爆发，这为地球生命的多样性奠定了坚实基础。

在寒武系的地层中，有许多薄的磷灰质介壳化石。这一类化石大量累积，在地质运动的作用下甚至形成了丰富的磷矿石。化石研究告诉我们，蠕虫动物在漫长的生存过程中，其中一支逐步向有保护性外壳的贝壳类软体动物发展。在寒武纪的海洋中，贝壳类的软体动物曾繁荣一时，甚至一直延续至今。从动物分类学看，贝壳类动物分为苔藓动物门、腕足动物门、帚虫动物门和软体动物门。苔藓动物以苔藓虫为代表，属水中的一种微小动物，常集聚生存，覆盖在卵石或树枝的表面，因类似苔藓植物而得名。苔藓动物分为被唇纲（生活于淡水）、窄唇纲（海生）和裸唇纲（多数为海生）。腕足动物有两个壳，大的为腹壳，小的为背壳，壳质是钙质或几丁磷灰质。腕足动物主要生活在古生代，后来逐渐衰落，现存的有石燕、海豆芽等。腕足动物分为无铰纲、始铰纲、具铰纲和腕铰纲。帚虫动物身体分为触手环、躯干和球根三个部分。触手环上有纤

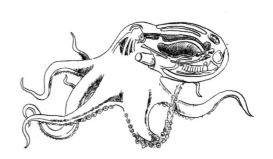

章鱼结构图

毛，以形状类似扫帚而得名。这是一个动物界的小门，全部为海洋底栖动物。软体动物属无脊椎动物中数量和种类都非常多的一个门类，已经发现的现代种类加上化石种类超过12万种，仅次于后来的节肢动物而成为动物界的第二大门类。软体动物是三胚层、两侧对称、具有真体腔的动物，身体一般由头、足、内脏团和外套膜组成。头部有眼等感觉器官和口，呼吸用的鳃生于外套与身体之间的腔内。内脏团包裹着身体的主要部分，包括心腔、消化器、肾管和生殖腺等。外套膜因种类而异，有的还能分泌出钙质的硬壳保护身体。软体动物的器官组织比蠕虫动物更为发达，初步表现出了现存各种动物的结构特征，机能更趋于完善。关于软体动物的起源，一般有两种认识：一种认为起源于扁形动物；一种认为软体动物与环节动物一起由共同的祖先进化而来。其实，软体动物的种类繁多，有着不同的起源也是完全可能的。软体动物在进化中朝着两个方向发展，一个是向着贝壳类动物发展，贝壳类动物在保护自身的同时，也限制了个体的长大；一个是抛弃了外面的贝壳，向游动和进取捕食方向发展，如乌贼和章鱼等。两者都很成功，成为无脊椎动物中经久不衰的动物。软体动物门分为无板纲、多板纲、单板纲、掘足纲、瓣鳃纲、喙壳纲、腹足纲、头足纲等。常见的现存软体动物有螺蛳、扇贝、牡蛎、乌贼、章鱼等。

　　蠕虫动物在分化出环节动物的前后又出现了新的分化，一支向着加强自身保护的方向发展，成为贝壳类的软体动物；另一支向着既加强自身保护，又继承了身体分节特点的方向发展，这就出现了节肢动物。节肢动物，也称"节足动物"，是动物界中种类最多的一个门类。节肢动物整个身体两侧对称，身体分节，头、胸、腹及其各部附属器官有不同程度的分化，使节肢动物感觉灵敏，运动便捷灵活。节肢动物的体壁主要由几丁质组成，作为外骨骼，具有保护作用。但因体壁坚硬，妨碍生长，节肢动物生长期间需要蜕皮。节肢动物的感官系统非常发达，眼有单眼和复眼两种，单眼用作视物，复眼用作感光，还有触觉、味觉、嗅觉、听觉和平衡器官，甚至有的还有发声器等。节肢动物的呼吸系统呈现多样化，可以利用体表、鳃（水生）及气管（陆生）呼吸。节肢动物有完善的运动器官，有相当发育的肌肉，感觉丰富，神经灵敏，行动灵活有力。节肢动物的外壳既能防御敌害攻击和有害微生物的侵犯，又不影响动物的活动能力，比贝壳类的软体动物更加优越。

节肢动物经过了一个较为漫长的进化历程，不断进化完善。我们知道，节肢动物的几丁质的外骨骼也可以形成化石。据考古发现，在距今10亿～7亿年前的地质地层中就已发现了原始节肢动物的化石。从寒武纪早期开始，节肢动物大量出现，水生的低等动物，从蠕虫动物中的一支起始，到节肢动物形成了一个高峰。节肢动物一般分为三叶虫亚门、单肢亚门、甲壳亚门和有螯亚门。在节肢动物的庞大家族中，有两类重要成员值得特别介绍——三叶虫和昆虫。

寒武纪的海洋曾是三叶虫的天下。三叶虫头部多数被两条背沟纵分为三叶，两侧为颊部，眼位于颊部。胸部由若干胸节组成，形状不一，成虫2～40节。三叶虫体长在1毫米至70厘米之间，典型体长在2～7厘米。在寒武纪晚期，三叶虫达到了繁育的高峰期，在远古海洋中曾有过一个三叶虫称雄的时代。到2.4亿年前的二叠纪，三叶虫才完全灭绝，前后在地球上生存了3.2亿年时间，成为生命力极强的一类生物。如今，所有的大陆均有三叶虫的化石发现。在世界各地的旅游商店里，常有制作精良的三叶虫化石标本出售。我曾珍藏了一枚三叶虫标本，偶尔拿出来鉴赏一番，倒也别有一番情趣。

三叶虫

节肢动物门的昆虫纲是动物界最大的一个纲。昆虫种类繁多，形态各异，是地球上数量最多的动物群体，昆虫的踪迹几乎遍及世界的每一个角落。到目前为止，人类已知的昆虫有100余万种，但仍有许多昆虫种类尚待发现。据估计，全世界昆虫的种类可能有1 000多万种。这个数目约占地球上所有生物物种的一半。昆虫身体分为头、胸、腹3个部分，头部不分节，是感觉与取食的中心，具有口器和触角，通常还有单眼和复眼。胸部一般分为3节，有的种类可能分节退化。胸是运动的中心，具有3对足，有的还有2对翅。腹部分节，分节数目不等，是营养代谢和生殖的中心。昆虫在生长发育过程中，通常要经过一系列内部及外部形态上的变化，即变态过程（或称之为羽化过程），这是昆虫与非昆虫的重要区别之一。在节肢动物家族中，昆虫的起源较晚。最古老的昆虫化石是一种无翅的弹尾目昆虫，在距今3.5亿年前的泥盆纪中期地层中被发现。有翅昆虫化石发现的最早年代是石炭纪的晚期。据推测，有翅昆虫的起源应该发生在泥盆纪的末期，当时的陆地已经有了森林。生活在森林中的昆虫，首先借助于胸背侧突在树木间滑翔，胸背侧突逐渐进化成为能够自由飞翔的翅膀。昆虫翅膀的产生，是地球生命进化史上最为重要的事件之一。展开了翅膀的昆虫，比爬行动物和鸟类获得飞行能力至少要早了5 000万年。

在海洋无脊椎动物的大家庭中，还有一个重要而特殊的成员，这就是棘皮动物。棘皮动物在动物界是一个独立的门类，属后口动物。棘皮动物的名称来自这类动物体表的棘状突出，如海参、海胆、海星等都是典型的棘皮动物。棘皮动物生活于海洋，形象比较原始，形态各异，有星状、球状、圆筒状和花状等，但都有共同的特点：棘皮动物幼体两侧对称，成体呈五或五倍数辐射对称。棘皮动物属三胚层动物，但中胚层的发育方式不同于蠕虫动物、软体动物和节肢动物，而与原始的脊索动物有相似之处，以体腔囊法形成真体腔，成体体腔内主要为消化和生殖系统。棘皮动物具有独特的水管系统，形成管足，主要为运动器官，并兼具呼吸作用。棘皮动物多为雌雄异体，雌雄体在外形上多无区别，生殖细胞释放在海水中受精。据生物考古考证，棘皮动物的起源应在寒武纪之前或寒武纪早期，多数种类出现在奥陶纪。在古生代结束时，棘皮动物多数的纲已经灭绝，只有少数的纲进入中生代并繁衍至今。现存的棘皮动物多为海洋底栖动物，有5 900余种，主要分为海百合纲、海参纲、海星纲、海胆纲、蛇尾纲。棘皮动物在动物进化史上的意义，在于脊索动物有可能源自棘皮动物。

生物学家把世界上的动物分为无脊椎动物和脊椎动物两个大类。相对来说，无脊椎动物属低等动物，脊椎动物属高等动物。而在动物分类学上，脊椎动物属脊索动物门的一个亚门。脊索动物是动物界最高等的一门动物，分为4个亚门，分别是半索亚门、尾索亚门、头索亚门和脊椎亚门。脊索动物共同的特征是在个体发育全过程或某一个时期具有脊索、背神经管和鳃裂。所谓脊索是指富含液泡的脊索细胞组成的结缔组织鞘。脊索动物门的前三个亚门的动物又称为原索动物，为脊索动物门中比较原始的一类动物。原索动物现存的种类不多，如玉钩虫、柱头虫、文昌鱼等，全部为海洋生物。对脊索动物的起源有两种不同的认识，一种认为起源于环节动物，一种认为起源于棘皮动物。脊椎动物是脊索动物门中种类最多，也是进化地位最高的一个亚门。脊椎动物具有坚硬的脊椎骨，一般体形左右对称，全身分为头、躯干和尾三个部分，有比较完善的感觉器官、运动器官和高度分化的神经系统。脊椎动物亚门分为圆口纲、软骨鱼纲、硬骨鱼纲、两栖纲、爬行纲、鸟纲和哺乳纲。

早期的脊椎动物是鱼类。这里所指的鱼类，显然不全是我们一般称为"鱼"的那些动物。例如，章鱼属软体动物，娃娃鱼（大鲵）属两栖动物，甲鱼（龟类）属爬行动物，鲸鱼属哺乳动物。生物学家对鱼类的基本定义为：一种以水生生活为主（少数能短时间在陆地生存）的脊椎动物，通过尾部和躯干部的摆动以及鳍的协调运动，呼吸主要依靠鳃，体表常有鳞片覆盖。鱼类动物的起源，可以从原索类的文昌鱼窥见端倪。文昌鱼属脊索动物门头索亚门，是一种现存的物种。文昌鱼外形似小鱼，长约5厘米，体内有一条脊索，生活在沿海泥沙中，以浮游生物为食。文昌鱼并不是严格意义上的鱼类，而要比鱼低等，属介于无脊椎动物与脊椎动物之间的物种，有人称之为"鱼类的祖先"。现在发现的最早鱼类化石，当属在中国云南澄江化石群发现的"海口鱼"和"昆明鱼"，这两种原始鱼的化石都处于5.3亿年前的早寒武纪地层之中。"海口鱼"和"昆明鱼"长2~3厘米，有鳃和鳍，属无颌鱼类动物。现代研究表明，在寒武纪以及之后的奥陶纪、志留纪和泥盆纪，无颌类的水生脊椎动物曾盛极一时。这些古鱼类身体小而扁，没有上下颌，只在身体的前端有一个吸盘状的圆口，以吸食水底的有机物为生，营寄生或半寄生生活，全身由骨板或鳞甲覆盖，故称之为甲胄鱼。不同类群的甲胄鱼存在很大差异。考古学家在英格兰志留纪中期的海相沉积中发现莫氏鱼和花鳞鱼的化石，在中国陕西志留纪晚期的地层中发现盔甲鱼的化石，都属于甲胄鱼。与甲胄鱼类似的是圆口纲动物，圆口纲动物也是一种无颌类的低等脊椎动物，营寄生或半寄生生活。圆口类一直没有找到化石，现存的圆口纲动物有七鳃鳗、盲鳗等。生物学家认为，甲胄鱼和圆口动物起源于共同的祖先，甲胄鱼到泥盆纪即告灭绝，而圆口纲一直留存至今，成为脊椎动物中特化的一群。甲胄鱼全身披甲，没有上下颌，获取食物的能力受限，当新的竞争者出现时，它就被淘汰了。代替甲胄鱼的是盾皮鱼。盾皮鱼最显著的特点是有了上下颌，还有了偶鳍，依然全身披甲。研究认为，有颌鱼类动物的颌是从无颌类的鳃弓进化而来的，鳃弓上长出了牙齿，上下颌就形成了。鳍是由鳍褶演变而

盾皮鱼

来。文昌鱼的鳍，主要是一个很小的尾鳍，背部有一条皮褶，腹部有一对皮褶。在演变中，皮膜状的褶逐渐裂变成硬的鳍条，奇鳍来源于背部和腹部的奇鳍褶，偶鳍来源于腹背面两侧的一对偶鳍褶。偶鳍的产生意义重大，后来高等脊椎动物的四肢，甚至鸟类动物的翅膀都可以说是从偶鳍进化而来的。盾皮鱼有了颌便能主动摄食，有了偶鳍行动就更为便捷。盾皮鱼类通常分为节甲目和胴甲目，前者以尾骨鱼为代表，后者以沟鳞鱼为代表。十分有趣的是，据古生物学家研究，最早的动物性交行为是从盾皮鱼开始的。大约4.3亿年前的胴甲盾皮鱼化石标本表明它们形成了最早的雄性和雌性生殖器官，雄性的胴甲盾皮鱼有1厘米长的L形性器官，能够在水中完成交配。动物的两性交合竟然是从鱼类开始的，也不枉称"鱼水之欢"。最早的盾皮鱼化石，发现于晚志留纪，兴盛于泥盆纪，泥盆纪曾是各种鱼类兴盛的时代。在泥盆纪与石炭纪之间，曾有一次因全球气温下降引发的物种大灭绝，导致了包括盾皮鱼在内的一大批生物灭绝事件，但每一次生物灭绝事件之后都会有新的生物繁荣。

　　从地球地质演变情况看，在志留纪后期到泥盆纪时期，地球地壳构造变化较大，海洋面积缩小，陆地面积扩大，地形起伏变化，形成了湖泊、河流和海湾。水域的多样化促进了早期水生脊椎动物的分化。在生存的竞争中，两类原始鱼类取得了成功，这就是软骨鱼类和硬骨鱼类。软骨鱼类是高等鱼类中最低等的一个类群，绝大多数生活在海洋之中。软骨鱼类的骨骼由软骨组成，体表大都被盾鳞，鳃间隔发达，无鳃盖。软骨鱼纲的化石最早出现于泥盆纪中期，繁盛于石炭纪，其物种一直延续到现代。软骨鱼纲的进化可分为板鳃类和全头类两个方向分别发展。软骨鱼纲的板鳃类从原始的裂口鲨开始，发展到现代的各种鲨类及其亲族。全头类品种较少，现代有银鲛等。硬骨鱼类是水域中高度发展的一种脊椎动物，我们现在食用的经济鱼类几乎都是各种类型的硬骨鱼。硬骨鱼类具有高度进步的骨化了的骨骼，头骨由多片骨片覆盖，鳃部也有单片的鳃盖骨，体外的鳞片也已经完全骨化。硬骨鱼类最早出现在泥盆纪中期的沉积物中，它们按两个不同的方向进化，分别是辐鳍鱼类（亚纲）和肉鳍鱼类（亚纲）。辐鳍鱼类演化出了许多新的种类，包括世人熟悉的鲢鱼、鲈鱼和金枪鱼等。肉鳍亚纲包括肺鱼类和总鳍鱼类。总鳍鱼类是肉鳍亚纲中一个重要分支，两栖动物就是从它们进化而来，在整个脊椎动物的进化史上起着承上启下的重要作用。硬骨鱼类的进化非常成功，现存的硬骨鱼类大约有2万多种，踪迹遍及江河湖海，数量超过了其他脊椎动物种类的总和。

地球地质构造和生态环境的演化是生物进化的基本动因。在泥盆纪后期，受晚古生代造山运动的影响，陆地上升，海域面积缩小，而这时的陆地蕨类植物繁盛，各种昆虫繁衍，一些水生动物尝试走向陆地，两栖动物开始登上了历史舞台。生物学家认为，两栖动物的祖先是肉鳍鱼类。肉鳍鱼类最早勇敢地从水域走向了陆地。肉鳍鱼类是硬骨鱼纲的一个重要亚纲，化石记录出现在泥盆纪的早期。肉鳍鱼类可分为肺鱼类和总鳍鱼类。肉鳍鱼类拥有发育完善的肺，只是用鳃呼吸仍是呼吸的主要方式，肺通常是一个辅助的呼吸器官。肉鳍鱼类脊椎骨的椎体由"盘"或"环"组成互相连锁的结构，形成了对身体强有力的支撑。肉鳍鱼类的偶鳍与两栖类的四肢有着共同的起源，尤其是总鳍类真掌鳍鱼的偶鳍（胸鳍和腹鳍）的内部骨骼结构已经具有四足动物肢体的雏形。肉鳍鱼类的这些特点使之成为水、陆之间的一种过渡性动物。在泥盆纪的海湾水边、红树林、湿地及沼泽地等特殊环境中，肉鳍鱼类能够短暂地脱离水域而在陆地上生存。在非洲和南美洲，每当旱季来临、河流干涸以后，繁衍至今的肺鱼类仍能够钻入潮湿的泥土中存活数月，等待雨季的再次降临。现代考古证明，最早的原始两栖动物是鱼石螈。考古学家曾在格陵兰岛和北美洲大陆的泥盆纪地层中找到过鱼石螈的化石。鱼石螈身长约1米，骨骼兼具鱼类与两栖类的特征。它的头部仍有鱼类鳃盖骨的残余，体表覆有小鳞片，身体侧扁，有一条类似鱼的尾鳍的尾巴。鱼石螈有许多鱼类的特征，但它已经长出了四肢，能用四肢支撑起身体在湿地、沼泽地爬行。它的前肢的肩带已经不像鱼类那样和头骨固定在一起，头部能够自由活动。这些进步的特征表明，鱼石螈是古老的两栖动物，也是最早登陆的脊椎动物。

生物学家从肉鳍鱼类到鱼石螈，似乎找到了两栖类动物进化的踪迹，但也有许多生物学家感到疑惑，觉得从肉鳍鱼类到鱼石螈的进化跨度仍然较大，中间缺乏"过渡形式"。应该讲，这是达尔文进化论的一个薄弱环节，许多不同门类动物的进化都缺乏"过渡形式"。这是因为一种动物能够变成另一种动物，原因是环境发生剧烈变化。在剧烈变化的环境中，一些动物发生了变异，这些变异的动物在新环境中挣扎求生,其中绝大多数很快消亡了,只有极少数生存并最终成为新的种类。体现"过渡形式"的变异动物的化石成为物种演化过程中最重要的证据,但并不是所有的变异动物都能够形成化石,或繁衍至今成为"活化石"。生物学家一直在寻找从肉鳍鱼类到鱼石螈之间的"过渡形式"。1938年12月,南非罗兹大学生物系的拉蒂迈助教在海边发现了一条奇怪的鱼,这条鱼的鳍长在身体的附肢状结构上。这条奇怪的鱼佐证了四足类的脊椎动物起源于鱼类脊椎动物,成为了"活化石"。人们将这条鱼及其所代表的物种命名为拉蒂迈鱼。生物学家仍在孜孜不倦地寻找着生物进化中的各种"过渡形式",以期确定生物进化的基本路径。鱼石螈的登陆是在泥盆纪末,而两栖类繁荣是在石炭纪。石炭纪时期,地球气候温暖湿润,石松植物和楔叶植物形成了大片原始森林,陆地上广布池塘沼泽,这为两栖动物的生存发展提供了良好条件。最早的两栖动物牙齿有迷路,被称为迷齿类。在石炭纪也出现了牙齿没有迷路的壳椎类,这两类两栖动物在石炭纪和二叠纪都非常繁盛,有鱼石螈、棘鱼石螈、蜥螈、笠头螈等。这一时期被称为两栖动物的时代。到了二叠纪末期,壳椎类全部灭绝,迷齿类也仅有少数在中生代存活了一段时间。在三

鱼石螈

叠纪以后，古老的两栖类逐渐衰退以至灭绝，代之而起的是无甲两栖类。所谓无甲两栖类，它们体表没有甲胄，皮肤光滑而裸露，又被称为滑体两栖类，属于现代类型的两栖动物。现代的两栖动物有4 000多种，分布比较广泛，但仅有有尾目、无尾目和无足目3个目。有尾类两栖动物终身有尾，皮肤无鳞，多数具有四肢，少数有前肢而无后肢，适于游泳，如蝾螈、大鲵（娃娃鱼）、小鲵等。无尾两栖动物种类繁多，统称蛙和蟾蜍。无尾类两栖动物幼体即蝌蚪有尾无足，成体后无尾而具四肢，后肢长于前肢，多数善于跳跃。最早的蟾类化石出现在白垩纪早期地层，距今约1.25亿年。经研究，无尾两栖类中较原始的种类都是蟾类。换句话说，癞蛤蟆虽丑，可也是青蛙的前辈哦。无足类两栖动物统称为蚓螈。蚓螈比较少见，完全没有四肢，也基本无尾或仅有极短的尾巴，身上有许多环褶，看似蚯蚓，但身体内部结构则完全不同，最长的蚓螈可达1.5米。大多数无足类蚓螈生活在热带地区，过着穴居生活，主要以捕食土壤中的蚯蚓和昆虫幼虫为生。

从整个动物进化史看，两栖动物仍属于一种过渡类型。真正摆脱对水的依赖而征服陆地的脊椎动物是爬行动物。爬行动物曾经遍及海洋、陆地和天空，成为统治陆地时间最长的动物。地球上没有任何一种生物有过如此辉煌的历史，整个地球曾经是爬行动物的乐园。爬行动物之所以能够在生物界辉煌一时，与它们不断地演变和进化是分不开的。这些演变和进化最终使它们越来越适应陆地环境，为物种的繁荣奠定了坚实的基础。毫无疑问，爬行动物是从两栖动物进化而来的。两栖类中的蜥螈就表现出两栖类与爬行类特征的混合，属脊椎动物进化过程中发生于两个纲之间的逐渐过渡性物种。与两栖类动物相比，爬行类动物一般皮肤干燥且覆盖保护性鳞片或坚硬的外壳，能够在干燥的陆地生活；骨骼系统大多由硬骨组成，骨骼的骨化程度比较高，便于支撑身体在陆地行走；内部器官更为完善，感觉器官也更为敏锐。最为重要的是生殖方式的改变，产生了所谓的羊膜卵，这成为两栖类转变为爬行类的一个重要标志。我们知道，两栖类的卵与鱼类的卵相似，有的体外受精，有的体内受精，受精卵必须在水中发育，产生幼体，并留在水中进行胚后发育，直至发生变态（转变形态）成为成体后才能登上陆地。因此，鱼类和两栖类的生殖过程仍离不开水域。爬行类的羊膜卵都是体内受精，成卵后产在地上或其他适当场所，这是卵生;或在母体输卵管里停留到幼体孵化出来,这是卵胎生。爬行类的羊膜卵一般比较大,里面有一个大的卵黄,给成长中的胚胎供应养分。卵里有两个囊,一个是羊膜,一个是尿囊。羊膜里充满羊水,胚胎在羊水里发育。尿囊收容胚胎发育期间排出的废物。羊膜卵的卵壳较为坚韧,可以保护卵体;又有许多细孔,有利于胚胎透气和汲取水分。羊膜卵的出现,使爬行类动物的生殖过程可以完全脱离水域而在陆地上进行。现代考古发现,最早具有羊膜卵的爬行类动物化石出现在北美洲二叠纪早期的沉积物中。但古生物学家估计,最早的爬行类动物大约在晚石炭纪就已开始从两栖类的动物中分化了出来。

原始的爬行动物大体分为杯龙类、中龙类、盘龙类和始鳄类4类。杯龙类是最古老的一类爬行动物,这类动物的椎体内凹像一只杯子,故叫作杯龙类。杯龙类属肉食性动物,以捕获小型两栖类动物为食,主要存活于石炭纪至二叠纪。中龙类是小型细长的一类爬行动物,一般被认为活动于淡水水域,依靠捕食鱼类及其他水生动物为生,也存活于石炭纪至二叠纪。盘龙类一般被认为是从杯龙类的大鼻龙类分化出来的,与杯龙类相似而四肢更细长,主要生活在二叠纪的中晚期和三叠纪。盘龙类的兽孔类身上孕育了哺乳动物的萌芽,被认为是哺乳动物的祖先。始鳄类身体和四肢细长,适宜在地面快速行走,被认为是恐龙类最早的祖先,但存活时间比恐龙还要稍长一点。原始的爬行动物只有少数繁衍至今,而稍晚的恐龙已经全部灭绝。生物学家习惯把爬行动物按头骨上颞颥孔的数目和位置分为4大类,分别为无孔亚纲、下孔亚纲、调孔亚纲、双孔亚纲。颞颥孔为动物眼眶后面的颅顶附加的孔。无孔亚纲的头骨上没有颞颥孔,代表爬行动物的原始类型,现存的仅为龟鳖类。下孔亚纲的头骨每侧有一个下位的颞颥孔,也主要为原始爬行动物,如盘龙目、兽孔目,这类物种代表着哺乳动物演化的方向。调孔亚纲的头骨每侧有一个上位的颞颥孔,多数为

鳄鱼

适应海洋环境的古老爬行动物，现已完全灭绝。双孔亚纲的头骨每侧有两个颞颥孔，这是爬行类动物进化的主干，其中鳞龙次亚纲包括了蜥蜴目、蛇目等，初龙次亚纲包括了翼龙目、鳄形目等。古生物学家研究发现，恐龙和鸟类都是从双孔类的某些物种进化而来。现存的爬行动物接近8 000种，除了龟鳖类属于无孔类之外，其余的如蛇、蜥蜴、鳄鱼等都属于双孔类。这些现存的爬行动物都有悠久的进化历史，例如鳄鱼是现存最早的爬行动物，它在三叠纪（约2亿年前）从两栖类进化而来，延续至今仍是生性凶猛的爬行动物。现存爬行动物都属于变温动物，体内没有自身调节温度的机制，因此喜欢生活在热带和阳光充足的地方。

爬行动物的发展史上最为辉煌的年代是恐龙时代。恐龙最早出现在约2.4亿年前的三叠纪，灭绝于白垩纪的末期，在地球上曾称霸约1.6亿年之久。根据现在考古发现的恐龙化石推断，个体最大的长颈巨龙，身高约达12米，体重可达100吨左右。如此的庞然大物，在白垩纪末期突然销声匿迹，以致人们长期并不知世上有过恐龙的存在。1822年，英国有一位叫曼特尔的乡村医生，他生平爱好收集古生物化石。有一天，曼特尔发现了一颗巨大的动物牙齿化石，他想象不出来这是何等大型动物的牙齿。曼特尔请教了许多专家教授，将其认定为一种类似鬣蜥，但属尚未发现过并已经灭绝的巨型蜥蜴的牙齿。后来，这一类大型动物的化石越来越多地在世界各地被陆续发现。1842年，英国古生物学家欧文爵士用拉丁文给它们创造了一个名称，意思是"恐怖的蜥蜴"。中国把这个拉丁文单词翻译成了"恐龙"。随着越来越多的恐龙化石被古生物学家发现，古生物界乃至全社会都掀起了一股恐龙热。据古生物学家研究认为，恐龙的祖先是属于始鳄类的一种小型爬行动物，称为"杨氏鳄"。这种小动物身长约30厘米，主要靠捕食昆虫为生。杨氏鳄的后代明显分化为两支，一支演化为真正的蜥蜴和蛇等，一支演化为早期的初龙类动物。地球上各种各样的恐龙就是由这种早期的初龙类动物进化而成的。现代研究表明，在二叠纪末期，即距今约2.51亿年前，地球曾发生过一次大规模的火山喷发，造成了生物史上最严重的大灭绝事件。在这次生物大灭绝事件中，地球上约96%的生物物种灭绝，地球生态系统也获得了一次最为彻底的更新。这次生物大灭绝事件之后，许多物种消失了，存活的优势物种得到了充分发展的机会，初龙就是这一类存活的优势物种。早期的初龙与鳄鱼十分相似，身上长有骨甲，身后拖着一条粗大有力的尾巴，属肉食动物。因气候变得干燥，一些初龙类动物被迫迁移到陆地生活，逐步改用两条后腿行走，长而粗大的尾巴起到平衡身体的作用，运动速度大为提高，向恐龙演变迈出了关键一步。到三叠纪晚期，真正的恐龙开始登场了。最早出现的是黑瑞龙和始盗龙。黑瑞龙身长 3～6 米，体重可达 360～450 千克，身手十分敏捷，是许多动物的杀手。始盗龙略小，身长不到 1 米，体重 5～7 千克，属植食和肉食的杂食性动物。三叠纪晚期，黑瑞龙和始盗龙的出现预示着恐龙时代的黎明已经来到了。

古生物学家认为，恐龙是生存于陆地的主龙类爬行动物。恐龙与一般爬行动物的区别，在于恐龙的四肢直立于身体之下，而非往两边撑开。站立起来的恐龙视野更开阔，奔跑更迅捷。根据恐龙的骨盆结构特征，恐龙可分为两大类：蜥臀目和鸟臀目。蜥臀目意为"蜥蜴的臀部"，其具有三叉骨盆结构，耻骨向前。蜥臀类恐龙分为两个亚目：兽脚亚目和蜥脚亚目。兽脚类具有快速奔跑和掠食的能力，是恐龙家族中的掠食者。它们的种类很多，包括体长不足 1 米的虚骨龙类、小鸟龙类恐龙和迄今为止发现最大的食肉恐龙——霸王龙。这些食肉恐龙从三

恐龙

叠纪一直延续到白垩纪。许多研究还认为，现代鸟类极有可能是兽脚类恐龙的直系后代。蜥脚类属于另一类巨型恐龙，它们都是植食性动物，如板龙、梁龙和雷龙等，在植被繁茂的侏罗纪十分活跃。鸟臀目意为"鸟的臀部"，其具有四叉骨盆结构，耻骨向后。鸟臀类恐龙种类也十分繁多，分为鸟脚类、剑龙类、甲龙类、肿头龙类和角龙类五大分支，它们也全都是植食类动物。白垩纪是鸟臀类恐龙的盛世。与恐龙同一时代，在海洋里有鱼龙、蛇颈龙等，在天空中有翼龙等。古生物学家并不把它们划入恐龙一类，但社会大众往往误以为它们也是恐龙。鱼龙原本为陆栖爬行动物，后因不适应陆地环境而重回海洋中生活，演化为鱼龙，属水生食肉动物。蛇颈龙体型庞大，它的脖颈与躯体不成正比，分为长颈和短颈两类蛇颈龙，曾是恐龙时代最凶猛的海洋动物。天空中飞翔的翼龙起源于三叠纪晚期，灭绝于白垩纪末期。当恐龙成为陆地霸主时，翼龙始终占据着广阔的天空。翼龙的翅膀像蝙蝠一样，是由翼骨支撑的翼膜，善于滑翔。最大的翼龙是风神翼龙，双翼展开有 11～15 米长，像一架小型飞机。关于恐龙的灭绝，古生物学家有过许多推断。最新研究认为，在白垩纪后期，地球频繁发生火山活动，海平面变化异常，加之气候的急剧波动，导致恐龙的食物链逐渐断裂，出现了严重的生存危机。在恐龙所处的生态系统日渐脆弱的时刻，一颗直径约 10 千米的小行星撞击地球，给艰难生存的恐龙家族以致命一击，最终导致了恐龙的消亡。

　　生命的长河奔腾不息。自地球生命诞生以来，从未有过间断。每一次生物的灭绝事件，总有一些物种消失，又有一些新的物种产生。白垩纪末期，地球生态环境的剧变和地质灾难的发生，造成了恐龙和一些大型爬行动物的灭绝，但随之而来的是鸟类和哺乳动物的繁荣。许多生物学家认为，鸟类从恐龙进化而来，是恐龙的直系后裔。白垩纪恐龙的悲剧故事留下了一个美丽的尾巴：陆地的恐龙消失了，化身飞鸟在天空中翩翩起舞。人们对鸟类起源的探究可追溯至一种被命名为"始祖鸟"的古代动物。1861 年，德国巴伐利亚的一位内科医生卡尔·哈白林在野外发现一处石灰石岩壁上有一块奇特的石头，石头表面清晰地刻着一幅"画"，"画"上是一个从未见过的动物，像是一个小爬行动物，却又带着飞翼和羽毛的印痕。他好奇地把这块石头凿下来，送到动物学家那里去想弄个明白。动物学家研究后认为，这种动物既保留了爬行动物的特征,又具备鸟类的特点,很可能是鸟类的祖先。他最后得出一个结论:这是一块古鸟的化石。动物学家给它取名叫作"始祖鸟",意思是"羽翼之始"。若干年之后,又在这附近地层中连续发现了其他几件始祖鸟的化石标本,发现始祖鸟化石的地层地质年代经判断为侏罗纪晚期。始祖鸟化石研究显示,始祖鸟已经具有鸟类的特征。始祖鸟有初龙类型的头骨,细长的颈部,壮实的身躯,强健的后肢,还有一条长尾巴使身体得以平衡。其前肢变大,显然已有翅膀的作用;后肢强壮,足有四个脚趾,三前一后,这与鸟类相似。最主要的是它有羽毛,始祖鸟的前肢、躯体和尾巴都有羽毛。发现始祖鸟化石的地层为石灰岩,地质学家认为,这是浅水湖相沉积。推测始祖鸟大约生活在浅水湖周边,以吃鱼为生,能进行低空飞翔。始祖鸟化石的发现意义重大,这是人类探索鸟类起源的重要成果。从始祖鸟的特征看,始祖鸟是从爬行类动物进化到鸟类的一个过渡性类型。

始祖鸟化石

鸟类究竟是从哪一种爬行类动物进化而来的呢？许多年来，生物学家一直争论不休。大体上有三种假说，即恐龙起源说、槽齿类起源说、鳄类起源说。其中，恐龙起源说提出最早，也逐渐成为一种主流学说。说起鸟类起源于恐龙的假说，据说有一个很有趣的故事。1868年，英国著名生物学家赫胥黎在一次晚宴中偶然发现吃剩的火鸡骨骼与实验室里研究的恐龙骨骼十分相似。他由此进一步研究，提出了"恐龙与鸟类之间存在一定亲缘关系"的假说。这一假说也得到了其他一些生物学家的认同。而槽齿类、鳄类起源说分别认为鸟类起源于槽齿类或鳄类的爬行动物。1993年，中国辽宁省辽西地区的四合屯一位名叫杨雨山的农民采集到一块鸟类化石，中国古生物学家很快发现四合屯地区白垩纪的沉积岩地层是一个鸟类化石的宝库。一时间古生物学家云集辽西，数以万计的鸟类化石被发掘出来。生物学家将杨雨山采集到的化石所呈现的古鸟命名为"孔子鸟"。孔子鸟生活在距今1.2亿～1.1亿年前，生活的年代比始祖鸟略晚，但形态特征比始祖鸟显得进步，为目前所知最早拥有无齿角质喙部的鸟类，这与现代鸟类已经十分相似。1996年，辽西地区又发现了一块更早的鸟类化石。中国古生物学家根据它的外形特征将其命名为"中华龙鸟"。中华龙鸟生活在距今1.6亿～1.5亿年前的晚侏罗纪，比始祖鸟早约1 000多万年。从化石形态看，中华龙鸟拥有很多典型的恐龙特征，最后人们认为这是一种小型的兽脚类恐龙。而根据生物命名法则，最初确定的中华龙鸟的命名依然沿用。中华龙鸟化石呈现的似毛表皮被认为是羽毛进化的前奏，称为"前羽"。从中华龙鸟开始，披羽恐龙的化石不断被发现，为恐龙向鸟类演化的假说提供了新证据。生物学家认为，最初羽毛的功能可能是吸引异性、伪装或保暖，后来演变成为飞行的飞羽。鸟类是从恐龙演化而来，现在已经成为生物界的基本共识。但陆地行走的恐龙如何摇身一变成为翱翔于天空的飞鸟，这又让生物学家大伤脑筋。鸟类飞行的起源，也有两大假说：一是树栖起源说，一是地栖起源说。随着对中国辽西地区大量古鸟化石的深入研究，越来越多的人倾向支持树栖起源说。生物学家认为，恐龙世界中原本存在着树栖恐龙，如辽西地区发现的小盗龙等。这些树栖恐龙经常利用羽毛借助重力向下滑翔，逐渐形成了强大的主动飞行能力，成为了天空中的飞鸟。展翅高飞的鸟类成为天空中一道靓丽的风景。地球上现存的鸟类有9 000余种。从动物分类学讲，鸟类是脊椎动物亚门的一个纲，称为鸟纲。鸟纲分为古鸟亚纲和今鸟亚纲。古鸟亚纲又分为始祖鸟目和孔子鸟目。今鸟亚纲又分为齿颌总目、平胸总目、楔翼总目和突胸总目。齿颌总目为白垩纪的化石鸟类，特点是牙齿尚存，现已全部灭绝。平胸总目又称古颌总目，主要是一些翅膀退化、善走而不善飞的走禽，如鸵鸟等。楔翼总目又称为企鹅总目，主要为一些善于游泳和潜水的海鸟，主要分布在南极大陆沿岸，如企鹅等。突胸总目又称今颌总目，包括了现代绝大多数的鸟类。这类鸟大都羽翼发达，善于飞翔，感觉器官敏锐，脑部构造复杂，能对外部刺激迅速做出反应，成为了能够在广阔天空中自由飞翔的精灵。

白垩纪末期恐龙灭绝之后，鸟类和哺乳类动物开始繁荣。哺乳类动物的进化历程悠久而漫长。最早哺乳类动物出现于大约 2 亿年前的三叠纪晚期，几乎与恐龙出现在同一时期，也都是从爬行类动物演化而来的。原始的哺乳类动物与爬行类动物的区别主要在于牙齿，爬行类动物的每颗牙齿都是相同的，彼此没有区别；而哺乳类动物的牙齿在颌上不同位置分化成不同的形态，具有了不同的功能。生物学家考证认为，原始的哺乳动物起源于似哺乳动物，而似哺乳动物源自一些爬行类动物。早在 3 亿多年前的石炭纪，爬行类中的一些下孔类动物就开始与其他一些爬行动物分道扬镳。下孔类动物分为盘龙类和兽孔类两大类，其中的兽孔类又主要包括了恐头兽类、二齿兽类和兽齿类动物。二齿兽类的"水龙兽"又称为"史前猪"，是一种生活在湖泊沼泽的植食性动物，有着哺乳动物的一些特征。水龙兽曾在二叠纪初期极为繁盛，到处都留有它的足迹，但后来逐渐消失了。兽齿类是肉食类群，包括了兽头类、丽齿类和犬齿兽类，以犬齿兽类最为兴旺。犬齿兽类与哺乳动物一样有了牙齿的分化，并可能已经身被毛发，属于恒温动物。从各种迹象中表明，兽齿类最有可能是哺乳动物的祖先。在二叠纪晚期至三叠纪初期，陆地上的裸子植物十分茂盛，动物界在陆地上除了昆虫外，就是各种爬行类动物。爬行类动物中的兽孔类最为繁盛。到了三叠纪晚期，恐龙开始崛起，兽孔类动物趋于消亡。在这个过程中，兽孔类中的一些兽齿类动物不断进化，朝着哺乳类动物的方向演化，终于产生了新一类的脊椎动物。从现有的化石资料看，从三叠纪晚期到侏罗纪，早期的各种原始哺乳动物开始出现，包括梁齿兽类、三尖齿兽类、多尖齿兽类、对齿兽类和古兽类。在这其中，生活在侏罗纪中期到白垩纪初期的古兽类动物被认为是后来哺乳动物的传承主干，人们习惯将哺乳动物通称为兽类。哺乳动物在进化中获得了很大成功，形成了许多独有的特征。哺乳动物皮肤致密，能控制体温，感触较为敏锐；体外常形成毛被，起到保护作用；骨骼和肌肉系统发达，保护和运动功能完善；器官发育更加成熟，呼吸、循环功能改善，消化能力提高；大脑结构复杂，对外部刺激反应敏捷；以胎生为主，分泌乳汁哺育仔兽，后代具有更高的成活率等。在整个中生代，地球生态良好，恐龙一统天下，哺乳动物的优良特性并不表现突出，一些小型的植食和食虫类哺乳动物仍不是动物世界的主角。但在白垩纪末期，地球生态系统发生了重大变故，恐龙和一些大型爬行类动物灭绝，腾出了许多生态位。哺乳动物凭借优良特性，不仅劫后余生，而且辐射分化出众多的类群，占领了这些生态位，并一直保持优势，延续至今。生物学家把这种现象叫作适应辐射。在地质生态变故中，原始的哺乳动物大都消失了，形成了新类型的哺乳动物。

动物学家把所有的哺乳纲动物分为始兽、原兽、异兽、兽4个亚纲，前3个亚纲都是古老的原始哺乳动物，几乎都是化石动物了，仅有原兽亚纲单孔目的鸭嘴兽和针鼹尚在澳洲存活。鸭嘴兽、针鼹虽然是哺乳动物，但它们与爬行动物一样是卵生的。幼仔从卵中孵化（针鼹有皮肤褶襞形成的囊状孵化袋），出生后，雌兽用乳汁将它养大。兽亚纲又分祖兽、后兽和真兽3个次亚纲。后兽类动物就是有袋类动物。有袋类动物不像单孔类动物是卵生而是胎生的，但仍没有胎盘，幼兽在雌兽的育儿袋中长大。现代的有袋类动物主要生活在澳洲和美洲，有袋兔、袋鼠、袋熊、袋狼等。著名的大袋鼠是澳大利亚的国宝与国家标志。从白垩纪过渡到新生代以后，出现了有胎盘的哺乳动物。有胎盘的哺乳动物又被称为真兽类。它们的幼仔在母体中生长相当长的一个时期，胎儿在子宫内发育，依靠胎盘从母体取得营养，发育成熟后脱离母体出生。最古老的胎盘类哺乳动物出现在白垩纪，从原始哺乳动物的古兽类演化而来，主要是食虫类哺乳动物。从现在来讲，哺乳动物除少数单孔和有袋类外，绝大多数哺乳动物都是有胎盘的，胎盘类哺乳动物属于更高等的动物。进入新生代以后，哺乳动物经历了两次大爆发。第一次大爆发在距今6 500万～5 500万年前的古新世，哺乳动物中的真兽类在白垩纪食虫类的基础上分化出来，形成了一个适应不同生态环境的古老哺乳动物群。这些古老哺乳动物种类繁多，但个体多数都不大,比较常见的是各种有蹄类动物。第二次大爆发在距今5 000万～4 000万年前的始新世至渐新世,进化的哺乳动物类群全面替代古老的哺乳动物类群,包括啮齿类、食肉类、长鼻类、蹄兔类、鲸类、海牛类、贫齿类、灵长类、奇蹄类、偶蹄类等。现在比较常见的哺乳动物有啮齿类的老鼠、豪猪、海狸、水豚等,食肉类的狮、虎、豹、狼、猫等,偶蹄类的牛、羊、猪、鹿等。为适应生存环境的变化,哺乳动物演变出许多特化的种类。蝙蝠从类似老鼠的哺乳祖先进化成能够飞翔的翼手类,现存的蝙蝠是仅次于啮齿类的第二大哺乳动物类群。身形笨拙的大象祖先进化出灵巧的长鼻子,形成了一个长鼻类。还有一些哺乳动物重新适应海洋生活,成为我们今天熟悉的海狮、海象、海豹、海牛以及各种鲸类。从动物分类讲,人类属于灵长类,是动物界最具智慧的一个种类。经过第二次大爆发,现代哺乳动物的各个种类都已经基本出现,尽管经过第四纪的冰河期,许多大型陆生哺乳动物如猛犸象、剑齿虎、大树懒等都消失了,但多数种类的哺乳动物一直延续至今。动物学家对哺乳动物的研究最为细致、深入。现存的哺乳纲有5 600多种动物,分为29个目、153

剑齿虎

个科、1 229个属。地球上哺乳动物的足迹，除南北极和个别岛屿外，几乎分布全球，哺乳动物成为在地球陆地上占支配地位的动物。

大猩猩

地球是生命的大摇篮。自生命诞生以来，从原核生物的诞生，到植物和动物的相继出现；动物界从单细胞动物到多细胞动物，从腔肠动物到蠕虫动物、软体动物、节肢动物、棘皮动物、鱼类动物、两栖动物、爬行动物，一直到今天的哺乳动物；动物的进化，从简单到复杂，从低级到高等，在生命原动力的驱使下，遵循进化的规律，不断地演变发展。在动物的进化过程中，因天文和地质灾害影响，地球上曾经发生了五次生物大灭绝事件，即奥陶纪末期生物大灭绝、泥盆纪后期生物大灭绝、二叠纪生物大灭绝、三叠纪晚期生物大灭绝、白垩纪晚期生物大灭绝。这些生物大灭绝事件，因陨石袭击、火山喷发、气温骤降等多种灾难，分别造成了地球上60%～90%生物的灭绝。地球出现过生物大灭绝事件，但生命却始终未曾中断。每一次生物灭绝事件，总有一些生物灭绝，又有新的生物诞生。生命进化的历史表明，地球生命具有很强的自适应能力，物种可能会灭绝，生命绝不会中断。

宇宙、太阳系和地球的演化孕育了生命，生命的进化促使地球地质生态环境朝着有利于生命生长的境况发展。这在某种程度上印证了著名的"盖亚假说"。"盖亚假说"是20世纪60年代末英国大气学家詹姆斯·洛夫洛克提出的一种假说。他认为，地球是生命体和非生命体共同形成的一个互相作用的复杂系统，地球上的各种生物影响着地球的生态环境，而地球的生态环境又支配着生物的进化进程，这个复杂系统使得地球成为一个生命有机体，即"盖亚"（盖亚是古希腊神话中的大地之神、众神之母）。盖亚具有一定的自我调节能力，使生物与生态达成了一种平衡。但是，洛夫洛克也指出，盖亚女神性格鲜明，报复心极强，如果人类触怒了盖亚女神，盖亚女神会让人类付出贪婪的代价。因此，人类有责任要保护和维持好地球这个生命系统。只要地球有利于生命生长的境况不发生根本性的改变，地球上的生命仍将会得到延续，延续中的生命会有更新，更新促进了生命的持续进化，生命的形态必将朝着更加完善的方向发展，这是生命的法则，也是自然的法则。人类只有与"盖亚女神"和睦相处，维护她的健康，欣赏她的美丽，接受她的庇护，报答她的恩惠，才能发现生命的价值与意义，才能取得人与自然永久的和谐。

第三篇

人类的演变

英国著名文学家莎士比亚在《哈姆雷特》中赞叹道:"人类是一件多么了不起的杰作!多么高贵的理性!多么伟大的力量!多么优美的仪表!多么文雅的举止!在行为上多么像一个天使!在智慧上多么像一个天神!宇宙的精华!万物的灵长!"古今中外,无数的画家都用最丰富的色调描绘人类的美丽,无数的音乐家都用最动人的乐章歌颂人类的伟大,无数的文学家都用最华美的辞藻称赞人类的智慧。人类是地球上罕见的高等生物,也是智慧生命的化身。到目前为止,人类是我们所知宇宙唯一的高等智慧生物。自人类诞生以来,人类创造了一个又一个的奇迹,还正在不断演绎着新的传奇。人类值得我们自豪与骄傲!

生物学家认为,人属于动物界、脊索动物门、脊椎动物亚门、哺乳纲、真兽亚纲、灵长目、类人猿亚目、人科、人属、智人种。人类是动物大家庭中的一名重要成员。从人类学的角度看,人类是动物界的灵长类动物经过漫长的演变过程一步步进化而来的。人之所以从灵长类动物的群体中脱颖而出,成为天地间独一无二的人类,首先是因为人真正站立了起来。人直立的身体构造使得人类的视野更加开阔,对世界的感知更加敏锐。人类被解放的前肢可以自由活动,这让人类具备了超出其他物种的工具制作与使用的能力。在漫长的历史岁月中,人类勤劳的双手变得无比灵巧。人的双手有十个手指,十个手指修长而灵活,单个手指动作敏捷,抓握精确。绣花女工双指捏着细小的绣花针飞针走线,能够绣出一片满园春色;钢琴家的纤纤十指在钢琴键盘上轻轻点击,能够弹奏出感人肺腑的华美乐章。人类灵巧双手的辛勤劳作也促进着自身大脑的发育。现代人类具有高度发达的大脑,拥有复杂的抽象思维和丰富的情感,人类还具备语言、自我意识以及卓越的思想与科学技术创造能力,这是地球上任何一个物种都无法与之媲美的。古生物学家注意到,从南方古猿到能人、直立人、智人和现代人类,人类大脑的容量从最初的400多毫升进化到现在的1 400毫升左右。在躯体大小基本相同的情况下,人类的大脑一般比普通灵长类动物要大了3倍。人类大脑容量的逐步增加,反映了伴随进化历程人的智力在持续增长。人类最伟大的科学家爱因斯坦逝世之后,曾有人将爱因斯坦的大脑保存了下来,并做了240个切片加以研究,希望能从这个发现狭义相对论和广义相对论的大脑中探寻出人类智慧的奥秘。

人类之所以伟大，不仅仅在于人的个体能力，更在于人类结成了一个人类的社会。古希腊哲学家亚里士多德曾说过："人类是天生的社会性动物。"人类的直接祖先曾是一种群居性动物。长期以来，人类在以生产为基础的社会活动中形成一定的社会关系，结成了人类社会。社会性是人类的一个重要特征。在人类社会发展的不同的历史阶段，人类经历了不同的社会形态，形成了不同的人种、民族和国家。在人类社会这个大家庭里，人类相互学习、相互合作、相互竞争，促进了人类社会的不断进步与发展。自人类社会诞生以来，人们创造了不同的语言、文字和风俗文化，发展了政治、经济、艺术、道德、宗教和科学技术等，让人们得以充分享受人生的美好，感悟人类社会的博大宏伟。人类日益发展的科学与技术，使人类拥有了认识自然、改造世界的强大力量，人类窥探宇宙的浩瀚，叩问生命的奥秘，追寻人类社会的发展规律，始终没有停止文明进步的步伐。人类社会的发展取得了无与伦比的辉煌成就。

今天的世界，大约有四大人种，即亚洲人种（黄种人）、高加索人种（白种人）、非洲人种（黑种人）和大洋洲人种（棕种人）；有6 000多种语言，2 500多个民族，200多个国家。联合国人口基金会显示，在2011年10月31日，全世界人口达到70亿。据世界人口网资料，截至2019年12月31日，全世界人口约为72.63亿人。作为人类这个大家庭中的一分子，每一个人可能都会好奇地问：我们从哪里来？我们又将往哪里去呢？

人猿分道

我们是谁？我们从哪里来？现在回答这个问题，似乎十分简单，因为连小学生都可能知道人是从猿类进化来的。但在两百多年前，你要是如此回答，肯定会遭人唾骂：这个人疯了，居然说人是猴子变的！因为在那个时候，还没有达尔文的进化论，也没有一系列的考古和古人类研究，更没有人读懂生物基因这部生命的天书，忙于生计的人们疏忽了对人类自身的考察。最早认为人类起源于类人猿的是法国生物学家拉马克。他在1809年出版的《动物学哲学》一书，较早提出了进化论的思想，并认为"人类来源于猿"。1859年，英国著名生物学家达尔文发表了《物种起源》，基于宗教方面的原因，他在书中没有论及人类的起源，只是在书的临近结尾处表示："放眼遥远的未来，我看到了涵括更为重要的研究领域的广阔天地。心理学将会建立在新的基础上，即每一智力与智能，都必然是由逐级过渡而获得的。人类的起源及其历史，也将从中得到启迪。"1871年，时隔12年之后，达尔文发表了《人类起源和性选择》，他这次在书中明确地说："世界上每一地区现存的哺乳动物与该地区的灭绝物种都密切相关。因此非洲很可能是现已灭绝的猿类和与其相关的大猩猩和黑猩猩的原住地，因为这两个物种都是人类的近亲，我们的祖先起源于非洲大陆的可能性远大于其他地区。"在这里，达尔文不仅说明了大猩猩、黑猩猩是"人类的近亲"，也表示了人类的起源地可能在"非洲大陆"。1863年，英国学者赫胥黎发表了《人类在自然界的位置》，直接提出人猿同族论。他的观点在当时遭到了许多人嘲骂，尤其一些宗教界人士不能容忍赫胥黎的想法，认为他是"一个邪恶的人"。赫胥黎事后感叹道："真理确乎伟大，但是了解它伟大的程度如何，要经过相当长的岁月。"1876年，恩格斯发表《劳动在从猿到人转变过程中的作用》一文,提出了"劳动创造人类"的思想,并指出劳动是人和动物的根本区别。直到此时,人类起源于灵长类的类人猿的观点才逐渐开始为世人所接受。

随着现代生物学、考古学,尤其是分子生物学的兴起,人们将基因科学引入考古研究,人们的视野得到了大大拓展,许多新的发现产生了。今天,我们回答这些问题有了更多的化石证据,有了更为坚实的理论基础。我们现在知道,在地球上,所有的生命都有一个共同的源头,使用着同一套生命信息系统。从单细胞生物到多细胞生物,从多细胞生物到各种低等或高等的动物,生命的脚步漫长而执着,一步步由古及今,形成了物种丰富的生命大家庭。

从生物分类学讲,人类归属于哺乳纲的灵长类动物。灵长类动物是动物界最高等的一个类群。追根溯源,灵长类动物的祖先是原始哺乳类中的食虫类动物,而这些食虫类动物又是从原始哺乳动物中的古兽类进化而来。很有意思的是,我们的古人将除人类之外的哺乳动物都称为兽,其余的或许连兽也称不上。古兽类动物大约出现在侏罗纪中期到白垩纪早期,哺乳类的食虫动物大约出现在白垩纪的中晚期。白垩纪是恐龙称霸天下的时代,食肉类恐龙将食虫类动物作为了猎食的对象。迫于生存的压力,食虫类动物逐渐选择了穴居和树栖的生活,惹不起而只能躲起来。灵长类动物就是从树栖的食虫类动物逐渐进化而来的。我们现在仍能够见到这些树栖的食虫类动物,比较典型的是树鼩。树鼩身体大小像一只松鼠,吻部细长,有一条长尾巴,脑颅较发达,眼睛也比较大,牙齿分化不明显,大拇趾与其他四趾略微分开。树鼩食虫兼食果实。现在,树鼩主要分布在亚洲东南部热带及亚热带丛林。树鼩的身体结构和食性,反映了原始灵长类动物从食虫类动物过渡到灵长类动物的基本特征。早期的

树鼩

灵长类动物在进化过程中由食虫为主逐渐改变为食虫与兼食果实的杂食动物。食性的改变是动物在进化过程中十分重要的一步。许多生物学家认为，正是因为食性与生活习性的改变，灵长类动物才从食虫类动物中分化出来。它们在森林中寻觅各种果实，经常攀爬树木，手握树枝或采摘果实时需要四肢和指爪都十分灵活，需要大脑协调身体的平衡，还需要具备良好的视觉等，最终改变了身体结构和生理机能，进化为灵长类动物。直至现在，除了人类之外，绝大多数灵长类动物仍然栖息在树上。

灵长类动物分为低等灵长类动物和高等灵长类动物。在白垩纪晚期，低等的灵长类动物就已经出现了。最初的低等灵长类动物包括了近猴类和原猴类。近猴类为灵长目一个已经灭绝的种类，也是灵长目中最为原始的类型。平猴类化石在北美和欧洲的古新世、始新世的地层中都有发现。近猴类头骨面颅前伸，吻较长，脑颅较小，牙齿为低冠齿，门齿较大，四肢指端似爪而无指甲，适应树栖生活。但古生物学家研究认为，近猴类的特征与后期的灵长类动物差异较大，故取名为"近猴"，意即近猴而非猴。原猴类即原猴亚目类群，这被认为是灵长类动物的直接祖先。早期的原猴类动物可分为兔猴和鼠猴两个大类。兔猴类与狐猴比较相近，鼠猴类与跗猴比较相近，早期的原猴亚目成员分布非常广泛。原猴亚目现存成员可分为狐猴型下目、懒猴型下目和跗猴型下目，主要见于非洲和亚洲的热带地区，而在海岛远比大陆繁盛。原猴类动物通常颜面较长而似狐，夜行性成员较多（此种类可能在恐龙时代即存在），常有较大的眼睛，有些种类嗅觉较发达（从食虫类进化而来的标志），耳朵能转向，四肢趾端有爪，但五趾只能同时伸屈，而不能单趾活动，脑容量较小，额骨和下颌骨尚未愈合等，这些都表明了原猴类仍是低等的灵长类动物。

在白垩纪晚期的生物大灭绝中，恐龙消亡了，给了包括灵长类在内的哺乳类动物以新的发展空间。在后来的岁月中，哺乳类及灵长类动物都有了较为顺利的发展。原猴类发展并一直延续至今的主要是狐猴和眼镜猴。早期的狐猴归入已经灭绝的兔猴类，原始狐猴在古新世广泛分布在亚洲、欧洲和美洲，而现代狐猴仅生活在非洲马达加斯加岛及附近岛屿。狐猴身体较小，尾巴长；吻长而尖，脸型似狐，眼睛较大，下门齿长且水平伸出；四肢较长，手脚能执握树枝，杂食昆虫和果实。眼镜猴又叫跗猴，在古新世时分布也较广，而现代眼镜猴主要分布在菲律宾南部以及加里曼丹和苏门答腊等地。眼镜猴大小与松鼠相近，体毛柔顺。巨大的双眼靠得很近，且直视前方，像是戴了一副眼镜，故被称为眼镜猴。眼镜猴的脚板很长，因此又被称为跗猴（"跗"是脚板的意思）。它的活动方式是用后肢直立跳跃，以昆虫和其他小动物为食。从化石的情况看，狐猴的化石比较少，而眼镜猴的化石稍多。

毫无疑问，高等灵长类起源于低等灵长类。从现存的高等灵长类和低等灵长类动物的形态及DNA结构相比较来看，高等灵长类与眼镜猴较为接近。但许多生物学家坚持，高等灵长类起源于狐猴类，而起源地在非洲。古生物学家在埃及法尤姆地区发现了距今3 900万年前始新世晚期的高等灵长类化石，与狐猴确有相似之处。在动物学分类上，高等灵长类动物被称为类人猿亚目。类人猿亚目包括阔鼻猴次目和狭鼻猴次目。其中，狭鼻猴次目又包括两个超科，分别是猕猴超科和人猿超科。人猿超科还包括猿科和人科。到了始新世的晚期，从原始狐猴进化产生了阔鼻猴类、狭鼻猴类和猿类等高等灵长类动物。阔鼻猴类的鼻中隔宽阔，鼻孔朝向两侧，形态较为原始，经常生活在热带森林的树顶，因为主要分布在中美洲和南美洲，故被称为新大陆猴。阔鼻猴类的化

上为狭鼻猴，下为阔鼻猴

石较少。狭鼻猴类的鼻中隔较窄，开向下方，大多数种类尾巴较长，但也有如猕猴、红面猴等尾巴较短的种类。狭鼻猴类大脑发达，身手灵活，大多数较为合群，生活在树上，主要以果实、树叶、昆虫和鸟卵等杂食为生。狭鼻猴类广泛分布在欧洲、亚洲和非洲，故被称为旧大陆猴。狭鼻猴类的化石较为丰富。

在许多人看来，猿猴不分，它们是一家，而在动物学分类上，猿猴却属不同的分科，猿比猴更先进，是灵长类中一种具有较高智能的动物。在与人的亲缘关系上，猿比猴更接近于人类。在动物形态上，猿与猴有着明显的区别，一般来说，猿的形体比猴大，猿的手通常比脚长。猿类没有尾巴、颊囊（猴口腔两侧部各有一囊，吃进口腔的食物，一时来不及细嚼，可以暂时贮藏在颊囊中，留待空闲时细嚼慢咽）和屁股上的胼胝（臀疣），只有长臂猿是一个例外，屁股上有臀疣，也表明长臂猿仍是一种比较低等的猿，而这些都是猴类共有的一个重要特征。

绝大多数的猿类习惯树栖生活，地层中保留的化石较少，成为研究猿类进化的一道难题。最早的古猿化石是在埃及法雍地区发现的距今 3 500 万年前渐新世早期的原上猿化石。最初发现的是一件右下颌骨化石和若干臼齿，以后又有其他类似的发现。从化石作推断，原上猿体形大小与一般猴类差不多，面颊长而低，吻部前突，有原始狭鼻猴的性状，食性可能是杂食，属猴与猿之间的过渡类型。后来，古生物学家又在埃及法雍及附近地区发现了稍晚一些时期较为完整的古猿化石，取名为埃及猿。埃及猿体型较原上猿粗壮，树栖群居生活，以果实为食，也吃树叶等，生存年代约为距今 2 800 万年前。古生物学家研究认为，原上猿和埃及猿总体上属于同一种类。20 世纪 80 年代，中国古人类学家曾在江苏溧阳地区发现高等灵长类化石，取名为中华曙猿，化石年代约为距今 4 500 万年前。但因化石资料不完整，学术界仍有不同认识。在距今 2 300 万～1 800 万年前，地球温暖湿润，热带雨林日益繁盛，以森林为主要栖息地的猿猴有了一个良好的生存环境，成为猿猴发展的一个黄金时期。这一时期，在欧洲、亚洲和非洲都发现有古猿化石。古生物学家在发现这类古猿化石时，也发现了一些树木的化石，故统称为森林古猿。森林古猿分布广泛，种类庞杂，属类人猿和人类的共同祖先。现代研究认为，在距今 1 500 万～1 200

万年前，森林古猿开始分化，形成了两个主要类群，即非洲猿和亚洲猿，这两个类群之间存在着较为明显的差别。在非洲较早发现的森林古猿化石为原康修尔猿。这是在非洲肯尼亚发现的一种森林古猿化石。从原康修尔猿化石复原推断，原康修尔猿体型较大，头骨近于圆形，吻部窄而前突，树栖并善于攀爬，生存年代在距今 1 300 万～1 200 万年前，被认为是黑猩猩的祖先。令人类学家非常遗憾的是，迄今为止仍然没有发现 1 200 万～600 万年前的人科动物或黑猩猩的化石。在亚洲发现较多的森林古猿化石为腊玛古猿。最早的腊玛古猿化石被发现于亚洲印度和巴基斯坦接壤地区，故以印度梵文史诗《腊玛耶那》命名。以后在中国云南及土耳其、匈牙利、肯尼亚等多地都有发现它们的化石。腊玛古猿生活在森林及边缘地带，体型较大，初步判断能够直立行走，杂食，生存年代为距今 1 500 万～800 万年前。古生物学家对腊玛古猿的归属仍有争议，但多数学者认为腊玛古猿是大猩猩的祖先。总之，在远古年代非洲的莽莽森林里，从森林古猿到南方古猿，这才是人类真正的祖先。

2005 年 9 月 1 日，英国《自然》杂志刊登了由美国、以色列、德国、意大利、西班牙等国 67 名科学家组成的黑猩猩基因测序与分析联盟初步完成的黑猩猩基因组序列草图与人类基因组序列比较情况的研究报告。报告宣称，黑猩猩与人类基因组的 DNA 序列相似性达到 99%，即使考虑到 DNA 序列插入和缺失因素，两者的相似性也有 96%。这意味着，人与黑猩猩的基因序列相似性比其他任何动物都要高。在此之前，科学家曾完成了大猩猩基因测序与人类基因组序列的比较分析，发现两者的相似性为 98%。科学家们曾经通过对蛋白质与 DNA 差异的研究，建立了一个分子钟，推测人类与其他动物的分界点在 800 万～500 万年前。而这次的黑猩猩基因测序分析，更把人与黑猩猩分离的时间确定为 600 万年前。这些研究说明了一件事情，这就是人类与黑猩猩有着更为直接的亲缘关系，两者分道扬镳的时间最短，约在 600 万年之前。

黑猩猩的传统栖息地为非洲的热带雨林。那么，在 600 万年前，非洲的热带雨林究竟发生了什么事情，最终导致那一批古猿的种群发生了分离，一支发展为黑猩猩，一支踏上了进化为人类的漫漫长路呢？这就是一些人类学家和

黑猩猩

古生物学家所津津乐道的"人类起源的东边故事"。最早提出东非大裂谷导致人猿分道、人类起源过程的是法国古生物学家伊夫·科庞。科庞给自己的理论安了一个动人的标题,叫作"东边的故事"。所谓"东边的故事",是指地质运动导致东非大裂谷的形成,使得当地的动物种群出现了较大的分化。从地质构造学说来讲,东非大裂谷位于非洲板块与印度洋板块的交界处。大约在3 000万年前,这两个板块相互拉伸,出现了地壳裂痕。而约在1 200万年前,持续的地质构造力量迫使非洲东部的地形地貌发生了明显的变化。沿着地壳裂开的缝隙南起莫桑比克,向北经坦桑尼亚分成东西两支:东支向东北,经埃塞俄比亚直达红海;西支则向西北,经乌干达进入苏丹。整个东非大裂谷总长6 400多千米,宽几十至200千米,深可达1 000~2 000米。空中俯瞰,它就像镶嵌在非洲大地上一道深深的瘢痕。

在东非大裂谷的形成过程中,地壳深处的熔岩不断涌出地面,使得埃塞俄比亚和肯尼亚的陆地慢慢升高，形成了海拔270米的宽阔高地。隆起的高地阻碍了非洲大陆由西向东均匀流动的大气流，其东部因水汽被阻隔逐渐成为干旱少雨的地区，从而失去了热带雨林的生长条件，使得非洲东部原来茂密的热带雨林慢慢地演变为稀树草原和灌木丛地带。剧烈的地质运动，变化的生态环境，使得东非大裂谷两边的森林古猿逐步出现了明显的分化。在东非大裂谷的西边，热带雨林得以延续，生活在那里的森林古猿，习性和性状没有发生根本改变，随着时间长河缓慢地流淌，最终演变成了现代的大猩猩和黑猩猩。在东非大裂谷的东边，原来连续覆盖的热带雨林渐渐消失，出现了森林之间镶嵌的稀树草原和灌木丛。按进化论的原理，这种镶嵌性的生态环境为多种变异物种的生存演化提供了机会。失去热带雨林的森林古猿被迫走出了林地，有的类群走向了灭绝，有的类群在稀树草原和灌木丛建立了新的奠基群体，变成了南方古猿。存活下来的南方古猿放弃了林栖生活，逐渐开始直立行走；而直立行走的南方古猿开阔了视野，解放了双手，出现了许多令人鼓舞的积极变化。南方古猿最终演变成了直立人，成为了最原始的人类。在稀树草原和灌木丛地带，原始的人类面临着大型食肉动物和其他自然生态的严酷挑战。在生存竞争中，原始人类逐步学会了使用篝火和制作简单的石器工具，并建立了最初的群体协作关系，使得人类捕获猎物和采集食物的能力都有所提高。食物的丰富、自身营养的改善及群体之间的协作互动也促进了原始人类包括大脑容量在内的各种生理机能不断增强，原始人类的进化得以持续。在漫漫历史岁月中，南方古猿变成能人，能人变为直立人，直立人转化为智人，智人一次又一次地走出非洲，繁衍成为如今在全世界蓬勃发展的人类社会。

伊夫·科庞不仅著文论述"人类起源的东边故事"，还在法国电视台向社会大众讲述"人类起源的东边故事"，使得"人类起源的东边故事"逐步为世人所知。但事情也并非原来想象的那么简单，许多新的考古证据不断颠覆着人们的原有思维。现在发现，早期类人猿的化石并不局限在东非大裂谷的周围，而是遍及非洲大陆。它们在非洲的莽莽森林里已经开始尝试直立行走，由类人猿向早期猿人的演化似乎在大森林里也悄然无声地进行。一些人类学家开始对"人类起源的东边故事"产生种种新的疑问，人类起源的奥秘仍有待作更深入的探索。

智人崛起

中国电视剧《木鱼石的传说》中有一首脍炙人口的主题曲，叫作《有一个美丽的传说》，歌中唱道："有一个美丽的传说，精美的石头会唱歌，它能给勇敢者以智慧，也能给勤奋者以收获，只要你懂得它的珍贵呀……"在古生物界，也有一个美丽的传说，精美的石头一样会说话。这个精美的石头就是化石，它能告诉你生命演绎的故事，也能告诉你生物进化的历史。如果我们想要把人类起源的"东边的故事"说得更加令人信服，一定要让石头说话，以化石作为重要的理论依据。

化石是古生物学家研究生物进化最重要的依据。在探寻人类起源的过程之中，我们一样试图依据古人类化石的存世顺序去图解人类进化的过程。但这个图解的过程尤为艰难，这是因为化石的形成和发现都具有很大的偶然性。在许多的时候，我们手中的化石资料并不十分完整。我们知道，化石是存留在地层中的古生物遗体或遗迹形成的，掌握化石是了解生物演化必不可少的重要证据。从某种意义上讲，化石是研究古生物演化最重要的大百科全书。而一个生物是否形成化石取决于许多因素，其中三个因素是最基本的：第一，有机物必须拥有坚硬的部分，如生物的牙齿、颅骨、颌骨等；第二，生物在死后必须避免遗体被毁坏，如腐烂、分解或被其他生物食用等；第三，生物遗体必须被某种能够阻碍分解的物质埋藏并长期保存，如被火山灰掩埋等。远古时期的古人类数量十分稀少，最少的时候只有几千人，主要居住在热带雨林和稀树草原，过着狩猎采集的迁徙生活，往往居无定所。早期人类并无丧葬习惯，死后遗体容易被其他生物破坏或自然腐烂分解，能够形成化石的概率非常之低。古生物学家估计，每10亿根骨头中大约只有1根骨头可能形成化石。每个成人身上约有206根骨头。按此计算，1亿人才可能形成20多块化石。古人类的化石因稀少而显得格外珍贵。现在发现的古人类化石很少是完整的遗骸，许多仅是一些零散的遗骨。在试图描绘缺失部分或遇到有争议的化石标本时，描绘者的主观意志产生影响是不可避免的。因此，每一次古人类化石或遗迹的发现，都会出现不同的解读，甚至是截然相反的认识。而围绕这些不同解读、截然相反的认识展开的辩论，却又推动了古人类学的进一步发展，人类总是在一点一滴地增强对自身发展的认识。

从20世纪下半叶始，古生物学家发现的古人类化石逐渐增多，现代科技测定地质年代的精确度大为提高，从化石中提取DNA片段进行比对研究也进展顺利，古人类学研究收获丰硕，使我们对古人类的进化历程有了更为清晰的认识。分子人类学家表示，通过对人与黑猩猩基因差异以及差异发生与积累的速度建立的一个分子钟推算结果，人类的祖先与大猩猩的祖先分离的时间在1000万～800万年前，人的祖先与黑猩猩的祖先分离的时间在800万～500万年前。由此而言，人类的历史、人类社会的历史大体在这一时期就已经启程了。在这样一个历史过程中，古生物学家为古人类的进化历程划分出了不同的阶段。西方古生物学家一般将其分为5个阶段，即早期猿人、南方古猿、能人和直立人、智人。这与中国学者的早期猿人、晚期猿人、早期智人、晚期智人的划分法基本上相对应。也有西方古生物学家将智人又分为早期智人和晚期智人两个时期。古人类进化历程的阶段划分，说到底，是以时间为轴线，以古人类进化的阶段特征为节点，为古人类进化描绘出一个大体的概貌，帮助我们认识人类进化的整体过程。

从猿到人是一个逐步演变的过程。这个过程历时数万、数十万，甚至数百万年的时间。总体上是一个渐变的过程，它不像蝴蝶那样，有一个破茧化蝶的明显变态时刻，而是从微小的量变逐渐积累最终导致本质的变化。在这个漫长的过程中，最初总有一些过渡的类型，既有猿的本性，也有人的特征，这个类型就是早期猿人。到目前为止，经化石考古研究，我们发现的最早猿人是乍得撒海尔人，学名为撒海尔人乍得种。2001年，法国古生物学家在非洲位于东非大裂谷以西的乍得沙漠地带发现了一个破碎且变形的头盖骨和牙齿及颌骨碎片，他们给遗骸的主人起名为"托迈"，当地语言的意思是"生命的希望"。2002年，法国古生物学家在《自然》杂志公开了这一发现并报告了初步研究成果。初步研究成果表明，化石存活时间在距今将近700万年前。撒海尔人犬齿较小，有臼齿和前臼齿，牙齿的珐琅质较厚，与现代人类近似。研究人员用医用扫描仪对破碎的头骨进行扫描处理，并试着重建了虚拟模型，发现撒海尔人的枕骨大孔位于脑颅底部，头颅平衡置放于竖直的脊柱上，这意味着撒海尔人可能是双足直立行走的，而直立行走一直是人猿分野的一个重要标志。在发现撒海尔人化石的地层中，还发现了一些鱼类、两栖类和牛、马、大象等动物化石，表明撒海尔人生活在一个靠近湖泊的森林环境中。撒海尔人的特征和生活环境符合最初人类的形态，为迄今为止发现的最早人类化石。一般来说，通过基因测序分析人猿分离只是一个大体的时间方位，化石才是最可靠的证据。古生物学家认为，如果撒海尔人不在人类进化树的起点位置，也应该是在起点的附近，具有十分重要的价值。在古生物学家发现撒海尔人乍得种化石的前一年，人们还在非洲肯尼亚中部的图根山区距今约600万年前的地层中发现了一些包括牙齿、股骨等在内的人科动物化石。古生物学家将这些化石代表的猿人称为图根原人。因为是在2000年发现的，也称之为"千禧人"。研究表明，图根原人的臼齿同样有珐琅质，牙齿的形态、大小与早期的人科动物相似。最重要的是股骨化石，具有较长的股骨颈，有人认为这是人与猿的一个区别。初步判断图根原人也能够双足直立行走。在发现化石的地层中，还发现了一些其他动物的化石。研究表明，当时处于一个日渐干燥的森林环境。

  2000年前后是古人类考古发现收获丰硕的一个时期。1994～2001年，古生物学家在非洲埃塞俄比亚多次发现了数量可观的人科动物化石。这些化石数量较多，但大多破碎，且十分零散。古生物学家进行了较长时间的清理和研究，陆续发表各种研究成果。最初，古生物学家将这些人科动物定名为南方古猿始祖种，稍后又改称为地猿，种名仍为始祖种。地猿大体上有两个物种。一是较早的卡达巴地猿，估计存世时间在580万～520万年前。卡达巴地猿的犬齿有原始特征，臼齿有较薄的珐琅质，脚趾骨与后方骨头的连接方式与人科动物较为接近。据推测，卡达巴地猿也能双足行走。另一种是拉密达地猿，也称地猿始祖种，估计存世时间约在440万年前。拉密达地猿与其他类人猿最大的区别是他们能够用双足直立行走。面对日趋干燥的东非，拉密达地猿已经为后代走出森林做好了准备。2009年10月，一个由多国古生物学家组成的团队在美国《科学》杂志上发表了对始祖地猿的综合研究报告。他们这次研究的对象是一具不完整的成年女性的骨架，她被古生物学家昵称为"阿尔迪"。阿尔迪大约生活在距今440万年前，身高120厘米，体重约50千克，脑容量在300～350毫升，面部似猿，但脸下部不像现代猿那样突出。上臂较长，手指灵活，而且不像现代猿以指关节弯曲着地行走。骨盆、髋骨和脚趾骨显示她既能够在地上直立行走，又能够在树枝上攀爬活动。对阿尔迪的综合研究使得我们对地猿有了更多的认识。中国科学院院士、古生物学专家吴新智认为，地猿的研究表明，尽管我们与黑猩猩在遗传方面很相似，但是人和猿的最近共同祖先可能与现在的任何非洲猿实质上很不相同，人和猿都是通过很不同的进化道路变得高度特化的结果。从撒海尔人乍得种到图根原人、地猿，早期猿人的形体和脑容量仍与猿类相似，但已经显示某些原始人类的特征。他们生活在原始森林或森林的边缘，已经学会了双足直立行走。早期猿人初步奠定了进一步向人类进化的生理基础。

　　1924年，南非约翰内斯堡金山大学的解剖学教授达特收到了附近采石场场主给他送来的两箱化石。达特研究古人类起源，对化石很感兴趣，曾嘱咐采石场场主发现化石即给他送来。达特在这两箱化石中发现一个类似猿猴的不完整的头骨。经达特研究，化石存世时间在200多万年前，化石主人是一个7岁左右的男性猿人。发现化石的地方名为汤姆，达特昵称他为"汤姆男孩"。汤姆男孩与猿有相似之处，但吻部不像猿那样突出。更重要的是，他的枕骨大孔接近头骨底部中央。据此推测，汤姆男孩能够直立行走。当时的人们普遍并不认同人由猿类进化而来，达特将汤姆男孩命名为"南方古猿"，并将他的研究成果公布在次年的英国《自然》杂志上。此后，一些古生物学家在南非继续寻找猿人化石，在不同地点发现了数百件类似的猿人化石标本，都称之为南方古猿。这些化石共代表了50多个南方古猿的个体。第二次世界大战以后，一些古生物学家又在东非寻找到更多南方古猿的化石标本。据统计，迄今为止，人们已在非洲发现了大体9种类型的南方古猿，生存时间为420万～120万年前，但在非洲以外的地区却一直没有发现类似的猿人化石。这符合进化理论

"适应辐射"的原理，表现为一种生物进入一个新的适应带之后所发生的种类增加的现象。当森林古猿从原始森林进入稀树草原或其他形态的生存环境以后，曾演化出多种类型的南方古猿，而经过自然选择最适应的一个种群繁衍了下来。

按化石的存世年代和特征，大体上可以分为这么几种类型：

① 在肯尼亚、埃塞俄比亚发现了生存年代为 420 万～390 万年前的南方古猿湖泊种。湖泊种化石最初发现于肯尼亚图尔卡纳湖的东部，以后在埃塞俄比亚东北部也有发现，化石主要是肱骨、股骨和一些牙齿、颌骨等。研究认为，湖泊种下颌骨像黑猩猩，但牙齿像人类，仍有攀树的习性，许多特征像南方古猿阿法种，有可能是其直接的祖先。

② 在肯尼亚、埃塞俄比亚、坦桑尼亚发现了生存年代为 390 万～290 万年前的南方古猿阿法种。阿法种的化石发现较多，一般认为，阿法种是南方古猿的主要种类。研究认为，阿法种比湖泊种更像人类，虽仍有攀树的习性，但更多的是直立行走。南方古猿阿法种最重要的发现是"露西少女"和"第一家庭"。1974 年 11 月，一个由法国和美国科学家组成的科学考察队在埃塞俄比亚阿法尔三角洲考察时，发现了一具较为完整的人科动物骨架化石。当天晚上，科学考察队营地在播放甲壳虫乐队音乐，音乐中有一句歌词叫作"缀满钻石天空下的露西"，他们便昵称这个猿人为"露西少女"。露西的骨架化石包括头骨碎片、下颌骨、躯干骨、盆骨和四肢骨等，整个骨架加起来大约占全身骨骼的 40%，化石年代在 322 万～318 万年前，这样早的人类骨架化石而又保存得如此完整显得十分难得。经研究表明，露西为成年女性，身高 1 米左右，体重 29 千克。露西的脑容量与黑猩猩差不多，但骨盆和腿骨功能与现代人类差不多，已可直立行走。这一点支持了在人类进化过程中直立行走特征出现在脑容量增加之前的观点。1975 年，科学考察队又在这一地区发现了大约 200 件南方古猿的碎骨和牙齿化石，这些新发现的化石至少代表了 13 个男女老幼。研究认为，他们可能属于同一个家庭，因此称之为"第一家庭"。

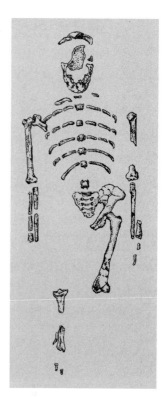

"露西少女"化石

③ 在肯尼亚图尔卡纳湖地区还发现了生存年代约为350万年前的南方古猿扁脸种,也称扁脸肯尼亚人。化石主要是一个头骨和部分上颌骨。扁脸种十分特殊,其脸部从向前突出向扁平方向发展,不仅比其他南方古猿扁平,甚至比更晚的猿人还要扁平。这证明了人类进化不是直线型,而是树丛状,曾经出现过多种类型。

④ 在南非发现了生存年代为300万～200万年前的南方古猿非洲种。化石主要是头骨、牙齿和一些肢骨、指骨等。非洲种与阿法种有许多相似之处,臂长似猿,指骨不弯,能够直立行走,平均脑容量约440毫升。古生物学家倾向把南非发现的汤姆男孩也划入南方古猿非洲种。

⑤ 在埃塞俄比亚发现了生存年代约为 260 万年前的南方古猿埃塞俄比亚种。化石主要是下颚骨和头骨等。研究认为，埃塞俄比亚种的牙齿和头骨较大，推测为南方古猿粗壮种的祖先。

⑥ 在埃塞俄比亚还发现了生存年代约为 250 万年前的南方古猿惊奇种。化石主要是头骨和颚骨等。研究发现，惊奇种颅腔与其他南方古猿类似，没有咀嚼植物性食物大而有力的臼齿。而在化石发现地还出现一些原始形状的石器工具，推测为加工肉食的工具。正是食用肉食，使早期人类的体质发生了较大的改变。

⑦ 在坦桑尼亚、肯尼亚发现了生存年代为 230 万～120 万年前的南方古猿鲍氏种。化石主要是头骨、牙齿等。鲍氏种的头骨和牙床都特别粗壮，男性成员的体型明显大于女性成员，为双性型。而双性型的种类一般与多配制（一夫多妻制）相联系，属较为原始的社会形态。

⑧ 在南非发现了生存年代约为 200 万年前的南方古猿源泉种，化石主要为 1 男 1 女 2 具较为完整的骨骼和一些零散的化石等。男的是 1 名八九岁的儿童，女的是 1 名成年女性，推测为母子两人。研究表明，源泉种的胳膊较长，像猿一样善于爬树，手指排列紧密，像现代人一样灵活。他们拥有较长的双腿，能够直立行走，甚至可能已经会奔跑，被认为是从非洲种进化而来。

⑨ 在南非还发现了生存年代为 200 万～150 万年前的南方古猿粗壮种。化石保存较好，主要有头骨、下颌骨等。粗壮种眉嵴突出，下颌粗壮，颊齿较大。美国生物学家恩斯特·迈尔曾指出："根据解剖学进行人科动物分类的人类学家必须记住，冠以阿法种、直立人和能人名称的分类物种并不是指类型，而是指可变的群体和群体中的类群。"

综上所述，从整体来讲，这 9 种类型的南方古猿脑容量增加不大，但都能够直立行走。体态和功能出现向现代人演化的迹象，而演化的进程十分缓慢。从现在出土的化石分析，南方古猿大致上可以分为两大类群：纤巧型和粗壮型。纤巧型包括阿法种、非洲种、惊奇种和源泉种，粗壮种包括埃塞俄比亚种、鲍氏种和粗壮种。扁脸种比较特殊，属于单独的特化种类。从南方古猿开始，人类的进化模式呈现树状发展，即一个物种分化出两种或更多种的后代。在进化过程中，南方古猿中的绝大多数物种被自然淘汰，最终灭绝。一般认为，只有纤巧型的南方古猿在生存竞争中最终获得了胜利，其后代逐渐进化成了现在的人类。

　　化石标本是研究人类起源与进化的珍贵资料。说到古人类化石考察，不能不说到功勋卓著的利基家族。利基家族是一个聚集了众多世界著名古人类学者的家族，成员包括路易斯·利基和玛丽·利基夫妇，他们的儿子理查德·利基和儿媳米芙以及家族的第三代成员等。1903年，路易斯出生于肯尼亚一个英国传教士的家庭。他曾在英国剑桥大学学习语言学、考古学和人类学，毕业后回到肯尼亚工作，多次率领探险队在东非考察石器时代文化。他的妻子不习惯野外考察的清苦生活，而路易斯又不愿放弃探索人类起源的执着追求，两人只能分道扬镳。第二任妻子玛丽曾在法国学习史前考古学，路易斯和玛丽志同道合，两人结婚之后在东非为古人类学事业奋斗了一生。1959年，玛丽在东非发现了南方古猿鲍氏种，引起了考古学界的极大关注，也使得利基家族的名字广为人知晓。路易斯夫妇的次子理查德没有大学学历，自学成为古人类学家。理查德曾组建并率领了多国学者参加的古人类学考察队，有过许多重要的考古发现，并发表过多部关于古人类考古的重要著述，现为肯尼亚国家博物馆的主管。理查德的妻子米芙·利基长期和丈夫一起参加考古发掘，她和同事一起发现了南方古猿湖泊种、扁脸种。理查德和米芙的女儿路易丝也在英国获得了博士学位，开始继承父辈的古人类考古事业。利基这个传奇家族的古人类考古事业已经跨越了国界，体现了科学和人类研究的主旨与方向。

　　在南方古猿存在的后期，在南方古猿活动的大致范围内出现了一种新的人属成员，古生物学家称之为"能人"。1960年至1963年，利基家族的几名成员在坦桑尼亚的奥杜瓦伊峡谷发现了一名小孩的头顶骨、下颌骨、手骨和成人的锁骨、手骨、足骨及连着牙齿的下颌骨等，若干年之后又发现了一些类似的化石，化石的存世年代约在180万年前。研究表明，这些新的人属成员总体与南方古猿纤巧型差异不大，体型较矮，头骨骨壁较薄，面部结构轻巧，锁骨与现代人相似，手骨与足骨比现代人粗壮，手指骨显示能够实现精确抓握。最引人注意的是脑容量明显比南方古猿增加，大约在640毫升。人类作为万灵之长，主要在于人类具有高等智慧，而人类智慧的增长是与人类脑容量的增加和大脑的进化分不开的。在古人类历史前三分之二的时间，早期猿人的脑容量虽然有逐渐增大的趋势，但增加的幅度十分有限。南方古猿阿法种和非洲种体重约在30千克，平均脑容量在370～440毫升，而能人的体型与南方古猿基本上差不多，但平均脑容量达到了640毫升。应该讲，这是一个飞跃。一般相信，能人是南方古猿的后代，但比南方古猿进步。从南方古猿到能人的飞跃发生在300万～250万年前，能人消失于160万年前。与能人化石一起发现的还有一些粗糙的石器，这些石器包括可以割破兽皮的石片、带薄刃的石块和可以敲碎骨头的石锤等，推测这些石器都是能人的杰作。考古证实，能人是目前所知能够制造石器工具的人类祖先。能人也能够利用石器工具猎取一些小型动物作为食物，人类学家通过分析能人牙齿化石的碳同位素组成了解其饮食结构，同样证实了这一点。甚至有人认为能人已经能够搭建简陋的窝棚住所等。综合这些特征，古生物学家认为，新的人属成员手巧而能干，因此称之为"能人"。能人的出现，标志着人类家族与高等灵长类中的其他类群彻底分化开来，人科动物中更接近现代人的人属登上了历史舞台，使我们看到了现代人类诞生的一抹闪亮曙光。

能人生活场景

19世纪90年代，东南亚的大部分地区为荷兰的殖民地，被称为荷属东印度群岛。荷属爪哇岛有荷兰殖民军驻扎，军中有一名军医叫杜布瓦。他原本是荷兰阿姆斯特丹大学的解剖学讲师，因对古人类研究有兴趣，而扔下教鞭来到爪哇岛。1890年，他在爪哇岛发现了一块人类下颌骨化石残片。1891年，他又找到了一个不带脸面的头盖骨和牙齿。1892年，他在发现头盖骨化石的附近还找到一根人的大腿骨。杜布瓦研究之后认为，大腿骨表明主人已经能够直立行走，头盖骨的脑容量约为900毫升。1894年，杜布瓦发表论文公布了研究成果，将化石的主人称为直立猿人。后经测定，头盖骨的存世年代约在100万年前，大腿骨要稍晚一些。1929年，中国考古学家裴文中在北京周口店发现了一个完整的猿人头盖骨，震动了考古学界。从1927年到1936年，在北京周口店遗址一共发现了5个猿人头盖骨、100多件猿人化石，代表了大约40个猿人。但在1941年，这批珍贵的化石在战乱转移中神秘失踪，至今仍是一个谜。经研究，北京猿人约在70万年前曾生活在周口店龙骨山的山洞里，在这里生活了约50万年时间。北京猿人脑容量约为1 088毫升，头骨特征似猿而与现代人存有差距。他们身材短粗，男性身高约在1.55米，女性身高约在1.45米，体态接近现代人。一般认为这是中国直立人，但因这些猿人的脑袋像猿，而身体像现代人，更多的人愿意称之为北京猿人。北京猿人能够制造工具，学会使用天然火，以采集和捕猎为生。在中国陕西省的蓝田县也发现了猿人的头盖骨和面颊的碎片，化石存世年代约为163万年前，复原大脑容量约为780毫升。在化石发现地存在一些生活遗迹。学者认为，这是中国更早的直立人。在意大利的切普拉诺曾出土了90万～80万年前的头盖骨，被许多学者认为是欧洲最早的直立人。在德国的海德堡曾出土一块下颚骨，存世年代为50～40万年前。考古学家命名这块下颚骨的主人为海德堡人，也认为是欧洲直立人，甚至有人认为这是尼安德特人的祖先。在非洲，1984年，古生物学家在肯尼亚的图尔卡纳湖发现了一具较为完整的少年骨骼，存世年代约在160万年前，俗称"图尔卡纳少年"。图尔卡纳少年生前年龄约为9岁，身高却达1.6米，上下肢比例和步态接近现代人，脑容量约为900毫升。但图尔卡纳少年头颅骨较薄，没有明显的沟，与亚洲直立人相比存在差异。在坦桑尼亚、埃塞俄比亚、肯尼亚及南非也发现了类似的化石。在化石附近还发现一些石器工具，有的学者便给这些古人类取名为"匠人",意思是"工作的人"。一般认为,匠人是已经灭绝的人类,生存于190万～140万年前,活动范围在东非及南部非洲。而在坦桑尼亚、南非、阿尔及利亚和摩洛哥也发现了一些形态接近亚洲直立人的头骨、下颌骨和其他化石。许多生物学家相信,约在190万年前,非洲的古人类曾向欧亚扩散,而经过几十万年时间,又有一部分古人类回到了非洲。这极有可能是造成非洲和欧亚古人类差异的根源所在。

综合这些考古发现,古人类学家绝大多数同意把这一时期相类似的猿人化石定名为"人属直立种"或"直立人"。研究认为,直立人可能起源于非洲,在距今180万～20万年前生活在非洲、欧洲和亚洲。直立人最显著的特点是脑容量持续增大。早期成员的脑容量约为800毫升,晚期成员的脑容量约为1 200毫升。我们习惯比较古人类脑容量的变化,因为这是化石能够直接告诉我们的一个基本概念。古人类学家常用一个专门的测量概念——EQ——即脑形成系数,它给出大脑容积与身体体积的比例。

直立人生活场景

按此标准，黑猩猩的 EQ 为 2，能人的 EQ 为 3.1，直立人的 EQ 为 4.2，现代人的 EQ 为 5.8。从此可以看出，直立人不仅脑容量增大，大脑发育也更趋完善。许多迹象表明，直立人已经拥有有声语言的能力，表现出一定的文化行为。在身体结构方面，直立人也显示出更多的现代人特征。例如牙齿发生变化，后部牙齿变小，前部牙齿扩大，这与直立人撕咬肉食，更多地以肉食代替植物性食物有关，食物结构的改善增强了直立人的体质。直立人面部较扁平，身材明显增大，平均身高达 160 厘米，体重约 60 千克。直立人制作石器的水平有所提高，也学会了用火。用火烤熟的食物释放了更多的营养，也更有助于消化。历史表明，直立人曾经走出非洲原野，散布在欧亚辽阔的大地。站直了的古人类昂起头颅，放眼展望人类充满希望的前景。

按照动物学的分类，我们是人属智人种。智人是现今地球全体人类一个共同的学名。智人的学名来自拉丁文，意思是"智慧的人"。在古人类进化史上，智人是从直立人进化而来。智人在地球上出现的时间，人类学学者有着不同的判断，一般认为约在 20 万年前。20 万年前，对人类进化史来讲，这是一个重要的时刻。现代基因学研究，人类的语言能力与基因中一个名为 FOXP2 的古老基因片段有关。许多灵长类动物都有这么一个基因片段，但人类 FOXP2 的最新版本大约是在 20 万年前形成的。语言能力的获得显然是人类进化的重要一步，也是智人被称为智人最重要的理由之一吧。人们对现代智人的发源地，一直有着不同认识，包括了非洲起源说和多地起源说等，但结合分子生物学的基因检测，比较具有说服力的观点认为人类起源于非洲的东部地区。

从不同时期的阶段特征来看，智人的进化历程可以分为两个时期，一是早期智人，一是晚期智人。从早期智人来讲，2003 年，美国考古学家在英国《自然》杂志公布了在非洲埃塞俄比亚发现的一批化石考古成果。1997 年，在埃塞俄比亚的阿瓦什地区发现了一名儿童和一名成人完整的头骨及部分头骨碎片。通过放射性同位素测定，这批化石的存世年代为 16 万～15.4 万年前。研究认为，这些头骨化石在解剖学意义上属于智人。成年人具有球形颅骨，面部扁平，显示了现代人的特征。但双眼距离较远，眉脊突出等，也表现出较为原始的特性，表明化石主人处于智人的起始阶段。欧亚早期智人比较典型的代表是尼安德特人。尼安德特人因化石发现于德国的尼安德特山洞而得名，简称尼人。尼人化石最早见于1848年西班牙的直布罗陀，化石为一个颅骨，但在当时并未引起重视。1856年，在德国的尼安德特山洞发现了一具人骨化石，包括头骨及部分体骨。后来，在法国、英国、意大利、比利时及中东等地都有尼人的化石发现。综合现代研究，尼人身高1.5～1.6米，脑容量为1 200～1 750毫升。尼人身材短小，骨骼强健，额头扁平，下颌角圆滑，胸部较宽，四肢粗笨，肤色较浅，属耐寒型的体格。尼人在12万～3万年前生活在欧洲及北非、中西亚的广阔地区。尼人性格温顺，能够制作石器工具，学会了使用火，过着狩猎和采集的生活。约在3.5万年前，现代智人从非洲来到了欧洲，与尼人曾经有过大约5000年的共同生活历史。基因测序表明，分布在欧亚的现代人基因中有1%～4%的尼人基因，说明了现代智人与尼人两个种系曾有过血缘的交流。尼安德特人生存的后期，欧洲正处于冰河纪的间冰期，现代智人的大举进入，逼迫尼人迁往更寒

尼安德特人生活场景

冷的地带，或因食物缺乏，或因近亲繁殖等原因，最终导致了尼安德特人的灭绝。

晚期智人又称新人，一般为生活在 5 万～1 万年前的古人类。1 万年前以来的人类被称为现代人。较早发现的晚期智人化石是法国克罗马农山洞出土的人类颅骨。1868 年，考古学家在法国西部的克罗马农山洞发现了 4 个人类颅骨，称之为克罗马农人。克罗马农人生活在 3 万～2 万年前。研究表明，克罗马农人身材高大，额部丰满，眼眶高耸，体质与现代欧罗巴人种相似。克罗马农人脑容量较大，约为 1 600 毫升。在克罗马农山洞还发现燧石工具、海贝壳及其他装饰品。克罗马农人会制作磨光的石器，并学会了钻木取火，喜欢在洞穴作岩画等。被归入克罗马农人类型的化石在英国、德国、捷克斯洛伐克及北非等地都多有发现。中国晚期智人较有代表性的是山顶洞人。1930 年，考古学家在中国北方周口店龙骨山顶部的山洞中发现了 3 具完整的人类头骨及颅骨、牙齿、下颌骨等化石，并称之为山顶洞人。山顶洞人生活在 3.4 万～2.7 万年前。中国考古学家研究认为，山顶洞人的脑颅较高，眼眶较低，鼻腔前口较宽，这些特征与蒙古人种相近，为原始黄种人。山顶洞人的脑容量为 1 300～1 500 毫升。

山顶洞人生活场景

在山顶洞的堆积物中,还发现了一些石器工具、骨角器和穿孔装饰品等,说明山顶洞人已经掌握磨制和钻孔的技术。值得一提的是,出土的物品中有一枚穿孔骨针,可能被山顶洞人用来缝制兽皮衣物等。人类学家研究,古人类生活在干热的环境中,大约为排汗降温,逐渐褪去了体毛。而达尔文却认为,男性更青睐体毛较少的女性,体毛较少的女性显得更为干净,这种性选择也是造成人类逐渐褪去体毛的原因。非常有意思的是,当人类体毛褪失以后,原来身上的体虱聚集在头部变成了头虱。而后来古人穿上了兽皮衣物,虱子又进化出更多的爪子,以便抓住衣物,重新变回了体虱。根据虱子基因变异的时间,生物学家推测,古人最早穿上衣物的时间约在7.2万年前。此后,中国还发现了相类似的柳江人、资阳人、穿洞人、河套人、来宾人、丽江人等丰富的晚期智人化石。

在古人类的发源地非洲,也有多处晚期智人的化石被发现,其中比较重要的有南非的博斯科普人、弗洛里斯巴人、边界洞人,埃塞俄比亚的奥莫人,马里的阿塞拉人,阿尔及利亚的阿法卢人和摩洛哥的塔弗拉尔特人等。晚期智人不仅出现在亚洲、欧洲和非洲的广大地区,也出现在了原本没有发现古人类活动的大洋洲和美洲。澳大利亚最早发现的智人化石来自蒙戈湖地区,化石存世年代约在4万年前。据推测,早期居民来自中国大陆和邻近的东南亚地区。美洲的早期居民可能来自中东亚,甚至来自遥远的欧洲。在2万~1.5万年前,受冰川期影响,白令海峡因冰冻及海平面下降变成了陆桥,美洲土著的祖先从那里来到了北美,以后又扩散到南美。在美洲发现的早期人类活动遗址一般在1万多年前,美洲成为人类最后进入的栖息地。

这是一幅何等壮阔的画面:在数万年间,早期人类举行了征服世界的万里长征。他们趁着第四纪冰川间冰期在各大陆之间搭建的冰雪通道,顶风冒雨,踏冰卧雪,沿途围猎、采集,勇敢开路、探险,冲破大自然的层层阻碍,无惧毒蛇猛兽的侵扰,高歌猛进,一路向前,把人类的足迹印在了地球五大洲的每一处原野。待到冰雪消融以后,阳光更温暖,森林更茂密,人类繁衍成长更加迅速。在世界的五大洲,早期人类建立了各自的家园,开荒拓蛮,茁壮成长,逐渐形成了四大人种、众多人口,现代人类终于迎来了繁荣发展的新纪元。

走出非洲

在人类揭开 DNA 的秘密之前，古生物学家把探寻人类进化过程的重点放在了古人类化石的发掘和研究上面。化石是非常有说服力的，但化石又是十分罕见的，据此勾画的仅是一个粗线条的进化图景，往往到了关键之处，因缺乏完整的化石证据，得出的结论总显得有些含混不清。在人类揭开 DNA 的秘密之后，生物学家逐步发现，人类进化的许多秘密隐藏在 DNA 这部生命信息的天书之中。古生物学家通过对人类线粒体 DNA、Y 染色体和不同族群人类的基因测序进行对比研究，对人类的进化过程逐渐有了更为清晰的认识。

我们现在知道，基因是控制生命性状和发生过程的内在因素。基因具有双重性：物质性（存在方式）和信息性（功能属性）。基因的物质基础是脱氧核糖核酸，简称 DNA。DNA 构成了生命的信息密码，这些密码由碱基组成。碱基一共有 4 种，分别为腺嘌呤（A）、胞嘧啶（C）、鸟嘌呤（G）、胸腺嘧啶（T）。这 4 种碱基又以 3 个相邻的碱基构成一组编码，如 ATG、CCT、AGC 等，被称为"三联体"。4 种碱基排列组合成 64 种"三联体"，而这 64 种"三联体"又代表了 20 种氨基酸，其中多组"三联体"代表了同一类氨基酸。这表明在生命的遗传过程中，大约有 1/4 的"突变"为"同义突变"，保持了生物进化的稳定性。在结构上，每一个碱基按 A 对 T、C 对 G，形成对应的配对碱基，两条对应的 DNA 分子链缠绕成双螺旋结构。DNA 的双螺旋结构诠释了基因复制的原理。在细胞分裂时，双螺旋 DNA 的两条链被解开，两条单链分别作为模板进行复制，最终形成一条新的 DNA 分子链。绝大多数不同功能的 DNA 分子链被折叠压缩形成不同的染色体。人类每一个细胞内有 23 对染色体，包括了 22 对常染色体和 1 对性染色体。性染色体分为 X 染色体和 Y 染色体。女性的性染色体为 XX 结构，男性的性染色体为 XY 结构。少数 DNA 分子链被安放在细胞的线粒体中。线粒体是一种细胞器，主要为生物提供能量。DNA 就是一部生命信息的天书，生命的全部信息都被储存在这部天书里，似乎一切早已命中注定。1990 年，美国科学家领衔实施人类基因组计划，为人类基因 30 亿对碱基精确测序，破译人类全部生命信息。2003 年，测序完毕的人类基因组序列公布，媒体欢呼雀跃："人类掌握了生命的剧本。"美国前总统克林顿发表讲话宣称："我们正在学习上帝创造生命的语言。"

基因科学的发展，使得人们对进化论和生物科学有了全新的认识。进化论认为，生物的进化是自然选择的结果。自然选择的基础是生物的多样性，而同一物种的多样性是如何产生的呢？从基因科学来看，这是遗传基因突变的结果。以人类的遗传过程为例，在遗传过程中，父母双方的 DNA 双螺旋结构被打开，一条来自父亲的 DNA 链与一条来自母亲的 DNA 链重组成一条新的 DNA 双螺旋结构。在这个重组过程中会产生基因突变，一些碱基会失去或增加，甚至排列顺序发生某些变化等。这就像用两条拉链的各一半组成一条新的拉链时，总会出现一些错位的拉链。一般认为，每一代人的每一个染色体组在复制时会产生 30～50 个突变。这就导致每一个人身上都有 30～50 个变化让他们显得与父母不尽相同。突变是随机产生的，没有突变就没有生物的多样性或多态性。从这一点来讲，引起生物进化的力量来自三个方面：一是基因突变，二是自然选择，三是遗传漂移。突变的基因像留在生命天书中的版本信息，从父母那里接受了多少信息，在遗传过程中改变了多少信息，全部留在了基因这部天书里，基因悄悄地记录了物种演变过程的各种秘密。在完成人类基因组测序后，生物学家又先后完成了大猩猩、黑猩猩的基因测序。对比人类基因组与大猩猩、黑猩猩基因组的差异，生物学家认识到，黑猩猩比大猩猩更像是我们的近亲。根据人类与大猩猩、黑猩猩基因的差异以及突变累积的速率计算，人类祖先与大猩猩祖先分离的时间在 1 000 万～800 万年前，人类祖先与黑猩猩祖先分离的时间在 800 万～500 万年前。从人类祖先与黑猩猩祖先分离的日子到现在，人类大约繁衍了 30 万代。按照基因突变的理论，由于一代又一代基因突变的积累，使得越是古老的种群突变基因的积累就越是丰富，最后生物学家不约而同地把目光聚集到了非洲。这是因为，从世界不同族群基因测序对比的情况来看，突变基因积累最为丰富的古老人群大都集中在非洲大陆。

1987 年 1 月，美国遗传学女博士丽贝卡·卡恩和她的同事们在英国《自然》杂志发表了论文《线粒体 DNA 和人类的演化》。论文提出：人类的起源只有一个，这个起源可能在非洲，时间大约是在 20 万年之前。这个论点如一石激起千层浪，引起了强烈的社会反响。当年的美国《新闻周刊》封面故事以此为题绘制了非洲形象的亚当与夏娃。同年 9 月，丽贝卡·卡恩和她的同事们又在英国《自然》杂志发表了第二篇论文《有争议的人类群体起源》。针对各种争议，论文再次强调，人类线粒体的多样化发生在 20 万年前，多样化发生的集中地在非洲。丽贝卡·卡恩当时在美国加州大学伯克利分校的阿伦·威尔逊实验室攻读博士学位。她主要研究人类的线粒体变异。线粒体很有意思，父亲精子中的线粒体很少，且在精子的尾巴部位，主要为精子的运动前进提供有限"动力"。当精子游入子宫与卵子会合，精子的头部进入卵子后，尾巴就留在了卵子外面，残余的线粒体由此被废弃。而母亲卵细胞的细胞质中大约有 25 万个线粒体。因此，无论儿子还是女儿，都仅继承了母亲的线粒体，父亲的线粒体不

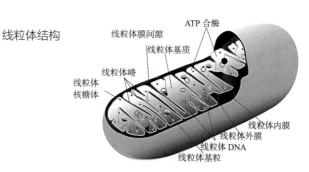

线粒体结构

会遗传给下一代。线粒体 DNA 仅通过母系关系世代遗传这一特性成为追踪人类女性先祖的一个最佳线索。她与研究小组的成员一起从不同人群的人体胎盘中搜集到 147 份样本，在分析这些样本线粒体的 DNA 差异后，把差异相近的 DNA 作为近亲画作一个短树枝，把差异相远的 DNA 作为远亲画作一个长树枝，把同一地区或邻近地区的人用相近的枝条连接起来，最后形成一个树状谱系图。在谱系图中又加入了时间概念。计算分析发现，所有的枝干都汇聚到 15 万年前的同一个点，即树的"根"，追溯到曾经住在非洲的一位女性祖先，这就是后来媒体命名的"线粒体夏娃"。这就像在水池中投入了一块石头，激起的水波一圈一圈地扩散。从母亲到女儿传递的所积累的多态性，正像这种扩散的水波。我们从扩散的水波找到石头入水的中心位置，我们也从扩散的线粒体多态性中寻找到了母系祖先存在的线索。

人类的老祖母"线粒体夏娃"找到了，而人类的老祖父又在哪里呢？生物学家把关注的目光放在了 Y 染色体上。我们知道，人类有 23 对染色体，其中 22 对染色体构成了人类基因组的主体，随着一代又一代的重组，复杂变化的多态性湮没了先祖的影子。余下的是 1 对性染色体，女性后裔是一个 X 和一个 X 染色体配对，男性后裔是一个 Y 和一个 X 染色体配对。这个 Y 染色体只能由父亲传承给儿子，这个特点与母系遗传的线粒体 DNA 的性质是一样的。Y 染色体仅仅通过父系关系世代遗传，这就成为追踪人类男性先祖的一个最佳线索。Y 染色体与线粒体 DNA 的区别是：线粒体 DNA 比较小，大约有 16.5 万个碱基对。Y 染色体要大得多，大约有 6 000 万个碱基对。但 Y 染色体的活跃基因并不多，只有 21 个，比线粒体 37 个活跃基因还要少一些。这 21 个活跃基因参与了男性的性选择，而其他基因曾一度被看作"垃圾基因"，一直找不到基因的类型突变。"皇天不负有心人"，在人们找到"线粒体夏娃"的 13 年之后，美国斯坦福大学的一批学者运用新的测序方法，测试了来自欧洲及中东 25 个不同地区的 1 007 名男性的 Y 染色体，最终推算出人类的男性祖先的大体方位与诞生时间。2000 年 10 月 10 日，他们在美国《科学》杂志上，发表了题为《一种来自 Y 染色体的观点》的论文。论文认为，人类男性祖先 Y 染色体最早分离也起始于非洲，分离时间在 14 万～4 万年前，最有可能的是 5.9 万年前。

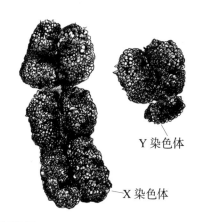

X 染色体与 Y 染色体

许多人不理解,"夏娃"与"亚当"年龄差距超过 8 万年,这又是怎么一回事情呢?其实,从遗传角度分析线粒体 DNA 与 Y 染色体的多态性,寻找不同地区种群的相互关系,按照时间顺序理清传承的相互关联,最终探寻早期现代人(智人种)起源的源头,得到的只能是一个大体的历史方位。更进一步说,这种从基因多态性推算物种起源方位的准确性,取决于样本选择的科学性。换一句话说,想象有一棵树,我们循树的每一个枝头去寻找树的主干和树根,成功是肯定的。但如果我们仅选择了一棵树的部分枝头,依此去探寻整棵树的主干和根,寻找到的有可能是树的旁枝,尽管这个旁枝靠近主干,距离根部也不远,但可惜仍不是。血缘遗传是一种非常复杂的现象,弄清其中的关系涉及数学统计方法。一般来讲,作为宗族母亲必须满足若干条件:其一,她必须有女儿;其二,她必须有至少两个女儿;其三,她的两个或多个女儿至少其中有一个生女儿;如果她的两个或多个女儿都没有生育,或都生了男孩,这个母系线就断了。因此,尽管在 15 万年前,当时的"夏娃"有许多(有人估算 15 万年前非洲的早期现代人基数约为5 000人，男性与女性大体各占一半），但宗族母亲是唯一将不间断的母系血统延续至今的一位伟大女性，我们现在称之为"夏娃"。更进一步讲，可能在这个"夏娃"之前还有更早的"前夏娃"，但她的母系血统没有能够延续下来。我们现在找到的就是这个血脉一直延续至今的"夏娃"。牛津大学教授布莱恩·赛克斯是一位精力充沛的人类学家，他曾从古人遗骸中成功提取DNA。他宣称，我们所有的遗传信息都蕴含在DNA中。赛克斯分析欧洲人的线粒体DNA，找到了7种类型的单倍体群。在遗传学上，将DNA序列完全相同或极为相似的归为单倍体群，说明他（她）们有非常相近的血缘关系。赛克斯称这7种线粒体DNA的单倍体群的祖先为"夏娃"的7个女儿，他给她们起了7个名字，分别是乌苏拉、齐尼娅、海伦娜、薇尔达、塔拉、卡特琳、贾斯敏。他著有《夏娃的七个女儿》一书。他在书的中文版的序中写道："中国人的母系先祖与欧洲人的母系先祖不同，并不令人意外。欧洲有7个母系先祖，中国有8个母系先祖，每个母系先祖都根据她们的DNA序列进行了定义。"他从中国网民推荐的名字中给这8位氏族母亲选定了8个名字，分别是晓霜、春煦、云羽、梦琪、妙音、晚虹、晨蕊、秋晴，这些都是非常富有诗意的中国化姓名。

基因科学的发展，使得线粒体DNA和Y染色体已经成为研究人类起源和进化的功能强大的分析工具。现在，线粒体DNA和Y染色体的研究不谋而合：人类的女性和男性的祖先都起源于非洲。那么，时至今日，人类祖先的直系后裔仍然在非洲吗？答案是肯定的。人类学家在今天的非洲大陆找到了这么一群人，现称之为桑（San）人，过去曾被称为布须曼人。线粒体DNA检测表明，他们属于线粒体DNA的L1、L2和L3三大谱系中的L1谱系，是非洲大陆最古老的人群，也是DNA多态性最为丰富的群体。桑人是非洲的原住民族，现在主要生活在博茨瓦纳、纳米比亚及南非的西北部等。在极久远的历史年代里，桑人的祖先曾生活在非洲大陆的大部分地区，为非洲东部和南部的主导群体。除了桑人DNA具有丰富的多态性之外，还能证明他们属于世界上最古老人群的就是他们的语言。世界上三分之二的语言有20～40个音，而桑人的语言却有100多个音，更特别的是语言中的很多单词包含有吸气音。语言学家认为，语言的吸气音反映了语言的原始性，吸气音很可能是原始人类所说的

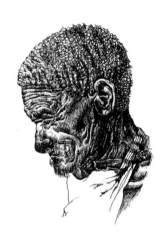
桑人

第一种语言的遗留痕迹。从某种意义上讲,古老的语言也是一种"化石",这种活"化石"一样能够告诉我们人类起源的秘密。语言的产生与完善曾是原始人类结成社会、走向历史舞台迈出的成功第一步。长期以来,桑人以宗族为主要的社会结构形态,每一族一般有 30～60 人,由若干家庭组成,过着狩猎、采集的游牧生活。这些年,随着现代社会的入侵,桑人被迫逐渐迁往更贫瘠的地区。近一些年来,桑人也开始尝试走出宗族打工生活。这不能不说是一个遗憾,一个古老族群终将逝去;而越是保留古老的传统,越得不到发展,就越容易被这个日益变化的世界所淘汰。

在基本确定原始人类起源于非洲大陆以后,人类学家把关注的目光转向了人类的祖先是如何走出非洲、走向世界的。在基因科学用于考古学之前,人类学家推测古人类在 190 万～150 万年前曾走出非洲,并在走出非洲之后的 30 万～50 万年又有一部分古人类曾返回非洲。做出这样一个推测并没有充分的考古发现作为依据,在很大程度上仅是一种逻辑推理。这是因为，总体上来讲，在非洲出土了大量类人猿和古人类的化石标本，基本涵盖了人类进化的各个阶段，化石的数量和种类超过了世界上其他地区的总和。而在150万年前至今这段时间，欧洲和亚洲的一些地方也出现了古人类的化石，人们推测这些古人类的来源，自然而然就有了非洲古人类曾经走出非洲的猜想。在分子生物学诞生以后，人类学家运用基因测序进行人类种群分析，寻找现代人群中突变基因类同的单倍体群，找出他们的遗传标记（含有可识别的、仅为某个族群所特有的遗传突变的DNA点位），厘清它们的传承关系，研究每一个单倍体群的演变和曾经的迁徙路径。按照基因科学和人类学研究，人类的线粒体谱系有三大分支，叫作L1、L2和L3。其中，L1和L2局限于非洲撒哈拉沙漠以南，"夏娃"产生于L3谱系。现在非洲以外的每一个"非非洲"女人身体上都能找到这个突变的线粒体基因L3。这个称为"夏娃"的L3线粒体DNA与称为"亚当"的Y染色体结合产生了M谱系，其中最重要的一个突变基因被命名为M168。M168突变基因产生在8.9万～3.9万年前，正是携带M168突变基因的人类先祖勇敢地走出了非洲。现在部分非洲人和所有非洲以外的人都携带这个M168突变基因。在M168突变基因的基础上，生物学家又在世界各地的人群中找出了具有不同遗传标记的M130、M89、M9、M45、M170、M175、M172、M242、M3等突变基因，代表了各个地区的原始人群。人类学家根据基因测序提供的人群谱系线索，结合考古发现以及地质气候变化研究，分析早期现代人的迁徙路径，一步步揭开了早期人类从非洲走向世界波澜壮阔的"万里长征"。

综合各种研究，我们现在大体知道，在15万～5万年前，非洲的早期现代人主要生活在埃塞俄比亚及非洲的东北部地区，那里的森林和草原是远古时代"亚当"和"夏娃"们的理想伊甸园。他们的总数约有5 000人，过着狩猎、采集的游牧生活。在12万～8万年前，曾有一些现代人追随猎物，跨越了撒哈拉沙漠，沿红海北上到了以色列。那里已经是欧洲尼安德特人的居住地，尼安德特人曾阻止了非洲现代人的进一步深入。约在6万年前，随着地球冰川间冰期的再次来临，温暖湿润的非洲草原逐渐变得荒凉干燥。一个现代人部落再次试图走出故乡、走出非洲，去寻找新的理想家园。这个部落约有150人左右，他们利用冰川期大片海洋封冻、海平面大幅下降、各大陆之间出现的新通道，穿越曼德海峡进入了阿拉伯半岛，越过霍尔木兹海峡沿印度西海岸、东海岸和东南亚沿海一路南下。他们走走停停，部落壮大后也有分合，一部分留在印度；一部分向东南亚沿海进发，甚至进入了中国的南部地区；一部分没有停止脚步，从东南亚沿海岸线继续南下。他们以沿海丰富的贝类、鱼类和亚热带、热带森林的果实为食物，追随温暖的阳光和海风，勇敢地一路向前。现在推测，非洲现代人的这一次迁徙以沿海为主要路径。这是因为地球刚刚经历了一次大的冰川期，这时仍处于间冰期，内陆生态系统中的植物和动物已经很难满足早期人类的食物需求。美国考古学家在南非沿海的古人类遗址考古时发现，大约在16万年前早期现代人就开始采集沿海的贝类为食物。沿海的贝类生长迅速，营养十分丰富，采集也较为便利，很可能成为严寒时期早期现代人的重要食物来源。这次迁徙仍处于冰川期的后期，非洲早期现代人延续了采集沿海贝类为食物的习惯，一路沿海岸线东进南下。而在这时，马来半岛应该与印度尼西亚群岛连成一片，而新几内亚则与澳大利亚连成一片。经过了1万多年的长途跋涉，他们终于到达了澳大利亚。在早期现代人进入之前的澳大利亚是一个世外桃源，有充足的阳光和辽阔的海岸，有广袤的森林和草原，有众多的植物与动物。非洲早期现代人来到之后，他们最初在澳大利亚蒙哥湖地区定居下来，繁衍成长，成为了澳大利亚人的祖先。

约在4.5万年前，地球冰河期的严寒越发冷酷，非洲草原逐渐荒芜，水源和猎物也日渐稀少，人群渐渐聚集到了沿海地区。沿海地区资源的有限迫使一些部落又一次沿海岸北上迁徙。这次迁徙的人数可能比上一次要更多，数个部落一起或分批出发，跨越红海，穿过阿拉伯半岛，走向了伊朗及中亚地区，这一次迁徙以草原为主要路径。伊朗的札格罗斯山脉或许阻挡了他们东进的步伐，迁徙的队伍在这里开始分道：一部分南下印度，与原来留在印度的现代人会合，后来有一些人逐渐进入了东南亚和中国南部；一部分人北上进入欧亚的干草原地带。欧亚干草原地带十分广阔，他们在这里繁衍壮大，然后再次迁徙。一部分向西经过乌克兰、东欧，约在3.5万年前进入了欧洲。当时的欧洲是尼安德特人的居住地，早期现代人到来后与尼安德特人共同生活了一段时间，但尼安德特人在与早期现代人的竞争中失败，被迫迁往更为贫瘠、寒冷的边缘地带，最终灭绝。非洲早期现代人在迁徙过程中与当地的原始人类为争夺资源发生冲突和斗争是必然的，但最终仍是这些外来的迁徙者获得了胜利。在世界的各地，为什么总是这些外来的迁徙者能够获胜呢？人类学家指出，主要有两点原因：一是这些外来迁徙者语言沟通能力较强，他们有着较好的合作精神；二是这些外来迁徙者掌握了细石器工具的制作技术，拥有得心应手的武器。美国考古学家曾在南非平纳克尔遗址发现了7万多年前的细石器。据考证，这种细石器可以绑缚在木杆上做成类似标枪的一种致命的投掷武器。这些外来的迁徙者，既有合作精神，又有致命的投掷武器，因此成为遍布世界各地的强大征服者。约在2万年前，这是欧洲冰川期最寒冷的日子，早期现代人居住在欧洲山区的山洞里，不仅存活了下来，还创造了灿烂的洞穴文化。从欧亚干草原地带迁徙的另一部分现代人向东绕过喜马拉雅山脉，进入俄罗斯、蒙古、中国北方、朝鲜半岛和日本等，取代或融合了当地已经存在的直立人。中国的早期现代人由两个部分组成，一部分是从印度、东南亚进入的早期南方现代人，一部分是从欧亚、蒙古等地进入的早期北方现代人，这两部分人群存在着明显的特征差异。约在2万年前，从欧洲进入西伯利亚的一部分早期现代人，加上从东南亚和中国进入西伯利亚的少数早期现代人，一起经过冰封的白令海峡陆桥，沿着海岸线进入了北美，再从北美扩散到南美。他们进入美洲之后开展的大规模狩猎活动导致了冰川期新大陆国家大型哺乳动物的灭绝，如乳齿象和巨型树懒等。总体来讲，现代人在6万年前从非洲出发，经中东到亚洲南部、大洋洲；在4.5万年前再出发，在欧亚干草原地带分道，西进欧洲，东进亚洲北部、美洲，最终完成了走遍全世界的宏伟壮举。

今天，我们如果把人类的世系看作一棵"进化树"，"树"的根部肯定有着非洲的原住民——桑人，而"树"的顶端则是美洲的印第安人和太平洋的岛民等。现在看来，绝大多数人类学家和生物学家几乎都认可这么一棵"进化树"，认同人类起源于非洲。早期的现代人走出非洲，走向了世界各地，形成了当今世界的人类主要群体。即使有一些主张人类起源多地区说的学者，他们一般也不完全排斥人类从非洲起源，而是认为早期现代人在走向世界各地的过程中，曾与当地的原始人群有过融合。欧洲现代人的基因中有着尼安德特人的基因片段就是一个明证。亚洲现代人基因中是否有亚洲直立人，例如爪哇人、北京人、蓝田人、元谋人等的贡献，还有待深入研究。上海复旦大学现代人类学重点实验室的金力团队对中国古人类的基因谱系做过许多研究。从目前掌握的基因数据看，中国现代人的祖先同样源自非洲。当然，我们的基因学考古研究才刚刚开始，无论是线粒体 DNA 和 Y 染色体的分析，还是不同种群基因测序的对比，所选取的样本都仍不够丰富。近几年来，生物学家们发起了一项"人类基因组多样性计划"，希望能够在全球采集 10 万人的 DNA 样本，深入研究人类的起源和进化，了解更多早期人类迁徙的各种细节。

在古生物学家考证化石、分子生物学家分析基因的同时，历史学家也正在努力挖掘着人类迁徙历史的蛛丝马迹。非常有意思的是，法国索邦大学历史系博士朱利安·杜荷在与非洲研究院的合作研究中发现，世界各地相隔遥远距离的许多神话故事有着惊人的相似。他结合神话研究和统计分析工具，揭示神话故事缓慢的演变轨迹，例如关于大熊星座的神话，关于巨蛇、巨龙的传说等，试图借以说明早期人类的迁徙历史。他在论文《神话故事：一部人类迁徙史？》中指出："关于人类的起源，一直众说纷纭。我积累的研究成果可以进一步加强'走出非洲'理论的可信度。'走出非洲'理论认定，解剖学意义上的现代人起源于非洲，并由非洲大陆向世界其他区域扩散。我的研究工作则对生物学家已经完成的系统发生研究提供了补充。"他构建出一棵神话故事的演化树，以此描绘早期人类的迁徙历史。

无论如何，我们似乎已经不可否认，全世界的人类都有一个共同的源头。如今，我们有着不同的肤色、不同的语言、不同的文化，甚至有着不同的宗教信仰，生活在不同的地区、不同的国家、不同的社区。但往前追溯，我们都曾住在同一个伊甸园，共有一个老祖父、老祖母，我们都是兄弟姐妹。在同一片蓝天下，我们曾共同沐浴着温暖的阳光，呼吸着森林和草原传来的香草般的清新气息，没有隔阂、没有仇恨，我们用共同的语言呼唤着彼此，我们是相亲相爱的一家人！

第四篇

文明的发展

BIG
HISTORY
FROM THE ORIGIN OF THE UNIVERSE
TO HUMAN CIVILIZATION

我们是文明人，我们生活在一个文明的时代。人类社会的历史几乎可以等同于一部人类文明的历史。但是，文明究竟是什么呢？人类社会的文明史又是从何时开启的呢？这是仁者见仁、智者见智，需要我们不断深化认识的一个问题。

中国很早就有"文明"一词，如《易传·乾·文言》提到"见龙在田，天下文明"。而我们现在理解的"文明"概念，则翻译自英文中的"civilization"一词，此词又源自拉丁文"civis"，意为"城邦公民"。最初可能认为，城邦或城市的公民相对来讲较有教养、较重礼仪、较为开化，体现了一种文明的状态。许多研究也把文明史的开端定于城邦和文字产生之时。美国政治学家塞缪尔·亨廷顿在他的《文明的冲突与世界秩序的重建》一书中指出："文明社会不同于原始社会，因为它是定居的、城镇的和有文字的。"在18世纪，法国的启蒙学者较早使用了"文明"一词。1756年，法国思想家伏尔泰出版了《风俗论》，尽管他在书中没有使用"文明"一词，但这本书仍被认为是文明史写作的滥觞。自此开始，从历史角度研究文明的著述越来越多。1829年和1832年，法国政治家弗朗索瓦·基佐根据他在大学任教时的讲稿整理出版了《法国文明史》和《欧洲文明史》。近代以来，较有影响的关于文明的著述还包括英国历史学家阿诺德·汤因比从1934年开始陆续发表的《历史研究》和1948年发表的《经受着考验的文明》；美国历史学家卡罗尔·奎格利1961年出版的《文明的演变：历史分析导论》、1966年出版的《悲剧与希望》；法国历史学家费尔南·布罗代尔1963年出版的《文明史》；塞缪尔·亨廷顿1996年出版的《文明的冲突与世界秩序的重建》等，这些学者的研究使得人们对文明的认识得到了逐步深化。

在对人类文明认识的深化过程中，人们研究不同国家和地区的文明特质，经常把世界文明分为欧洲文明、阿拉伯文明、印度文明、中华文明、美洲印第安文明等，最多曾划分出20多种文明。学者们研究不同历史时期的文明发展，探讨古代文明的兴盛与衰落，分析现代社会不同文明之间的融合与冲突。早期的研究偏重于分析与不同文明相联系的政治理念和政治制度，毕竟在一个国家或一个时代，统治者的意志、意识形态和所采用的统治方式在文明的形成过程中起到过重要的作用。近代的研究偏重于探讨不同文明现象背后的不同文化、不同价值因素，分析影响一些国家或一个时代的价值观念、政治制度演变过程中的历史传承、民族习俗、宗教信仰、文学艺术等的相互作用，试图寻找人类社会文明兴衰背后的根源所在。

在人类社会文明的研究中，"文明"的概念与"文化"的概念经常发生混淆。这是因为，文明与文化两个词的含义本身有重叠的部分，两者都涉及人类不同群体的生活方式、风俗习惯、宗教信仰、道德情操、文学艺术等。随着对文明研究的深入，文明概念的外延在不断拓展。如果一定要比较文明与文化的异同，现在绝大多数的学者都认为，文化概念更偏重于意识形态和精神生活的层面，所体现的是一种生活状态；文明概念更偏重于物质和精神财富的积累，所体现的是一种进步程度。我认同塞缪尔·亨廷顿的说法："文明和文化都涉及一个民族全面的生活方式，文明是放大了的文化。"文明是人类所创造的物质财富和精神财富的总和。一般认为，文明是人类社会所创造的全部成果，它既有物质的，也有精神的，既有政治的，也有经济的、文化的、宗教的等。历史地看，文明是使人类脱离野蛮状态的所有自然行为和社会行为的集合，文明是一种历史的积淀。总体来讲，文明包含三个方面的要素：哲学——人类思想的荟萃；宗教——人类心灵的寄托；艺术——人类对方物之美的诠释。文明是多元的，不同的区域、不同的时代，文明具有不同的特质。但随着人类社会的发展，文明的融合必将大于冲突，呈现逐渐趋同的总体态势。

文明是一个多义词，从不同的角度去认识会有不同的理解。综合当代社会对文明的研究，我们认为，文明是人类社会最重要的特质，文明从本质上更多地反映了人类社会的进步。这是人类区别于地球上其他任何生物群体的一个重要标志。地球上除人类之外的所有生物在历史进程中所呈现出的特质是进化，这是生物迫于生存压力适应自然环境变化所作出的一种本能反应。人类在历史进程中所呈现的特质是进步，这是人类谋求自身发展既适应环境又影响环境而做出的一种主动作为。在很大程度上，生物的进化是一种群体现象，人类的进步是一种社会现象。人类社会的这种进步表现为文明，文明是对人类社会进步的一个概括。文明具有社会性，尽管作为个体的人表现出文明程度的种种差异，但都受到社会与时代文明程度的影响，整个社会和时代的文明进步程度是引导人类社会发展的决定因素。

在人类发展的初期，尤其是在早期猿人阶段，人既有动物属性，又有人的属性，进化与进步并存，一步步从动物属性向人的属性、从进化特性向进步特征进行转化，这是历史的真实。我们可以这么认为，在早期猿人从群婚杂交转向一夫一妻制，性选择逐渐淡化，两性型特征逐步消除以后，进化的特质就逐渐弱化了。而在早期人类进入石器时代，逐步学会制造和使用工具改善生存状况之后，进步的特质就逐渐增强了。明确地讲，我们认为，人类社会的文明史应该是从旧石器时代开启的，人类学会了制造并使用工具是人类改变自身命运而迈出的第一步；在城邦和文字出现之后，人类社会的文明状态在不同人群的差异中更加明确地显现出来。在生物学意义上，人类作为智人种，与其他生物最大的区别是具有智慧。人类的智慧是一种成长型的智慧，人类在繁衍发展过程中，依靠继承、学习、实践、创造，不断积累各种知识，增加对主观世界、客观世界的认识，增强适应环境、改善环境的能力。这种认识和能力帮助了人类，也改变了人类，使人类逐步成为一种具有高等智慧的生物群体。人类智慧成长的标志就是工具与技术的进步。工具与技术的进步，增强了人类认识世界、改造世界的能力，也改变了人类的命运。最初是工具与技术的进步，后来是机器与科学的进步，带动了人类生活方式、风俗习惯、文化意识乃至道德情操、宗教信仰、政治制度等的演进。我们毫不含糊地讲，在人类社会的文明发展中，工具与技术的进步、机器与科学的进步起到了基础性的作用，在这个基础之上才有思想与文化及其他的发展。因此，我们认为，所谓的文明三要素应该为文明四要素，增加一个要素，即科学——人类对世界本质的认识。科学认识的不断深化是推动工具制作、机器发明、技术创新的力量源泉。人类对世界本质的认识愈深刻，人类社会的文明发展愈进步，这是颠扑不破的真理。当然，科学也可以算作哲学的一个部分，而且应该是最核心的一个部分。由此而言，我们对人类社会文明史的描述，将以工具与技术（科学）的进步为主线，阐述人类科技、经济、政治、文化等各方面的发展，大体分为原始文明、农业文明、工业文明、智能文明四个阶段，以此展现人类社会文明进步的全部面貌，努力探寻人类未来社会发展的终极命运。

原始文明

毫无疑问，人类史应当从人类的起源开始。现在，古人类学家和分子人类学家共同认为，人类起源于 800 万～500 万年前。古人类学家把早期猿人能够直立行走作为人、猿分道的重要标志。按照这个定义，目前发现最早能够直立行走的猿人化石为 700 万年前的撒海尔人乍得种。从这个角度讲，人类史是 700 万年前至今的历史。

早期人类的历史，主要是人类进化的历史。在早期人类阶段，人类刚刚从森林古猿的群体中分离出来，古人类学家甚至仍称呼他们为猿人。早期猿人仍有较多的动物特质，也有最初的人的属性。动物的特质不用多说了，人的属性最重要的方面是能够直立行走。但早期猿人能够直立行走，并不意味着直立行走是早期猿人唯一的运动方式。各种研究表明，早期猿人大多数生活在原始森林的边缘，过着树栖和陆栖的两栖生活。这从早期猿人的化石分析可以得到证实。现在知道，地猿始祖种的前臂较长，手指亦较长，具有较强的抓握能力。脚趾也较长，大脚趾像古猿一样从脚掌分开，并不像现代人的脚趾那样并列。这些都表明，地猿始祖种仍具有较强的攀树能力。南方古猿阿法种上下肢差不多长，其比例介于猿与人之间，手指长而弯曲，双脚的自由度较大，稳定性仍稍差。据推测，南方古猿阿法种白天在地面行走，晚上仍爬到树上栖息。这是较为合理的选择，夜晚在树上栖息能够避免大型猛兽的侵袭。在人类起源后的三四百万年时间内，随着地球生态环境的变化，早期猿人经历了一个极其缓慢而漫长的进化历程。这种进化体现在早期猿人的体形体质上，总的趋势是：从上肢较长、下肢较短逐渐向上肢较短、下肢粗壮转变，从手指长且弯逐渐向手指直而灵活转变，从大脚趾与其他四趾分开逐渐向脚趾五趾并列转变，牙齿的臼齿由粗变细、犬齿由长变短。除此之外，还有一些骨骼等方面的细微变化。这是早期猿人逐渐从动物类群中分离出来，但仍以进化为主要演化特征的一个历史阶段。经过漫长历史阶段的进化，早期猿人在体形体质上越来越接近现代人。从早期猿人体形体质的变化，我们可以知道，他们从原始森林的树栖生活逐渐转向在稀树草原或以草原为主的陆地上栖息生活，直立行走或奔跑成为了他们的主要运动方式。他们的食物来源从坚果和其他植物为主逐渐转向杂食，肉类食物逐渐成为了他们营养的重要来源。通过化石和古人类生活遗址等考古资料还知道，早期猿人过着以血缘为纽带的群居生活。1975年，考古学家在埃塞俄比亚阿法盆地发现的"第一家庭"化石群，至少有13名成员，就是属于这种情况。在群居生活中，早期猿人逐渐从一夫多妻制转向一夫一妻制。这种转变出现的一个重要标志就是两性骨骼差异缩小以及犬齿变细等。性选择的转变是早期猿人的一个重要转折。一夫一妻制以后，男性在性选择时竞争减弱，既减少了男性在交配权争夺中所受的伤害，也使男性有更多的时间用于寻觅食物。性选择竞争压力的减弱，意味着更多男性有繁衍后代的机会，以性选择竞争导致的种群进化也在逐渐减弱。除此之外，我们对早期猿人的情况知道的非常之少。在这一阶段，早期猿人不可能留下任何文字、图画符号记录他们的生活，也没有遗留任何工具、物品证实他们的进步。应该讲，早期人类有过一段十分艰辛的岁月。自然环境恶劣，食物来源有限，生存能力有限，他们完全凭借自身的力量抵御大自然的风霜雨雪，抵抗大型猛兽的侵扰伤害。他们与命运抗争，迭克磨难，艰难探索，顽强地一路走来，在一派荒蛮中茁壮成长。

在早期人类缓慢的进化过程中，终于出现了一个转折，这个转折就是石器工具的出现。石器工具出现的具体时间仍有待研究，但一般认为，目前发现最早的石器工具是埃塞俄比亚的戈纳（Gona）地区出土的古老石器，距今约260万年。这些石器主要是一些由火山岩、玄武岩或燧石敲击成带有锋利的尖端或刃口的石块，制成的所谓砍砸器、刮削器等。砍砸器用作敲碎骨骼，刮削器用作割破兽皮。许多人相信，早期人类最初可能不打猎，而只是食用腐肉等。这些石器工具一般被认为出自能人之手，能人以心灵手巧著称，以能制作石器工具而得名。在坦桑尼亚西北部的奥杜威峡谷发现的能人化石附近也发现了许多石器工具，这些石器工具与戈纳地区发现的石器相类似，通常称之为奥杜威文化。

2015年初,在美国旧金山举行的一次古人类学会年会上,美国考古学家介绍了他们在肯尼亚的图尔卡纳湖以西地区发现的大量更为粗糙的石器,包括一些石核、石片等。据信这些石器都有人工制作的痕迹,距今约为330万年。这些石器使人联想到2010年研究人员在埃塞俄比亚发现的一些动物骨骼上的砍切痕迹,那些骨骼距今约有340万年。这一新的发现有待进一步研究予以证实。但无论如何,能人是制作石器工具的"祖师爷"。考古证实,能人的脑容量比早期猿人明显增加,他们应该有足够的智慧制作这些石器工具。属于奥杜威文化的石器工具延续了70万~90万年的时间。

石器工具

早期人类学会制作和使用石器工具,这是人类发展史上一个重要的进步。石器工具的出现,给处于艰难生存环境中的早期人类以极大的帮助。帮助他们抵抗大型猛兽的侵扰伤害,增强生存能力;帮助他们猎杀小型动物,增加肉类食物来源;帮助他们进行简单的食物加工,促进消化吸收等。从此开始,人类不再是被动地适应自然环境的变化,手握石器工具的早期人类显然增强了应对各种挑战的信心。我们有理由相信,石器工具的出现是人类文明进步的一个重要发端。进一步讲，一些高等哺乳动物和灵长类动物可能也会利用身边的树枝、石块等作为简单工具去完成原本不容易完成的任务，这是许多动物在野外生存中经常会发生的情况。但要这些动物依靠自己的本领主动去制作一件最简单的工具，几乎是不可能的事情。制作一件石器工具，哪怕是最简陋、最粗糙的石器工具，也需要制作者脑中有一个完整的想法，寻找到一块适合的石料，双手灵活地配合敲打成型。这里最重要的是需要思想与思考，需要大脑与双手的协调配合，需要人的宝贵智慧。看似粗糙的石器工具，却是智慧赐予人类的第一份珍贵礼物。石器工具的问世，标志着一个时代的开始，一个人类依靠智慧成长、不断追求进步的时代的开始。我们说，生物自然选择、适者生存，反映的是一种进化；人类认识世界、改造世界，反映的是一种进步。人类作为一种生物，仍在不断进化，进化是生命的一种本能。人类作为一种智慧生物，又在不断进步，进步是生命赋予智慧后的一种觉醒。在许多时候，人类的进化与进步相互影响，共同促进了人类的成长。我们讲，人类进步的历史表现为人类的文明史。由此而言，我们有充分的理由认为，如果说，人类史的起始是从 700 万年前早期人类直立行走开始的，那么，人类文明史的发端就是从 300 万年前人类制作石器工具开始的。石器时代开启了人类的文明历史。

在传统的历史著述中，石器时代往往是历史分期的第一个时代。这个时代大约始于距今 300 万年前，止于距今 6 000 年前左右。石器时代分为旧石器时代和新石器时代。旧石器时代是人类使用打制石器为主的时代，从距今 300 万年前延续至 1 万多年以前，相当于地质年代的整个更新世。新石器时代是人类使用磨制石器为主的时代，从距今 1 万多年前延续至 6 000 年前左右，这个时代也属于农业文明的早期。在人类进化历程中，旧石器时代的历史年代相当漫长，大体相对应的是能人、直立人和智人三个阶段。在这个漫长的历史过程中，早期人类一步步将石器工具的制作推向历史的巅峰。石器工具的制作全凭手工，采用所谓锤击法、碰砧法、砸击法和间接打击法等技法制作各种石器工具。

石器工具的发展经历了五种技术模式。第一种模式是指在旧石器时代的初期，早期人类采用石块锤打、砸击、碰砧等方法，进行石器工具加工的技术。

260万～170万年前，在非洲较早发现的石器工具大都是采用这种技术制作而成，考古学家称之为奥杜威文化。中国最早发现的石器工具是山西西侯度出土的32件石制品，大都为石片单面加工为主，距今约为180万年，这种文化被称为西侯度文化。中国的元谋猿人、蓝田猿人、北京人、山顶洞人等制作的石器工具也大都采用第一种模式的技法，以加工石片为主。第二种模式是指在旧石器时代的初、中期，早期人类采用石块锤打、砸击、碰砧的方法以及比较细致的修整，使石核或石片成为两面状的手斧和薄刃斧，这被称为阿舍利手斧。这种石器最早出现在约170万年前，因发现于法国的圣阿舍利而得名。阿舍利手斧比较薄，一般两边对称，边缘修理较为完整。阿舍利手斧是石器文化的一个典范之作。中国广西的百色盆地和宁夏水沟洞遗址也都有类似阿舍利手斧的石器工具发现。第三种模式是指在旧石器时代的中期，早期人类采用锤打、碰砧等方法修理石核以制作更为精致的石器的技术。大约在15万年前的欧洲、西亚及北非等地，出现用石核等制作的边刮器和尖状器等，这种石器文化在欧洲被称为莫斯特文化。第四种模式是指在旧石器时代的晚期，早期人类采用锤打和间接敲打以及压片法等，将一些长石片加工成端刮器、雕刻器和石锥，还有一些两面加工的尖状器等。这一模式的石器类型丰富，代表了不同的远古文化。许多尖状器可能制成了投矛器，甚至可能制成了箭矢。在中国宁夏的水沟洞遗址也发现过类似的尖状器。第五种模式是指在旧石器时代更晚一些时期，早期人类也采用更巧妙的锤打、碰砧和间接打击及压片法等，制作一些几何形的细石器。这些细石器往往与竹、木结合，组成一些复合工具。如绑上木把的石斧、弓箭等。这些细石器在非洲撒哈拉以南地区和欧洲都有发现。用石片或石叶加工而成的细石器在中国许多古人类遗址也都有发现。这五种石器制作的技术模式是考古学家对已经发现的旧石器进行的一个归纳总结，并不是所有地区都经历了每一种技术模式。欧洲的旧石器文化经历了从第一到第五种模式，非洲绝大多数地区缺乏第四种模式的石器文化，中国旧石器文化中第一种模式占主导地位，后来也发展了石叶和细石器工具，形成了"以向背面加工的小石器为主"的独特石器文化。石器是一种手工工具，也是早期人类物质文化状态的一种表现方式，凝聚了早期人类最初的审美情趣。石器工具的问世，给了人类一个发挥聪明才智的机会，一个不断进步的支点。早期人类在制作石器工具的过程中，经验逐渐积累，技法日臻丰富，水平不断提高，审美意识日益增强。石器工具的进步帮助早期人类改善了生存状况，也帮助早期人类培育了美学观念，促进了智力增长。在旧石器时代，从能人到直立人，再到智人，早期人类的脑容量一直在增加，或许也与石器工具对早期人类智慧增长带来的促进作用有关。可以说，石器工具是一个时代的文明象征。

在旧石器时代，早期人类的又一个重大进步，就是学会了使用火。火与人类密不可分，火给人类带来了温暖，带来了光明，也带来了巨大的能量。在远古时代，人类有崇拜火的传统。在神话传说中，中国古代的火神叫祝融。古希腊的火神叫赫菲斯托斯，他是天神宙斯和赫拉的儿子，是一位传说中的能工巧匠。在考古学中，人类使用火的时间一直是一个令人感兴趣的话题。考古学家一直在寻找早期人类最早使用火的证据。这些年来，考古学家在南非找到了大约180万年前被火烧焦的动物骨骼。在中国云南元谋人化石所在地找到了许多细小的炭屑，地层年代约为170万年前。在中国陕西蓝田人化石附近发现了木炭，地层年代约为160万年前。在肯尼亚南方古猿粗壮种活动区域找到了大约140万年前被火烤焦的泥球等。综合各种考古发现，在世界范围内大约有30多处早于100万年前的早期人类用火的遗迹。但是，在自然环境中，雷击和动物骨骼等含磷物质都能够引发自然火，导致动物和树木等被火焚烧。这些火烧的遗迹并不足以说明是早期人类的主动所为，而只能告诉我们，早期人类可能已经明白了火的用途，甚至懂得如何利用偶然发生的自然火。但早期人类还不可能长时间保存火种，需要学会控制性用火。要做到控制性用火，必须学会如何点燃火种。

从考古证据讲，能够证明早期人类主动用火的是火坑或火塘的遗迹。所谓火坑或火塘是早期人类为燃火而挖土或垒石筑成的坑、塘。一般说，坑小一点，塘大一点。这些火坑或火塘遗迹一般存有烧焦的动物骨骼和较多的炭灰、炭屑。近些年来，以色列希伯来大学的学者对以色列北部距今79万年的盖谢尔·贝诺特雅各布遗址进行考察，发现有燃烧过的燧石聚集分布在特定范围，并有燃烧过的种子、木头等，被认为是一个典型的火坑或火塘。在欧洲旧石器时代的晚期也发现了较多古人类用火的遗迹。如乌克兰的布什格里遗址、波兰的科尔科沃遗址、俄罗斯的马耳他遗址和法国巴黎盆地的宾斯维特遗址等。在中国的旧石器时代考古中,发现有早期人类用火或疑似人工用火的遗迹也有40多处。较有代表性的如北京周口店遗址、辽宁金牛山遗址、湖北黄龙洞遗址等。现在国际古人类学界普遍认为,人类广泛实现控制性用火始于旧石器时代中晚期,在30万～20万年前。早期人类先是从自然界产生的火源中尽量保留火种,后来学会了钻木取火或敲击燧石以取火。学会点燃火种后,人类就能够做到控制性用火。学会使用火,对人类来说,意义十分重大。有了火,人类能够烹饪难以消化的食物,促进营养的吸收。有了火,人类能够燃火照明、取暖,在寒冷的环境中得以生存。有了火,人类能够利用篝火、火把进行自卫,抵御大型猛兽的侵袭伤害。社会学家甚至认为,在远古的时代,早期人类在天气晴朗的夜晚,围绕着篝火席地而坐,彼此亲近,交流技艺,一起吟唱、舞蹈,举行最初的宗教仪式等。原始的社会形态可能就是因火而起、因火而兴。

骨针

早期人类学会了制作石器工具，学会了使用火，还培养和训练了一个重要的技能，这就是语言。语言是人类最重要的交际工具，是人与人之间进行沟通交流的主要表达方式。从本质上讲，语言是一套规则化的符号系统。广义的语言，是一套沟通符号、表达方式和处理规则，符号以视觉、声音或触觉等方式进行传递。狭义的语言，特指以语音表达为主的语言。语言是人类交流思想、情感和信息的媒介，只有人类才拥有真正意义上的语言。许多动物，尤其是高等哺乳类动物也能够发出声音或通过肢体语言来传递多种信息甚至表达某种情感，但这仅仅是一些固定的信号，表达不了复杂的思维和丰富的情感。从逻辑上讲，应该是先有思想和情感，后有表达方式的语言，而动物本身就不具有复杂的思维和丰富的情感，因而它们也自然无法发展出类似人类的语言。人类语言的起源问题曾是18、19世纪欧洲哲学家的主要研究课题之一，但因在研究中语言学逐渐演变成一项实证科学，一些比较语言学家认为这是一个无从解答的问题而曾一度将其搁置。1866年，法国巴黎语言学会甚至明令禁止讨论语言的起源问题。在早期的研究中，语言学家对人类语言的起源作过多种设想，曾有过"摹声说"，认为语言起源于人类对外界声音的模仿；"手势说"，认为在人类使用有声语言前曾有过一个手势语言的阶段；"感叹说"，认为人类的有声语言是从抒发感情的各种叫喊声演变而来；"契约说"，认为人类语言起源于人们交际中的彼此约定；"劳动叫喊说"，认为人类的有声语言从人的劳动叫喊声发展而来等。这些学说都有一定的道理，却带有很大的臆想成分，缺乏严谨的科学证据。现代的研究，侧重从语言语音的演变、人类发音器官的发育和语言基因的形成等方面着手，取得了许多积极的进展。综合这些研究使我们逐渐明白，人是从灵长类动物进化而来的，继承了灵长类动物语音信息的表达能力。人在进化过程中逐渐萌生了思想和情感，有了进一步表达的愿望。在表达愿望的驱使下，早期人类不断增强语言的表达能力。这种经常性的语言训练促进了早期人类体质和基因的改变，在一定的社会环境中人与人的语言交流促使了共同语言的形成。这种说法也有一定的推测成分，但有两点可以得到证实。一是人的生理机制。现代解剖学表明，人类的语言发音系统涉及呼吸系统中的喉头、声带以及口腔、鼻腔、咽腔等部分；语言的词汇及语法组织涉及大脑的布洛卡区、威尔尼克区和角回等。这些器官和大脑的特定区域出了问题将导致人的语言障碍，而这些生理机制为人类所独有。二是人的语言基因。现代基因学研究表明，人类拥有独特的语言基因，即所谓的 FOXP2。20 世纪 90 年代，英国牛津大学的学者发现了一个患有罕见遗传病的祖孙三代大家族。这个家族 24 名成员中约半数无法控制嘴唇和舌头，也记不住词汇，不能理解语法，具有严重的语言障碍。牛津大学学者研究之后认为这个家族成员身体中的某个基因出了问题。在研究过程中又发现了一个并非这个家族成员的类似病例。最终，他们通过对这些病例患者的基因比对发现了这个称为 FOXP2 的语言基因。在后续的研究中，基因学家发现所有的哺乳动物都有 FOXP2 的基因，只是不同物种的 FOXP2 基因有着细微的差异。德国遗传学专家研究认为，人类 FOXP2 基因的最后一次变异大约发生在 20 万年前。换一句话说，人类大约是在 20 万年前获得了语言能力，而这个时间正好与现代人的出现相吻合。

新西兰奥克兰大学的学者在对全世界 504 种语言研究分析后发现，非洲各地的方言含有较多的音素，而其他地方语言的音素相对较少。一般认为，原始语言中所含的音素比较丰富。语言音素的这一分布规律与人类遗传的多样性相类似，人类遗传的多样性以非洲为最高，然后向外逐渐衰减。语言的音素同样以非洲为最高，这是人类语言起源于非洲的有力证据。当然，对这种观点也还有许多反对意见。但我们相信，如果承认现代人源自非洲，古老语言的根也就应该在那里。最初的人类拥有同一种原始语言，随着现代人走向世界各地，在世界各地繁衍生长，形成了不同的民族，也形成了不同的语言。德国出版的《语言学及语言交际工具问题手册》提供的数据表明，现在世界上有 5 561 种语言，其中，汉语是世界上使用人口最多的语言，英语是世界上使用最广泛的语言，汉语、英语、法语、俄罗斯语、西班牙语、阿拉伯语是世界上的主要语言，也是联合国的工作语言。但是，随着全球化发展和现代人网络交际的日益广泛，强势语言不断扩张，许多古老的弱势语言正在逐渐消亡。专家估计，80%～90% 的语言将在未来的 200 年之内逐渐消失，将来人类或许重新回到起点，全世界只存在一种交际语言。

自人类诞生以来，人类和人类社会一直都在进步。著名的美国人类学家、社会学家路易斯·亨利·摩尔根在他的《古代社会》一书中开宗明义："人类是从发展阶梯的底层开始迈步,通过经验和知识的缓慢积累,才从蒙昧社会上升到文明社会的。"人类的这种进步,从开始就不是以个体的方式取得的,而是以人类的共同进步所体现。我们现在都知道,人类的直接祖先是一种群居性动物,人类是一种社会性动物。动物因生存与繁衍而群居,这是一种动物的本能,这种本能留存在动物的基因内,一代代得以继承。人类因有目的的劳动(生存)活动和有规则的婚姻方式而结成最初的社会,这是一种人类的天性,这种天性不但留存在人类的基因内,也存在于人类社会的文化习俗中,一代代得以发展。按照历史学家的分类,人类的第一个社会形态是原始社会。而原始社会的历史状况,又是整个人类发展史中历史记录最为薄弱的一个环节。原始社会没有文字或图画符号记载,人们通常是从三个方面来考察了解原始社会:一是考察古人类的化石和活动遗址,包括古人类的骨骼化石、石器工具及其他物品等,尽可能地了解古人类的生活状况。在文字出现之前,这些遗址能够告诉我们的非常之少,但又非常之珍贵,这是研究原始社会最有说服力的证据。二是观察人类近亲——黑猩猩的生活情景,从中得到启示。在这方面做得最成功的是英国动物学家珍妮·古道尔,她在非洲原始森林中坚持了38年观察黑猩猩。古道尔观察黑猩猩有许多惊人的发现,如黑猩猩通过彼此梳理皮毛增进感情,也会用树枝做一些简单工具等。人们可以从黑猩猩的动物社会想象原始人类社会的可能状况。三是研究现实世界中原始族群的习俗制度,追溯原始社会的习俗风貌。较早开展这方面研究并取得重要成果的就是摩尔根。他的《古代社会》堪称研究古代人类历史的经典著作,受到了卡尔·马克思、弗里德里希·恩格斯的推崇。马克思读了摩尔根的《古代社会》后写了《摩尔根〈古代社会〉一书摘要》,恩格斯受启发写就了具有同样影响力的《家庭、私有制和国家的起源》。必须指出的是,现实世界中的原始族群经过历史长河的冲刷演变,受现代社会或多或少的影响,不可能与远古时代的原始社会完全一样,我们仅仅能从中窥探原始社会的蛛丝马迹。

任何一个社会的基本功能都是生存与发展。在原始社会,早期人类的主要活动是寻找食物来源。摩尔根在《古代社会》中说得非常直白:"首先是图生存,然后是求进步,直到他们免于猛兽之害而获得生命安全以及获得固定的食物为止。"在猿人阶段,包括南方古猿在内,人类的祖先主要以植物果实和块根、嫩树叶、嫩草等作为食物，偶尔分享猛兽未食尽的动物骨肉和小动物等。他们的食物来源是以个体为主的采摘与寻觅，尚未明显出现以劳动为基础的共同活动。从化石考古可以发现，猿人们过着群居杂婚的生活。他们的生活情景可能与古道尔观察的非洲原始森林中的猩猩世界大体类似，遵循着动物社会的基本法则。在石器工具出现以后，早期人类从最初的依靠采摘植物为主转向杂食为生，进入了狩猎采集时代。他们从捕获小型动物逐渐过渡到捕猎大型动物，在非洲、欧洲及中国的直立人活动遗址中都发现了大型动物的残骨。捕猎大型动物单纯依靠个体是不行的，必须通过群体的合作才能成功。在旧石器时代的晚期，特别是在弓箭和投矛器发明以后，现代智人在世界各地的狩猎活动是造成许多大型动物灭绝的重要原因之一。因此我们把人类社会的发端放在旧石器时代的起始，这是有充分理由的。

人类社会的形成原因是以共同劳动为基础的生存活动，而人类社会发展的原始驱动力是以种群壮大为前提的繁衍活动。人类社会最初的发展就是人口的增长，这一阶段人类社会的构成形态以婚姻制度为社会基础。正如摩尔根在《古代社会》中指出：这一阶段的社会结构是"以性为基础的社会组织"。按照摩尔根在《古代社会》中的描述，人类社会最早的婚姻形态是群婚制。所谓群婚制是指原始社会中一定范围的一群男子与一群女子互为夫妻的婚姻形式，其特征在于两性婚配受到特定血缘关系的限制。这种限制使得群婚制分为了两个阶段：第一阶段是血缘群婚制，是指在同一原始群体内同一辈分或相同年龄段的男女即使是兄弟姐妹都可以互为夫妻的婚姻形式，这种血缘群婚制排除了父母与子女、祖父母与孙子女等直系血亲之间的两性行为，属群婚制的低级阶段。第二阶段是亚血缘群婚制，又叫作伙婚制，它们仍是同辈或同年龄段男女之间的群婚制，但进一步排除了同胞兄弟姐妹之间的两性关系，属群婚制的高级阶段。亚血缘群婚制又称为族外群婚制，本氏族的一群男子只能与另一氏族的一群女子互为婚配对象，两个氏族之间同一辈分或年龄段的男女实行群婚制，实际上构成了母系血缘氏族。

摩尔根对古代社会的研究建立在对美洲印第安人生活方式的考察之上。但有一些学者不赞成摩尔根的推论，他们认为这种推论缺乏直接的考古证据。

考古证据显示，世界各地古人类的婚姻制度不尽相同，非洲的古人类较早进入了偶婚制，男女有相对稳定的婚姻对象，而母系社会则是普遍存在的。原始社会的婚姻制度构成了社会的基本形态。血缘群婚制促成了血缘氏族的形成，亚血缘群婚制促成了亚血缘胞族的形成，若干胞族构成了部落及部落联盟。在旧石器时代晚期，氏族、胞族、部落及部落联盟构成了原始社会的基本形态。原始社会始于血缘氏族的出现，终于国家形态的诞生。一般来讲，血缘氏族是原始社会最基本的单位。一个氏族有十几个或几十个成员不等，由共同的祖先繁衍下来。氏族成员居住在一起，使用公有的工具，共同劳动，平均分配食物，族内成员大体平等，以长者为尊。族内事务民主协商，由长者或长老作决定。在原始社会的形成之初，氏族内部就种下了人类社会平等与民主的优秀基因，即使在后来人类社会的黑暗年代，这个优秀基因犹如黑夜中的星星般闪闪发光，指引着人类社会前行的方向。

摩尔根曾经说过："人类必须先获得文明的一切要素，然后才能进入文明状态。"原始社会就是这样一个人类"获得文明的一切要素"的年代。石器工具的出现使早期人类进入狩猎生活，火的使用提高了人类的生存能力，语言的诞生增进了人类之间的交流，血缘氏族社会的形成促使了氏族成员的相互合作；尤其是母系血缘社会的诞生，男子狩猎，女子采集和抚育子女，合理的分工更加促进了人类社会的发展。早期人类在稳定获取食物的能力提高之后，劳动时间相对减少，闲暇时间相对增加，在石器制作过程中培养的审美情趣逐渐萌发了原始的艺术。考古学家证实，最早在7万多年前，在南非的布隆伯期洞内出土的石板上就发现了刻有几何线条的符号化饰纹，一般认为这可能是最早的艺术品。在旧石器时代晚期，欧洲早期现代人曾在居住的岩洞中留下了许多精美的岩画。在法国一个称为肖维的岩洞里，考古学家发现了大约3.2万年前的岩画，在岩洞的石板上绘有马和披毛犀等。在德国南部的施泰德洞穴，考古学家发现了同样在3.2万年前一个用猛犸象牙雕刻的狮头人身小雕像。在西班牙北部的阿尔塔米亚洞窟，人们发现洞顶和岩壁上画满了野牛、野马、野鹿等动物，这些动物千姿百态、生动自然。阿尔塔米亚洞窟中除了有非常写实的动物绘图之外，还有许多抽象的图形，考古学家估计这些岩画出现在3万～2万年前。在法国的拉斯考克斯洞穴内，考古学家发现了约为1.7万年前的岩画，岩

法国拉斯考克斯洞穴中的岩画

壁上画着野马、公牛和其他一些动物。这一时期，在欧洲、非洲、亚洲和大洋洲都发现了许多洞穴岩画和雕刻。据考证，这些岩画的颜料大都取于矿物质、炭灰、动物血和土壤等，再掺和动物油脂而成，许多岩画的色彩至今尚未湮灭。在北京山顶洞人的洞穴中发现了许多用兽牙、贝壳、小石子等做成的装饰品，甚至还有带针眼的骨针。据放射性碳定年法，山顶洞人生活在距今约3万年前，饰品的出现表明古人类已经有较强的审美意识，骨针表明古人类已经能够缝制原始的服饰等。在山顶洞人埋葬死人处，人骨周围撒有红色的赤铁矿粉末，表明古人类已经存在某种丧葬习俗。在3万～2万年前，世界许多地方都还发现了早期人类通过结绳和在竹木上刻画符号等方式记事的痕迹，这些都被认为是人类原始符号文字的滥觞。

当然，原始社会并不全是田园牧歌般的日子，除了风霜雪雨、毒蛇猛兽的侵袭伤害，还有如噩梦相随的氏族战争。原始社会的氏族战争是一种掠夺性战争，交战的胜利方杀戮失败方的男子，掠夺食物和女人。在一些考古发现中，都曾提到氏族战争存在的人吃人现象。人类文明的进程中始终夹杂着野蛮。尽管氏族战争非常血腥，但十分幸运的是，我们的祖先恰恰是这一血腥战争的胜利方。美国亚利桑那州立大学的人类学家研究宣称：我们的共同祖先在数万年前凭借超"血缘"的合作和致命的投掷型武器（一种细石器制成的长矛）开始了全球的扩张之旅，合作与杀戮成为现代人的崛起之路。现代人崛起的成果，是把足迹留在了五大洲土地上，人类开始成为世界的主宰。

我们经常讲"有史以来"，这里的"史"通常指的是有文字记载的历史。文字是人类文明的重要成果，文字记载的历史更详尽、更完整。但在文字出现之前，人类已经有了丰富的文明成果。不认识这一段原始的文明史，人类的文明史就失去了源头，就是不完整的文明史。因为这一段历史没有文字记载，不像后来的历史那么详尽、那么完整，因此我们称之为原始文明，也可称之为史前文明。现在，我们可以认为，300 万～1.2 万年前的旧石器时代是人类社会的原始文明时期。原始文明是人类文明的源头，文明的基本要素在原始社会中都已经大体具备。我们在这里想特别强调的是，在各种文明要素中，最重要的是石器工具。石器工具是这一段历史中闪闪发亮的"金钉子"，是原始文明的典型标志物。人类的成长、人类社会文明的发展总是以知识与工具的进步为前提，知识的增长体现在工具的进步之中，工具的进步必然带来人类和人类社会的进一步繁荣发展，这就是历史的必然。

农业文明

在旧石器时代晚期，地球上迄今为止的最后一次冰期消退，冰雪覆盖的大陆露出了绿色的原野，大河沿岸的树枝上抽出了鲜嫩的叶片，人类社会重新焕发勃勃生机。在阳光和微风中，人类以新的创造迎来了新的时代，这在地质年代上称为全新世。从全新世开始，大约在距今1.2万年前，人类社会进入了新石器时代。新石器时代是石器时代的最后一个阶段，这个阶段以早期人类使用磨制石器为标志。所谓磨制石器，是指先将石材打成或琢成适当的形状，然后在砥石上研磨加工而成的石器。精磨的石器可呈镜面状，磨制石器工具的使用效率显然有所提高。磨制石器的种类繁多，常见的约有斧、镰、犁、凿、刀、矛、簇等。这些石器工具，有的用于狩猎，有的用作兵器，也有的用在了日常生活和农业生产耕作中。新石器时代的终结，大体在青铜器和铁器的兴起，并与新石器并行一段时间后完全代替石器工具为止，这个时间在世界各地差异较大，总体上在距今6 000~3 000年之前。

在人类早期社会，工具的改进总是与社会的进步密切联系在一起。一般来说，有什么样的工具就有什么样的社会生产力；有什么样的社会生产力就有什么样的社会形态和文明进步。新石器时期是农业文明的发端，这意味着一个新的文明时代的开始。在此之前，早期人类过着渔猎、采集的生活，食物直接取自于大自然。农业是以食物为目的的生产，标志着人类开始真正的生产活动，这丰富了人类的食品来源，提高了人类的生存能力。农业生产的发生是人类社会发展史上的一次革命性变迁。我们今天依然能够想象那样的原始场景：男人们用石斧砍下了树枝，女人和孩子们把树枝捡起来铺在莽莽荒原之上。在暴风雨来临之前，他们点燃了树枝，熊熊的野火烧遍了整个荒原。雨过天晴，女人们把一粒粒种子撒在清理过的土壤中。她们欢笑着，祈求春天的播种能够在秋天里获得累累果实。他们也学会了将捕获的猪、牛、羊等猎物圈养起来，在食物缺乏的时候食用，出现了最初的畜牧业。农业生产改变了早期人类渔猎、采集时期的迁徙生活，伴随农业和畜牧生产发展而逐步形成了定居的村落。村落的定居生活使早期人类生活变得更为丰富多彩，生活器具也多了起来。在世界各地，早期人类不约而同地学会了制作陶器，各式各样的陶器成为人们日常生活的重要器具。陶器的发明与使用，是人类定居生活稳定性的一个反映。农业生产、磨制石器、定居村落、陶器制作成为这一时期文明的重要标志。

新石器时期意味着农业文明的开始。那么，究竟是什么原因导致了农业生产的发生呢？许多研究认为，农业的起源是一个多种因素共同作用的结果。这一时期，全球气候发生了巨大的变化，造成了一些物种消失，并导致人类的食物来源缺乏。而人类社会的发展，又导致了世界人口的逐步增加。不同的历史学家对新石器时代世界人口估算的差异很大，有的认为在1 000万人左右，有的认为达到了5 000万人左右。总体上讲，在世界许多地方，人口的增长显然超过了自然的承载能力、原来的渔猎、采集生产方式已经不能满足人口增加带来的食物需求。据澳大利亚考古学家戈登·柴尔德研究发现，渔猎采集社会的一个家庭需要几平方千米的土地才能维持，而农业社会的一个家庭只要几百平方米土地就足够了。应该讲，早期人类在长期的渔猎、采集的生产过程中已经熟悉了食用植物和动物的生长习性，在一些自然条件较好的地区率先尝试进行最初的种植和畜牧生产便是很自然的事情。柴尔德进而指出："食物的生产，即有意地培育植物食品——尤其是谷类植物，以及驯化、养殖和选择动物，是一场经济革命，是人类学会用火之后的最伟大的一次革命。"当然，早期人类从采集、渔猎的生产方式转向种植与畜牧相结合的生产方式是一个渐进的历史过程。中国的一些学者研究认为，原始农业生产结构的转变大体分为三个阶段：第一，以渔猎采集结合为主、种植业为辅的阶段；第二，以种植业为主、渔猎采集居次要地位的阶段；第三，种植业进一步发展，畜牧业产生，种植业与畜牧业结合，渔猎采集仍作补充的阶段。整个新石器时期是原始农业发生、发展的重要阶段。

从新石器时期农业起源一直到近代社会工业文明兴起，整个农业文明历时1万多年,这是人类社会发展的一个重要阶段。如果我们把人类文明的历程比作一个人的生长期的话,原始文明是人类的儿童期,农业文明是人类的青春期,工业文明是人类的成熟期,智慧文明是人类的作为期。农业文明的发展,为人类社会的文明进步奠定了坚实的基础。在农业文明时期,农业生产力逐步提高,给人类社会带来了稳定的食物供应,养育了人类社会。农业文明的逐步形成,促进了原始宗教和艺术的萌发,诞生了人类最初的文字。农业经济的逐步壮大,带动了商业和手工业的活跃,促使了城市的崛起。城市文明的逐步发展,催生了各种政治制度,孕育了国家形态。应该讲,文字和宗教的诞生、城市的崛起、国家的建立,都是农业文明对人类社会发展给予的重要贡献。人类社会由此展开了跌宕起伏、波澜壮阔的历史正剧。

当我们回望历史,尤其是用现代的眼光看待农业文明时,那时的科技与生产力发展水平或许不值得特别瞩目,但在那个年代,我们的先人们用智慧和汗水创造的许多著名的历史遗迹至今看来仍令人赞叹不已。如埃及的金字塔、古希腊的帕台农神庙、古罗马的圆形大剧场、中国的万里长城、柬埔寨的吴哥窟、墨西哥的奇琴伊察遗址、秘鲁的马丘比丘古城等。与这些著名的历史遗迹相比,更令人赞叹不已的是古代先贤哲人创造的巨大的思想财富。德国哲学家卡尔·西奥多·雅斯贝斯在他的《历史的起源与目标》一书中曾提出一个著名的命题——"轴心时代"。所谓"轴心时代"是指在公元前800～200年的人类精神文明十分繁荣的时代。"轴心时代"发生的地区在北纬25～35度。在"轴心时代",不同地区的不同文明都出现了伟大的精神导师——古希腊有苏格拉底、柏拉图、亚里士多德,以色列有犹太教的先知们,古印度有释迦牟尼,中国有孔子、老子等。他们开始用理性的观念、道德的方式来面对这个纷繁复杂的世界。世界性的宗教就产生在这时或稍后一个时期,他们中的一些人成为宗教的创始者、引导者。这些精神导师们提出的思想原则塑造了不同的文化传统,共同构成了人类文明的精神基础。可以说,人类至今仍附着在这种精神基础之上,传统文化一直影响着人类的生活。每当人类社会面临各种危机或产生新的思想飞跃的时候,我们总是会不由自主地回过头去,从历史的典籍中寻找答案,从古代的先贤哲人的语录中汲取力量。我以为,这是人类社会的一个奇迹,更是农业文明所创造的永恒精神魅力所在。

农业的发展

农业文明建立在农业生产的基础之上。认识农业文明,必须了解农业生产的发展历史。农业生产是人类社会最早出现的生产活动,在产业顺序上属于第一产业。农业生产最初的产品就是食物,用以满足人类社会的最基本的食物需求。在工业产业出现以后,农业也为工业生产提供工业的原材料。农业生产活动是人类社会最基本的生产活动。正是有了农业生产的稳步发展,才有了整个人类社会的持续进步。

从农业生产本身来讲,农业是利用植物和动物的生长、发育的规律,通过人工种植或饲养的方式获得产品的产业。农业的特殊性在于,农业生产的过程是生命物质的培育培养过程,种植业从播种发芽到成长成熟之后结出果实,畜牧业从繁育种苗到发育成长之后壮硕出圈,一切都遵循着物种的生长规律,受自然法则的支配。迄今为止,农业的生产工具有了革命性的变革,农业机械提高了农业生产的作业效率,化肥、农药等的使用引发了所谓"绿色革命",这些都大幅提高了农业的劳动生产率。但是,农业生产始终受到生命物质生长规律的制约,无论是种植业的植物生长,还是畜牧业的牲畜成长,甚至还有林业、水产养殖业、食用菌培植业等,都有一个生命生长繁衍的自然过程。这个自然生命的生长过程至今仍不可能简化或超越。除此之外,农业生产活动还受到了许多特殊因素的影响,如土地(包括耕地、草原、山林及可养殖水面等)的数量与质量、气候与环境的变化、病虫害和疾病的侵害等。这些特殊因素在很大程度上都是非人力和人工可以控制的,这成为影响农业生产发展的一个重要方面。由此而言,生命物质的生产是一个多种因素制约的复杂过程。正是这种多因素制约的复杂性造成了历史上农业生产的发展迟缓,以至于建立在农业生产基础之上的农业社会一样发展缓慢。

人类社会的农业生产发展历史源远流长,从新石器时期一直延续至今。整个发展历程大体分为四个时期,分别为原始农业、传统农业、近代农业和现代农业。其中,原始农业和传统农业时期的人类社会以农业为主要生产方式,整个社会表现出农业文明的特质。近代农业和现代农业建立在工业文明的基础之上,农业在国民经济中的比例逐步下降,整个社会表现出了工业文明的特质。

原始农业时期是农业的起源和农业生产最初发展的一个时期。考古学家和历史学家研究认为,农业生产的形成和发展在世界各地经历了不同的发展过程,基本特点是由几个位于大河之畔的农业起源中心,通过引种谷物、豆类、块茎类等可食植物,驯化牛、猪、羊和狗等牲畜,从刀耕火种到人工灌溉,从狩猎圈养到人工繁殖,形成了原始的农业生产,并沿不同的路径向世界各地扩散,与各地的自然和社会经济条件相结合,逐步发展成为各具特色的农业生产类型和农业面貌。苏联著名植物学家瓦维洛夫在他的《主要栽培植物的世界起源中心》一书中指出:"对大量新品种和新物种的多样性详细比较研究后,我们确定了主要栽培植物的 8 个独立起源地。"他论及的 8 个主要农业起源地分别为中国、印度－马来亚地区、中亚地区、伊朗及高加索地区、地中海地区、埃塞俄比亚、南美地区和中美地区。瓦维洛夫还指出:"初生起源地在地理上有一定的规律,存在着隔离区,促成了植物区系的独立发展。人们的居住地在他们的相互作用下产生了独立的农业栽培。"瓦维洛夫在研究世界农业物种起源方面有着极其重要的贡献。

考古研究认为,世界范围内最早发现农业生产遗迹的是两河流域。所谓两河流域是指亚洲西南部的底格里斯河和幼发拉底河流域。这两条大河都发源自土耳其、亚美尼亚的群山之中,向东南方向流入波斯湾。两河流域的上游地区为山地,下游地区为肥沃的冲积平原。两河流域又被称为美索不达米亚地区,这个称呼来自古希腊,意思是两河之间的地方。广义的美索不达米亚指两条大河流经的广大区域。在全新世早期,两河流域的气候受地中海的影响,从地中海吹来的暖湿气流使得两河流域的气候显得比现在更为温润，森林广为覆盖，植物呈现多样性。在旧石器时代晚期，这里就有早期人类定居，他们过着狩猎、采集的生活，主要以捕捉瞪羚、野牛、山羊等和采集野生谷物为生。考古发现，这一地区较早的农业遗迹出现在西南亚的一个叫作黎凡特走廊的区域，主要有奈特·哈格都德、阿布胡赖拉和耶利哥遗址等。这些遗址为距今大约1.2万年前的古村落。遗址中发现了当时农人储存的小麦、大麦和黑麦的种子等，这是迄今为止发现最早的人工驯化麦类植物。这些农人除了种植谷物之外，还靠捕捉瞪羚、野牛、山猪等获取肉食。后来野生的瞪羚几乎没有了，农人们逐步依靠驯养山羊、绵羊等获取肉食。进入新石器时期以后，美索不达米亚的农业和畜牧业扩大到两河下游的低地地区，主要有沙尼达尔、达列赫、雅莫、阿里库什等遗址。这些遗址从1万多年前一直延续到7 000多年前，遗址中还发现了驯化的小麦、大麦和黑麦等谷类、豆类的种子和山羊、绵羊的骨头以及耕作用的镰刀、磨石等石器工具，属于典型的农业村落。美索不达米亚土地肥沃，水源充沛，人工灌溉起步较早，使得农业和畜牧业得以较好发展，村落逐渐增加。这一地区又为亚、非、欧重要的交通要道，农业生产的发展促进了贸易的活跃，农业与商业相得益彰是这一地区的主要经济特色。农商经济的活跃，促进了人口的集聚，逐步形成了以若干城镇为中心的农业社会。美索不达米亚地处平原，周围缺少天然屏障，自古以来为兵家必争之地，曾有多个民族进入这一地区，政权不断更迭，先后出现了苏美尔城邦、阿卡德王朝、乌尔第三王朝、古巴比伦王国、亚述帝国、新巴比伦王国等，不同文明的入侵、冲突，不同文化的交流、融合，共同创造了人类古老的美索不达米亚文明。

　　古埃及是人类文明的发源地之一，也是最早出现农业生产的地区之一。古埃及农业的形成，得益于纵贯埃及全境的尼罗河。尼罗河从东非高原的群山峻岭中走来，全长6 600多千米，自南向北流入地中海。尼罗河在埃及用洪水和泥沙造就了肥沃的河谷平原。古希腊历史学家希罗多德说："埃及是尼罗河的赠礼。"早在直立人时期，古埃及就有早期人类的活动痕迹。在新石器时期，尼罗河谷地丰富的动物、鱼类、水禽和野生可食植物成为当地居民的主要食物来源。从一些考古资料中发现，他们主要过着狩猎、采集的生活。一般研究认为，尼罗河谷地的农业生产起源于8 000多年前，主要是种植一些驯化的小麦、大麦等谷类植物。但是，这些农业种植方式是由本地产生的，还是从西亚的两河流域传入的，一直都存有争议。尼罗河水季节性泛滥，早已淹没了大多数村落遗址。从稍后期的一些村落如蒙尔马迪遗址看，尼罗河沿岸的早期农人利用泥沙堆积的河堤作为居住地，在洪水退却的湿地种植谷物。他们学会利用河道中的池塘蓄水进行自然灌溉。与此同时，他们还在河谷的草地上放牧，在河道的沼泽中捕获鱼类和水禽，甚至去沙漠边缘狩猎大型的野生动物等。较丰富的食物资源使古埃及人没有感觉到太大的生存压力，渔猎收获仍是他们食物的主要来源，形成了一种简单的农牧和渔猎混合型的农业。尼罗河谷地和撒哈拉沙漠养育了古埃及人。在5000多年前，古埃及进入了早王朝时期，统一国家形成。在早王朝时期之后，又有古王国、中王国、新王国和后王国等几个阶段。国家的出现意味着社会组织动员能力的增强。对古埃及的农业发展来说，最重要的是开始修建水利灌溉系统。古埃及国家建立后，逐步开展挖沟开渠，修筑堤坝，建库蓄水，进行人工灌溉。尼罗河谷地的优势在于水源充沛，人工灌溉的兴起促进了农业生产的发展。古埃及人除了大麦、小麦等谷物外，还种植亚麻、蓖麻等。古埃及的壁画展现了当时人们收获亚麻和纺织亚麻布的情景。与两河流域不同，古埃及地理位置相对封闭，外来军事、文化入侵较少。古埃及法老的统治集君权、神权于一体，集权体制营造了较为强盛的国力。早王朝时期即开始修建农田灌溉系统，其后断断续续没有停止。中王国的鼎盛时期，法老辛努塞尔特二世发展法尤姆绿洲，将原本遍布沼泽的绿洲变为良田，开凿出纵横交错的灌溉渠河，这是一个能够与金字塔相媲美的农业工程。古埃及是比较典型的农业社会，不断发展的灌溉农业哺育了璀璨的古埃及文明。

古印度是文明古国，也是世界农业生产的发源地之一。古代印度作为一个地理概念，主要是指喜马拉雅山以南的南亚次大陆。古印度地处热带和亚热带地区，印度河和恒河是流经这一带的两条重要的河流。两条大河的水源都来自喜马拉雅山脉的高山雪水，流经的区域土地肥沃，十分适合农业生产。印度作为一个地域名称从印度河得名。古印度在旧石器时期就有人类活动，在西北的旁遮普地区、中部的纳巴达河流域、西部的孟买地区、东南的马德拉斯地区等均有早期人类活动的遗址。古印度新石器时期的遗址分布更加广泛。

古印度的农业生产最早源自印度河流域，大约在 1.2 万年前，古印度人就在这里过着狩猎采集的生活。在 8 500～5 000 年前，古印度人开始种植谷物，驯养水牛、山猪和山羊等。较为著名的农业村落是印度河西岸梅赫尔格尔遗址，该遗址最早约在 8 500 年前出现，这里的居民种植小麦、大麦，饲养山羊、绵羊等。有些学者怀疑这些种植和畜牧的生产方式是从西亚传入的。1922 年，考古学家在摩亨佐·达罗一个佛教建筑的废墟下发现了远古的遗迹，此后在整个印度河流域都发现了类似的遗迹，称为"哈拉巴文化"或"印度河文明"。哈拉巴文化最早可追溯到 5 000 多年前，繁盛期在 4 500～3 700 年前期间。哈拉巴文化包括了众多的村落遗址以及哈拉巴、摩亨佐·达罗两个城市遗址。哈拉巴文化的主要经济活动是农业。印度河流域的古印度人种植小麦、大麦、豆类、棉花等，驯养牛、山羊、绵羊、猪、驴和狗等。在许多遗址发现有石刀、石臼、石罐等石器工具，也发现了类似镰刀、斧凿、鱼钩等的青铜工具以及大量的陶制容器。古印度对农业最重要的贡献是种植棉花。据考古研究，棉花可能最早是喂牛的草料。人们后来才发现这种盛开的绒毛般的棉花可以纺纱，织成布料。在古印度炎热的环境中，棉花纺织的布料极其散热透气，也十分结实耐磨。纺织与制陶成为哈拉巴文化中两项最重要的手工业。许多遗址都发现了纺锤和纺轮等，有的遗址还发现了染缸，可见在当时他们已经掌握了纺织染色技术。在农业与手工业发展的基础上，商业开始活跃起来。印度河流域的古印度人开始与美索不达米亚的苏美尔人进行海上贸易，贸易的商品包括了黄金、青铜、皮革、羊毛、棉布、谷类和油脂等。哈拉巴文化约在 4 000 年前达到了鼎盛，当时已经出现了简单的文字符号，这些文字符号主要留在了印章之上。但是，约在 3 700 年前，哈拉巴文化经过繁荣期之后便就衰亡了，昔日兴旺的村落和城邦变成了被人遗忘的废墟。哈拉巴文化究竟为什么衰亡？有人认为是印度河改道，也有人认为是外族入侵等，多年来一直众说纷纭，成为了一个历史之谜。

中国与古巴比伦、古埃及、古印度一起，被称为四大文明古国，中国也是世界农业重要的起源地之一。中国地处亚洲东部，西边为连绵的群山和高原，北部为广袤的沙漠和草原，东南方濒临大海。地域广阔，各地地理、气候各不相同。在远古年代，中华大地就有古人类活动。大约在 1 万年前，中国进入了新石器时期以后，在黄河流域、长江流域先后出现了原始的农业生产。黄河、长江是横贯中华大地的两条大河。两条大河都源自青藏高原，从西向东，一路奔腾入海。黄河流经北方，长江流经南方。两条大河的中下游地区形成了广大的冲积平原，土地肥沃，四季分明，优越的自然条件使得这两个区域成为了风格迥异的早期农业生产区。黄河流经的北方地区，土质疏松，气候偏旱，较早出现了耐旱谷物的种植。在近一百多年以来，随着中国的古人类遗址考古取得富有成效的进展，黄河中下游的磁山（河北）、裴家岗（河南）、老官台（陕西）、北辛（山东）等一系列新石器时期较早阶段的遗址得以发现，出土了大量原始农业的遗迹。这些遗址存世时间在8 000～7 000年前，属于中国最早期的农业村落。遗址中普遍发现了谷类植物，经鉴定为耐旱的黍和粟类植物，这都是黄河流域传统的栽培作物。黍亦称"稷""糜子"，现种植较少。粟俗称小米，现仍种植较多。与黍、粟类作物一起发现的，还有大量的铲、刀、镰等农业生产工具。这些农业生产工具以石器为主。在石器制作上，已经出现了磨制石器，但打制石器仍占有相当的数量。农业生产的发展和村落的集聚，也促进了畜牧业的兴起。遗址中发现

中国古代的农业生产工具

有人工驯养的牛、猪、犬的骨骼，家畜的饲养较为常见。从遗址获得的遗物分析，当时的农人已经掌握了较多的生产门类，除种植和畜牧生产之外，还有渔猎、制陶、编织等。由此可见，黄河流域是中华文明的重要发源地。长江流经的南方地区，气候温润，河流纵横，是中国稻米的重要发源地。长江中下游地区新石器时期古村落遗址的考古发现可以充分证明这一点。其中，较为典型的是位于长江下游杭嘉湖地区的河姆渡、宁绍地区的罗家角遗址。这两个遗址的存世时间大约在7 000年前。河姆渡遗址发现了大量碳化的稻谷、谷壳等，很多稻谷还保持了原来的外形。经鉴定这些稻谷属栽培的籼亚种晚稻型水稻。这是迄今为止中国发现的较早的人工栽培稻。遗址中还有大量的生产工具，分为石、木、骨质三大类。这里发现的石器工具数量较少，制作也一般。而许多骨器、木器式样新颖，加工精巧，农耕、渔猎、手工工具一应俱全。罗家角遗址也发现了碳化的稻谷以及陶器中夹杂了大量的稻壳，生产工具包括了磨制石器和骨角器等。罗家角遗址中还发现了大量的动物遗骸，如亚洲象、梅花鹿、獐子、水牛、猪、羊、狗以及鱼类、鸟类等，表明当时农人仍处于渔猎、驯养和种植并重阶段。除长江下游地区外，在长江中游的湖北和湖南均有早期稻谷生产的遗迹。这些足以证明，长江流域与黄河流域一样是中华文明的重要发源地。在5 500～4 000年前，中国古代社会进入了铜石并用时期，农业生产到了耕作阶段。耕作的主要工具为耒耜，耒多为木质，耜为石质或骨质，形状似铲，这时的农业也被称为耒耜农业。农业生产水平提升，人口增加，形成了最初的城池，社会出现了分化。这从仰韶文化、龙山文化、良渚文化的墓葬随葬品中可以得到印证。从4 000多年前起，中国原始氏族社会逐步瓦解，出现了最初的国家形态，开始了夏、商、周朝代，中国的古代文明进入了一个新的发展阶段。

大约在2万年前，第一批勇敢的早期现代人越过冰封的白令海峡陆桥，沿海岸线进入了北美洲，而后逐步从北美洲扩散到南美洲。早期现代人进入美洲大陆以后，曾经有过大规模的狩猎活动，导致了当地许多大型哺乳动物的灭绝。在这场狩猎盛筵结束之后，这些美洲的原始居民逐渐定居下来，与世界各地一样，从狩猎采集社会转向了原始农业社会。据现代考古推断，美洲最早的农业发生在潮湿的热带雨林地区。较早发现的美洲农业遗址是墨西哥瓦哈卡河谷的古伊拉纳奎兹遗址。该遗址在 1 万～8 000 年前曾多次有过早期人类活动的遗迹，而最早出现的驯化物种是葫芦科植物。专家认为，这种葫芦科植物可能源自非洲，在那里被用作渔网的浮子。葫芦漂过大西洋来到墨西哥湾，被当地居民用作装水的容器。在 7 000～6 000 年前，瓦哈卡河谷还发现了多个玉米栽培的证据。一般认为，驯化玉米的野生祖本为类蜀黍。野生的类蜀黍曾广泛分布在墨西哥南部和危地马拉地区。玉米、豆类和葫芦曾是美洲经典的农业作物。在 5 000～4 000 年前，在秘鲁、厄瓜多尔、玻利维亚的山地，曾发现有马铃薯、南瓜、大豆、玉米的种植以及大羊驼的养殖等。随着农业社会的发展，最早在 5 000 年前，安第斯文明在秘鲁沿海地区兴起，出现了一些大型的宗教建筑和墓葬遗址。大约在 3 000 年前，美洲文明在高地与低地地区同时发展起来。高原地区有特奥蒂瓦坎、托尔特克和阿兹特克等文化。低地地区著名的玛雅文明在尤卡坦半岛异军突起，玛雅人兴修水利，开垦梯田，修建城堡和金字塔，拥有华丽的象形文字和天文历法等。大约在公元 900 年后，辉煌一时的玛雅文化突然崩溃，原因至今仍不十分清楚。

原始农业主要存在于新石器时期，这是人类社会农业生产发展的初始阶段。世界上主要农作物和畜牧物种的驯化大体出现在这一时期。原始农业以磨制石器、木器、骨器乃至后期的青铜器为生产工具，以渔猎采集、原始的刀耕火种和游牧、圈养等为主要生产方式，以男女性别生理特征作简单分工，生产效率比较低下，经济社会发展十分缓慢。原始的农业生产促进了原始氏族社会和部落联盟的发展。从距今 1 万多年前的农业起源到大约 3 000 年前传统农业的形成，早期人类依靠不懈的努力，从若干大河流域为主的农业起源地开始，将农业生产方式传播到了与当时人类足迹范围基本相当的广大区域。原始农业的起源与发展集中体现了人与自然之间的矛盾发展，农业生产的出现是人类社会发展的一个必然选择。

传统农业又称为古代农业，主要以铁器时代为发端。铁器时代是继石器时代、青铜器时代之后在人类社会发展史上又一个极为重要的时代，标志着人类工具制造的一大进步。人类最早知道的铁是陨石中的铁，古埃及人称之为神物。最早锻造出人工铁的是美索不达米亚西台帝国的赫梯人，距今约为 3 400

年。大约在人工铁出现后的200年内，中东地区普遍掌握了铁的冶炼技术。约在距今3 000年前，古希腊和古罗马开始使用铁制的工具和兵器。中国大约在西周晚期出现人工冶炼的铁器，在春秋战国时期，农业、手工业生产中已广泛使用铁器。铁器比青铜器更为坚硬，也更具有韧性，无论作为工具或兵器都远胜于石器和青铜器。铁器的出现推动原始农业逐步进入了传统农业。传统农业是使用铁木农具，利用人力、畜力和各种自然力（风力、水力）、自然肥料，凭借直接经验从事生产活动的农业。传统农业的主要特点是铁犁畜耕、精耕细作。在传统农业发展的漫长历史过程中，逐步形成了选育良种、积肥施肥、兴修水利、防治病虫害、改良土壤、革新农具、实现轮作套种等一整套农业生产的经验和传统技术。作为传统农业标志的铁器工具在欧洲、亚洲乃至北非普遍使用的时候，却没有出现在美洲和大洋洲。美洲和大洋洲的铁器是大航海时代后由欧洲人传入的。一般认为，典型的传统农业主要发生在欧洲、亚洲及北非。相比较而言，欧洲的传统农业与亚洲的传统农业存在着明显不同的特点。这种异同在原始农业时期就业已存在，而在传统农业时期有了持续的发展，进而形成了东西方不同的农业文化。这种不同的农业文化乃至影响了东西方不同的文明进程。

欧洲的传统农业必须从古希腊、古罗马说起。古希腊是一个地区的称谓，包括了爱琴海怀抱的巴尔干半岛和爱琴海星罗棋布的岛屿及周边地区。古希腊地区沿海多山地，受地中海影响，气候温润多雨。早在新石器时期，古希腊就进入了原始农业阶段，使用石骨农具，种植大麦、小麦和豆类等作物，驯养绵羊、山羊、猪等家畜，崇尚象征丰产的泥塑女神像。大约5 000年前，古希腊进入早期青铜器时代，孕育了爱琴文明。爱琴文明早期的中心位于克里特岛，后来移至希腊本土的迈锡尼。克里特、迈锡尼都是城邦国家，手工业和航海贸易十分发达，周边农村种植谷物、橄榄、葡萄等。爱琴文明属奴隶制社会的文明，城邦之间的战争十分频繁。大约在3 150年前，居住在希腊半岛北部山区的多利亚人入侵迈锡尼，导致了爱琴文明的结束。多利亚人给希腊地区带来了冶铁技术，古希腊进入了铁器时代。古希腊农民给木犁装上了铁制的犁铧，加快了荒山林地的开垦。在一些土地肥沃的平原实行谷物和蔬菜的一熟制，在一些土地贫瘠的山地采取二圃、三圃制，种植大麦、蔬菜或休耕，以培养地力。

所谓二圃制，就是把耕地分为两部分，每年有一半耕地处于休耕状态，轮流耕作。所谓三圃制，就是把耕地分为三部分，每年有一部分休耕，一部分春播，一部分秋播，也是轮流耕作。古希腊农民也在一些向阳的山坡建立果园，种植橄榄、葡萄等，并加工成橄榄油、葡萄酒。总体上讲，古希腊是一个农业和工商业并重的地区。

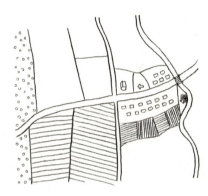

欧洲古代的三圃制农业示意图

古罗马起源于欧洲南部意大利的亚平宁半岛。最早的农业文明出现在意大利中部的台伯河流域。台伯河流域属拉丁平原，土地肥沃，水源充沛。早在铁器时代，这里就拥有良好的种植业和畜牧业，出现了农业村落。台伯河的入海口附近是古代一个重要的盐场，沿台伯河两岸逐步形成了粮食和食盐的商业贸易，经济较为繁荣。罗马约在2 800年前建城，罗马城位于台伯河的下游距入海口不远处的山丘之上。古罗马历经王政时代、共和时代和帝国时代。帝国时代罗马的版图曾经西起西班牙，东到幼发拉底河上游，南至非洲北部，北达莱茵河、多瑙河一带，地域空前辽阔广大。古罗马共和时代的农学家瓦罗著有《论农业》一书，该书对古罗马的农业发展状况作了较为详尽的描述，成为历史上十分著名的农业专著。古罗马是一个奴隶制国家，各地有许多使用奴隶从事农业生产的庄园。这些庄园从埃及和希腊引进谷物和牲畜品种，重视深耕细作，兴修灌溉水渠，注意合理施肥。庄园除种植业之外，还发展渔业、林业、畜牧业和加工业、手工业等，逐渐形成了以庄园为基本单位的自给自足经济。古罗马的庄园经济曾给欧洲农业发展以很大的影响。在帝国时代的后期，奴隶主与奴隶的矛盾日趋尖锐，一些庄园主把土地租给隶农耕作。但大庄园的奴隶劳动排斥小农经济，导致了许多隶农和自由农的破产。奴隶、隶农和农民等不断起义反抗，而一些游牧民族和外来民族趁机大规模入侵。4世纪末，罗马帝国分裂，古罗马最终无可奈何地走向了衰亡。

古希腊、古罗马属南欧的地中海国家。在远古时代，整个欧洲大陆早就有古人类活动，从尼安德特人到克罗马农人，欧洲各地留下了许多古人类活动遗址。在新石器时期，欧洲的早期居民也从狩猎采集社会转向原始的农业社会。最早的原始农业遗址是出现在希腊塞萨利平原的阿格萨·马古拉村庄，在9 000多年前，这里的农人便开始栽培小麦、大麦和驯养牛、绵羊和猪等。一般认为，欧洲的原始农业受西南亚的影响，从欧洲的东南部向西北部扩散。在6 000多年前，以家畜饲养为主，辅以种植谷类作物的农业在欧洲广大地区发展起来。欧洲早期农业文化最著名的是斑纹陶器文化，人们普遍使用一种以独特线条装饰的陶器。斑纹陶器的出现，标志着农业村落的形成。在古希腊、古罗马兴盛时期，欧洲大陆曾有过一个青铜时代。制作精良的青铜制品主要为战斧、矛、剑、盾、盔甲及各种饰品等。古希腊、古罗马给欧洲以很大的影响。欧洲最早的铁器出现在罗马时代，罗马帝国的四处扩张，也把冶铁技术传播到欧洲各地。随着铁器时代的到来，欧洲的原始农业逐步转向了传统农业。在漫长的中世纪，欧洲的传统农业得到了较好的发展。受欧洲中世纪封建制度的影响，典型的欧洲传统农业为庄园农业。耕作特点为轮作休耕，采取二圃制或三圃制。欧洲的人均土地资源较为丰富，休耕轮作成为欧洲农业生产的一个特点。欧洲中世纪的农作物主要是谷物，包括小麦、大麦、黑麦和燕麦等。一般大麦、燕麦为春季播种，小麦、黑麦为秋季播种。畜牧业在欧洲农业中占有很大的比重，也有一些庄园或农户为休耕、种植和放牧交替轮作。在生产工具方面，希腊人、罗马人多使用轻型的"刮地犁"，仅是浅层耕作。后来北欧人使用重犁,犁铧将地块整个翻了过来,这对北欧的林地、湿地耕作尤为适合。欧洲农业逐渐进入深耕细作阶段,重视灌溉、施肥,种植三叶草、紫花苜蓿等。15世纪以后,欧洲从黑死病瘟疫中逐渐恢复过来,工商业日益繁荣。适应城市的消费需求,农业的商品化水平也随之提高。欧洲农民不仅种植小麦、黑麦等,满足面包主粮的供应;也种植蔬菜、水果、酿酒葡萄、啤酒大麦等,满足市场的多样化需求。畜牧业进一步发展,为市场提供了更多的肉类、奶类食品,欧洲人食肉的水平在古代就要高于亚洲人。畜牧业的发展,也促进了羊毛、皮革等毛纺织、制革原料的生产。欧洲农业的专业化、商品化发展为日后工业革命的兴起创造了必要条件。

亚洲传统农业的典型代表为中国、印度等国家。中国是农业的起源地之一。夏、商、周时期,尤其是西周时期,实行分封为基础的井田制,原始农业有良好的基础,所谓的"五谷"和"六畜"在商、周时期已经形成并有所发展,出现了青铜农具。春秋战国时期,封建的井田制逐渐消亡,代之以地主土地所有制,奠定了中国小农经济的社会基础。战国时期,中国进入了铁器时代,铁器农具已经普遍使用。与铁犁相配合,牛、马被用于农业耕作,实现了人力耕作向畜力耕作的变迁。各诸侯国重视兴修水利,较重要的有魏国官吏西门豹在河北的邺县修凿漳水十二渠,秦国太守李冰在四川兴修都江堰,韩国水工郑国在陕西兴修郑国渠等。秦汉时期,逐步形成了垄耕法。所谓垄耕法即深耕作垄,旱地播种于沟间以保墒,湿地播种于垄上以降渍,便于条播,通风透气,提高了农作物的产量。农业生产技术的成熟,也催生了一批农学专著的诞生。如《吕氏春秋·上农》《氾胜之书》《四民月令》等,都是中国历史上有名的农业著作。魏晋南北朝时期,北方旱作农业技术更趋成熟。北朝北魏的《齐民要术》被称为古代农业的百科全书。《齐民要术》总结了旱地轮作复种的方式,提出多施肥料以养地,种植绿肥以肥地等。书中对水稻的播种、移栽、中耕、灌溉等也多有论述。隋唐时期,农村经济恢复发展。唐代中央政府设立了"水部郎中"等官职,重视兴修水利。农具革新方面,出现了曲辕犁,可以控制犁地的深浅,一直为后世所沿用。宋元时期,江南人口迅速增加,促进了南方土地围垦和兴修水利。水稻生产技术渐趋成熟,稻、麦复种在许多地方得到推广。明清时期,耕作栽培技术进一步精细化,复种水平不断提高。明朝的《农政全书》

也是集中国传统农学之大成。在北方黄河流域形成了两年三熟制,在南方长江流域则发展出多种形式的一年两熟制,在珠江流域甚至出现了一年三熟制等。中国乃至亚洲皆人口众多,人均土地资源较为匮乏,间套种以提高土地利用率,成为亚洲农业的一个特点。这时的城市和工商业更加繁荣发达,不仅促进了商品粮的发展,也促进了棉、麻、蔗、烟、蚕桑及茶叶等经济作物的发展。太湖流域的杭嘉湖平原和珠江三角洲地区开始形成了一套粮、桑、渔、禽综合经营的生产方式。畜牧业、园艺业、水产养殖业等也有新的发展。在这两千多年的时间内,中国的传统农业发展达到了很高的水平。

中国都江堰水利设施示意图

印度在列国时期开始进入铁器时代,传统农业逐步形成。列国时期的印度农村社会状况比较复杂,既有奴隶庄园,也有农村公社。印度的农村公社有公共的水源、道路等,也有每家每户的份地,属于自给自足的小农经济。农民主要种植水稻等谷物,牧养牲畜等。2 300多年前,阿育王统一印度,建立了孔雀王朝。孔雀王朝曾设立地方长官,兴修水利,促进了农业发展。印度的封建社会萌芽于笈多王朝。在笈多王朝时期,铁制农具普遍使用,有铁铧犁、铁锄、铁铲、铁镰等，施肥、轮作等农业技术也得到了推广。戒日王朝时期，印度的封建制度得到充分发展。当时印度农村的状况，在玄奘的《大唐西域记》中有比较详细的描述。戒日王朝时，印度各地呈现富庶繁荣的景象。恒河中下游地区农田水利灌溉设施完备，盛产水稻。西北部盛产小麦和甘蔗等，蔬菜、水果、豆类和油料等也有所发展。在古代社会，印度的棉花种植和棉纺织业最为著名。北方邦的马图拉城是当时的棉纺织中心之一，印度生产的棉纺织品大量行销海外。在古代社会，印度农村的社会基础仍是村社制度，村社农民的自给自足经济保持了印度社会的基本稳定。印度农业生产历史悠久，传统的农业技术日臻完善，哺育了恒河两岸众多的人口。

总体来讲，传统农业是经验农业。随着人类农业生产经验的积累、农业生产工具的改进，农业生产水平逐步得到提高。传统农业建立在奴隶社会、封建社会和土地私有制社会的基础之上。传统农业的发展集中体现了人与自然之间、人与人之间、人与国家之间的矛盾运动，土地制度的变迁对传统农业的发展起到了至关重要的作用。比较欧洲传统农业与亚洲传统农业的发展过程，我们不难看出，两大区域传统农业的发展最大的差异是人均拥有土地资源的不同。相对来说，古代欧洲人口较少，人均土地资源较为丰富，农业生产大多采用轮作、休耕的方式以培养地力，农业的商品化生产水平较高，意大利、英国、荷兰等国较早形成了专业化生产的庄园经济。古代亚洲人口较多，人均土地资源较为匮乏，农业生产大多采用间套种、多熟制的方式提高土地利用率，形成了精耕细作的农业文化，中国、印度及日本、越南等地区大部分为自给自足的小农经济，农业的商品化生产水平较低。北非的埃及等地与亚洲的农业生产方式有一些相类似的特点。相对来说，欧洲农业负担较轻，发展商品经济的条件较好。欧洲较为丰富的土地资源和专业化的庄园经济形成了较高的农业生产效率，为发展商业和手工业奠定了物质基础。亚洲农业负担较重，始终承受着粮食生产的压力。亚洲较为匮乏的土地资源和自给自足的小农经济把大量的农业人口束缚在了土地上，也成为亚洲社会经济发展缓慢的重要原因。

古代欧洲与亚洲不同的农业生产方式不仅影响了两大区域农业生产的发展，形成了不同的农业文化，也影响着两大区域经济、政治和社会的发展，最终导致了西方文明与东方文明的不同。在欧洲大陆，传统农业的持续发展，较早促进了工商业的日趋繁荣，孕育了资本主义经济的萌芽，最终催生了工业文明。在工业文明发展中建立起来的现代工业生产体系，给传统农业带来了革命性的变革。农业逐步实现了机械化、化学化、信息化，传统农业由此一步步走向了近代农业、现代农业。

古代的世界

在人类社会的原始阶段，原始人类共同过着渔猎采集的生活。世界各地古人类所处的自然地理环境不同，渔猎和采集的动物、植物对象不同，生活也不尽相同。但在原始社会早期，世界各地原始社会的基本形态差异并不明显。在旧石器时期，古人类过着以血缘为纽带的群居生活。男性成员以狩猎为主，女性成员以采集为主，食物分配大体均等。女性成员的采集提供了较为稳定的食物来源，杂婚状态下的母系血缘具有确定的传承关系，女性在族群中占有主导地位，形成了母系社会。母系社会是一个较为稳定的血缘氏族社会，这是在人类生产获得初步发展能维持较定型群体生活基础上形成的。典型的母系社会已经从群婚制过渡到对偶婚制，男子"从妇居"，有族内近亲通婚禁忌，互通婚姻的氏族组成了早期部落。在原始社会，人类的人口数量有限，狩猎采集的生产方式没有过多的食物积累，族群内以长者为尊，习惯成为共同遵守的社会规则。族群之间的争斗和掠夺现象也并不突出，这是人类社会早期既蒙昧又平和的一个时期。

人类社会的差异化发展是在新石器时期从农业社会开始发端的。农业社会在世界范围的出现，给人类社会发展带来了一系列显著的变化。农业生产的出现，导致了人类社会的生产分工。社会学家一般认为，人类社会的第一次生产分工是农业与畜牧业分离，第二次生产分工是农业与手工业分离。其实，人类社会生产分工变化更为重要的是男性、女性分工的角色转换。第一次是狩猎采集社会中的分工，男性狩猎，女性采集，构成了母系社会。第二次是农业社会中的分工，男性成为农业的主要劳动力，女性成为辅助劳动力，男性成员在农业生产活动中的地位上升，最终导致了母系社会的瓦解。氏族社会的对偶婚制从"从妇居"转化为"从夫居",逐步形成一夫一妻制社会。一夫一妻制社会基本形成以后,男性成员要求确定自己子女的传承关系,在氏族的大家庭中出现以夫妻为主体的小家庭。家庭是人类社会最基本的细胞,家庭的出现为私有财产的形成和私有制的诞生奠定了社会基础。

农业生产的发展促使了社会财富的积累。在渔猎采集阶段,食物资源有限,人类的全部活动主要用于解决食物的来源。农业生产出现以后,人类的食物来源逐渐丰富。在食物得到基本保障的基础上,人类社会开始出现其他生产活动,如制陶、编织、冶炼等手工业。食物和生产、生活物品逐渐有了某种程度的剩余,人类社会又有了最初的商业贸易,从以物易物到原始货币的出现,商业贸易成为一种普遍存在的社会经济活动。商业贸易的活跃反过来促进了农业和手工业的发展,人类的生产活动创造了更多的社会财富。人口的增长,财富的积累,使得人类第一次意识到了自然资源的宝贵。男权社会本身隐含着雄性的好斗基因,对自然资源的争夺导致了人类早期的野蛮行为——战争。原始社会最初的战争是为领地争夺或血亲复仇而战,后来则演化成为掠夺财富和奴隶而战,变为一种有着明确利己目的的掠夺性战争。以族群为单位,一个族群或联合几个族群对另一个族群进行掠杀,战胜方杀戮失败方的成年男性,掠夺失败方的女性和食物。一些地区的掠夺性战争行为中曾经出现"人吃人"的现象,这种血腥的战争行为在一些墓葬和考古遗址中得到充分证实。原始社会晚期的掠夺性战争加速了社会财富的分化,战争中掠夺取得的战利品首先落入氏族首领手中,开始可能用于奖励族群战争中的勇士,这些战利品逐步转化为私有财产。在氏族战争中获得利益的氏族首领推动血亲复仇或延续掠夺战争,战争中的俘虏不再被杀戮而沦为奴隶,社会中出现奴隶主、平民和奴隶等,原始平等的氏族社会彻底瓦解。奴隶社会出现后,掠夺性战争的重点转向获取更多的奴隶,成为一种掠夺奴隶的战争。许多部落担心战败而遭受掠夺和杀戮,逐步巩固城邦,结成氏族军事同盟。一些历史学家研究认为,这是国家起源的一个雏形。

国家在氏族社会的废墟上产生,但它与氏族组织既有千丝万缕的联系,又有本质的不同。氏族组织以血缘为纽带组成,国家在农业村落和城邦充分发展的基础之上形成，以地域划分它的国民。完整的国家形态一般具有领土、人民、文化传统和国家权力机构等要素，政治则主要反映了国家治理的理念与方法。农业社会早期的国家形态是极其粗糙和不完整的，领土具有很大的不确定性，人民也是充分流动的。国家的主要职能是应付外部入侵或入侵外部，远未达到国家有效统治的程度。国家的权力机构也较为简单，一般是在氏族组织的基础之上建立某种军事民主的议事制度。随着经济、社会发展和民族冲突的加剧，早期简单形态的国家在外部压力和内部矛盾的催生下，逐步形成了较为完整的国家机器。

在3 500～1 500年前的农业社会初期，在世界范围内，曾有过一个大规模的民族迁徙、冲突和融合的过程。正是在这个过程中，国家和政治逐步发育成熟。这在相互连接的欧亚大陆表现得更为典型。中国历史学家吴于廑教授在他的《世界历史上的游牧世界与农耕世界》一文中曾指出：从亚洲东端的日本、朝鲜，经中国黄河长江流域、东南亚，到西亚、小亚细亚，再联结到南欧、东欧、中欧、西欧和隔海相望的不列颠岛，气候温润，土地肥沃，适宜农业耕作，形成了一个长弧形的农耕地带。而在农耕地带的北方，东起西伯利亚、蒙古，经中亚细亚、里海和高加索地区，直至欧洲的黑海北岸和喀尔巴阡山麓，横亘着一条水草丰满，林草相间，适合于畜牧生产的草原地带。整个欧亚大陆形成了南北平行的农耕世界与游牧世界。一般来说，农耕方式导致定居生活，出现了农业村落和城邦，社会发展比较充分。南部的农耕世界在社会政治、经济和文化发展方面显得比北方的游牧世界更为先进。农耕世界的国家和民族往往以文明国家或优秀民族自居，藐视周边的游牧民族和半游牧民族，称他们为"夷""戎""狄""蛮族""野蛮人"等。从历史发展过程来看，农耕世界和游牧世界形成了自发的分工互补，彼此存在商品的交换、文化的交流和人员往来，这种交换和交流促进了各自经济和文化的发展。但是，这两个世界并非总是和平友好的，相互暴力掠夺、彼此侵略和征服时有发生。农耕大国繁盛时，以武力征服游牧民族，或置"藩属"，或征收贡赋，实现长期统治。游牧民族强大时，也伺机入侵农耕国家，掳获财物，俘虏人口，以至焚毁城池、屠戮生灵。吴于廑教授认为，自古代起，直到公元13、14世纪，游牧部落曾向农耕世界发起三次冲击。波斯帝国、阿拉伯帝国、蒙古帝国等都是以游牧民族为主体建立的强大帝国。在中国的古代，从秦开始，东起鸭绿江，西至甘肃的嘉峪关，修建了一条雄伟的万里长城。这就是农耕世界的民族为抵御游牧世界的侵扰而修筑的浩大军事防御设施。

长城

两个世界的和平与侵略在历史上曾经交替出现，总体上突破了彼此的隔阂，扩大了文明世界的广泛交流。欧洲与亚洲两个大陆在地理位置上分别处于世界的东方与西方。一方面是南、北农耕世界、游牧世界的交流与冲突；另一方面是东、西方处理外部冲突与内部矛盾采用的不同方式。这种错综复杂的历史演化过程，既造就了农耕国家、游牧国家各自的辉煌历史，又构成了欧洲、亚洲不同的政治文化和文明传统。

追根溯源，西方文明最初的源头在两河流域的美索不达米亚。美索不达米亚的南部地区约在公元前2800年进入苏美尔早王朝时期，出现了以城市为中心结合周围村镇形成的若干城邦。其中，最大的城邦为乌尔，约有4万人。城邦的政治权力一般由三方面组成，包括城邦首领、贵族会议和公民大会。当时的城邦首领称为"恩""恩西"和"卢伽尔"，较大的城邦首领称为"卢伽尔"。

苏美尔城邦时期为奴隶社会，奴隶没有政治权利。公民大会的对象为城邦平民，政治权力主要掌握在城邦首领和贵族会议的手中。苏美尔各城邦之间为争夺土地、奴隶和霸权曾展开长期的战争。约在公元前2371年，基什王萨尔贡征服了各城邦，建立了中央集权统治的阿卡德王国。约在公元前2191年，来自东北部山区的库提人灭亡了阿卡德王朝。库提人却并没有在南部地区建立统一的国家，苏美尔各城邦逐渐复兴。乌尔王乌尔纳木逐步统一了各城邦，约在公元前2113年建立了中央集权的乌尔第三王朝，并颁布了现今所知世界历史上第一部法典《乌尔纳木法典》（现仅存部分残篇），以法律形式确认了统治。约在公元前2006年，埃兰人、阿摩利人的入侵及王朝内部的矛盾，又导致了乌尔第三王朝的灭亡，两河流域的南部地区再次陷入了诸邦分立的混乱局面。

约在公元前1894年，阿摩利人苏穆阿布姆建立了巴比伦城邦国家。巴比伦第六代国王汉谟拉比即位之后，进行了统一两河流域的战争，建立了中央集权专制的巴比伦王国。汉谟拉比自称为"众神之王"，专制王权与神权趋于统一。他制定了《汉谟拉比法典》，这是古代第一部比较完整的法典。古巴比伦社会内部存在等级制度，分为阿维鲁、穆什根努、奴隶三个等级，阿维鲁等级中有奴隶主和自由民，穆什根努为无公民权的自由民。古巴比伦王室拥有大量的土地和奴隶，富裕的阿维鲁和穆什根努都有奴隶。公元前1595年，古巴比伦王国被赫梯帝国所灭。灭亡古巴比伦的赫梯帝国也是一个古老的国家，以开启铁器时代而闻名于世，曾统治土耳其、叙利亚地区长达千余年，公元前1450～前1380年达到了鼎盛。公元前1300年，赫梯与埃及争夺对叙利亚的统治权展开了著名的卡叠什之战。公元前1193年，赫梯帝国因外部入侵而瓦解。赫梯灭亡之后，这一地区又先后被加喜特人和亚述帝国相继占领。亚述人原居于两河流域北部（今伊拉克的摩苏尔地区）山区，亚述人以骁勇好战、残忍冷酷著称，不断寻找机会以扩大疆域。公元前722年，亚述帝国的国王萨尔贡二世将都城迁至尼尼微，统治了包括大马士革和以色列在内的广大区域。公元前612年，亚述帝国被新巴比伦击败。亚述帝国没落后，迦勒底人进入了巴比伦，称为新巴比伦王国。约在公元前626年，新巴比伦在尼布甲尼撒二世时达到了鼎盛期，修建了著名的空中花园。直至波斯帝国入侵，新巴比伦王国就此灭亡。

波斯是兴起于伊朗高原的游牧民族。公元前558年，居鲁士二世在波斯称王，设都城于帕塞波里斯。公元前550年，波斯帝国灭亡了米底王国。公元前549年，征服了埃兰古国。公元前539年，又占领了巴比伦城。居鲁士二世死后，其子冈比西一度接掌王位。公元前522年，大流士取得了王位。大流士采取许多措施，巩固对被征服地区的统治，史称大流士改革。希腊崛起后，希腊与波斯矛盾加剧。公元前334年，希腊北方的马其顿国王亚历山大率军东征波斯。经过十年征战，最终消灭了波斯帝国。几千年以来，地处亚、欧、非连接地带的两河流域及周边地区一直是各方势力激烈争夺的地方，燃烧着始终不灭的熊熊战火。

古埃及是文明古国，也是西方文明的源头之一。公元前5000多年，早期人类就在尼罗河东北岸定居，逐渐形成了国家。古埃及历史上经历了前王朝、早王朝、古王国、第一中间时期、中王国、第二中间时期、新王国、第三中间时期、后王国，共9个时期、31个王朝的统治。前王朝时间为约公元前4500～约前3100年，这是古埃及国家形成的初期，王权已经形成，出现了蝎王标志。早王朝包括第1～2王朝，时间为约公元前3100～前2686年，早王朝第1王朝国王美尼斯统一了上埃及和下埃及，定都孟斐斯。古王国包括第3～6王朝，时间为公元前2686～前2181年。古王国确立了君主专制，奴隶制经济空前发展，金字塔修建于此时，因此也被称为金字塔时期。

第一中间期包括第7～10王朝，时间为公元前2181～前2040年，这是王权衰微、出现饥荒和内战的一个时期。中王国包括第11～14王朝，时间为公元前2040～前1786年，中王国恢复了国家的稳定与繁荣，首都迁往伊塔威，在那里建设了法尤姆绿洲。第二中间期包括第15～17王朝，时间为公元前1786～前1567年，来自西亚的喜克索斯人入侵古埃及，统治了中埃及和下埃及百余年，称为喜克索斯王朝。新王国包括第18～20王朝，时间为公元前1567～前1085年，这是古埃及较为强盛的一个时期，新王国的法老率军抵抗了赫梯帝国的入侵。公元前1258年与赫梯帝国缔结了和约。第三中间期包括第21～25王朝，时间为公元前1085～前664年，古埃及出现了南、北分治局面，外部势力不断入侵。后王国包括第26～31王朝，时间为公元前664～前

古埃及金字塔

332年。亚述帝国入侵古埃及，古埃及赛特王引入希腊人驱逐亚述人。公元前525年，波斯帝国征服古埃及，将古埃及划为波斯的总督区。公元前332年，马其顿国王亚历山大率军驱逐波斯人占领了古埃及。此后的古埃及又曾先后被古罗马、阿拉伯帝国、奥斯曼帝国所征服占领，昔日无比辉煌的古埃及就此逐渐衰落。

古希腊与西方文明有着直接的渊源。古希腊包括了希腊半岛和爱琴海诸岛及周边地区，这一地区的文明称为爱琴文明。爱琴文明较早出现在克里特岛地区，约在公元前2000年就出现了最初的城邦国家。这些城邦国家给人印象深刻的是宫殿建筑，史学家因此称之为王宫时期。当时最强盛的城邦国家为克诺索斯。约在公元前1700年，克诺索斯的米诺斯王朝统一了克里特全岛。米诺斯王朝曾以发达的海上贸易和世界上最早的海军著称于世。公元前1450年，希腊本土人占领了克诺索斯王宫，后来爱琴文明的中心转移至希腊本土的迈锡尼地区。迈锡尼王国的文明中心在迈锡尼城，也建有豪华的宫殿，发展海上贸易等。公元前1200年，迈锡尼人攻陷了特洛伊。荷马史诗《伊利亚特》对此作了生动描述。公元前1120年，迈锡尼因外族入侵而衰落。迈锡尼文明衰落之后，希腊境内出现了许多城邦国家，著名的有雅典、斯巴达、底比斯等。雅典在公元前594年推进梭伦改革，建立了奴隶制基础上的民主政治，使公民大会成为城邦的最高权力机关，促进了奴隶主工商业的发展。雅典曾在马拉松战役中击败波斯帝国。斯巴达则实行奴隶主贵族专制统治，规定了严格的公民军事训练制度，长期对外征战。公元前431～前404年，伯罗奔尼撒战争爆发，结束了雅典的辉煌时期。在希腊城邦争霸过程中，位于希腊北部的马其顿王国逐渐崛起。公元前359年，马其顿王国腓力二世即位之后，马其顿成为了一个军事强国，建立了希腊联盟。腓力二世遇刺身亡之后，其子亚历山大继位。亚历山大亲率希腊联军灭亡了波斯帝国。经过十年的征战，亚历山大帝国的统治区域扩展到爱琴海周边和尼罗河、印度河流域的广大地区，建立了横跨欧、非、亚三大洲的庞大帝国。公元前323年，亚历山大去世后，帝国被其所属的将领分割占据，其中托勒密在埃及

雅典帕特农神庙遗址

维持统治将近 300 年，最终被罗马帝国所灭。

古罗马的发祥地是意大利。意大利半岛位于地中海中部，自然条件较好。约在公元前 753 年，罗马城开始兴建，奠定了罗马城邦国家的基础。公元前 753～前 510 年为罗马的王政时期。公元前 510 年，罗马贵族联合平民力量，驱逐了王政时期的最后一位暴君塔克文及其家族，建立了罗马共和国。罗马共和国执掌国家权力的是两位执政官，他们主持召集元老院和公民大会，负责执行决议。共和国时期，罗马制定了《市民法》《万民法》等罗马法典，建立了强大的罗马军团。公元前 272 年，罗马实现了对意大利的统一。公元前 146 年，罗马人摧毁了迦太基，取得了地中海的霸权，罗马开始向海外扩张。罗马向海外扩张期间，在所征服的地区设立行省，派出总督进行统治。公元前 59 年，盖乌斯·尤利乌斯·恺撒任执政官。公元前 58 年，恺撒发动了高卢战争。经过 9 年的征战，罗马人夺取了整个高卢地区，还袭击了日耳曼和不列颠。罗马元老院担心恺撒独裁，授权庞培招募军队保卫共和国。恺撒率军攻占罗马和意大利，又出兵西班牙，转战埃及，肃清庞培的残余力量。公元前 44 年 3 月 15 日，

古罗马时代的剧院遗址

恺撒在元老院被刺身亡。恺撒身亡之后，屋大维继任执政官。公元前27年，罗马元老院赐给屋大维"奥古斯都"的称号，正式确立元首制，标志着罗马从共和时期走向帝国时期。公元前27～192年为前期帝国时期，罗马帝国版图达到空前广阔，经济繁荣发展。

恺撒大帝像

1世纪中叶，基督教在罗马统治下的犹太居民中产生。不分民族，不分阶级，只要信奉耶稣，遵守教义，就可以成为基督教的教徒，得到上帝的拯救和赐福。基督教很快传遍了罗马帝国。从193年开始为罗马帝国的后期帝国时期，帝国战乱不已，皇权更迭，危机频繁。313年，分别统治罗马帝国东西两部分的皇帝君士坦丁和李锡尼联合发布《米兰敕令》，承认基督教的合法地位。395年，罗马帝国正式分裂为东罗马帝国和西罗马帝国。496年，西罗马帝国覆灭。以君士坦丁堡为都城的东罗马帝国——史称拜占庭帝国——一直延续至1453年，最终为奥斯曼帝国所灭。奥斯曼帝国是一个伊斯兰国家。在16世纪苏莱曼大帝在位时达到鼎盛，成为横跨欧亚非的帝国，以后逐步衰落。

早期欧洲曾发生过广泛的民族大迁徙，民族大迁徙为民族国家的建立创造了契机。在古希腊、古罗马时期，希腊人、罗马人都把周边一些不甚开化的民族称为"蛮族""野蛮人"。这些"蛮族""野蛮人"包括了日耳曼人、斯拉夫人、匈奴人等。古日耳曼首领采取军事行动时号召成年男子参加，应召者须向首领宣誓效忠，战胜之后分得战利品。这种形式后来逐渐演化为一种骑士文化。从 3 世纪开始，来自中亚的匈奴逐渐西侵，逼迫日耳曼人进入罗马帝国的领域。日耳曼人曾三次侵扰罗马，最终导致了罗马帝国在西欧统治的结束。西罗马帝国的灭亡标志着欧洲漫长中世纪的开始。日耳曼人中有一支为法兰克人。481 年，法兰克首领克洛维在卢瓦尔河、塞纳河沿岸地区建立法兰克王国，称为墨洛温王朝。590 年，隐修士格里高利一世被选为罗马教皇。595 年，格里高利一世兼任罗马行政长官，实行政教合一的统治。罗马教皇在欧洲兴建修道院，传播基督教，教会逐渐成为欧洲一股强大的政治势力。751 年，丕平发动政变，推翻墨洛温王朝建立了加洛林王朝。768 年，丕平之子查理即位之后四处征战，建立了庞大的法兰克帝国，其疆域可与西罗马帝国相媲美。罗马教皇先后为丕平、查理举行加冕礼，借以扩大教会在西欧的影响。843 年，查理大帝的三个孙子签订《凡尔登条约》，奠定了日后法兰西、德意志和意大利三个国家的疆域。随着日耳曼人占据西欧，西欧普遍建立起了封君封臣的封建制度，逐渐形成了以封建庄园为主的自然经济。在欧洲的东部，681 年，斯拉夫人阿斯帕鲁克创建了保加利亚第一帝国。862 年，留里克创建了第一罗斯王国，882 年罗斯国首都迁往基辅，成为基辅罗斯公国，为俄罗斯发展奠定了基础。987 年，西法兰克王国的法兰西岛公爵雨果·卡佩被推举为国王，建立卡佩王朝，为法兰西王国的开端。1054 年，基督教的罗马教会与君士坦丁堡教会决裂，分裂为天主教和东正教，史称"东西方教会大分裂"。来自北欧挪威、瑞典、丹麦的维京人也是日耳曼人的一支，维京人一度不断侵袭欧洲西部，其中一部分在法兰克王国北部的诺曼定居，建立了诺曼底公国。1066 年，诺曼底公爵威廉一世率军占领伦敦，建立了英国诺曼王朝。1096～1291 年，罗马教皇利用西欧人民的宗教热情，为夺回被阿拉伯人占领的耶路撒冷及其他目的，先后发动了 8 次十字军东征。1154 年，英国亨利二世即位，建立金雀花王朝，增强了王室力量。1295年,爱德华一世统治期间,英国召开第一次国会,规定国王征收新税须经得国会同意。1337～1453年,英国与法国为领土及其他矛盾,展开了长达116年的"百年战争"。圣女贞德即为"百年战争"中涌现出来的法国女英雄。13世纪末,奥斯曼帝国在土耳其崛起。1453年,奥斯曼帝国穆罕默德二世率军攻占君士坦丁堡,拜占庭帝国灭亡。奥斯曼帝国在苏莱曼一世在位时达到了鼎盛,帝国版图包括了中东和东欧的大部分地区。西班牙曾被阿拉伯人占领长达8个世纪。10～11世纪,西班牙的基督教小国开始对西班牙的阿拉伯人再征服,建立了卡斯提尔和阿拉冈王国。1474年,通过王朝联姻,卡斯提尔和阿拉冈合并,形成了统一的西班牙王国。5～15世纪,是欧洲历史上民族融合、国家形成的一个重要时期,基本奠定了现代欧洲的政治格局。

15～17世纪,一批欧洲航海者陆续开辟新航路和"发现"新大陆,史称"地理大发现"。1498年,葡萄牙率先开辟通往东印度群岛的海上航线。1492～1504年,哥伦布受西班牙国王派遣4次出海远航,开辟了横渡大西洋到美洲的线路。1519年,葡萄牙航海家麦哲伦开始环球航行。1600年,英国建立东印度公司。1602年,荷兰建立荷兰东印度公司。葡萄牙、西班牙、荷兰和英国等大肆发展海外殖民地。海外市场和殖民地的开拓,促进了欧洲新兴资产阶级的崛起与壮大。

14～17世纪,文艺复兴从意大利兴起,逐步扩展到西欧各国,揭开了近代欧洲历史的序幕。文艺复兴肯定人的尊严和价值,倡导个性解放,反对愚昧的神学思想。1517年,马丁·路德发表《九十五条论纲》,推动宗教改革,成为瓦解教会专制统治的一场改革运动。14～15世纪,莫斯科公国逐步摆脱蒙古人的统治,建立中央集权国家。1547年,莫斯科大公伊凡四世加冕称沙皇,莫斯科公国改称沙皇俄国。伊凡四世在位时还建造了克里姆林宫。1682年,彼得一世即位。1689年,彼得一世执掌实权后推进欧化改革,史称彼得大帝。后又经叶卡捷琳娜二世治理,俄罗斯成为了一个欧亚大帝国。1688年,英国新兴的资产阶级发动"光荣革命"。1689年,英国议会通过《权利法案》,确定议会权力高于王权,君主立宪制起源于此。"光荣革命"结束了英国的封建统治。资产阶级革命在欧洲风起云涌,一顶顶王冠落地,标志着又一个新时代的开始。

阿拉伯半岛位于欧、非、亚的结合部。6世纪时，麦加等地为波斯统治。610年，先知穆罕默德在麦加宣布自己受到天启，受命传播一种新的宗教——伊斯兰教。622年，穆罕默德率教徒迁往麦地那，在麦地那组建了穆斯林公社，穆斯林公社是政教合一的阿拉伯国家的雏形。630年，穆罕默德率武装占领了麦加，奉麦加为圣城。632年，阿拉伯半岛归于统一。同年6月8日，穆罕默德病逝于麦地那，并安葬于该地。穆罕默德病逝后，先后有四位继承者担任哈里发。"哈里发"意为先知的继承者。这四位哈里发平息了内乱，消灭了波斯帝国，占领了埃及和利比亚等地。661年，第四任哈里发阿里被杀，叙利亚总督穆阿维叶在大马士革建立了倭马亚家族的哈里发政权，史称倭马亚王朝。倭马亚王朝继续执行对外扩张的政策，东西两面出击，东方攻入印度，西方进攻法兰克王国，最终建立了横跨欧、非、亚三大洲的阿拉伯帝国。阿拉伯帝国后期，矛盾重重。1258年，蒙古大军征服巴格达，消灭了哈里发政权，阿拉伯帝国至此解体。阿拉伯帝国解体之后，伊斯兰教继续发展，许多独立的伊斯兰国家兴起。

灭亡了阿拉伯帝国的是成吉思汗的蒙古帝国。在蒙古帝国兴起之前，蒙古人是蒙古大草原上的一个游牧民族。1189年，乞颜·孛儿只斤部贵族推举铁木真为汗。1204年，铁木真完成了统一蒙古各部落的大业。1206年，蒙古各部贵族在鄂嫩河畔举行大会，推选铁木真为全蒙古的大汗，号"成吉思汗"，意思为拥有四海的皇帝。成吉思汗打破传统的氏族部落组织，建立了军政合一的组织机构。成吉思汗先后派军消灭西辽，征服花剌子模，灭亡西夏。1227年，成吉思汗进攻金国时病逝于军中。1229年秋，蒙古贵族在克鲁伦河举行大会，推举窝阔台为大汗，分兵三路进攻金国并远征波斯、俄罗斯。蒙古铁骑驰骋欧亚大陆，西边攻入波兰、匈牙利，东边消灭南宋、侵入印度等，征服了许多地区和国家。1259年，成吉思汗之孙、蒙古大汗蒙哥逝世之后，继任的大汗忽必烈权力仅限于中国的元朝政权，中国元朝和钦察汗国、察合台汗国、窝阔台汗国、伊儿汗国各自独立发展，最终都先后灭亡。

中国是文明古国，也是东方文明的重要源头，历史源远流长。按照中国典籍记载，中国最早的朝代是夏朝。根据夏商周断代工程的成果，夏代约始于公元前2070年。现代考古发现的被认为可能是夏代都城的遗迹主要在河南偃师的二里头附近。公元前1766年，原臣属夏的商王汤联合诸侯打败了夏朝末代君主桀，建立了商朝。商朝多次迁都，最后定都河南安阳一带，古称殷，故商朝又名殷商。商朝人畏天敬祖，以"知天命"而号天下。商代留下了大量的甲骨卜辞作为后人研究历史的史料。公元前1046年，商朝西部的周武王率诸侯联军打败了商代末王纣，建立了周朝。周朝建立后进行大规模的分封，分封与宗法相结合，建立了较为典型的封建制度。周朝先定都于西安附近，称为西周；后迁都于洛阳，称为东周。东周时周朝日趋衰落，开始进入了春秋战国时期。中国著名的编年史《春秋》始于公元前722年，终于公元前481年，大体与春秋时期相当，此为"春秋时期"的得名来源。从公元前476年开始至公元前221年秦统一六国，另一部著名史书《战国策》述说了这一段历史，此为"战国时期"的得名来源。春秋战国为诸侯纷争、百家争鸣、社会繁荣的一个时期。公元前221年，秦王嬴政统一了六国，改王号为皇帝，自称始皇帝。秦始皇统一天下，建

秦始皇像

立郡县制度，以"大一统"（高度统一的政治制度）的集权专制代替了周朝的封建制度。秦亡之后，刘邦与项羽争天下。公元前202年，刘邦即皇帝位，建立了汉王朝，都城设于长安（今西安），史称西汉。汉武帝时期，集权加强，儒术独尊，攘夷拓土，史称汉武盛世。西汉末年，王莽篡汉自立。25年，刘秀即皇帝位，定都洛阳，史称东汉。汉代国家政治制度渐趋成熟，建立了选拔人才的察举制度，打通了通往西域的丝绸之路，国力较为强盛。东汉末年国势趋于衰微，从220年至589年，出现了分裂战乱300余年的魏晋南北朝。589年，隋朝实现了统一，但隋朝的统一仅历时29年。618年，唐国公李渊发动晋阳兵变，次年在长安（今西安）称帝，建立了唐朝。从唐太宗李世民的"贞观之治"到唐玄宗李隆基的"开元盛世"，唐朝前期大体上经济繁荣，文化昌盛，为中国古代历史上的一个黄金时期。安史之乱以后，唐朝渐由盛转衰，出现了藩镇割据的局面。907年，朱温篡唐建立后梁，中国又进入了分裂割据的五代十国时代。960年，后周诸将发动陈桥兵变，拥立赵匡胤为帝，建立了宋朝。宋朝始定都汴梁（今开封）。1125年，金国大举南侵，北宋覆灭。赵构继承皇帝位，南迁并设行在于临安府（今杭州），史称南宋。宋朝政治大体沿袭唐朝制度，经济中心南移，繁荣程度前所未有。南宋末年，蒙古帝国崛起。1271年，忽必烈迁都燕京（今北京），称大都，改国号为大元。1279年，元军最终消灭了南宋的残余势力统一中国。元朝末年，反元农民起义风起云涌。1368年，朱元璋即皇帝位，以应天府（今南京）为京师，国号大明。同年攻占大都，结束了元朝在中原的统治。1402年，燕王朱棣因反削藩攻下应天府并夺取皇帝位，史称明成祖。1421年，迁都北京。明朝加强中央集权，社会较为稳定，工商业发展，城市经济较为繁荣。明朝末年爆发了李自成、张献忠等领导的农民起义。1644年，李自成的大顺军攻陷北京。原居关外由满族建立的清政权乘势发兵入关，顺治帝迁都北京。清军入关20余年后基本统一了中国大陆。清朝康熙、雍正、乾隆三任皇帝开创康乾盛世，经济繁荣，社会稳定。1851~1864年，太平天国运动兴起。清朝镇压太平天国之后，实行愈加封闭保守的专制统治，国力日渐衰落。1911年，辛亥革命爆发，清朝统治土崩瓦解。1912年2月12日，清帝被迫退位，从此结束了中国两千多年的帝制统治。中国古代社会，安久生乱，乱而生治，儒家思想和小农经济维持了"大一统"的专制统治。

印度也是文明古国，印度的宗教文化在亚洲有着广泛影响。约公元前2300～约前1750年，印度河流域曾有过一个哈拉巴文化时期。公元前1500年，雅利安人入侵了印度。雅利安人是来自北方的一个古老的游牧民族。公元前1500～前600年，古印度进入了吠陀时期。"吠陀"一词的意思是知识，指神圣的或宗教的知识。吠陀时期，留下了《吠陀经》等宗教文献，产生了种姓制度。公元前6世纪～前2世纪，印度进入了列国时期，形成了发展程度不同的国家，据记载有"十六大国"，十六大国中多数为君主制。列国时期发生了波斯帝国和马其顿帝国的入侵，佛教也起源于此期。马其顿帝国撤出后，成为月护王的旃陀罗笈多推翻难陀王朝，于公元前324年建立了孔雀王朝。公元前273～前236年，孔雀王朝阿育王在位期间帝国实现了统一。从公元前2世纪开始，希腊人、大月氏人、安息人又先后入侵。大月氏人在印度北部建立了贵霜帝国。贵霜帝国衰落后，320年，旃陀罗笈多一世建立了笈多王朝。笈多王朝在旃陀罗笈多二世时达到了鼎盛，旃陀罗笈多二世也成为"超日王"。笈多王朝实行中央集权统治，印度教逐渐兴起。超日王时期，中国僧人法显来到印度，写就了《佛国记》。笈多王朝后期，嚈哒人（白匈奴人）入侵，印度再度出现列国割据的局面。606年，坦尼沙王国拥立曷利沙伐弹那为王，号称戒日王。612年，坦尼沙与穆克里合并，建立了戒日帝国。戒日帝国逐渐统一了北印度。印度的封建制度萌芽于笈多王朝，繁盛于戒日王朝。戒日王朝时期，中国僧人玄奘来到印度，他著有《大唐西域记》，记载了许多当时印度一带的史实。647年，戒日王死后，北印度再次陷入分裂。8世纪初，阿拉伯人征服了印度北部的信德，揭开了穆斯林远征印度的序幕。1206年，古尔王朝镇守德里的总督库特卜·乌丁·艾巴克自立为苏丹，统治印度北部地区。德里苏丹国为印度历史上一个较为稳定的伊斯兰政权，德里苏丹国实行政教合一的统治。印度历史上北方政权频繁更迭，而经济较为富庶的南方一直较为稳定。德里苏丹国统治北方期间，印度德干高原的南部存在一个维查耶那加尔王国，王国保持着印度古老的宗教和文化传统，经济较为繁荣，最终也被苏丹国联军所灭。德里苏丹国时期，蒙古人不断入侵。1526年，蒙古人帖木儿的后裔巴布尔攻占了德里，建立了莫卧儿王朝。莫卧儿王朝时期出现了融合印度教与伊斯兰教元素的锡克教。18世纪，莫卧儿王朝日益衰落，欧洲的殖民者趁虚而入，印度逐渐沦为英国的殖民地。

早在 12 000 多年前，日本列岛就有人类居住，史称绳纹时期。公元前 300 年至公元 300 年，是日本农业发展和国家形成的初期，史称弥生时期。约 3 世纪中叶，大和国在列国征战中崛起，形成日本最初的国家形态。592 年，皇族丰御食炊屋姬即位为推古天皇，圣德太子为摄政王。圣德太子颁布 12 阶冠位和 17 条宪法，遣派使节向中国唐朝学习。645 年，孝德天皇即位，建立中央集权，推行班田制，史称大化改新。710 年，元明天皇迁都平城京（奈良），史称奈良时期，这是日本律令制社会繁荣的一个时期。794 年，桓武天皇迁都平安京（京都），史称平安时期。平安前期，日本天皇巩固封建统治，社会较为稳定；平安后期，幕府势力兴起。日本古代有武士传统，幕府将军豢养武士实行以武干政，这被称作武家政治。从 1185 年开始，日本历史上先后经历了镰仓幕府、室町幕府、江户幕府三个幕府时期。江户幕府后期，幕府腐败无能，英美等列强以军舰逼迫日本开国通商，倒幕活动四起。1867 年，德川庆喜将军被迫宣布"大政奉还"。新成立的明治天皇政府经过戊辰战争，彻底打倒了幕府势力，建立了明治大日本帝国政府，开始向欧洲学习，推进政治改革，史称明治维新。日本社会进入了近现代的发展时期。

10 世纪以前，越南北部曾长期属于中国。939 年，越南将军吴权击败中国的南汉军队，自立为王。1009 年，殿前指挥使李公蕴夺取政权，建立了李朝大越国，实现了越南国家的统一。李朝实现中央集权制，土地属于国家所有，国王将部分土地分封给贵族、功臣和官吏，称之为"拓刀田"。李朝初期，开凿沟渠，修堤筑坝，促进农业生产发展。李朝之后为陈朝，大越国与周边国家战事不断，蒙古人曾一度入侵。1418 年，黎利起义爆发，中国明朝派兵镇压。1427 年，明朝与黎利议和，黎利建立大越国，定都河内。越南恢复独立与统一，史称后黎时期。19 世纪中叶起，越南逐渐沦为法国的殖民地。

非洲大陆历史悠久，但社会发展极不平衡。北部非洲由于接近欧亚大陆，公元前数千年即进入了文明社会，如埃及、迦太基等，先后经历了奴隶制、封建制社会。中南部非洲则社会发展比较落后，在很长一个历史时期，社会停滞在原始社会、奴隶制社会阶段。埃及以南的埃塞俄比亚是非洲的文明古国。公元前10世纪，南阿拉伯人进入埃塞俄比亚一带并与当地居民融合，社会有了较快发展。约在1世纪，阿克苏姆王国建立，4世纪国王厄查纳在位时推广基督教，发展农商经济。12世纪以后，扎格维王朝、所罗门王朝先后建立。西非的加纳于8世纪建立了西塞·通卡尔王朝，统治达数百年之久，为西非的商贸中心。1240年，加纳王国为马里帝国征服。马里也位于西非。1235年，马里王子松迪亚塔建立马里王国，在曼萨·穆萨统治期间，因国力极盛而被称为马里帝国。在公元之初，原来居住在非洲赤道以北喀麦隆高原的班图人因受北方民族的压迫开始向赤道及以南地区迁徙。班图人大迁徙一直持续到19世纪才最后结束。大迁徙导致民族大融合，加快了中南部非洲各民族的社会发展进程。尤其是原居住在沿海的班图人与外部社会接触较多，较多吸收先进文化，他们的迁徙促进了非洲中南部地区文明国家的形成。13～14世纪，这里出现了刚果王国、津巴布韦王国等奴隶制国家。15世纪，葡萄牙殖民者开始逐步进入非洲大陆，对非洲大陆的文明发展进程形成了强烈的冲击。

美洲的原住民主要是印第安人以及因纽特人。他们主要是从亚洲迁入新大陆的蒙古利亚人种。15世纪末以前，美洲大陆与世界文明发达地区相隔绝。美洲地域广阔，人口稀少，居住在美洲各地区的诸民族之间也缺乏广泛联系，美洲经济社会发展的程度远远落后于欧亚大陆。在很长时间之内，印第安人和因纽特人的诸部落大都处于原始公社制的不同发展阶段。只有居住在墨西哥、中美洲和南美洲安第斯山区的印第安人形成了古代文明国家，他们创造了令人惊叹的玛雅文化、阿兹特克文化以及印加文化。在10～11世纪，玛雅人在墨西哥的尤卡坦地区建立了众多的城邦。12世纪，印加人在秘鲁南部建立了幅员辽阔的印加大帝国。15世纪末，阿兹特克人在墨西哥中南部建立了强大的部落联盟。美洲这些古代文明社会大都停留在部落联盟和奴隶制社会阶段。一直到15～16世纪，西班牙等国的殖民者的进入打断了美洲原住民文明的发展进程。

纵观古代社会，在世界文明的发展进程中，亚洲与欧洲的文明发展起到了决定性作用。亚洲与欧洲，一个在世界的东方，一个在世界的西方。所谓东方文明与西方文明，既有各自的独立发展，也有相互之间的冲突与融合，最终形成了不同的发展路径和文明特征。东方文明与西方文明的形态迥异,究其根源来说,主要有三个方面的不同,即自然禀赋不同、地理环境不同和文化传统不同。从自然禀赋来说,亚洲历史上人口众多,土地资源有限,许多国家的农业生产以满足人口增长的食物需求为主,形成了自给自足的小农经济。这种自然状态的小农经济,维护了古代社会的基本稳定,但小农经济的自给自足特性容易形成社会经济政治发展的封闭性。欧洲历史上人口较少,土地资源相对丰富,许多国家很早即形成了农牧为主的庄园经济。这种庄园经济,既有自给自足的一面,也有商品经济的一面。古希腊、古罗马时期农业生产的商品率就比较高,商业与手工业较为发达,海上贸易十分繁荣。在中世纪的"大航海时代",海上贸易成为欧洲许多国家社会财富积累的重要来源。据《剑桥现代欧洲经济史》一书的资料,1870年,欧洲贸易额占GDP的比率为29.9%。商业经济有着强烈的逐利性,世界市场的激烈争夺往往演化为国家之间的政治竞争,政治变革的背后有着强大的经济驱动力。从地理环境来说,亚洲幅员辽阔,北方为草原游牧民族所居,中部有喜马拉雅山脉阻隔,许多地区和国家处于内陆或半岛、岛屿之上。除中东地区之外,亚洲东部的国家形态形成较早。在很长时间,这些国家的内部冲突大于外部冲突,属于内因性国家。这些内因性国家有时候也有改良的愿望,但因没有强有力的外力推动而缺乏社会根本性变革的驱动力。欧洲以平原为主,河网稠密,海湾、半岛和岛屿占总面积的三分之一。在很大程度上,古代欧洲的历史是民族迁徙和征服的历史,民族交融十分充分,民族冲突也十分激烈。在很多的时候,这些国家的外部冲突大于内部冲突,属于外因性国家。这些外因性国家既有内部的各种矛盾冲突,又有外部的国家竞争压力,国无定势,君无安位,政权更迭频繁,给各种政治变革造成了许多的有利契机。

从文化传统来说,亚洲古代基本上是农业文化。农业文化的核心是土地制度。古代社会土地为皇帝所有,所谓"普天之下,莫非王土;率土之滨,莫非王臣",维护专制皇权统治的稳定,就维护了土地制度和农业社会的稳定。中国的儒家文化从孔子的"君君臣臣"到董仲舒的"三纲五常",强调的都是维护皇权、维护君臣关系。印度在吠陀时期出现的种姓文化,实质上也是一种等级文化。与这种封建等级政治制度相适应的是亚洲特色的宗教文化,无论是佛教还是印度教，都认为人生皆属因果报应，劝人善修来世。教义在客观上引导了人们安于现状。欧洲文化起源于古希腊，古希腊的城邦文化以商业、手工业为经济基础，也是古代城邦治理的典范。古希腊雅典的民主和古罗马的法治都给欧洲以深刻影响。古希腊和古罗马都是奴隶制国家，奴隶和非公民都被排斥在公民社会之外。基督教的出现，使得每一个人都能仰望上帝的恩典。在"神"的恩典下，每一个人都是平等的。中世纪的欧洲神权地位很高，许多国家中教会、国王和贵族相互制约，这三者构成了欧洲中世纪基本的政治元素。14世纪开始，欧洲的人文学者从古希腊、古罗马重新取回文明之火，点燃了文艺复兴的熊熊火炬，最终照亮了人类社会继续前行的去路。

回望人类的发展历史，我们客观地讲，文明没有优劣之分。东方文明、西方文明都是人类不同生活方式和文化积淀而形成的。在一定的历史阶段，总有一种文明成为时代发展的主导文明。但是，衰落的乃至消失的文明中往往也有优秀的文化元素，发展的乃至扩张的文明往往也有野蛮相随。不论是衰落、消失还是发展、扩张，总有一定的客观理由。德国哲学家黑格尔在《法哲学原理》中说过："凡是合乎理性的东西都是现实的，凡是现实的东西都是合乎理性的。"我理解，这里说的"理性"不是人文道德意义上的"理性"，而是经济社会发展规律所体现的"理性"。在许多的时候，个人的物质利益、社会的经济增长依然是这个世界文明进步最重要的一个理由。

人类社会在历史上有几次大发展：第一次是从非洲出发，将人类的足迹遍布了全世界；第二次是从两河流域的美索不达米亚开始，世界的多个地区的人们共同把农业的种子撒播在肥沃的大地。这一次将从欧洲出发，许多人怀揣着野心与梦想扬帆远航，渴望探寻未知的世界，渴望创造属于自己的幸福生活，开始了又一个崭新的时代。

古代的文化

动物在生存中都具有某种智慧,尤其是某些高等动物所具有的智慧,常常让人惊叹不已。但是,无论何种高等动物的智慧都无法与人类相比拟。人类对宇宙万物的探索能力,对生存发展的创造能力,对人生世事的洞察能力,对思想情感的表达能力,这是目前已知的任何一种非人类智慧生物所远远不能企及的。

如果说智慧是每一个正常人所具有的神奇本领的话,那么思想就是人类智慧所结出的美丽花朵。一个人苦思冥想能够觉悟但不构成思想,思想必定在人与人的交流中表现出来。在人类社会的早期,出现了一批善于思考、富有思想的智者,形成了人类最古老的科学——哲学。据考证,英语中"哲学"一词源于古希腊语,原意有"爱智慧"的意思。最早使用哲学一词的是古希腊的数学家、哲学家毕达哥拉斯,他自称是一个"热爱智慧"的人。"哲"一词在汉语中起源也很早,"哲"或"哲人"专指那些善于思辨、学问精深的人。哲学产生于诸学科之前,原本就是一门包罗万象的学问。早期的哲学著作往往包含了科学、哲学、史学、文学甚至数学等方面的内容。在诸学科产生发展之后,哲学依然光芒四射、高高在上。这是因为哲学不是具体研究某一种客观事物,而是研究人的主观世界的普遍规律。一般来说,哲学是关于世界观的学问。而当今的哲学家们仍然没有就现代哲学的标准定义达成共识。如果一定要将哲学与其他学科作一个简单的区分,我以为,科学是如何去发现这个世界,哲学是如何去认识这个世界,文学则是如何去表现这个世界。科学、哲学和文学等构成了人类完整的思想文化体系,这个思想文化体系最终都指向了对宇宙奥秘、人类命运的不断思索。

　　人类有智慧、有思想、也有追求。人类的智慧与生俱来，人类的知识代代传承，人类的思想在人与人的交流中产生与表达，在人类社会的历史发展中积淀与丰富。追根溯源，人类最初的思想是在人类语言产生之后萌芽的，而人类思想的记录与传承是在文字产生之后得以持续的。语言是人类最重要的交流工具，是人与人之间进行思想情感交流的主要表达方式。可以说，人类的思想离开了语言就无法独立存在。语言作为一套符号系统，这是人类独有的创造。许多动物也能够发出声音在群体中传递信息或表达情感，但仅是一些简单而固定的音符，并不具有复杂而丰富的变化，只有人类才拥有真正的语言。人类的语言从何时产生已是无从考证。据生物学家从人类基因组的语言基因分析，人类的语言基因最初形成约在 20 万年前。人类形成最初的语言基因，能够以语言表达简单的意思，但并不表示形成了完整的语言体系。现代研究表明，人类完整语言体系形成的历史没有那么久远。以古老的原始印欧语系为例，世界上的近一半人口使用的超过 400 种语言源自同一种被称作原始印欧语（PIE）的祖语。关于原始印欧语祖语的起源存在两种假说：一是安纳托利亚假说，认为原始印欧语可能是在约 8 000 年前从位于小亚细亚的安纳托利亚半岛伴随农业文明向外扩散的。一种是库尔干假说，认为原始印欧语可能是在约 6 000 年前从位于黑海以北的库尔干大草原随着游牧民族的迁徙向外扩散的。这两种假说的时间在 8 000～6 000 年前。人类拥有了语言，应该就有了最初的思想情感表达。但当时口口相传的思想情感无法记录保存，也成为不了记载的历史。书面语言的形成晚于口语，这是符合人类社会历史发展规律的。

　　人类最初的文字是从原始人类的刻符、岩画、文字画、图画字转化而来的。图画字可能是人类最古老的文字类型。在发展过程中，文字的图画性质逐渐减弱，符号性质逐渐增强，逐步形成了现代文字。据考古结果，人类最古老的文字大约出现在美索不达米亚。约在公元前 3400 年，苏美尔人用削尖的骨棒、木棒、芦苇棒等当笔，在泥板上刻写了楔形文字。在当时，苏美尔城邦的税务官腰间就会挂这么一块泥板，上面刻着由楔形文字书写的税务法令，这是他们收税的依据。苏美尔人的楔形文字对西亚许多民族语言文字的形成都有着重要的影响。约在公元前3100年,埃及也出现了书写在石碑、墓壁和纸莎草纸上的象形文字,埃及人称之为"神的文字"。目前中国发现的最早的可能具有文字性质的象形刻画符号出现在公元前3000年左右的大汶口文化晚期,而商代大量出现的甲骨文已经是成熟文字了。约在公元前2300年,印度的哈拉巴文化中也出现了大量刻有象形文字的印章。人类社会早期出现的象形文字沿着表意、表音两个不同的方向发展,日益符号化、拼音化。文字将生活在不同空间和时间人们的思想情感记录了下来,传播出去,促进了人类文明的发展。

苏美尔人的楔形文字

　　语言与文字都是人类思想情感表达与交流的工具。那么,人类思想情感产生的土壤是什么?毫无疑问,那就是人性。人类的思想情感根植于人性的深厚土壤,人类始终闪耀着人性的光辉。人性,人的天性或本性,包括了人的动物性、社会性、精神性。人的动物性表现为人类生存对物质资料的需求;人的社会性表现为人类发展对社会秩序的渴望;人的精神性表现为人类进步对生命意义的追求。物质资料、社会秩序、生命意义构成了人类社会发展的基本动力。从农业社会开始，工具与技术的进步是物质生活资料生产发展的决定性因素。人是社会性动物，社会秩序的和谐稳定是人类社会发展的坚实基础。人类社会秩序的建立从氏族社会开始，到了国家阶段有了进一步的发展，政治的文明进步是社会秩序良好的决定性因素。人还是精神性动物。人类丰富的精神生活集中体现为自我意识的觉醒、追求生活与生命的意义。这种觉醒与追求并非人类与生俱来的，也不是凭空而产生的，总是要经历一些世事，经过一定的历史发展阶段，人类逐渐有所思、有所悟，人世间的悲欢离合促使人类社会的思想活动日益丰富，才会出现先知贤哲，才会形成经得起历史考验的不朽思想。历史学家认为，在人类社会的发展史上，就有这么一个阶段，集中体现了人类的自我意识和精神觉醒。这个历史阶段被称为轴心时代。最早明确提出轴心时代概念的是德国的思想家卡尔·雅斯贝斯。他在《历史的起源与目标》一书中提出，公元前800～前200年这一时期为人类文明的轴心时代。在这个前后大约600年的轴心时代以及稍后的一些时间，在希腊、以色列、中国和印度等文明古国，不约而同地出现了一批先知贤哲。他们是古希腊的苏格拉底、柏拉图、亚里士多德等，以色列的以利亚、以赛亚等，中国的孔子、老子、墨子及其他诸子百家，印度《吠陀》《梵书》《森林书》《奥义书》的撰写者和佛陀等。他们探寻人生的意义，研究社会的道德准则，思考人类命运和宇宙的奥秘，影响十分深远。许多世界性的宗教如犹太教、佛教、印度教等也大都起源于这一阶段。正如卡尔·雅斯贝斯所说："这个时代产生了直至今天仍是我们思考范围的基本范畴，创立了人类仍赖以存活的世界宗教之源端，无论在何种意义上，人类都已迈出了走向普遍性的步伐。"轴心时代是人类思想长河的一个活水源头。每当人类在前进路上遇到歧路或感到困惑时，总会不由自主地回望历史，从源头汲取思想的营养。可以说，轴心时代开启了人类社会精神生活和宗教传统的一个崭新天地。

世界古代思想文化的发展，大体可分为三个时期，即繁荣期、沉寂期和复兴期。繁荣期主要是轴心时代。古希腊是世界思想文化发展的源头之一。古希腊的哲学与科学交织在一起，许多哲学家同时还是自然科学家。在那时，哲学和自然科学等都还处于最初的发展阶段。柏拉图将哲学分为辩证学、物理学和伦理学。亚里士多德把哲学的范围扩大到几乎包括宇宙与人生的一切学问。古代哲学哲理朴素、文字生动。亚里士多德在《形而上学》中说："因为古代哲学正当青年，知识方开，尚在发言嗫嚅的初学时期。"古希腊哲学充满了不同思想的碰撞与辩论。这一时期有唯物论与唯心论的不同体系，也有辩证法、逻辑学、伦理学和政治学的各种流派，这是古希腊孕育思想巨人和创造精神财富的一个重要时期。

亚里士多德像

古希腊的哲学发展大体分为三个阶段：第一阶段，公元前7世纪～前6世纪，哲学家们重视宇宙本原的探讨，这时的哲学被称为自然哲学。米利都学派为最古老的学派。米利都学派以水、无限定、气为世界的本原。米利都学派的泰勒斯认为万物的根源发端于水，水是一切的开始，一切的生灭存废皆源于水的变化。爱非斯学派的赫拉克利特认为世界万物的本原是永恒的、按照规律燃烧和熄灭的火。毕达哥拉斯学派把"数"看作事物的本原，认为"数"构成了宇宙的秩序，"凡物皆数"。后期的自然哲学家又提出了"四元素"（水、火、土、气）、种子、原子概念，以探求世界的本质。哲学家、博学家德谟克里特提出了著名的原子论。他认为世界万物的本原是原子与虚空,即世界分为两个部分:一是物质性相同的原子,一是虚空的空间。古希腊的哲学家自始至终洋溢着崇尚理性的传统。第二阶段,公元前5世纪,古希腊哲学家研究的重点从自然转向了人。最著名的代表人物就是苏格拉底。苏格拉底反对研究客观的自然界,他认为客观世界是神的领域,人无法认识。苏格拉底注重研究人类本身,认为哲学应该与"如何生活以及美好生活的本质"这样的实际问题联系起来。苏格拉底提出哲学的任务在于认识人的内心世界,培植人的道德观念。亚里士多德也认为,一个快乐的人应该有健康、财富、知识、友谊和美德,这五项元素缺一不可。苏格拉底在哲学研究方法上最大的贡献就是他的诘问法,它是指意见相反的双方通过相互问答而展开的一种辩论形式。这是苏格拉底获得知识的途径,也是苏格拉底表达思想的方式。第三阶段,从公元前4世纪开始,此时古希腊哲学进入了系统化阶段,代表人物有柏拉图和亚里士多德。

柏拉图是苏格拉底的学生、亚里士多德的老师。柏拉图的著作是几十万字的对话,主要有《苏格拉底的申辩》《理想国》《智者篇》《蒂迈欧篇》《法律篇》等。柏拉图认为,世界由"理念世界"和"现象世界"所组成。理念的世界是真实的存在,而人类感官所接触到的这个现实的世界,只不过是理念世界的微弱的影子,它由现象所组成。柏拉图的《理想国》给世人描绘了一幅理想的乌托邦景象。柏拉图理想的四大目标为:智慧、勇敢、节制、公正。统治国家的哲学王最有智慧,守卫国门的军人最为勇敢,从事生产劳动的人则以节制欲望为美德,这三种人都具备了自己所有的德行,这就实现了公正。

柏拉图的学生亚里士多德是一位百科全书式的科学家,他研究的领域涉及伦理学、心理学、逻辑学、形而上学、经济学、政治学、修辞学、神学、教育学、自然科学等,著述十分丰富。亚里士多德在哲学研究上最大的贡献是创立了形式逻辑,他使用演绎法推理,用三段论的形式论证。亚里士多德的《修辞学》《诗学》奠定了西方文学史研究的基础。亚里士多德说:吾爱吾师,吾更爱真理。他对柏拉图将理念世界与物质世界的分离持反对意见,认为普遍性事物(理念)不应离开感觉(个体)而独立于另一个世界。亚里士多德显示了古希腊哲学研究的一个转折，在他之前的哲学家注重研究完整的世界体系，从他开始注重研究具体问题。根据19世纪《自然科学史》作者乔治·居维埃的说法，自然科学的发展分为三个阶段：第一阶段为宗教阶段，这个阶段科学处于一种神秘的状态，它开始并结束于古代东方。第二阶段为哲学阶段，这个阶段从泰勒斯开始，盛于古希腊。第三阶段为科学具有鲜明分科特征的阶段，这是真正的科学阶段，这个阶段始于亚里士多德。从某种意义上说，亚里士多德是西方科学之父。

在古希腊时期，对科学技术发展作出巨大贡献的还有欧几里得和阿基米德。欧几里得的《几何学原本》是古希腊科学的最高成就，它奠定了古典几何学的基础。阿基米德是力学、流体力学的奠基人。他发现了杠杆、浮力、滑轮和螺旋机械的原理。他有一句名言：给我一个支点，我可以撬动整个地球。

古希腊的文学与哲学一样辉煌。古希腊文学发展也可分为三个阶段，分别是远古阶段，主要产生了神话与史诗；古典阶段，主要产生了悲剧、喜剧和文艺理论；希腊化阶段，主要产生了新喜剧。神话故事主要包括关于天地开辟、神的产生、人类起源和神的故事等。西方有一句谚语：希腊神话是文学的源泉。《荷马史诗》相传是盲诗人荷马所作，包括《伊利亚特》《奥德赛》。《荷马史诗》是保留至今的反映古希腊公元前11世纪～前9世纪历史的重要文化遗产，也是世界文化史上最早的重要作品。古希腊戏剧起源于每年春秋两季举行的对酒神的祭祀和民间舞蹈。埃斯库罗斯、索福克勒斯、欧里庇得斯是古希腊的三大悲剧作家。古希腊文学的最高成就是悲剧。阿里斯托芬是古希腊的喜剧诗人，恩格斯称他为"喜剧之父"。《伊索寓言》也是古希腊的重要文学作品，相传伊索生活在公元前6世纪。实际上，现在流传的《伊索寓言》是后人根据希腊寓言及其他寓言编纂而成的。古希腊文学还包含了不可或缺的历史著作。希罗多德的《历史》(《希波战争史》)、修昔底德的《伯罗奔尼撒战争史》以及色诺芬的《远征记》等都是世界历史文库中的典范之作。古希腊的文化灿烂辉煌，是世界人类文化宝库中十分珍贵的精品。

古罗马的思想文化是古希腊思想文化的延伸。古罗马哲学从共和时期到帝国时代出现了许多哲学流派，主要有斯多葛学派、伊壁鸠鲁学派、新柏拉图学派等。公元前300年，芝诺在雅典创立了斯多葛学派。斯多葛学派在古罗马时期曾有较大的影响，罗马帝国皇帝马可·奥勒留就是一位斯多葛学派的人物，著有《沉思录》。斯多葛学派认为世界理性决定事物的发展变化，所谓世界理性，就是神性。他们还强调顺从天命，要安于自己在社会中所处的地位，要恬淡寡欲，只有这样才能得到幸福。伊壁鸠鲁是古希腊的哲学家、无神论者。他的学说在罗马以及后来的一个时期都很有影响。伊壁鸠鲁学派继承了德谟克里特的原子论，但也认为感觉是真实可靠的。强调人生要达到不受干扰的宁静状态，并要学会享乐。这一学派反对神创论，认为只要合理解释自然现象的真实原因，宗教的偏见就会消失。新柏拉图学派以柏拉图哲学为基础，吸取了古希腊哲学和东方宗教哲学的部分内容，具有浓厚的宗教神秘主义成分，对基督教的产生有较大影响。

古罗马文学是在模仿和继承古希腊文学的基础上发展起来的。它是古希腊和后来欧洲文学的桥梁，在文学发展史上起着承前启后的作用。古罗马的戏剧文学发展较早。罗马文学史上第一位诗人和剧作家李维乌斯·安德罗尼库斯将荷马史诗《奥德赛》译成拉丁文并改编成剧本，于公元前240年第一次上演，这是罗马戏剧的发轫。在他之后，罗马出现了一批诗人和剧作家。公元前1世纪下半叶的奥古斯都时期，古罗马文学进入黄金时代。诗歌发展达到高峰，出现了著名诗人维吉尔、贺拉斯、奥维德。维吉尔是罗马史上最杰出的诗人。他有3部主要作品，分别是《牧歌》《农事诗》和史诗《埃涅阿斯纪》。贺拉斯是著名的抒情诗人、古典主义文艺理论家。他的主要作品有《歌集》和《诗简》。长诗《变形记》是奥维德创作成熟期的作品，也是他的代表作，这是一部希腊和罗马神话的故事汇集。罗马的史学兴起比较晚，第一位历史学家是费边·毕克托，他著有《罗马史》，描述的内容始于神话时代，止于公元前3世纪末。罗马史学真正的奠基者为马尔库斯·波尔基乌斯·加图，他用拉丁文写就的《罗马历史源流》共有7卷，前3卷追溯罗马及其他意大利城邦的起源，后4卷概述两次布匿战争的经过及其他一些历史事件。古罗马著名的历史学家还有塔西陀，他的主要著作有《关于雄辩术的对话》《阿格里古拉传》《日耳曼尼亚志》《罗马史》《罗马编年史》等。

罗马的法律和法学思想达到了古代世界的高峰，这是罗马人留给世人的一份宝贵文化遗产。罗马法属于大陆法系，大陆法系是世界上历史最长、影响最大、包含国家最多的法系。所谓罗马法，通常指整个古罗马时代的法律，即从罗马于公元前753年建国起，至公元529年《查士丁尼法典》的完成，中间所有的罗马法律都叫罗马法。罗马法的形成可分四个时期：第一时期是习惯法向成文法发展的时期。公元前450年《十二铜表法》颁布，这是罗马第一部成文法，也是世界法律发展史上有价值的一部早期法律。第二时期是《市民法》与《万民法》发展和统一的时期。《万民法》实际上是罗马统治范围内的"国际法"。第三时期是罗马法发展时期。第四时期是法律编纂时期。东罗马帝国查士丁尼皇帝下令编纂罗马法律汇编，共编纂了四部法典，称之为《查士丁尼法典》或《罗马法大全》。罗马法是当时反映私有制和商品生产的最完善、最典型的法律。

罗马建筑是罗马人留给世人的又一份宝贵文化遗产。共和末期，罗马建筑开始逐渐发展。公元前3世纪以后，罗马人吸收了希腊的建筑成果，广泛采用柱廊式建筑并饰以各种雕刻绘画。罗马建筑采用的石拱结构更加坚固，雕饰更加奢华，这是罗马建筑的一个特点。罗马帝国出于军事的需要，建筑了8万千米长的罗马大道。道路多用大石板铺砌，中间略作凸状，宽度测量相当精准，被认为是罗马建筑史上一大奇迹，故谚语云"条条大道通罗马"。

中国是古代东方文明的发祥地之一。春秋战国时期，中国各种思想流派精彩纷呈，以孔子、老子、墨子为代表的三大哲学体系在百家争鸣的繁荣局面中尤为突出。

孔子为中国古代著名的思想家、教育家，儒家学派的创始人。孔子崇尚"仁义"和"礼乐"，主张"为政以德"，用道德和礼教来治理国家。孔子的仁说，体现了人道精神。孔子的礼说，体现了礼制精神，即现代意义上的秩序和制度。孔子的这种人道主义和秩序精神是中国古代社会政治思想的精华。孔子提倡"有教无类"，创办私学，广招学生，把受教育的范围扩大到平民，顺应了社会发展的趋势。孔子晚年的最高理想称为"大同"，他提出"大道之行也，天下为公"。他一生的重要思想被他的弟子纂辑成《论语》，成为儒家学说的必

孔子像

读经典。孟子也是儒家的代表人物。孟子主张"施仁政",提出了"民贵君轻"的民本思想,认为"人性本善"。孟子的言论汇编成《孟子》一书。荀子对儒家思想有所发展,提出性恶论,主张"人性有恶",认为后天环境和教育对人有较大影响,著有《荀子》。老子著有《道德经》,认为"道"是天地万物之始之母,阴阳对立与统一是万物的本质体现,物极必反是万物演化的规律,主张道法自然、无为而治。老子的政治理想是小国寡民,统治者更珍视人民。庄子与老子齐名,合称为老庄,为中国著名的思想家、文学家。庄子主张天人合一,清静无为,在乱世中保持独立的人格,著有《庄子》。墨子为战国时期著名的思想家、科学家、教育家、军事家。墨子创立墨家学派,提倡"兼爱""非攻"等思想,所谓"兼爱"包含平等与博爱的思想,所谓"非攻"包含和平和反对战争的思想,他认为战争有正义和非正义之分。墨子在宇宙论、逻辑学、数学、机械原理等方面也都有建树。除儒、道、墨外,战国及秦汉时期尚有法家盛行于世。法家主张"依法治国",强调"不别亲疏、不殊贵贱、一断于法"。法家代表人物有李悝、商鞅、韩非、李斯、桑弘羊等人。汉代以后儒家盛行，一些法家思想也为儒家所吸收。

中国史学源远流长。《尚书》是中国现存最早的一部史书，其中的《盘庚篇》成书于公元前14世纪。"尚"即"上"，意为上古的书。《尚书》保存了许多关于夏、商、周等时代的珍贵史料。《春秋》是孔子依据鲁国史官所编《春秋》整理修订的一部编年体史书。后世出现的《春秋左传》《春秋公羊传》《春秋榖梁传》，合称"春秋三传"，都是对《春秋》进行注释和补充的著作。中国早期古代文学以诗歌、散文取得的成就为最高。《诗经》是中国现存最早的诗歌总集，四言为主的句式和重叠反复的章法是这个时代诗体的主要特点。《诗经》包括《风》《雅》《颂》三部分。《风》中绝大部分是西周到春秋时代的民歌。《雅》分《大雅》与《小雅》，《大雅》多是歌功颂德的诗歌，《小雅》多是对世俗流弊的讽刺诗。《颂》大部分是宗庙祭祀时配合舞蹈的祭歌等。战国诸子的散文如《孟子》《庄子》《荀子》《韩非子》等都文笔流畅、论理透彻，尤其是《庄子》中采用了大量的寓言故事，从寓言故事引申感悟与思想，代表了先秦散文的最高成就，实为古代散文的精品佳作。楚辞是一种古代的散文诗。伟大爱国诗人屈原为楚辞诗人的杰出代表。他的《九歌》《九章》《离骚》《天问》等都是楚辞中的优秀作品。屈原的代表作《离骚》充满了炽热的爱国思想，是辉耀千古的浪漫主义杰作。

印度也是文明古国，印度哲学与西方哲学、中国哲学并列为世界古代三大哲学体系。印度哲学具有浓郁的宗教哲学的色彩。古代印度哲学的起源可以追溯到公元前14～前6世纪，印度历史上称之为吠陀时期。"吠陀"是知识、启示的意思。这个时期的历史和文化都保存在古代印度的经典文献《吠陀》之中。《吠陀》包括了《梨俱吠陀》《娑摩吠陀》《夜柔吠陀》《阿达婆吠陀》以及解释《吠陀》的《梵书》《森林书》《奥义书》等。早期吠陀时期，雅利安人以《梨俱吠陀》为圣典，形成了吠陀教。吠陀教崇拜多神，实行繁琐的祭祀。约在公元前7世纪演化成婆罗门教，以《吠陀》为圣典，信奉多神。婆罗门教崇拜婆多贺摩，意译"梵天"，为创造神；崇拜毗湿奴，意译"遍人天"，为守护神；崇拜湿婆，意译"大自在天"，为毁灭神，分别代表宇宙的创造、守护和毁灭三个方面。婆罗门教相信"梵我一如",只要抑制贪欲,人世也能达到与"梵天"一样的境界;相信业报轮回,世间万物善恶有因,人生轮回。婆罗门教与种姓制度相联系,宣称梵天以自己的口、双手、双腿与双脚创造了婆罗门、刹帝利、吠舍和首陀罗四大种姓,要求按照业报轮回的教义,各种姓遵守应有的行为规范。《吠陀》既是吠陀教、婆罗门教的圣典,也是古印度重要的历史文献。《梨俱吠陀》在吠陀文献中价值最高,全书有诗歌1 028首,主要是对诸神的赞歌,也有世俗的诗歌。《梵书》《森林书》《奥义书》涉及当时的社会生活、历史和自然科学,特别是《奥义书》以思辨的方法探讨人生与宇宙的奥秘,非常富有哲理,是吠陀文献的精华。公元前6～前4世纪是印度历史上的列国时期,小国林立,这些国家为争夺霸权而相互征伐,社会动荡不安。动荡不安的社会激起了人们对人类命运的思考。这一时期,印度社会思想极其活跃,各种新的哲学思想与新的宗教观点不断出现。据说印度当时有"六大师""六十二见"及"九十六种外道",其中最著名的有顺世论派哲学、耆那教和佛教。顺世论派是古代南亚次大陆的唯物论哲学派别,梵语称为"路伽耶陀",意思是"流行于人民中间的观点"。汉译为"顺世外道"或"世间行"等名称。顺世论派认为,世界万物由地、火、水、风四大元素构成,生命产生于物质,感性知觉是认识的唯一源泉,否认《吠陀》的权威,否认有与肉体脱离的灵魂。耆那教是列国时期在南亚次大陆东北部兴起的一种新宗教。耆那教也反对《吠陀》中的一些思想及杀生祭祀,基本教义是业报轮回、灵魂解脱、非暴力和苦行主义等。佛教则是与耆那教几乎同时兴起的另一大宗教。佛教继承了婆罗门教的轮回思想,认为业是以前欲爱的果,果又成了以后的因,人生只有消除欲爱才能达到所谓"不生不灭"的"绝对宁静"的"涅槃"境界。佛教重视信仰与修心,区别于婆罗门教的是提倡"众生平等",任何人通过修心修行皆能成正果。这一时期古印度文学也很有成就,产生了反映古印度社会风貌的文学作品《摩诃婆罗多》和《罗摩衍那》两部史诗。《摩诃婆罗多》诗18篇,描写了婆罗多族两支后裔为争夺王位继承权而展开的种种斗争,最后导致种族大战的故事。史诗对哲学、宗教、法律、寓言和神话等都有精彩描述。《罗摩衍那》诗7篇,描写了英雄王子罗摩和妻子悉多悲欢离合的故事。两部史诗在印度人民中家喻户晓,产生了深远的历史影响。

轴心时代是众多思想文化的源头，其中也包括宗教文化。佛教产生于公元前6世纪～前5世纪喜马拉雅山山麓的迦毗罗卫城（今尼泊尔境内）。佛教创始人乔达摩·悉达多是印度北方迦毗罗卫城释迦族人，属于刹帝利种姓，是净饭王的太子。传说他28岁时摈弃王宫生活，离家出走后在森林中苦修7年，但一无所获。后来，他又在菩提树下冥思苦想49天，豁然心地光明，觉悟成佛（佛，梵文为佛陀，意译为"觉悟者"，即"彻底觉悟的人"）。这一年大约为公元前531年，悉达多时年35岁。悉达多在印度恒河流域中部地区传教40年，80岁去世，被尊称为"释迦牟尼"（释迦是族名，牟尼意为圣哲、圣人，即"释迦族的圣人"）。佛教认为众生平等，只要信奉佛教，不管是哪一个种姓的人，都是平等的，都能够修炼成佛。佛教受到了古印度社会普罗大众的欢迎。佛教教派主要有两个，分别是小乘佛教和大乘佛教。小乘，意译为小的乘载，以自我修行和解脱为法门。大乘，意译为大的乘载，能运载无量众生到达菩提涅槃之彼岸。中国佛教属于大乘佛教。1950年，世界佛教徒联谊会将总部设在泰国曼谷，大会宗旨是"慈悲精神，反对战争，要求和平、裁军、禁止核武器"。

洛阳白马寺

犹太教是世界各地犹太人的宗教，产生于公元前6世纪～前5世纪的迦南（今巴勒斯坦）地区。犹太人先后受到埃及、亚述、巴比伦、希腊、罗马的奴役。受奴役的犹太人在绝望中盼望一个"救世主"来拯救他们。一些"先知"在民间宣传上帝耶和华将派"救世主"来拯救犹太人脱离苦海，相信耶和华为唯一的神。犹太教无数先知们，经过300年的搜集、考证，于公元前2世纪编写成了一本古代最庞大的文献集《希伯来圣经》。希伯来人认为这些作品记载了上帝通过摩西与以色列人订立的契约。基督教兴起后也继承了这一经典，并称之为"旧约"。《希伯来圣经》包括了公元前7世纪～前2世纪的古希伯来神话、传说、历史、箴言和文学创作等，共计39卷，分别反映了古代犹太文明不同时期的发展情况。它的内容分为四个部分，即《律法书》《历史书》《先知书》和《诗文集》。《律法书》又称《教诲书》，共5卷，包括《创世纪》《出埃及记》《利未记》《民数记》和《申命记》，都编于公元前444年，相传这5卷是创国英雄摩西受天命而写成，故称为《摩西五经》。《摩西五经》是《希伯来圣经》中最核心的部分。《历史书》12卷，即《约书亚记》《士师记》《路德记》《撒母耳记》《列王记》《历代志》《以斯拉记》《尼希米记》和《以斯帖记》等，记叙了以色列民族形成的历史，成书年代约在公元前300年左右。《先知书》16卷，包括史书和预言。犹太教的先知在犹太民族历史上是神的意志的代言人，他们多有诗人的气质。《先知书》在希伯来文学史上有较高地位，成书于公元前8世纪～前3世纪。《诗文集》以诗歌和小说为主，包括《约伯记》《诗篇》《箴言》《传道书》《雅歌》《耶利米哀歌》6卷，写作年代在公元前11世纪～前2世纪。《旧约》所体现的希伯来文化对西方文化甚至是世界文化都产生了深刻影响。

早期基督教吸收了犹太教及东方各民族宗教的学说，并加以发展和具体化、通俗化。它因为毫无差别地对待一切民族而成为世界性的宗教。基督教重要文献《保罗书信》中指出：基督之所以出世，不仅是为了安排以色列民族的命运，也是为了安排人类的命运。它宣扬在上帝面前人人平等，上帝对各民族信徒一视同仁。基督教是信仰上帝和"救世主"（上帝之子）的宗教，基督教堂宣称耶稣为拯救人类的苦难而在童贞女玛利亚身上降生，是圣父、圣子、圣灵三位一体的神。关于耶稣，一般认为他于公元前7～前4年间生于罗马帝国的属国。《新约全书》以耶稣诞生之年为公元元年。耶稣30岁时，他深感所进行的传道事业需要人们的帮助,因此他选中了12个门徒,最早的4个门徒为彼得、约翰、安德烈、雅各布,他们都是渔人;后来又有腓力、巴多罗买、多马、马太、小雅各布、达太、西门、犹大等。他们到处宣传天国的福音。后来耶稣被弟子犹大出卖,罗马总督彼拉多把耶稣钉死在十字架上,但据说耶稣死后三天又复活,然后升天。据基督教典籍记载,耶稣到了天上后,坐在上帝的右边,耶稣的门徒遍布普天之下,福音在世界各地传播。《新约全书》包括《福音书》《历史书》《使徒书信》和《启示录》,共27卷。《新约全书》记录了耶稣思想和基督教的历史。公元395年,罗马分裂为东、西罗马,基督教也因之产生分化。1054年,君士坦丁堡主教色路拉里乌和罗马教皇利奥九世因争夺教会权力,相互革除对方教籍,从此东西教会正式分裂。以君士坦丁堡为中心的东部教会自称为正教(即东正教),以罗马为中心的西部教会自称为公教。独立后的东正教会主要活动范围为俄国和东欧地区。罗马公教的主要活动范围为西欧地区。1582年,明朝万历年间,意大利传教士利玛窦将罗马公教传入中国,中国信徒把上帝称为天主,因而称之为天主教。天主教除崇拜上帝和耶稣外,还尊玛利亚为"圣母",强调教徒必须服从教

圣索菲亚大教堂

会的权威,并规定了一整套等级森严的教阶制度。新教是16世纪欧洲宗教改革中脱离天主教而产生的新宗派以及从这些宗派中不断派生出来的更多宗派的统称,其最大的特点是可以自由解释《圣经》。新教主要宗派有路德教派、加尔文派、圣公会派等,它们主要分布于西欧、北欧和美国、澳大利亚、新西兰等国。基督教认为,耶稣替世人赎罪,被钉死在十字架上,故基督教应以十字架作为信仰的标志。基督教在祈祷或唱圣歌等仪式结束时齐声说"阿门",意为"诚心所愿",表示希望一切祈祷都能够得到上帝保佑。

伊斯兰教由穆罕默德创建于公元7世纪的阿拉伯半岛,麦加是伊斯兰教的圣地。伊斯兰教主要传播于亚洲、非洲、东南欧,以亚洲为最盛。伊斯兰教的创始人穆罕默德出生于麦加城一个没落的贵族家庭,早年随商队到过叙利亚等地。他走遍了阿拉伯半岛和叙利亚、巴勒斯坦城乡,接触了犹太教、基督教和一些原始宗教,比较了解阿拉伯半岛的社会矛盾和人们的普遍愿望。穆罕默德40岁时,常到麦加附近的希拉山洞苦思冥想。在阿拉伯历9月的一天,他宣称受到安拉的启示,自己是安拉的使者和先知,

蓝色清真寺

从此开始了传播伊斯兰教的活动。伊斯兰是阿拉伯语的音译,意为顺从,即顺从真主安拉的旨意。穆斯林即为顺从真主安拉的人。公元612年,穆罕默德开始向麦加居民公开传教。他宣称安拉是宇宙万物的创造者和主宰,他是安拉的最后一位使者,传布伊斯兰教。622年,穆罕默德率麦加穆斯林迁徙至麦地那,在麦地那创建了政教合一的穆斯林公社,建立清真寺,规定必须遵循的礼拜、斋戒等宗教制度。

632年3月,穆罕默德率领10多万穆斯林到麦加进行了一次改革的朝觐,史称"辞别朝觐"。同年5月,穆罕默德逝世。这时,伊斯兰教已经初步形成。《古兰经》是穆罕默德宣称的"安拉启示"的汇集,共30卷、114章、6 200余节。《古兰经》是一部阐述伊斯兰教教义的宗教经典。伊斯兰国家的法学、伦理学、社会制度、风俗习惯以及个人的衣食住行规范在《古兰经》中都有规定。《古兰经》也一部重要的阿拉伯文献,汇集了古代阿拉伯人的神话、传说、故事与历史等,反映了古代阿拉伯半岛的社会现实和伊斯兰教的传播过程,是阿拉伯语言与文学的典范,在阿拉伯文化思想史上占有重要的地位。

经过轴心时代爆发式的繁荣发展,在轴心时代之后,世界思想文化的发展逐渐进入了一个较为沉寂的时期。欧洲进入了所谓的中世纪。欧洲历史上的中世纪一般指从5世纪西罗马帝国崩溃到15世纪文艺复兴在欧洲各地蓬勃发展这一段时间,中世纪又被历史学家称为中古时代或黑暗时代。中世纪大约持续1 000年时间,大体可分为两个阶段。第一阶段为5~10世纪。这一时期的思想文化发展主要有三个因素,即基督教、日耳曼人的影响和古典文化遗产,这三者合在一起形成了欧洲中世纪早期文化的基本特征。因异族入侵和"黑死病"的流行,欧洲中世纪早期文化出现了某种程度的倒退,特别是4~7世纪的300年间,居然没有产生一部世界性的著名文学和科学作品,整个欧洲社会进入了"黑暗时代"。第二阶段为11~15世纪。这一时期的欧洲文明渐渐显现了黎明的曙光。11世纪,随着欧洲新兴城市的成长,手工业行会的兴起,各种商会产生了。各国国王大多以保护商人而获取财力的支持。13世纪末,意大利城市工商业率先发展。14世纪,文艺复兴在意大利首先开始,随着文艺复兴的进一步发展,欧洲中世纪结束了。

在欧洲中世纪，基督教在世俗生活和精神生活诸方面都占据统治地位，哲学成了神学的婢女。这时出现了基督教哲学。基督教哲学有两种形态：第一种形态是2～5世纪的教父哲学，第二种形态是11～14世纪的经院哲学。教父哲学是早期基督教的护教者，这一派不仅宣扬基督教的信仰，制定教义，还努力为信仰作论证。教父哲学的代表人物为奥古斯丁。奥古斯丁是基督教神学体系的创立者、教父哲学的重要代表，主要著作有《上帝之城》《忏悔录》《教义手册》《预定论》和《论三位一体》等。教父哲学之后，经过数个世纪的酝酿，11～14世纪欧洲基督教教会学院产生了一种哲学思潮，后人称之为经院哲学。经院哲学运用理性形式通过抽象的、繁琐的辩证方法论证基督教信仰的合理性，它是一种为宗教神学服务的思辨哲学。经院哲学集大成者是托马·阿奎那，他是意大利神学家和经院哲学家。阿奎那的主要著作有《论存在与本质》《反异教大全》《哲学大全》《亚里士多德（政治学）注释》《神学大全》等。托马斯·阿奎那的哲学体系被称为"托马斯主义"。基督教徒用基督神学的观点解释历史、编写历史，就产生了基督教史学。基督教史学的代表人物有攸西比厄斯和奥罗修斯。攸西比厄斯被称为"教会史学之父"，他的主要著作有《编年史》《教会史》《君士坦丁大帝传》《巴勒斯坦殉道者传》等。奥罗修斯著有《反世俗的历史》7卷。中世纪的文学主要有教会文学和世俗文学。教会文学包括圣经故事、赞美诗、颂歌、奇迹故事、宗教剧等。这些作品主要歌颂耶稣的伟大，宣传基督教的教义，颂扬上帝的仁慈。在宗教文学中，也有反映现实生活和人民情绪的作品，对中世纪的民间文学、城市文学产生了一定的影响。中世纪的世俗文学主要是骑士文学和城市文学。骑士文学主要体裁有抒情诗和叙事诗。抒情诗以《破晓歌》最为著名，生动描写了骑士与情人在黎明前依依惜别的动人情景。叙事诗以英雄史诗最为著名，这一类作品有法国的《罗兰之歌》、西班牙的《熙德之歌》、德国的《尼伯龙根之歌》、俄罗斯的《伊戈尔远征记》等。城市文学最流行的样式是韵文故事和抒情诗等。法国的民间长篇故事诗《列那狐的故事》是城市文学中有影响力的作品。诗歌方面还有法国寓言长诗《玫瑰传奇》和意大利著名诗人但丁·吉耶里的《神曲》。《神曲》通过作者与地狱、炼狱（净界）及天堂中各种著名人物的对话，表达了作者执着追求真理的精神境界，从中隐约窥见了人文主义思想的曙光。中世纪艺术主要是教堂艺术、宗教画和教堂音乐等。许多基督教教堂建筑都具有极高的艺术价值,主要建筑形式有罗马式、拜占庭式和哥特式等。中世纪的后期,随着城乡经济发展,科学与技术有所发展,物理、光学和数学等方面都取得了一定成就,出现了英国思想家和自然科学家罗杰·培根。培根的主要贡献在学术思想和科学方法方面,他重视实验科学,藐视空洞无物的繁琐思想,无情攻击经院哲学的不学无术,成为了西方实验科学的奠基人。总体上讲,中世纪文化留有深厚的基督教文化的烙印,对西方人思想行为的影响十分深远。

在古代的东方,以中国思想文化发展为代表,经过春秋战国"百家争鸣"的繁荣活跃期之后,进入了一个以儒家文化为主线的稳定发展时期。中国古代哲学按历史阶段划分,大体上可分为先秦哲学、两汉经学、魏晋玄学、隋唐佛学、宋明理学、明清实学等六个阶段。先秦哲学即诸子百家争鸣的阶段。西汉时期,汉武帝采纳董仲舒"罢黜百家、独尊儒术"的建议,从而结束了诸子百家之学并立,开启了汉代经学一统天下的局面。董仲舒的儒学将周代以来的宗教天道观和阴阳五行学说结合起来,吸收法家、道家和阴阳家的思想建立了一个新体系,强调"天人感应、君权神授",确立了"三纲五常"的社会伦理规范,他的存世著作有《天人三策》《士不遇赋》等。两汉时期,印度佛教传入中国。佛教在中国的流传过程中渗透了中国哲人的智慧,特别是道家、儒家和魏晋玄学的哲理,创造了禅宗佛学,形成了中国化的佛教哲学。魏晋玄学是汉代道家思想黄老之学演变发展的产物,实为老庄之勃兴。隋唐五代是中国儒、道、佛三家并存发展、佛教哲学空前发达的时代,成为上承魏晋玄学,下启宋明理学的重要环节。宋、元、明、清的哲学是由中国古代哲学向近代哲学转变时期的哲学。这一时期,中国的经济社会结构发生了较大的变化,佛教哲学开始衰败,儒家哲学重新成为主流。程颢、程颐、朱熹的思想大体一致,都以"理"为最高理念,故称为"程朱理学"。他们以继承孔孟的儒学传统为己任,使儒学发展到了一个新的阶段,成为中国古代社会后期的正统思想。理学集大成者朱熹也成了继孔子、董仲舒之后的第三代"圣人"。他的主要著作有《四书集注》《四书或问》《太极图说解》《周易本义》《易学启蒙》及后人编纂的《朱子语类》等。朱熹认为"理"是伦理道德的基本准则,并提出了一系列道德规范、修养方法和思维方法,构成了儒家发展的最终形态。明清之际,以陆九渊、王明阳为代表的"心学"逐渐流行，儒家哲学逐渐脱离社会现实而显得空泛。以黄宗羲、顾炎武、王夫之等为代表的思想家倡导"实学"，认为学问必须有益于国事，强调"经世致用"，这预示着中国古代哲学的终结和近代哲学的到来。

纵观中国的古代哲学，具有明显的伦理化特征，比较重视人与人、人与自然之间的和谐关系，而不重视自然哲学，不甚追求自然科学知识。尽管如此，中国古代科学技术在天文和数学两个方面都取得了一定的成就。南北朝祖冲之的《大明历》、唐代张遂的《开元大衍历》，更早期的《周髀算经》以及稍后的《九章算经》，北宋沈括的《梦溪笔谈》都是中国古代著名的科学著作。中国古代科技四大发明——造纸术、活字印刷术、火药、指南针，是中华民族对世界文明的重要贡献。东汉和帝时（105年）宦官蔡伦总结和改进了中国古代造纸经验，发明了植物纤维纸。宋庆历年间（1041—1048年）平民毕昇创造了活字印刷术。唐初（7世纪末）的孙思邈的《丹经·内伏硫磺法》里所说的"伏磁磺法"是中国最早的有文字记载的火药配方。早在战国时期，中国就发明了指南针。北宋朱彧在《萍洲可谈》一书中记载："舟师识地理，夜则观星，昼则观日，阴晦则观指南针。"这是迄今发现使用指南针的最早记载。

中国古代的文学灿烂辉煌，从先秦散文到汉赋乃至唐诗、宋词、元曲与明清小说，每一个时期都形成了极具特色的主流文学样式，并达到了时代的巅峰，为世界文学宝库增添了绚丽的色彩。先秦散文见诸史籍与诸子散文，尤其是诸子散文，文笔生动，哲理深邃。战国时期的楚辞是一种散文诗，屈原的《离骚》是其代表作，充满了浓郁的爱国主义情怀。两汉400年是辞赋的黄金时期。早期的赋，也是一种散文诗，可以较为自由地抒发感情，文辞朴实。后期的汉乐府是一种以叙事为主的诗体，如汉魏六朝的民歌《陌上桑》《孔雀东南飞》和《木兰辞》等，朗朗上口，叙事生动传神。唐朝是中国古典诗歌创作的繁荣时期。清代康熙时编的《全唐诗》，共收入诗歌48 900余首，作者2 200余人。唐朝的诗人灿若繁星，著名诗人有李白、杜甫、白居易等。李白的诗如《将进酒》《蜀道难》《早发白帝城》等，热情奔放，大气磅礴，富于浪漫主义风格。杜甫的诗如《春望》《北征》《三吏》《三别》等，雄浑有力，语言精练，具有现实主义精神。白居易的诗如《长恨歌》《卖炭翁》《琵琶行》等，题材广泛，平易

李白像

通俗，尤其是他的讽喻诗，深入浅出，寓意深刻，表现了很强的人民性。五代两宋时期的文学占重要地位的是词。北宋词作者的主要代表人物有柳永、苏轼等。词至两宋之交及南宋发展到高峰，反映民族矛盾是当时词坛的思想特色。李清照和辛弃疾是杰出的代表，他们歌唱时代的哀怨与欢乐、民族的悲愤和希望，爱国之情跃然纸上。宋词的艺术风格有婉约派与豪放派之分，苏轼的词如《念奴娇·赤壁怀古》等属豪放派，李清照的词如《声声慢·寻寻觅觅》等属婉约派。元朝文学的突出成就是元曲。元曲包括散曲和杂剧两种。散曲只有唱腔没有动作与念白。杂剧是中国的古典戏剧，一般由曲（唱）、白（对话或独白）、科（动作和表情）三部分组成，通常有四折（幕）。中国古典戏剧是歌、舞、做、念、打融为一体的综合性艺术。在元代杂剧家中，关汉卿、白朴、马致远、郑光祖被称为元曲四大家。关汉卿是其中最杰出的代表，他的一生作品有60多种，流传至今的剧本有18部，如《窦娥冤》《望江亭》《救风尘》《单刀会》等。白朴的《墙头马上》、马致远的

《汉宫秋》,还有王实甫的《西厢记》、纪君祥的《赵氏孤儿》等,都是著名的元杂剧。明清戏剧在中国文学史上也占有重要的位置。明代汤显祖的《牡丹亭》、清代孔尚任的《桃花扇》、洪昇的《长生殿》等都是传世之作。明清两代是小说的时代。中国小说,唐代有"传奇",宋代有"话本",至明清发展得蔚为壮观。明清小说有四大类别,即历史小说、神魔小说、传奇小说、世情小说。其中最为著名的有罗贯中的《三国演义》、施耐庵的《水浒传》、吴承恩的《西游记》、吴敬梓的《儒林外史》等。明清世情小说还有《金瓶梅》(作者不详)较为重要。这一时期短篇白话小说集有冯梦龙的《喻世明言》《警世通言》《醒世恒言》,凌蒙初的《初刻拍案惊奇》《二刻拍案惊奇》等,反映了中国古代社会后期的风俗史,具有深刻的社会意义。清代小说是中国古典小说的巅峰,蒲松龄的《聊斋志异》和吴敬梓的《儒林外史》堪称清代小说的精华,曹雪芹的《红楼梦》被认为是中国古典小说成就最高者,堪列世界文学名著的宝库。

曹雪芹像

中世纪印度文化的核心是印度教哲学。印度教源于古印度的吠陀教及婆罗门教，形成于2世纪左右。印度教吸收了古印度多种宗教思想、哲学理论、祭祀仪式、传统信仰和风俗习惯等，继承了婆罗门教的基本教义，亦称"新婆罗门教"。印度教的宗教哲学思想包括天堂与地狱说、现世与来世说、世界劫运说等。这些宗教思想渗透到印度社会生活的各个方面，如对众神的崇拜、寺庙的宗教仪式、圣地的朝拜、种姓制度的遵守等。印度是一个宗教传统文化十分深厚的国家。古代印度的文学分为两个时期，即古典梵语文学时期（约1世纪～12世纪）和各种方言文学时期（12世纪～19世纪中叶）。古典梵语文学的代表作如《沙恭达罗》（意译《孔雀女》），歌颂了沙恭达罗与国王豆扇陀的爱情故事，是世界文学史上的伟大诗剧之一。各种方言文学的代表作如《罗摩功行录》，歌颂了罗摩一生的功德，是印地语文学史上影响最大的作品。

从整个亚洲来讲，中东的阿拉伯地区地处东西方的结合部，希腊古典哲学思想和伊斯兰教神学思想对阿拉伯文化都有较大影响。古代阿拉伯的天文、数学和医学等都有很高的成就。阿拉伯文学的代表作《一千零一夜》，在中国被译作《天方夜谭》，是阿拉伯著名的民间故事集。相对来说，地处东亚的日本、朝鲜等国受中国儒家文化的影响深厚。地处东南亚的各国家受印度宗教哲学思想的影响较多。一般来说，东南亚的大陆地区如泰国、越南、缅甸、老挝、柬埔寨等国以信仰佛教为主，东南亚的岛屿国家如印度尼西亚、马来西亚等国以信仰伊斯兰教为主。只有菲律宾属于一个例外，是亚洲唯一的国民多信仰天主教的国家。

经过了中世纪漫长的沉寂期，15～17世纪这300年间欧洲终于迎来了复兴的曙光。这个曙光就是文艺复兴。文艺复兴的本意是"再生"与"复兴"。文艺复兴最先从意大利各城市兴起，后来扩展至西欧各国，成为欧洲历史上一次波澜壮阔的思想文化运动。它与18世纪在法国兴起的启蒙运动一起并称为欧洲近代史上两次重要的思想文化运动。历史学家一般认为，文艺复兴是欧洲中世纪与近代的分界线。14世纪末，奥斯曼帝国不断入侵东罗马，东罗马的许多学者带着大批古希腊和罗马的艺术珍品与书籍逃往西欧避难。一些东罗马学者在意大利佛罗伦萨举办"希腊学院"，讲授古希腊辉煌的历史与文化，文艺复兴之风渐起。文艺复兴早期主要通过文学宣扬人文主义的思想,最早在意大利出现了"文艺复兴三杰",他们是但丁、弗兰齐斯科·彼特拉克和乔万尼·薄伽丘。但丁被誉为中世纪最后一位诗人和新时代最初一位诗人。但丁的《神曲》反映了对教会黑暗专横的反抗,表达了对人类智慧和理想的追求。彼特拉克的十四行体抒情诗《歌集》体现了早期人文主义者向往和追求新的生活,憎恨教会的情绪。《歌集》也描写爱情,彼特拉克被称为近代爱情诗的始祖。薄伽丘是意大利早期人文主义的优秀作家。他的作品有传奇、史诗、叙事诗、十四行诗、短篇故事等。《十日谈》是他最优秀的代表作品。《十日谈》批判了禁欲主义,歌颂和描绘了现世生活,赞美爱情是才智和高尚情操的源泉。《十日谈》是欧洲文学史上第一部现实主义巨著,为意大利艺术散文奠定了基础。法国文艺复兴的代表作家是拉伯雷,他的小说《巨人传》以夸张的手法歌颂了人的智慧和力量,讽刺了教士的无能和教会的腐败。西班牙文艺复兴的代表人物是塞万提斯和维加。塞万提斯的长篇小说《堂吉诃德》反映了16～17世纪西班牙的社会风俗,无情嘲讽了骑士制度,表达了作者的人

莎士比亚像

文思想。维加是西班牙民族戏剧的奠基人。他的作品有抒情诗、史诗、散文和戏剧。维加的主要成就在戏剧上，戏剧代表作有《华伦西亚寡妇》《带罐的姑娘》《羊泉村》等。欧洲文艺复兴时期成就最高的文学家是英国伟大的戏剧家、诗人威廉·莎士比亚。他一生共创作了悲剧、喜剧和历史剧37部，还有两首长诗《维纳斯与阿多尼斯》《鲁克丽丝受辱记》以及154首十四行诗。莎士比亚把文艺复兴时期的文学创作推向了历史的巅峰。

与文学创作相媲美的是文艺复兴时期的绘画艺术。这一时期，意大利出现了一批享誉世界的著名艺术家。列奥纳多·达·芬奇是意大利文艺复兴全盛时期杰出的艺术家和自然科学家。他学问渊博，多才多艺。达·芬奇的名作有《岩窟圣母》《最后的晚餐》《蒙娜丽莎》。《蒙娜丽莎》以一个商人的妻子作模特儿，是美术史上出色的心理描写肖像之一。米开朗基罗·波纳罗蒂是伟大的雕刻家、画家、诗人和杰出的建筑师。他雕刻的代表作有《大卫》《摩西》等，绘画名作有《酒神》《哀悼基督》等。拉斐尔·桑西善于画妇女和儿童，代表作有《草地上的圣母》《西斯廷圣母》等。这三大艺术家的作品获得了世人的高度赞扬。达·芬奇的《最后的晚餐》、米开朗基罗的《最后的审判》、拉斐尔的《雅典学院》被誉为文艺复兴全盛时期的三大绘画杰作，是里程碑式的现实主义典范作品。

文艺复兴时期的哲学，反对封建神学和经院哲学，面向自然，面向现实，崇尚归纳法、实验与理性。对新哲学贡献较大的有弗朗西斯·培根、勒内·笛卡尔、巴鲁赫·斯宾诺莎。培根是英国伟大的人文主义学者，近代唯物主义哲学家，他的主要著作有《学术的进展》《新工具》《论科学的价值与增长》等。培根重视"自然哲学"，并以实验与归纳的方法，为欧洲近代哲学和自然科学发展开辟了新的途径。笛卡尔是法国哲学家、物理学家、数学家和生理学家，是近代西方理性主义（即唯理论）哲学的创始人。他的主要著作有《方法论》《形而上学的沉思》《哲学原理》《论世界》《论音乐》等。笛卡尔有句名言：我思故我在。斯宾诺莎是荷兰著名的唯物主义哲学家和伦理学家，是西方近代唯物论、无神论和唯理论的主要代表。他的主要著作有《笛卡尔哲学原理》《神学政治论》《伦理学》和《理智改进论》等。在文艺复兴时期的人文主义者中产生了早期社会主义思想。他们思想较为激进，把矛头指向了私有制，要求改革社会制度，建立没有剥削与压迫的理想社会。最著名的代表是托马斯·莫尔和托马索·康帕内拉。莫尔是文艺复兴时期英国早期社会主义思想创始人。他以著名的《关于最完美的国家制度和乌托邦新岛的既有益又有趣的金书》（简称《乌托邦》）而闻名于世。《乌托邦》描绘了一个理想国的蓝图，那里没有私有财产，国家政权以民主选举的方式产生，社会产品按需分配，乌托邦的一切为大家所公有。康帕内拉是意大利杰出的思想家，伟大的早期社会主义者和爱国者。康帕内拉曾领导那不勒斯人民反抗西班牙专制统治，遭监禁长达27年。他在监狱中十分艰苦的条件下写了《太阳城》。太阳城与乌托邦一样，是一个没有私有财产，没有剥削与压迫，人人过着幸福生活的理想社会。文艺复兴促进了自然科学的发展，16～17世纪是近代科学建立的时期，出现了哥白尼、伽利略、开普勒等一批杰出的天文学家，这也是天文学的一个黄金时代。从伽利略起，力学已经显示出与天文学同等的重要性，牛顿创立了经典力学理论体系。法国数学家韦达采用字母表示数学系统的一般符号。英国数学家耐普尔第一次制定对数表。尼德兰医生维萨留斯创立了科学的解剖学，著有《人体构造》一书。英国医生威廉·哈维最早发现人体血液循环系统的规律。英国科学家罗伯特·胡克首次提出了细胞概念。在文艺复兴时期，被欧洲中世纪教会压抑了一千年的创作热情与创造智慧如火山般喷发出来，正如恩格斯在《自然辩证法·导言》中所说："这是一次人类历史上从来没有经历过的最伟大的、最进步的变革，是一个需要巨人而且产生了巨人——在思维能力、热情和性格方面，在多才多艺和学识渊博方面的巨人的时代。"

文艺复兴时期，人文主义者把批判的矛头指向了保守的教会，教会内部的人文主义者也掀起了改革的浪潮。宗教改革从德国开始，基督教新教路德宗的创始人马丁·路德担当了宗教改革的倡导者。1517年10月31日，路德写了《九十五条论纲》，次日贴在了维登堡教堂的大门口。论纲指斥教会的虚伪与堕落，号召全国人民起来抵制教皇的赎罪券，拆穿了天主教宣扬的"人只有通过教会和教皇才能赎罪"的谎言。路德指出：教皇不是圣经的最后解释人，信徒人人都可直接与上帝相通而成为祭司，无须神父作为中介。路德的宗教改革思想强调"信仰得救"。他们废除教阶和繁杂的仪式，建立廉俭教会，形成了路德教派。法国的宗教改革家加尔文发展了路德的学说,并形成了更为完整的宗教改革理论。他的《基督教原理》强调《圣经》是信仰的唯一源泉。宗教改革使得基督教日益世俗化,也日益成为广大平民的宗教。

马丁·路德像

古代思想文化的发展总体上经历了从繁荣期到沉寂期、从沉寂期再到复兴期的一个曲折演变过程。在思想文化发展的初期,世界上几大传统的文明发源地都处于民族融合、国家形成的过程之中,各种思想冲突、激荡,百家争鸣,各抒己见,成就了一个思想文化发展的繁荣期。进入中古时代,国家逐步稳定,政治制度逐渐完善,统治者加强了对思想文化的掌控,许多思想家成为了统治者的卫道士,广大民众在宗教信仰中寻找精神慰藉,思想文化发展进入了一个与中世纪社会状况相适应的沉寂期,这是自然而然的事情。但是,人类社会的发展总是不以人的意志为转移的。旧时代的统治者要保住既得的利益,而新时代的新生力量则期望打破政治的禁锢。在古代社会末期,西欧的人文主义者找到了一个切入点,这就是文艺复兴。文艺复兴要重回古希腊、古罗马，表面上复兴的是文艺，本质上倡导的是人文精神。文艺复兴的倡导者要用人文精神在黑暗的旧世界中开辟出一条通向光明的新路。文艺复兴对世界思想文化发展带来的影响是极其巨大的。十分可惜的是，文艺复兴的巨大影响主要在西方、在欧洲，对东方、对亚洲的影响却十分有限。这里涉及东西方思想文化的巨大差异。东西方思想文化的差异由来已久，轴心时代即已显现。其现象是西方哲学更重视自然科学，东方哲学更注重精神修养；西方哲学思想本质上偏重于实用主义、强调优胜劣汰，东方哲学思想本质上偏重于理想主义、强调中庸之道。在世界格局发生重大的变故时，西方哲学中的实用主义往往表现了较为激进的策略，东方哲学的中庸之道往往演化出相对保守的风格，这是已经被无数历史事实证明了的现实。今天，我们很难对东西方思想文化作出优劣评判。我们只能说，在我们能够预见的未来，世界在变得美好，但仍远不是理想主义者的乐园。

工 业 文 明

清晨，第一缕阳光照射在卧室的窗纱上，床头的电子闹钟发出小鸟般的鸣叫。你从床上起来，匆匆洗漱完毕。从咖啡机里倒了一杯热咖啡，从多士炉里拿起几片透着奶香的面包，随手用遥控器打开了电视机，一边品尝早餐，一边观看早间新闻。早餐以后，你搭乘地铁去上班。搭乘地铁时，你用智能手机翻看当天的工作日程，浏览网上的各种信息。仔细想想，我们今天生活在一个工业化的时代，我们的生活离不开各式各样的工业制品。电子闹钟、咖啡机、多士炉、电视机、城市地铁和智能手机等，这些再熟悉不过的普通工业制品给我们的生活与工作带来了许多的便利。我们习惯这一切，我们享受这一切，我们早已置身一个工业制造的时代，工业制造创造了这个时代。我们生活在这个时代之中，这个时代创造的一切已经成为我们生活中的重要部分，我们称这种生活方式为现代文明的生活方式。这种现代文明的生活方式从各方面都打上了鲜明的工业化烙印，从本质上透射出一种工业文明的特有气息。

工业文明从农业文明发展而来。农业文明以农业生产为特征，农业生产主要满足人类的基本食物需求。人类在食物需求得到了基本满足以后，开始逐步追求生活的品质，表现出日益多样化的需求。这种日益多样化的需求并非农业生产本身所能够提供，世界各地都出现了与农业社会相适应的各具特色的手工业。这种农业社会的手工业，历史十分悠久，一直可以追溯到陶器时代、青铜器时代、铁器时代。最初的手工业与农业是相融合的，这些从业者往往既是农民，又是手工业者。随着经济的发展，城镇的形成，社会分工的细化，出现了城镇手工业和专门的手工业者。他们通常以家庭为单位，从事各种手工业行业，依靠出售手工业制品以维持生计。大约在 10 世纪以后，中国、印度和欧洲等一些地区都出现了大型的工商城市,在这些工商城市中有了最初的手工业工场。这些手工业工场专业性较强,拥有特定的技术,也能制造出市场信誉良好的手工业产品,具有了最初的工厂雏形。但是,这些手工业工场仍不同于后来出现的现代工厂,最本质的区别是手工业工场仍以手工制作为主,生产规模比较小,生产水平也比较低,不能满足整个社会不断增长的需求。随着时代的发展,一场工业革命呼之欲出。

工业革命最重要的标志是机器大工业代替了传统的手工工业。一般认为,这场工业革命是在1770～1830年间的英国率先出现和完成的。机器的发明与使用经历了一个发生、发展的过程,大机器生产的出现,就是工业革命的起点。1764年,英国织工詹姆斯·哈格里夫斯发明了著名的"珍妮纺纱机",这是一种多滚锭纺纱机,大大提高了纺纱效率。虽然这种机器因为主要靠人力运行,所以本质上来说仍属于家庭工业机械,但是,"珍妮纺纱机"的出现,带动了整个纺织机械的革新,点燃了工业革命的火花。1769年,詹姆斯·瓦特改良蒸汽机获得了成功。蒸汽机在工业生产中得到普遍应用,以蒸汽机为动力的机器工厂的出现促使了现代工厂制度的建立,一批"手工工场"一跃而成为"机器工厂",蒸汽机在这个历史性的转折过程中发挥了革命性的作用,当之无愧成为了工业革命的主要标志之一。工业革命的结束,则以大机器生产在整个工业生产中取得优势地位,工厂制度的普遍确立为标志。这种大机器的工业生产,第一次向人类社会展示了机器工厂的巨大力量与广阔前景。

工业革命从英国开始,在英国取得决定性的胜利后,很快向法国、美国、德国、俄国、日本等国狂飙突进般地推进。强大的工业化国家在全球竞争中的优势地位,使得发展中国家纷纷效仿,逐步走上工业化的道路。工业化成为一个世界性的发展趋势。全世界范围的工业化延续了数个世纪,至今仍有许多国家处于工业化的发展过程之中。工业化孕育了工业文明。所谓工业文明,就是以工业化为主要标志、机器化大生产占主导地位的一种现代社会的文明状态。工业文明的社会特征表现为工业化、城市化、民主化与法治化,社会阶层流动性增强,教育得到普及,信息传递加速,非农业人口比例大幅度增加,经济持续增长等。工业文明带有很强的渗透性,不仅改变了人类的生产方式,也改变着世界的政治格局、社会形态、文化现象以及人类的生活方式。当然，工业化的过程也带来了生态环境污染及其他的社会问题，但无论如何，工业文明是人类历史上具有深远影响的一种社会文明形态。工业革命和工业化进程为近现代文明发展奠定了坚实的物质基础，决定了人类社会发展的价值取向。许多经济学家、社会学家和政治家把工业文明的社会特征视为人类社会走向现代化的基本特征，把不断发展的工业化进程视为实现社会现代化的一个途径。

回顾全球工业化的历程，迄今为止，大体上出现了三次大规模的工业化浪潮：第一次工业化浪潮是以机械化、蒸汽机为特征的工业化初始阶段。第二次工业化浪潮是以电气化、石油化为特征的工业化推进阶段。第三次工业化浪潮是以电子化、信息化为特征的后工业化阶段。整体而言，我们现在正处于第三次工业化浪潮后工业化社会的电子信息时代。工业革命依然在全世界范围内一路高歌猛进，日新月异地改变着这个世界。

工业的崛起

英国是工业革命的故乡。机械化、蒸汽机的时代是英国的时代。工业革命在英国率先发生并不是偶然的,它是当时英国经济社会发展到一定历史阶段的必然产物。从英国来说,发生工业革命有着广泛而深刻的社会原因。在英国工业革命发生之前,英国资产阶级议会民主制度已经确立,海外殖民获利丰厚,资本的原始积累增多,这些为英国工业革命的发生发展提供了政治保障和经济前提。英国工场手工业发达,手工业工场具有较大规模,工场内部已经出现了专业分工,培养了大批熟练的技术工人。英国的科学与技术进步领先,1662年建立英国伦敦皇家学会,涌现出了牛顿等一批杰出科学家,推动着自然科学进步和各种发明创造出现,为工业机器的发明和生产技术的改进创造了充分的条件。英国的工业革命最初从棉纺织业开始,带动了其他工业部门的连锁反应,最后到大机器在工业生产中占主体地位、现代工厂制度确立而完成。英国的工业革命经历了一个十分完整的过程。

第一次工业化浪潮的策源地在英国,最早发生工业革命的是英国的棉纺织业。在16世纪之初,英国的棉纺织品主要从印度进口。到18世纪上半叶,价廉物美的印度棉布在英国大量销售。1720年,英国政府颁布法令,禁止外国向英国输入棉布,并采取了鼓励和扶持本国棉纺织业的政策。英国早期的棉纺织业主要集中在英格兰西北部的兰开夏郡。早期的棉纺织产业主要分为纺纱和织布两个部分。1733年,兰开夏郡的织工和机械工约翰·凯伊发明了飞梭,用脚踩动踏板传递梭子的办法代替了过去用手穿梭的老办法,使得织布的效率提高了两倍,而且可以织成宽幅布。织布能力的提高却造成了棉纱供应不足。英国伦敦皇家学会曾悬赏征求新的纺纱机。1764年,兰开夏郡一个名叫詹姆斯·哈格里夫斯的织工,发明了将纱锭竖立排列起来用一个轮子带动的纺纱机,他用妻子(一说女儿)的名字命名这部新的机器,叫作"珍妮纺纱机"。这种纺纱机最初一次能纺 8 根纱,后来经过改进,每次能纺出 18 根纱。

珍妮纺纱机示意图

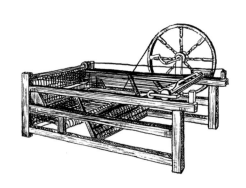

1769 年,理发师兼钟表匠理查德·阿克莱特受一名叫海斯的木匠的启发,发明了水力纺纱机。水力纺纱机体积较大,必须安置在可以利用水力的地方,必须建立厂房,集中工人进行生产。这样就为早期工厂制度的确立奠定了基础。1771 年,靠水力纺纱机赚了钱的阿克莱特建立了第一个水力棉纺厂,成为最早使用机器生产的工厂主。1779 年,纺织工人塞米尔·克隆普顿把珍妮纺纱机和水力纺纱机的优点集中起来,制造出一种新的纺纱机,取名为"骡机"。骡机纺出来的棉纱既结实又精细,还提高了纺纱效率。棉纱产量提高后,织布机又显得落后了。1785 年,牧师埃德门特·卡特莱特发明了水力织布机。后经拉德克利夫、霍洛克斯等人的改进,水力织布机得到了逐渐推广。英国政府为表彰卡特莱特的贡献,于 1786 年给他授予了爵位。最初的纺纱机和织布机依靠水力推动，工厂必须建立在河边。蒸汽机发明之后，1785年应用于纺纱机，1789年又应用于织布机。棉纺织生产的机器化也促进了纺织相关产业机器的发明与改良，净棉机、轧棉机、梳棉机、漂白机、印花机、整染机等陆续出现，棉纺织业完全进入了机器时代。到了19世纪初期，英国便取代了印度，一跃而成为世界上最主要的棉纺织国家。1863年，英国的棉纺织品产量占到了全世界总产量的63%。

从英国兴起的工业革命最初是从纺纱机、织布机的发明与革新开始的，但最具有标志性的发明是蒸汽机的出现，蒸汽机带来了真正意义上的工业革命。蒸汽机的发展历程又是怎样的呢？1688年，法国物理学家德尼斯·帕潘用一个圆筒和活塞制造出了世界上第一个简单的、实验用的蒸汽机。1698年，英国人托马斯·赛维利发明了利用蒸汽动力而制成的蒸汽抽水机。1705年，铁匠托马斯·纽科门在赛维利抽水机的基础上进行了改进，制造了更为实用的纽科门式蒸汽抽水机。苏格兰发明家詹姆斯·瓦特青年时期在格拉斯哥大学担任机械师。

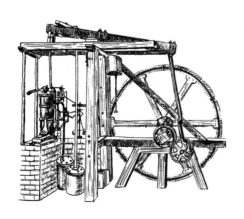

瓦特蒸汽机示意图

1763年，瓦特接受了把纽科门蒸汽"火机"模型转化为实物的任务。1765年，瓦特在建成的样机中装入了一个冷凝器，制造出了具有冷凝装置的蒸汽机模型。1769年，瓦特完成了他的第一台蒸汽机。瓦特不断改良蒸汽机，新的蒸汽机逐渐能够适用于各种机械运动。

1775年，英国发明家、铁匠约翰·威尔金森为第一台蒸汽机制造了第一台气缸镗床。1797年，被称为"英国机床工业之父"的亨利·莫兹利制成了第一台螺纹切削机床，机床的基本原理与今天的机床大体相同。从此，机器制造业进入了机械化的阶段。1807年，美国工程师富尔顿制造了蒸汽机带动车轮拨水的"克莱蒙特号"，在纽约哈德逊河上试航成功。因"克莱蒙特号"船身两边有两个大轮子，故称之为"轮船"。

蒸汽轮船

1814年，英国工程师乔治·斯蒂芬森发明了一台蒸汽机车，称作"旅行者号"，机车在前进时烟囱中不断冒出火来，因此被称为"火车"。1825年，英国建成第一条铁路，"旅行者号"火车以24千米每小时的速度跑完了40千米的路程。火车取得了成功,斯蒂芬森被誉为"铁路机车之父"。1838年,英国制造了完全使用蒸汽机的轮船——"天狼星号"和"大西号",蒸汽轮船横渡大西洋获得成功。火车、轮船的发明和使用,迎来了"铁路时代"和"轮船时代"。自此之后,棉纺织业、毛纺织业、采矿业、冶金业、造纸业、印刷业以及交通运输业等都先后采用蒸汽机作为动力,蒸汽机的轰鸣声响彻了欧洲大地,由此开启了一个全新的蒸汽机的时代。

蒸汽火车示意图

以机器的发明与应用为起点的工业革命,确立了工厂制度在整个工业产业中的统治地位。机器工厂需要协调机器与工人之间的关系,逐步建立一套组织管理生产的方法,称之为工厂制度。工厂制度的确立,对于生产效率的提高和工业社会的发展,起到了促进作用。大机器生产的发展,工厂制度的确立,提高了英国工业的竞争能力。到19世纪三四十年代,英国建立了全国性的工业体系,大机器工业生产蓬勃兴起,机器制造进入机械化阶段,蒸汽动力得到了普遍使用,标志着工业革命在英国已经基本完成。工业革命引起了社会生产力的巨大飞跃。1820年,英国的工业产值占世界工业产值总额的50%,贸易额占世界贸易总额的18%,英国成为了名副其实的"世界工厂"。

英国的工业革命很快在欧洲大陆扩散,掀起了世界历史上第一次工业化浪潮。在工业化的浪潮下,主要工业化国家工业革命的起讫年代大体为:英国 1760～1830 年,法国 1830～1860 年,德国 1840～1875 年,美国 1865～1890 年。工业革命改变了整个世界的面貌,在北大西洋周围形成了一个以英国为首的资本主义经济共同体,世界进入了一个全新的时代。第一次工业浪潮的基本特征是广泛使用煤炭和蒸汽动力,机器和工业技术水平比较低,技术创新主要是基于生产劳动和实践经验的积累。在第一次工业化浪潮中大体完成工业革命的国家开始了由农业文明向工业文明、传统社会向现代社会的转变,工业文明向人类初步显示了现代化的黎明曙光。

第二次工业化浪潮大体发生在 19 世纪下半叶至 20 世纪中叶,以新能源的利用、新机器的制造和远距离传递信息手段的创新等方面的成就为标志,在人类发展史上占据了重要地位。在这期间,出现了电力、钢铁、化工"三大技术"和汽车、飞机、无线电通信"三大文明成果",人类社会的面貌极大地改变了。第二次工业化浪潮不仅使英、法、德、美等国家的工业化程度进一步提高,而且向俄国、波兰等中东欧地区和日本等远东地区迅速推进。这次工业革命的中心在美国和德国,英国虽仍有重要的新机器、新技术发明,但英国对蒸汽机的改进情有独钟,对新的技术和新的设备的使用显得较为保守,美、德等国家上升为新的工业革命领先国家。第二次工业化浪潮使得工业化国家之间的经济发展不平衡加剧,也使得工业化国家与非工业化国家在社会经济发展水平上的差距越来越大。工业化国家争夺资源和市场,终于酿成了两次惨烈的"世界大战"。

第二次工业化浪潮是从电力新能源的发明和使用开始的。19 世纪上半叶,科学家开始了用电能作为动力源的最初试验。1867 年,德国电工维尔纳·冯·西门子在迈克尔·法拉第电磁感应定律的启示下,发明了自激直流电机。1869 年,比利时发明家齐纳布·格拉姆发明了直流发电机。1876 年,美籍发明家亚历山大·贝尔发明了世界上最早的电磁式有线电话机。1879 年,美国发明家托马斯·阿尔瓦·爱迪生发明了白炽灯,人们从此告别煤油灯,而用电来照亮黑暗的夜空。1882 年,法国电气技师马赛尔·德普勒在慕尼黑技术博览会上成功进行了长达 57 千米的远距离输电试验。同年，美国爱迪生公司建成了火力发电站，并把输电线路连接成网络，使得电力供应的范围迅速扩大。随着电力工业的发展，直流低压输电损耗严重的问题愈加明显。19 世纪八九十年代，英、德、俄、意、美等国的科技工作者相继发明了交流发电机、交流电动机和变压器等。1891 年，德国劳芬电厂安装了世界上第一台三相交流发电机，建成了第一条三相交流送电线路。电力的开发和利用，给人类社会的生产、生活和文明进步带来难以估量的深远影响。强大的电流驱动了大大小小的电动机，电动机带动了各种机床、起重机、压缩机等，电动升降机使人们上下高楼更加容易，各式各样新颖的生活电器被开发出来。19 世纪 90 年代，许多国家都试图用电气牵引机车，在一些城市之间出现了电气化铁路。人类由此进入了一个电气化的新时代。

第二次工业化浪潮伴随着另一种新能源的开发利用，这就是石油能源和内燃机的应用。早在古代社会就有人类开采石油用作燃料的记载。19 世纪中叶，科学家开始关注石油能源的利用。1852 年，波兰人依格纳茨·卢卡西维茨发明了从石油中提炼煤油的方法。次年，波兰南部的克洛斯诺附近建设了世界上第一座现代油矿。1859 年，世界第一口油井在美国宾夕法尼亚州开钻。1872 年，俄国在巴库建设了世界第一座炼油厂，开创了石油能源的新纪元。在此之前，发明家们一直关注着内燃机的研制。内燃机因燃料直接在发动机气缸内燃烧而产生澎湃动力，以区别蒸汽外燃机（锅炉与气缸分开）而得名。1794 年，英国人斯特利特提出了燃气发动机的设想。1820 年，英国人塞西尔发明的燃气发动机初次运转成功。1876 年，德国人尼拉克·奥古斯特·奥托制造了以煤气为燃料的四冲程内燃机，在内燃机试制方面取得了划时代的进步。1897 年，德国人鲁道夫·狄塞尔成功研制用廉价柴油作为燃料的内燃机。内燃机使用液体燃料，不再需要笨重的锅炉，优于蒸汽机是不言而喻的。内燃机很快在工业和交通运输中得到了广泛的运用。1886 年，德国企业家卡尔·弗里德里希·本茨成功研制单缸汽油发动机，制成了世界上第一辆三轮汽车，并成立了奔驰汽车公司。1898 年，法国企业家路易·雷诺自行设计并制造了世界上第一辆装有驾驶室的汽车，成立了雷诺汽车公司。1893 年，美国企业家亨利·福特试制出速度达每小时 25 英里的汽车，并于 1903 年创办了福特汽车公司。内燃机不仅造就了汽车，也为飞机的发明做好了准备。1903年，美国发明家威尔伯·莱特和奥维尔·莱特兄弟在双翼滑翔机上安装了自制的汽油发动机和螺旋桨，制成了"飞行者1号"，在美国北卡罗来纳州试飞成功，成为了飞机的发明人。1909年，法国飞行员路易·布莱里奥驾驶自己设计的"布莱里奥11号"单翼飞机，耗时37分钟成功飞越英吉利海峡，让世人真正对飞机刮目相看。除了汽车与飞机之外，人们还把内燃机安装在拖拉机、船舶以及铁路机车上，内燃机带领着人们奔跑于大地，驰骋于江海，飞翔于蓝天，人类以前所未有的速度走到了一起。

莱特兄弟发明的第一架飞机

电力工业、石油工业和机器制造业的发展推动了冶金工业、化工工业的技术进步。首先是炼钢技术的改进。1856年，英国冶金学家亨利·贝塞默发明了一种能将生铁炼制成熟铁和钢的酸性底吹转炉炼钢法，称为"贝塞默法"。1865年，法国钢铁专家比埃尔·埃米尔·马丁吸收德国西门子兄弟的研究成果，发明了装置有蓄热室的平炉，又称"马丁炉"，用其炼钢的技术称为"平炉炼钢法"。1875年，英国冶金技师西德尼·吉尔克里特·托马斯又发明了碱性底吹转炉炼钢法，解决了炼钢过程中的脱磷难题。"贝塞默法""平炉炼钢法""托马斯法"三大炼钢技术的发明，构成了近代钢铁生产的技术体系。钢在桥梁、铁路建设和船舶、机器制造等方面逐步取代了木和铁等传统的材料。19世纪下半叶，铁轨已经完全改成了钢轨。1860年，世界上最早的地铁在伦敦开始建设。1874年，美国修建了钢结构的密西西比河拱桥。1889年，巴黎建造了钢铁结构的埃菲尔铁塔。世界迎来了一个崭新的"钢铁纪元"。化学工业也是在这一时期获得重大进步的新兴产业。整个19世纪，化工生产的基本原料"三酸"（硫酸、硝酸、盐酸）和"两碱"（纯碱、烧碱）在生产方法上都有很大的进步。1828年，德国化学家弗里德里希·维勒用无机化合物人工合成了有机化合物——尿素，从此有机化学兴起了。1856年，英国化学家柏琴人工合成了染料苯胺紫；1875年香豆素得以成功合成，推动了染料业、香料业的发展。1875年，瑞典化学家阿尔弗雷德·伯纳德·诺贝尔发明了硝化甘油炸药。化学领域的众多发明促进了化工工业的迅速发展。

19世纪上半叶，无线电技术的发展为电信业的兴起奠定了基础。美国发明家塞缪尔·芬利·布里斯·莫尔斯原本是一个画家。一个偶然的机会，使他迷上了电磁发报机的发明，终于在1837年制成电磁式有线电报机。他还用点和线代表字母、数字、标点符号，发明了莫尔斯电码。作为一名画家，莫尔斯的绘画并没有传世之作，但他发明的发报机和莫尔斯电码却成为了一段不朽传奇。1845年，英国成立了电报公司，电报通信方式在许多国家迅速发展起来。1873年，英国物理学家詹姆斯·克拉克·麦克斯韦发表了名著《论电和磁》，为人类认识电磁波奠定了理论基础。1876年，美籍发明家亚历山大·贝尔发明了电话机。后经贝尔、爱迪生等人的不断改进，电话成为人们迅速传递信息的便捷工具。1910年，全世界就已经有了1 000万电话用户。1888年，德国物理学家海因里希·鲁道夫·赫兹采用实验的方法证实了电磁波的存在。1895年，意大利无线电工程师伽利尔摩·马可尼受赫兹实验的启发，用感应线圈和天线实现了1.5英里（合2.4千米）火花发电式莫尔斯电报的无线接收实验。同年5月7日，俄国物理学家波波夫也成功地表演了他发明的无线电接收机。后来，苏联把每年的5月7日确定为"无线电日"。电话、电报的发明，将相距遥远的人们紧密地联系在了一起，为人类走向信息时代迈出了最初的步伐。

第二次工业化浪潮带给人类许多创新发明，其中有一朵奇葩给人类社会生活带来了无限乐趣，这就是电影。电影既是一种文化，也是一个产业——电影文化产业。最早有一批摄影师发现了连续摄影能够重现活动影像的现象，物理学家把这一现象归结为"视觉暂留原理"。早期电影就是利用人类视觉暂留原理，运用照相以及录音方式记录外界影像和声音，再用电灯照射的方式将活动影像（同步声音）投射到银幕上以表现一定内容的一种技术。1877 年，美国发明家爱迪生发明了记录和再现声音的留声机。1889 年，爱迪生又发明了一种活动电影摄影机，1891 年又发明了活动电影放映机。1894 年 4 月，世界上第一家电影院在纽约百老汇大街开演。电影院共有 10 架放映机，每次只卖 10 张电影票。每一位观众都只能凑在一台放映机的镜头前观看里面的活动影像，这有一点像几十年前街头播放给小孩们看的"西洋镜"。法国摄影师奥古斯塔·卢米埃尔和路易斯·卢米埃尔兄弟改造了爱迪生的"西洋镜"，将活动影像借助银幕投影放大，让更多的人能够在一起观看电影。1895 年 12 月 28 日，卢米埃尔兄弟第一次向公众放映了他们用纪实手法拍摄的第一批短片，这些是每部只有 1 分钟左右的无声短片，却大获成功。这一天后来被确定为"电影诞生日"。1910 年，爱迪生又发明了有声电影。电影变得越来越有魅力，也越来越吸引热心的电影观众。电影成为了一个热门的文化产业，至今仍经久而不衰。

电影发明人卢米埃尔兄弟像

第二次工业化浪潮以科学技术进步为引导,以新能源、新工艺、新材料、新产品为特征,以新兴产业不断崛起为标志,推动着工业革命向纵深发展。这一次工业化浪潮卷入的国家更加广泛,主要包括西欧、东欧多国及美国、加拿大和日本等,而主要工业化国家之间的联系更为密切,为他们主导世界经济发展奠定了坚实的基础。1900年,美国、德国、英国、法国四国的工业产值占到了世界工业总产值的72%。工业化国家与非工业化国家之间的差距进一步拉大,全球经济发展的不平衡性愈加突出,国与国之间的竞争愈加激烈。几个工业化的强国为争夺世界的霸权,把全世界两次拖入了战争的深渊。

第三次工业化浪潮最初发生在20世纪六七十年代。在此之前,世界刚刚经历了第二次世界大战,世界主要的工业化国家差不多都投入了这场世界大战之中。在战争中,参战的工业化国家几乎动员了他们全部的科学技术力量和工业制造能力以满足战争的需要,军事工业得到了迅猛发展。"二战"以后,许多高端的军事技术逐步投向民用,推动了以计算机、核能、宇航三大技术为代表的新技术革命兴起。新的技术革命带动的工业化浪潮席卷亚洲、非洲、拉丁美洲的许多国家,发展中国家纷纷实施追赶战略。随着新技术革命的纵深发展,许多产业状态发生了深刻变化,例如石油工业引发了农业的"绿色革命",互联网和移动通信开启了信息化的新时代。随着发达国家进入后工业化阶段,现代服务业迅速崛起,以纳米技术、基因工程、人工智能为先导的新一轮科技革命正在酝酿之中。我们现在正处于第三次工业化浪潮的后期,而人工智能的迅速崛起,将给世界带来不可预料的深刻变化。

第三次工业化浪潮最重要的成就是电子计算机的发明。1936年,英国数学家阿兰·麦席森·图灵提出了著名的图灵模型,为现代计算机的逻辑工作方式奠定了基础。美籍科学家约翰·冯·诺依曼参与美国军方第一台计算机的研制,创立了数理逻辑和计算理论,提出了计算机设计的基本结构,被誉为"计算机之父"。1946年,由美国军方定制的第一台电子数字积分计算机在美国宾夕法尼亚大学问世。1952年,美国国际通用机器公司(IBM)第一台批量生产的IBM 701计算机在纽约向用户开放。这些第一代计算机(1946~1959年)使用电子真空管,普遍比较笨重。1947年,美国贝尔实验室的威廉·肖克利、约翰·巴丁和布莱顿组成的研究小组研制出一种点接触型的锗晶体管，晶体管时代由此开启了。1959 年，美国菲尔克公司研制成第一台通用晶体管计算机，它功耗省，体积小，重量轻，运算速度快。电子计算机由此进入了第二代（1959～1964 年）。第一、第二代计算机主要用于军事、科研以及飞机、火箭、卫星、宇宙飞船的设计与管理等工作。1959 年，美国得克萨斯仪器公司将电子元器件与电子线路组合起来，构成了微型组合电路。1964 年，美国 IBM 公司制成通用的集成电路 3690 系列计算机，标志着第三代电子计算机（1964～1970 年）的诞生，计算机开始进入普及阶段。20 世纪 60 年代以后，集成电路向大规模集成电路发展。1970 年前后，大规模集成电路电子计算机诞生，计算机进入第四代（1970 年至今）。1981 年，美国 IBM 公司推出第一代微型个人计算机 IBM-PC，计算机开始进入了家庭。随着电子技术的发展，计算机的运算速度不断提高。1965 年，美国英特尔公司创始人戈登·摩尔预言半导体芯片上集成的晶体管和电阻数量将每年增加一倍，这条预言后来演化成为摩尔定律。1971 年，英特尔公司推出的世界上第一款微处理器 4004，其中包含了 2 300 个晶体管。2017 年初，英特尔公司发布的第 7 代酷睿处理器上面集成了几十亿个晶体管。计算机的飞速发展，促进了计算机的普及。计算机应用进入了个人化、社会化阶段，一般的企业、商店、学校和个人广泛购买和使用计算机。计算机的出现和发展，从根本上改变了人类的生产、生活方式。在生产领域，计算机被普遍用于生产中的实时控制和企业的经营管理，极大地提高了生产管理效率。在生活领域，计算机被广泛用于个人的学习、工作和生活的各个方面，给个人生活带来了便利和舒适。

人类社会的发展离不开先进能源的利用。每一次工业化浪潮都会推动新能源技术的发展。原子能的利用成为了人类最伟大的能源革命。1941 年，美籍意大利物理学家恩利克·费米领导的小组在美国芝加哥大学建成了第一台可控核反应堆，人类从此迈入了原子能时代。1942 年，美国陆军部实施利用核裂变反应来研制原子弹的"曼哈顿计划"。"曼哈顿计划"中，美国物理学家罗伯特·奥本海默负责原子弹研制工作。1945 年 7 月 16 日，世界上第一颗铀原子弹在美国西部沙漠地区试爆成功。同年 8 月 6 日、9 日，美军飞机分别在日本广岛、长崎投掷了原子弹。这是人类第一次将原子弹用于战争。苏联为打破美国的核垄断，在苏联物理学家伊戈尔·瓦西里耶维奇·库尔恰托夫的率领下奋起直追。1949年，苏联第一颗原子弹也试爆成功。1951年，美国进行了利用核聚变燃料的氢弹试验。1953年，苏联宣布氢弹试爆成功。此后，英国在1952年、1956年，法国在1960年、1968年，中国在1964年、1967年，分别试验成功原子弹和氢弹。在研制原子弹的过程中，各国都先后建立原子反应堆，为和平利用原子能开辟了道路。1951年12月，美国实验增殖堆1号（EBR-1）首次利用核能发电。1954年6月，苏联奥布宁斯克核电厂首次向电网送电。随着核浓缩技术的发展，从20世纪60年代开始，核能发电的成本开始低于火力发电成本，核能发电真正迈入实用阶段。美国、苏联、法国、英国、德国、日本和中国、印度等国纷纷发展核电站。根据国际原子能机构公布的数据，到2014年，全世界共有30多个国家拥有440多个核电站，核发电能力占世界发电总量的15%左右。但在核电发展过程中，它的高收益始终伴随着高风险、高代价。1979年，美国出现三里岛核电站泄漏事故。1986年，苏联的乌克兰境内出现了切尔诺贝利核电站泄漏事故。2011年，日本福岛发生福岛第一核电站核泄漏事故。这些核事故使人类社会付出了惨痛的代价。在原子能放射性同位素的辐射应用方面，人类也取得了积极进展。在医学诊断、治疗，生物机体内反应研究，种子的辐射突变和食品保存等方面，原子能发挥越来越大的作用。

第二次世界大战极大地促进了航空事业的发展。战前的飞机主要是采用活塞式内燃机做动力的螺旋桨飞机，速度一般低于音速。1939年，德国首先研制成功喷气式飞机。同年，美国研制成功世界上第一架VS-300直升机。1944年，德国和英国的首批喷气式战斗机投入使用。1947年，美国空军飞行员驾驶X-1火箭实验机，高空飞行速度达1 278千米每小时，人类首次突破了音障（约为950千米每小时）。1949年，英国德·哈维兰公司研制出第一架喷气式客机，速度超过800千米每小时。1951年，苏联研制成功喷气式米格战斗机。1954年，美国喷气式远程运输机首次试飞。1957年，苏联研制成功第一代喷气式客机图-104。1958年，美国波音707喷气式客机开始交付使用。1975年，苏联研制的超音速喷气式客机图-144投入使用。1976年，法国和英国联合研制的"协和号"超音速喷气式客机投入运营。但这两种喷气式超音速客机投入运营后都发生了事故，陆续宣布停止商业运营。而非超音速的喷气式客机在民用航空中得到了普遍使用。2005 年 4 月，欧洲空中客车公司的 550 座级超大远程宽体客机——空客 A380 试飞成功，空客 A380 有空中巨无霸之称。

新技术革命在航天技术方面也取得了惊人的发展。1957 年 10 月 4 日，苏联成功地将世界上第一颗人造地球卫星送上太空，开创了空间时代的新纪元。1958 年 1 月 31 日，美国"探险者 1 号"卫星发射成功。1959 年 10 月 4 日，苏联发射宇宙火箭，它拍摄的月球背面照片向全世界发布。1961 年 4 月 12 日，苏联宇航员尤里·加加林首次乘飞船"东方 1 号"绕地球一周，在太空邀游 108 分钟后安全返回地面，人类由此进入了太空时代。1964 年 8 月 19 日，美国发射第一颗地球同步静止轨道通信卫星，从此，全球卫星通信事业发展迅速。1965 年 11 月 26 日，法国成功发射第一颗人造卫星。1969 年 7 月 21 日，美国"阿波罗 11 号"宇宙飞船登月成功，宇航员尼尔·奥尔登·阿姆斯特朗和巴兹·奥尔德林在月球上留下了人类的第一个脚印。阿姆斯特朗说："这是个人的一小步，却是人类的一大步！"1970 年 2 月 11 日，日本成功发射第一颗人造卫星"大隅号"。1970 年 4 月 24 日，中国发射第一颗人造地球卫星"东方红 1 号"。1971 年 10 月 28 日，英国成功发射第一颗人造卫星"普罗斯帕罗号"。自 1971 年至 1982 年，苏联一共发射了 7 座"礼炮号"空间站，进行太空观测和空间实验。1973 年，美国成功发射"天空实验室"空间站。1987 年 3 月 31 日，苏联开始了"和平号"空间站的正式组装工作，"和平号"空间站在太空运行了 15 年时间，取得了巨大的研究成果。1998 年 11 月 20 日，由美国、俄罗斯主导，16 国参加的"国际空间站"正式组装，至 2011 年组装完成。这是截至目前人类拥有的规模最大的空间站。从 1958 年 10 月至 1978 年 5 月，美国还发射了 13 颗"先驱者号"探测器，用来探测地球与月球之间的空间和金星、木星、土星等行星及其星际空间。1989 年 5 月，"先驱者 10 号"飞越冥王星，向银河系深处漫游而去。从 1971 年起，美国为探索火星先后成功发射了"海盗 1 号""海盗 2 号""探路者号""凤凰号""勇气号""机遇号""好奇号"等火星探测器，登陆火星并发回了大量照片及资料。2012 年 8 月成功登陆火星的"好奇号"是世界上第一辆采用核动力驱动的火星车，担负着探索火星生命元素的重要使命。2011 年 9 月 29 日，中国成功发射"天宫一号"小型实验性空间站。

2011年11月、2012年6月、2013年6月分别与"神舟"8号、9号、10号飞船自动交会对接。航空航天业的发展,带动了气象科学、卫星通信、遥感技术等的突飞猛进。航空航天事业需要大量先进的电子设备和精密仪器,也促进了电子工业技术和精密加工工艺的进步,在许多方面代表了世界现代工业技术发展的最高水平。人类航空航天事业的发展,有着巨大的经济意义和科学研究价值。

中国"天宫一号"小型实验空间站

工业化促进了近现代农业的发展,传统农业逐步向近现代农业转变,机械化、化学化、信息化成为近现代农业的重要标志。最早的农业机械出现在蒸汽机时代,1851年,英国的法拉斯和史密斯用蒸汽机实现农田机械耕作,被看作农业机械化的发端。1889年,美国芝加哥的查达发动机公司制造出世界上第一台汽油内燃机农用拖拉机。20世纪之初,英国、德国、瑞典和匈牙利等国都制造出了以柴油内燃机为动力的拖拉机。1831年,美国企业家塞勒斯·麦考密克发明了收割机。到了20世纪40年代,农业机械在西欧以及美国、加拿大、澳大利亚等国家得到了普遍应用。19世纪上半叶,伴随化工工业发展,化肥、农药开始用于农业生产。1828年,德国化学家维勒用人工方法合成了尿素，但当时尿素并没用作肥料。1838 年，英国人劳斯用硫酸处理磷矿石制成磷肥，成为世界上最早的化学肥料。劳斯后来还发明了氮肥。1840 年，德国化学家尤斯图斯·冯·李比希出版了《化学在农业及生理学上的应用》一书，为化肥的发明与应用奠定了理论基础。1874 年，化学家欧特马·勤德勒首次合成 DDT，化学名为双对氯苯基三氯乙烷。1939 年，瑞士化学家保罗·赫尔曼·穆勒发现了 DDT 的杀虫功效。20 世纪下半叶，有机氯、有机磷等杀虫剂被广泛用于农业害虫的灭杀。20 世纪 60 年代，西方发达国家将高产谷物品种和农业技术推广到印度、墨西哥等亚洲、拉丁美洲和非洲的一些发展中国家，促使了世界粮食产量大幅度增加，这被称为"绿色革命"。但是，化肥、农药的大量使用，致使土壤退化、环境污染，最终导致农业发展的不可持续。1962 年，美国海洋生物学家蕾切尔·卡森出版了《寂静的春天》，书中指出了 DDT 等杀虫剂、除草剂对生态的危害。许多国家下令禁止了 DDT 的生产与销售。进入 21 世纪，随着生物工程、信息技术的发展，农业专家通过基因改造改良农业品种，用物联网技术对农业生产实施精准控制，努力发展生态农业、有机农业、信息农业，建设人工智能控制的植物工厂，一场新的绿色革命正在酝酿。

工业化也促进了服务业的发展，从传统服务业到现代服务业，生活和生产服务业的面貌都发生了根本性的改变。传统服务业主要是生活服务业，如住宿、餐饮、零售、旅游等，重点为个人服务。工业革命兴起以后，为生产服务的现代服务业逐步发展。一方面是伴随工业经济的发展，出现了许多新兴的现代服务业，如金融业、保险业、软件业、电信业、房地产业、医疗保健业等；另一方面是社会化大生产创造了较高的生产效率和发达的社会分工，促使生产企业中的某些为生产服务的环节从生产流程中分离出来，成了为生产服务的独立产业，如运输业、仓储业、设计业、销售业、咨询服务业等。许多现代国家把公共服务也纳入现代服务业的范畴，如基础教育、医疗卫生、公共服务、公益信息服务等，采取政府购买服务的方式向广大社会大众提供各种服务。现代服务业既包括随着经济发展而产生的新兴服务业态，也包括运用现代技术对传统服务业的改造。由此而言，现代服务业是一个十分宽泛的概念。在国民经济统计中，农业属于第一产业，工业和建筑业属于第二产业，服务业属于第三产业。

现代服务业的高度发展成为了后工业化社会的一个重要特征。目前，经济发达国家第三产业增加值占国民生产总值的比例达到了 70%～80%，而发展中国家第三产业增加值为 40%～50%。从发展趋势看，现代服务业在未来社会仍会有较快的增长，甚至成为未来社会的主要经济形态。

在迅速发展的现代服务业中，有一个重要的新兴产业就是信息服务业。在 20 世纪下半叶，基于互联网和电子技术发展而兴起的信息服务业迅速扩张，对经济社会发展产生了巨大影响。互联网是指由若干计算机网络相互连接而成的网络。其中最大的一个互联网称因特网（Internet），这是一个全球化网络，也有人称之为"国际互联网"。1969 年，美国国防部研究计划署建立了阿帕网，这是因特网的发端。1983 年，美国国防部将阿帕网分为局域网和广域网。在美国国家科学基金会的资助下，建立了全美五大超级计算中心，一些大学和科研机构纷纷加入了广域网，广域网形成了一个开放的计算机系统网络。1989 年，广域网改名为因特网并向社会公众开放。同年的夏天，欧洲粒子物理研究所科学家蒂姆·伯纳斯·李开发出了超文本传输协议（HTTP）和浏览软件，极大方便了互联网应用，互联网逐步向社会普及。1994 年，美国的因特网由商业机构全面接管，使得因特网从单纯的学术科研网络演变成为世界性的商业网络，形成了因特网全球迅速发展的态势。现在的因特网是一个全球性的公共信息平台。互联网的出现，加快了全世界信息的汇聚和流动，信息化与工业化、农业现代化、现代服务业发展相结合，正在改变着现代经济发展的面貌，新产业、新业态、新经济不断涌现。

推动信息服务业发展的又一个重要方面就是移动通信。移动通信是沟通移动用户与固定点用户之间或移动用户之间的一种通信方式。这种通信方式早期主要应用于船舶、航空、铁路和军事方面。从移动通信的发展看，1948 年，美国贝尔实验室研制出世界上第一台寻呼机，取名 BellBoy。1978 年，美国贝尔实验室又成功研制移动电话系统（AMPS），开启了移动通信的新时代。移动通信经历了一个逐步发展的过程。第一代移动通信系统采用了模拟调制技术。20 世纪 80 年代中期，欧洲推出了泛欧数字移动通信网（GSM），美国、日本等国也研制了各自的数字移动通信网。第二代移动通信系统普遍采用了数字调制技术。第三代移动通信系统是宽带数字通信系统,主要解决了网络和多媒体的接入。中国移动通信事业起步虽晚但发展较快。1987年,毗邻港澳的广东省率先建成模拟蜂窝移动电话。1994年,国家邮电部移动通信局成立。至2014年底,中国移动电话用户12.86亿,手机普及率每百人94.5部,规模位居世界第一。移动通信,尤其是以智能手机为终端的移动通信,实现了移动通信与互联网的互联互通。手机成为社会大众的必备通信与获取信息的工具,让人们可以随时随地通信与上网,由此产生的大数据成为分析判断人们思想、行为的金矿,给经济社会发展带来巨大的推动力量。

进入21世纪,以纳米技术、基因工程、人工智能为代表的新技术迅速崛起,带动新一轮的工业化浪潮向纵深发展。所谓纳米技术,是指在纳米尺度(1~100纳米)范围研究物质的特性和相互作用以及利用这些特性制作多种材料和设备的一门技术。科学家在研究物质构成过程中,发现在纳米尺度下隔离出的数个原子或分子,表现出了许多新的特性,利用这些特性制造特定的材料或设备,具有神奇的功能。所谓基因工程,是以分子遗传学为基础,以分子生物学和微生物学的现代方法为手段,通过DNA重新组合,以改变生物原有的遗传特性,获得新的品种、进行新产品生产的一种技术。1953年,美国生物学家詹姆斯·杜威·沃森和英国生物学家弗朗西斯·哈利·康普顿·克里克共同发现了DNA分子的双螺旋模型,奠定了基因学的基础。1969年,科学家分离出第一个基因片段。2000年,人类基因组计划草图的绘制工作完成。基因工程为培育生物新品种、对抗各种疾病提供了强大的理论与技术支撑。所谓人工智能(Artificial Intelligence,缩写为AI),是指人类认识智能的实质,制造出一种新的能以人类智能相似的方式作出反应的机器。1950年,英国数学家图灵发表了《计算机与智能》的论文,提出了著名的图灵测试。1956年,在美国达特茅斯学院召开的人工智能夏季研讨会上,"人工智能"的概念被正式提出了。1997年,美国IBM公司研制的计算机"深蓝"在国际象棋比赛中战胜世界国际象棋棋王加里·卡斯帕罗夫。2016年,谷歌公司开发的阿尔法围棋(AlphaGo)程序战胜了世界围棋冠军李世石。人工智能正在一步步地挑战人类的智能。美国未来学家雷·库兹韦尔在《奇点临近》一书中大胆预言:"随着纳米技术、生物技术等呈几何级数加速发展,未来20年中人工智能将会大幅提高,人类的未来也会发生根本性重塑。在'奇点'到来之际,机器将能通过人工智能进行自我完善,超越人类,从而开启一个新的时代。"

现代的世界

现在,许多历史学家认为世界近代史的起点是公元 1500 年,世界现代史的发端是 1900 年,世界当代史的开始是 1945 年。我们说,以农业文明为标志的古代世界,经历了漫长的数千年历史;以工业文明为特征的近现代世界,至今仍只有几百年的时间。从 1500 年起,大航海和文艺复兴为工业革命的兴起从物质到精神做了两方面的准备。从这个意义上讲,我们以为,农业文明创造了古代社会,工业文明诞生了现代社会。从 1500 年至今的历史都可以算作世界的现代历史。

在世界历史上,1500 年前后正是地理大发现时期,又称为大航海时代。从 15 世纪至 17 世纪,欧洲的一些早期的航海家们纷纷扬帆远航,他们努力去寻找世人未知的国家和大陆,去开拓新的航行线路和贸易市场,去发展欧洲新生的资本主义。1488 年,葡萄牙航海家巴尔托洛梅乌·迪亚士第一次到达了非洲大陆西南端的好望角,成为新航路的最先开辟者。1497 年,葡萄牙航海家瓦斯科·达·伽马受葡萄牙国王派遣,率领舰队绕过好望角,到达了印度的西南部重镇卡利库特,并满载交换来的宝石、香料而归。1492～1502 年,意大利航海家克里斯托弗·哥伦布在西班牙国王的资助下,四次横渡大西洋,发现了美洲大陆,成为名垂青史的航海家。1519～1521 年,葡萄牙航海家费迪南德·麦哲伦在西班牙国王的支持下,率领船队进行环球航行。1521 年,麦哲伦在菲律宾与当地居民的冲突中被杀身亡。他的船队继续航行,终于完成了人类首次环航地球的壮举。在当时的条件下,远航的帆船没有准确的定位系统,木制的帆船难以抵挡大海风浪的袭击,船舶的体积不足以储藏足够的淡水和食物，扬帆远航意味着要冒很大的风险。但是，这些早期的航海家们怀揣着野心、荣誉与梦想，毅然决然去远航，这需要极大的勇气。地理大发现是社会经济与技术发展的产物，契合了新生资本主义兴起的时代要求。新国家、新大陆的发现，既带来了野蛮的殖民开拓，也促进了世界文明的汇合，极大地开拓了人类的视野。

随着新航路的开辟，殖民掠夺和远洋贸易蓬勃兴起，欧洲经济发生了重大转变，商业资本得到迅速发展，一场商业革命率先开始了。商业革命在农业革命之后、工业革命之前，起到了承前启后的作用。欧洲新兴的葡萄牙、西班牙、荷兰、英国、法国等国家鼓励海外殖民开拓，发展远洋贸易。重商主义政策逐步瓦解了以农业为基础的封建统治，为工业革命的兴起创造了必要条件。加之几乎同时兴起的文艺复兴和宗教改革，为资产阶级革命做好了思想和舆论的充分准备，一场资产阶级革命在欧洲不可避免地产生了。

欧洲最早发生资产阶级革命的是尼德兰。尼德兰泛指莱茵河下游及北海沿岸地区，相当于现在荷兰、比利时、卢森堡及法国的东北部地区。16世纪初，尼德兰是西欧经济最发达的地区，但这里又是西班牙哈布斯堡王朝的领地。1566年4月，尼德兰贵族威廉·奥兰治率领尼德兰人民反抗西班牙统治者，尼德兰爆发人民起义。人民起义失败之后，奥兰治组织军队开展独立战争。1579年，尼德兰反西班牙同盟成立了联省共和国，又称荷兰共和国。荷兰共和国积极发展对外贸易和殖民扩张，曾是欧洲最富裕的国家之一。威廉·奥兰治被荷兰人民誉为"祖国之父"。

如果说，1566年爆发的尼德兰革命仍带有民族独立性质，那么1689年发生的英国"光荣革命"则是纯粹的资产阶级革命。16世纪之初的英国是一个农业国，农业社会的经济基础是土地，而土地是属于国王、贵族和教会的财产。15～16世纪新航路的开辟，促进了英国羊毛加工业的发展，英国农村发生了"圈地运动"。所谓"圈地运动"是指土地所有者将农民原来租种的土地转租给租金更高的工商业者放养绵羊，以发展羊毛加工业，导致了许多农民的破产。"圈地运动"破坏了封建的小农经济和庄园经济，但推动了城市和工商业的发展，培育了新兴的资产阶级和新贵族。16世纪60年代，英国资产阶级和新贵族把欧洲大陆崇尚积极人生理念的基督教加尔文宗传入英国，称之为清教，发动了广泛的清教运动。17世纪开始，英国资产阶级和新贵族与国王的冲突集中反映在国王与议会的斗争上。早在13世纪，英国势力强大的贵族们为了维护自己的特权，限制王权，迫使国王成立了议会。议会有权决定征税、颁布法律等。英国议会分上、下两院，上院称为贵族院，下院称为众议院，众议院主要代表了新兴资产阶级和新贵族的利益。1625年，英国国王查理一世即位。查理一世实行专制统治，与议会的矛盾十分尖锐。议会不同意他的征税要求，他就宣布解散议会。1640年，议会组织重新选举，以资产阶级和新贵族为主的新议会在威斯敏斯特成立。新议会采取措施限制王权，整顿教会，维护工商业者的利益。1642年8月，查理一世宣布"讨伐"议会，由此爆发了两次国王与议会的内战。1645年，议会授权奥利弗·克伦威尔改组军队，组织"新模范军"与国王军队作战。1648年，克伦威尔率领"新模范军"战胜了国王军队。1649年1月，议会和军队组织的最高法庭以叛国罪宣判查理一世死刑。同年3月，议会决议宣布废除君主制，取消上院，成立国务会议。5月18日，议会宣布英国为共和国，行政权力属于国务会议。共和国成立之初，国内外矛盾十分尖锐，克伦威尔实行军事专制统治。1658年9月，克伦威尔去世以后，国内封建势力重新聚集。1660年5月，议会通过了复辟议案，宣布查理二世为英国国王。1660年5月29日，查理二世正式登上王位，斯图亚特王朝在英国复辟。1685年，查理二世死后，詹姆斯继承王位，史称詹姆斯二世。詹姆斯二世是一个天主教徒，即位后倒行逆施，一心推行天主教，迫害清教徒。英国国内的共和势力和清教徒联合起来，邀请詹姆斯二世信奉清教的长女玛丽和女婿——荷兰的执政官奥伦治·威廉，史称威廉三世——返回英国。1688年12月，威廉三世率军队进入伦敦，詹姆斯二世逃往法国。1689年1月22日，议会通过了限制王权的《权利法案》，确立了英国的君主立宪制。这是一场未发生流血的政变，史称"光荣革命"。英国"光荣革命"建立的议会制度为欧洲新时代的政治制度树立了一个新样板。

1492年，哥伦布发现美洲大陆以后，英国、法国、西班牙、葡萄牙、荷兰等国的殖民者蜂拥而至进入了北美。他们夺取印第安人的土地，建立了许多殖民地。1733 年，英国在北美从大西洋沿岸到阿帕拉契山脉之间的地带建立了 13 个殖民地。1756 年至 1763 年的"七年战争"以后，英国又从法国手中夺取了加拿大以及密西西比河以东的广大地区。英属北美殖民地的统治权多数是由英国政府派出的总督掌控，少数由殖民地有产者"业主"选举总督，但须经英王的批准。各殖民地仿效英国政治制度，在各殖民地设立了地方立法议会，对总督权力有一定的制约。到 18 世纪中期，北美殖民地都已发展出独立的经济体系，形成了统一的市场。他们还建立了自己的高等学校，促进了文化的发展。来自世界各地的移民一代代生息在北美大陆，逐渐形成了一个新的民族——美利坚民族。英属北美殖民地人民形成的美利坚民族，要求独立发展民族经济，而英国仍把殖民地当作自己的原料产地和商品市场，宗主国与殖民地之间的矛盾日益尖锐。各殖民地随即出现了反抗英国殖民统治的斗争，殖民地立法议会也起来反对英国政府派给殖民地的各种苛捐杂税。一些殖民地还组织了民兵，进行军事训练，准备为民族独立而战斗。1774 年 9 月 5 日～10 月 26 日，各殖民地联席会议（即第一届大陆会议）在费城召开，会议通过了《关于殖民地权利和不满宣言》，要求殖民地实行自治。但是，英国政府断然否决了大陆会议的要求。1775 年 4 月 18 日，英国北美驻军前往波士顿收缴民兵武器时，路过一个叫作莱克星顿的地方，遭到了民兵武装的袭击。莱克星顿的战斗打响了独立战争的第一枪。1775 年 5 月 10 日，第二届大陆会议在费城召开，会议决定改编民兵为"大陆军"，并选举乔治·华盛顿为大陆军总司令。1776 年 6 月 7 日，托马斯·杰弗逊代表弗吉尼亚州向大陆会议提出殖民地完全脱离英国的提案。大陆会议决定由约翰·阿达姆斯、本杰明·富兰克林、罗杰·薛尔曼、罗伯特·李文司顿、托马斯·杰弗逊五人组成起草委员会，负责起草《独立宣言》。1776 年 7 月 4 日，第二届大陆会议通过了由杰弗逊执笔起草的《独立宣言》。《独立宣言》是美国重要的历史文献，宣言宣称：人人生而平等，他们被造物主赋予某些不可让渡的权利，其中包括生存、自由、追求幸福的权利。宣言正式宣告美国独立，成立美利坚合众国。原来英属北美 13 个殖民地变为了美国最早的 13 个州。7 月 4 日这个重要的日子，被定为美国的国庆日。但是，为了真正从英国的殖民统治下解放出来，美国人民还进行了 6 年零 6 个月的浴血奋战。美国独立战争从 1775 年 4 月的莱克星顿战斗开始，到 1781 年 10 月胜利结束。1782 年 5 月，英国被迫与美国、法国、西班牙代表在巴黎举行谈判。1783 年 9 月 3 日，美国与英国签订《巴黎和约》，英国正式承认美国独立。

华盛顿像

18 世纪下半叶，法国的波旁王朝专制腐朽，受启蒙运动熏陶的法国人民不满情绪一触即发。在历史上，法国存在封建等级制度，整个社会按出身和职守不同划分为三个等级，第一等级是僧侣，第二等级是贵族，第三等级为城市有产者和平民、工人、农民等。第三等级承担了国家物质生产和纳税的义务，却几乎没有政治权利。18 世纪 80 年代，法国因连年征战和宫廷奢侈浪费，国库一空如洗。国王路易十六为增加新税，不得不召开中断了 160 年的三级会议。1789 年 5 月 5 日，三级会议在巴黎附近的凡尔赛宫进行。会议规定三个等级会议代表分别开会，表决时每一个等级只算一票，遭到了第三等级代表的一致反对。6 月 17 日，第三等级代表通过决议，宣布自己是代表全体国民的"国民会议"。不久，国民会议又改为制宪会议。6 月 23 日，国王路易十六宣布国民会议非法，命令解散国民会议，并暗中调集军队准备武力进行镇压。在危急的关头，7月13日早晨，巴黎市民举行了武装起义，起义的市民很快占领了巴黎。7月14日，攻占了象征封建统治的巴士底监狱。这一天成为法国的国庆日。1789年8月26日，制宪会议通过了《人权宣言》。它以美国《人权宣言》为蓝本，把18世纪法国的启蒙思想用法律形式固定下来。1791年9月14日，制宪会议颁布新宪法，史称《1791年宪法》。新宪法确定法国为君主立宪政体国家。自革命爆发以来，巴黎出现了许多政治俱乐部，影响最大的是雅各宾俱乐部。雅各宾俱乐部内部存在左、右两派，左派是激进的民主主义者，称雅各宾派，右派是温和的共和主义者，称吉伦特派。法国革命的发展，令欧洲各国的封建君主感到了恐慌，准备联合出兵进行武装干涉。1792年2月，奥地利和普鲁士两国订立了军事同盟，联合出兵法国。法国国内的保皇势力内外勾结，致使法国军队连遭失败。8月10日，巴黎人民再次起义，占领王宫，推翻了君主立宪制。在前线战场上，法军士气高昂。9月20日，法军在瓦尔密大败奥普联军。9月21日，即瓦尔密大捷的第二天，根据普选制选出的国民公会在巴黎开幕。国民公会正式宣告法兰西共和国成立，史称法兰西第一共和国。1793年1月21日，被国民公会判处死刑的路易十六被送上了断头台。1793年春天，普鲁士、奥地利、俄罗斯等国第一次组成反法联盟。在法国内部，掌权的吉伦特派与雅各宾派决裂，加害雅各宾派分子。内外交困之际，5月31日～6月2日，巴黎人民又一次起义，政权转到了雅各宾派手中。1793年6月24日，国民公会通过了雅各宾派制定的新宪法，即《1793年宪法》。雅各宾派依靠人民支持平息国内叛乱，击败了外国武装干涉，但激进的专政统治引起了社会各方的反对。1794年7月27日，反对力量联合起来，发动"热月政变"，推翻了雅各宾派专政，建立了督政府。新的督政府懦弱无能，出现了混乱局面。1799年11月9日，又发生了"雾月政变"，拿破仑·波拿巴登上舞台，法国进入强人政治的时代。

拿破仑·波拿巴毕业于巴黎陆军学校，曾因在战场上屡建奇功而被破格提升为准将。1799年11月，拿破仑乘法国国内混乱之际从战场上悄然返回巴黎，发动了"雾月政变"，成为法兰西第一共和国执政官。1800年，拿破仑颁布政法令，巩固中央集权，采取了促进法国经济发展的措施，整治社会的混乱局面。1804年4月，拿破仑颁布实施《法国民法典》，成为欧美各国立法的典范。11月6日，公民投票通过《共和12年宪法》，宣布拿破仑·波拿巴为法兰西皇帝，建立了法兰西第一帝国。法兰西第一帝国长期处于对外战争状态，拿破仑率军五次打破英、普、奥、俄等国组成的反法联盟，打赢50余场大型战役，沉重打击了欧洲的封建势力，捍卫了法国大革命的成果。最辉煌的时期，欧洲除英国之外，其余国家均向拿破仑臣服或与他结盟，形成了庞大的拿破仑帝国。1812年9月，拿破仑远征俄罗斯遭到失败，法兰西第一帝国由盛转衰。1813年2月，俄罗斯与普鲁士结盟，组织了更广泛的第六次反法联盟。10月19日，拿破仑与反法联军在莱比锡进行大会战遭到失败。1814年3月31日，反法联军攻占了巴黎，拿破仑被迫退位，被囚禁在地中海的厄尔巴岛。路易十八回到巴黎就任法兰西国王，波旁王朝复辟。1815年2月26日，拿破仑设法逃出厄尔巴岛。3月20日，拿破仑重回巴黎掌握军队，路易十八望风而逃。欧洲各国迅速组成第七次反法同盟，与拿破仑的军队在滑铁卢大战。拿破仑再次遭遇惨败，百日王朝垮台，拿破仑宣布退位。拿破仑

拿破仑·波拿巴像

退位后被英军流放至大西洋的圣赫勒拿岛。1821年5月5日，拿破仑在岛上去世。1840年，他的灵柩被迎回巴黎安葬。拿破仑帝国垮台后，1814年、1815年，反法联盟两次召开维也纳会议并签订《巴黎和约》，恢复封建统治秩序，瓜分拿破仑帝国的遗产。英、俄、普、奥建立"神圣同盟"，欧洲列强维持了一个较为稳定的时期。

美国独立战争取得的胜利极大地鼓舞了拉丁美洲的反殖民斗争。所谓拉丁美洲，通常指美国以南普遍使用西班牙语和葡萄牙语的广大美洲地区，由于这两种语言与拉丁语有紧密联系，故有此称呼。1791年8月22日，海地爆发了由黑人革命家杜桑·卢维杜尔领导的黑人奴隶起义，起义军赶走了殖民者。1801年7月1日，海地宣布独立，杜桑被选举为总统。海地独立后，拿破仑曾两次派兵前来镇压，但都没有能够撼动海地人民的独立意志。在西班牙殖民地墨西哥，独立运动风起云涌。1810年9月16日，传教士米格尔·尹达尔哥在墨西哥多洛雷斯发动武装起义。起义时，他们聚集在教堂高呼"独立万岁"的口号，这就是墨西哥历史上著名的"多洛雷斯的呼声"。起义遭到了镇压，尹达尔哥也牺牲了，但起义军的独立斗争坚持了下去。1821年9月27日，起义军与地方实力派伊图维德合作进入了墨西哥城，宣告墨西哥独立。1824年，墨西哥宣布为共和国，起义军首领瓜达卢佩·维多利亚当选为第一届大总统。委内瑞拉、哥伦比亚等国的独立战争从1810年开始，弗兰西斯科·米兰达是委内瑞拉独立战争的发起人。米兰达牺牲后，西蒙·玻利瓦尔成为独立战争的领导者。1819年8月，玻利瓦尔率军打败西班牙军队进入波哥大城。1819年12月，大哥伦比亚共和国宣告成立。1832年，大哥伦比亚共和国分为哥伦比亚、委内瑞拉、厄瓜多尔三个国家。1810年5月，阿根廷人民发起了反对西班牙殖民统治的"五月革命"。5月25日，推翻西班牙总督政府，成立临时政府，宣告了阿根廷独立。5月25日成为阿根廷的独立日。1811年5月14日，巴拉圭人民举行起义，逮捕了西班牙的地方领导，成立了巴拉圭共和国。1814年4月~1817年2月期间，南美独立运动领导人何塞·圣马丁组建了安第斯军开展打击西班牙殖民者的独立战争。1817年2月，安第斯军会合智利反抗力量打败西班牙军队，解放了圣地亚哥。1818年2月，智利宣布独立，成立了智利共和国。在智利共和国的支持下，安第斯军与智利革命军改组为秘鲁解放军。1821 年 7 月，秘鲁解放军攻占秘鲁首都利马。7 月 28 日，秘鲁宣布独立。1822 年 7 月 25 日，圣马丁与玻利瓦尔会面商讨最后消灭西班牙殖民者的问题。会后，圣马丁宣布退出军事指挥，由玻利瓦尔率军远征上秘鲁。1825 年 1 月 25 日，上秘鲁宣布独立。为了纪念玻利瓦尔，上秘鲁改名为玻利维亚。1826 年 1 月 2 日，随着西班牙在南美的最后一个堡垒——卡亚俄港守军投降，西班牙在美洲的殖民统治彻底土崩瓦解。巴西是拉丁美洲最大的国家，属于葡萄牙的殖民地。18 世纪末，巴西争取民族独立的斗争就开始了。1807 年，拿破仑入侵葡萄牙，葡王室迁往巴西。1820 年，葡王室迁返葡萄牙，葡萄牙王子佩德罗留巴西任摄政王。在美洲独立运动的冲击下，1822 年 9 月 7 日，巴西宣布完全脱离葡萄牙而独立，建立了巴西帝国，佩德罗自立为帝，称为佩德罗一世。1825 年，葡萄牙正式承认巴西独立。拉丁美洲的独立运动为世界其他地区反对殖民统治的斗争树立了榜样。

　　1815 年以后，欧洲大陆各国封建势力复辟，出现了历史的曲折。1815 年，法国波旁王朝复辟。1824 年 9 月，查理十世即位后，力图恢复封建专制制度，引起了社会各方面的不满。1831 年 11 月、1834 年 4 月，法国里昂发生了两次工人武装起义。1836 年 6 月，英国出现"伦敦工人协会"，该协会拟定了一个争取普选权的文件，即《人民宪章》。1838 年 5 月，《人民宪章》以法案形式公布之后，得到了全国工人群众的响应，这就是英国的宪章运动。1844 年 6 月，德国爆发了西里西亚纺织工人起义。宪章运动、纺织工人起义最终都被残酷镇压下去了，但工人运动的序幕由此掀开了。1847 年 6 月，正义者同盟在英国伦敦召开代表大会，弗里德里希·恩格斯作为巴黎支部代表出席会议，会议决定正义者同盟改称为共产主义者同盟。1847 年 11 月底至 12 月初，共产主义者同盟在伦敦召开第二次代表大会，卡尔·马克思、弗里德里希·恩格斯都出席了会议。会议委托马克思、恩格斯为共产主义者同盟起草纲领——《共产党宣言》。1848 年 2 月，法国爆发二月革命，工人起义推翻了七月王朝。2 月 24 日，临时政府成立，法兰西第二共和国建立了。6 月 22 日，法国又发生六月工人起义，被临时政府镇压。1848 年 11 月 12 日，法兰西第二共和国宪法颁布。12 月 10 日，拿破仑的侄子路易·波拿巴利用拿破仑的声望当选为总统。波拿巴控制军政大权之后，于 1851 年 12 月 1 日发动政变，解散了立法国民议会。

1852年12月2日，波拿巴宣布法兰西为帝国，他自称拿破仑三世。法国进入法兰西第二帝国时期。1848年法国二月革命的消息传入德国，德国各地爆发游行集会。3月，普鲁士首府柏林爆发革命，德王威廉四世看武力镇压无法奏效，便许诺召集议会，制定宪法，建立德意志联邦国家。6月14日，威廉四世又调集军队进入柏林，改组了政府。12月5日，威廉四世又宣布解散议会，普鲁士革命至此完全失败了。1848年3月，奥地利首都维也纳爆发了三月革命，示威的市民要求颁布宪法、实现出版自由、建立国民军。4月23日，帝国宪法颁布。7月22日，奥地利帝国议会在维也纳开幕。当时，匈牙利是奥地利哈布斯堡王朝统治下的一个地区。1848年3月3日，匈牙利政治家科苏特在匈牙利议会下院发表演讲，要求废除封建制度，匈牙利实行自治。诗人裴多菲此时发表诗篇《民族之歌》。奥皇斐迪南同意改组匈牙利内阁，每年召开国会，内阁对国会负责。捷克也在奥地利统治之下。从1848年3月开始，捷克出现了要求实行宪法、言论自由和民族独立的群众示威。6月12日，布拉格市民举行起义，遭到了军队镇压。1848年10月，奥皇斐迪南决定镇压匈牙利革命。维也纳市民举行十月起义反对镇压匈牙利，匈牙利革命军也前来支援，但都被残酷镇压，奥地利恢复了专制统治。俄国沙皇担心匈牙利革命会引起连锁反应，命令波兰总督率军配合奥地利入侵匈牙利。1849年7月，匈牙利革命军与俄奥联军展开决战，惨遭失败。匈牙利重新沦于被奥地利帝国奴役。当时，意大利的大部分地区也在奥地利统治之下，罗马则属于教皇的领地。1848年1月，西西里岛爆发农民起义。3月，威尼斯市民举行起义。意大利的撒丁、那不勒斯王国都加入了反奥阵营，但都被奥地利军队击败。1848年11月15日，统治罗马的罗西主教被刺身亡，罗马市民举行示威，要求召开立宪会议并成立临时政府。1849年2月5日，经过普选产生的制宪会议在罗马城开幕。1849年2月9日，罗马共和国宣告成立，国旗定为三色旗。罗马教皇无力干涉革命，便向法国、奥地利、西班牙三个天主教国家请求武装干涉。1849年7月，法军进入罗马城，罗马共和国灭亡。1848～1849年，在欧洲广泛出现的民主、民族革命出现了暂时性消退。不久后，在意大利的独立王国撒丁王国出现了新的动向。1852年，卡米洛·奔索·迪·加富尔出任撒丁首相，实行富国强兵策略，并联合法国推动意大利的统一。1860年，西西里岛爆发起义。意大利的爱国志士卡朱塞佩·加里波第组织志愿军（又名"红衫军"）前往支援，一举攻占了西西里、那不勒斯。1861年，建立了意大利王国。1870年，普法战争爆发，法军撤出罗马。9月20日，意大利军队开进罗马，教皇退居梵蒂冈，被剥夺了世俗统治权，意大利实现了完全统一。19世纪的德国也在奥地利帝国的势力范围内，奥地利帝国国王是德意志联邦议会的主席。1861年1月，普鲁士王国威廉一世即位，着手进行军事改革。1862年9月，奥托·冯·俾斯麦被任命为国家大臣和临时内阁首相。俾斯麦号称"铁血宰相"，他在外交上纵横捭阖，开始了德国的统一大业。1864年，他联合奥地利对丹麦作战。1866年，他与意大利结盟，取得法国中立保证，对奥地利宣战。1870年，他策划挑起普法战争，乘势统一了南德意志地区。1871年1月18日，德意志最终走向了统一，建立德意志帝国。统一后的德国成为欧洲大陆的一个强大国家。

美国在独立战争胜利之后曾经有过一个领土扩张的时期。从1803年美国"购得"法属路易斯安那

亚伯拉罕·林肯像

地区至 1846 年划定与英属加拿大的分界线为止，美国获得了大片领土。当时的美国南北方沿着两条不同的道路发展，北方以工业和新兴农场为主，资本主义经济发展迅速。南方则以种植庄园经济为主，实行奴隶制度。随着西部地区大片领土的加入，北方希望发展工商业，南方企图扩大奴隶种植庄园，自由州与蓄奴州之争十分激烈。19 世纪 30 年代，美国即兴起了废奴运动。1852 年，哈丽叶特·比切·斯托出版小说《汤姆叔叔的小屋》，揭露了奴隶制的黑暗。南方各地不断爆发反对奴隶制的起义。1854 年，自由土地党、辉格党和民主党内的废奴派组成了共和党。1860 年，美国举行四年一次的总统大选，共和党提名的总统候选人亚伯拉罕·林肯当选。林肯当选总统之后，南方奴隶主就开始制造分裂，发动叛乱。1861 年 2 月 4 日，南方宣布退出联邦的各州在蒙哥马利城召开代表大会，宣布成立"南部各州联盟"，并制定新宪法，公开打出了叛乱的旗帜。3 月 4 日，林肯总统就职时，曾试图以不干涉现存的奴隶制度与奴隶主妥协，以求得恢复联邦的统一。然而，南方拒绝一切妥协。4 月 15 日，林肯总统宣布南方各州为叛乱州，下令征召志愿军，为恢复联邦统一而战。美国国内战争的最初两年，南部叛军控制着战场上的主动权，取得了节节胜利。1862 年 5 月 20 日，林肯总统颁布《宅地法》，实现了无偿分配西部国有土地的原则。9 月 22 日，发表了《解放奴隶宣言》，规定自 1863 年 1 月 1 日起，所有叛乱州的奴隶应当被看作自由人，可以应召参加联邦军队。消息传到南方以后，成千上万的黑人奴隶逃往北方，加入了联邦军队。从 1863 年开始，联邦军队转入反攻，叛军逐渐溃退。1864 年 11 月，林肯连任美国总统。1865 年 4 月 9 日，叛军残部向联邦军总司令尤里西斯·辛普森·格兰特投降，美国南北战争以北方的胜利而结束。南方奴隶主们不甘心失败，作垂死挣扎。1865 年 4 月 14 日晚，即在叛军投降之后的第五天，林肯总统在华盛顿一处剧院观看演出时被刺身亡。美国在南北战争以后，国家实现了真正的统一，美国最终成为了一个世界强国。

19 世纪上半叶的日本，处于最后一个幕府——德川幕府统治的时代。德川幕府对内实行封建统治，对外实行"锁国政策"。1853 年 7 月，美国海军将领马休·佩里率领舰队进入江户（今东京），并向德川幕府递交了美国总统给日本天皇的信，要求与日本建立外交关系并开展贸易，史称"黑船开国"。

1854年3月，日本与美国签订了《日美亲善条约》，日本同意向美国开放除长崎之外的下田、函馆两个港口，并给予美国最惠国的待遇。1858年6月，美国又与幕府签订了《日美修好通商条约》。荷、俄、英、法等国群起效仿与日本签订了类似条约。幕府在外交上的软弱无能激起国内各方的不满，各种势力在"尊王攘夷"的旗号下展开了倒幕运动。1866年12月，日本孝明天皇逝世，明治天皇即位。1868年1月3日，明治天皇颁布"王政复古"诏书，废除了幕府制，令德川幕府的德川庆喜将军"辞官纳地"。1月8日，德川庆喜在大阪宣布"王政复古"为非法，率军向京都进兵。天皇军与幕府军在京都附近激战，德川庆喜败走江户。5月3日，德川庆喜被迫交出江户城。6月27日，幕府势力盘踞的最后据点被攻克，日本全境实现统一。1868年4月6日，以明治天皇为首的新政府颁布《五条誓文》。《五条誓文》第一条即为"广兴会议，万机决于公论"。6月11日，又发布《维新政体书》，标榜以近代欧美国家立法、行政、司法三权分立为原则，确立国家政治制度和统治机构。1869年5月，中央政府迁都东京。7月，明治政府强制实行"版籍奉还"，促使藩体制解体。1871年7月，又实施"废藩置县"，建立了中央集权式的政治体制。政权巩固以后，明治政府在"富国强兵、殖产兴业、文明开化"的方针下，采取了一系列改革举措。明治维新促使了日本迅速崛起，并利用日趋强盛的国力逐步废除了西方列强签订的不平等条约。1895年的中日甲午战争、1904～1905年的日俄战争，日本分别击败昔日强盛的两个大国——大清帝国和沙皇俄国，成为了亚洲的一个现代化强国。

中国最后一个王朝是清王朝，清王朝保守、专制，导致了近代中国的落后。1840年、1856年，经历两次鸦片战争失败和太平天国革命以后，清王朝认识了西方船坚炮利的威力。清王朝中的洋务派爱新觉罗·奕䜣、曾国藩、李鸿章、张之洞、左宗棠等人发起了洋务运动，提出"师夷制夷，自强求富"的方针。1865～1911年，清王朝创办了一批机器制造局和矿冶企业。如江南制造总局、金陵制造局、上海织布局、轮船招商局、天津机器局、福建船政局、开平矿务局、汉阳铁厂等，成为了中国近代工业的发端。1894年7月，中日甲午战争爆发，北洋海军在黄海海战中全军覆没，清王朝被迫签订《马关条约》，这标志着洋务运动的失败。1895年4月，日本逼签《马关条约》的消息传到北京，在康有为、梁启超等人的组织发动下,在京应试的1 300多名举人联名上书光绪皇帝,提出了"变法"的主张,史称"公车上书"。公车上书失败之后,康有为、梁启超等人著书立说,创办报刊,宣传维新变法思想。1898年6月11日,光绪皇帝颁发《明定国是》诏书,正式决定变法,史称"戊戌变法"。变法期间,光绪皇帝发布了上百道变法诏令,除旧布新。变法不久,清王朝中的保守派不能容忍变法,要求慈禧太后"垂帘听政",以阻止变法。1898年9月21日凌晨,慈禧太后将光绪皇帝囚禁于中南海瀛台,发布训政诏书,致使戊戌变法失败。在康有为、梁启超等人鼓吹维新变法的同时,中国另一批爱国知识分子也在关心着国家的命运。1894年11月,孙中山等人在美国檀香山创办兴中会,提出要驱逐鞑虏、恢复中华、平均地权、创立合众政府。1904年2月,黄兴等人在湖南长沙创建华兴会,提出驱逐鞑虏、复兴中华。11月,蔡元培、陶成章等人在上海成立光复会,提出光复汉族、还我山河、以身许国、功成身退。1905年8月,兴中会、华兴会和光复会在日本东京合并成立了中国同盟会,孙中山被推举为同盟会总理。同盟会确定了"驱逐鞑虏,恢复中华,创立民国,平均地权"的纲领。同盟会成立之后,曾在中国国内组织多次武装起义争取推翻清王朝,如萍浏醴起义、黄冈起义、镇南关起义、广州新军起义、黄花岗起义

辛亥革命纪念馆

等。1911年10月10日晚，驻武昌的新军工程第八营的革命党人打响了武昌起义的第一枪。10月12日，起义军掌控了武汉三镇，湖北军政府成立，黎元洪被推举为都督。武昌起义胜利后的两个月内，湖南、广东等15个省宣布脱离清王朝而独立。1912年1月1日，孙中山在南京就职中华民国临时大总统。2月12日，清王朝发布退位诏书，结束了中国2 000多年的专制王朝统治。

1870年普法战争以后，德国迅速崛起，欧洲的政治格局发生了新的变化。1873年，俄、奥、德建立了"三皇同盟"。1875年，巴尔干半岛爆发"东方危机"，巴尔干半岛的各斯拉夫民族反抗奥斯曼帝国统治而谋求独立，沙皇俄国站在了斯拉夫民族的一边。1877年4月，俄土战争爆发。1878年6月，俄、英、德、奥匈、法、意、土、伊朗和巴尔干各国代表在柏林开会协调，签订了《柏林条约》。沙皇俄国在柏林会议上外交失败，导致俄、德关系恶化。1879年，德、奥签订了"同盟条约"。1882年，意大利与法国争夺突尼斯失利，也加入了德、奥同盟。德、奥、意三国同盟正式建立，德国成为同盟国的核心。为了对付"三国同盟"，1892年法、俄达成了军事合作协议。英国为了应对德国的威胁，不得不放弃传统的"光荣孤立"政策。1904年，英国与法国签订协约。1907年，英国又与俄国签订协约。这样，欧洲就形成了同盟国与协约国两大军事集团。1912年、1913年的两次巴尔干战争后，巴尔干成为欧洲各大国角逐的舞台，成为了欧洲的"火药桶"。1914年6月28日（塞尔维亚国庆日），奥匈帝国皇储弗朗茨·斐迪南大公夫妇在萨拉热窝视察时，被塞尔维亚青年加夫里洛·普林齐普枪杀，这成为第一次世界大战的导火索。7月28日，奥匈帝国在德国的支持下，以萨拉热窝事件为借口，向塞尔维亚宣战。8月1日，德国对俄国宣战。8月3日，德国又对法国宣战。8月4日，英国借口德国侵犯比利时中立，对德国宣战。8月6日，奥匈对俄国宣战。8月23日，日本借机在东亚扩张，对德国宣战，并占领了德国在中国山东的势力范围。整个战争逐渐演变成为世界大战。交战的一方为同盟国的德国、奥匈帝国以及支持他们的奥斯曼帝国、保加利亚等；另一方为协约国的法国、英国、俄国以及支持他们的塞尔维亚、比利时、意大利、日本等国。第一次世界大战主要在欧洲进行。英、法、比等国的军队同德国军队在西线对抗，俄国军队同奥匈帝国、德国军队在东线对抗。这次战争可分为三个阶段。1914年为第一阶段，德军根据战前拟定的施里芬计划,在西线发动了大规模进攻,法、英、比军队奋力抵抗;俄军在东线发起进攻。德军的速战计划破产,西线作战双方修筑战壕,长期对峙。1915～1916年为第二阶段,这一阶段中,德军发起凡尔登战役,英、法发起索姆河战役,双方都在战役中死伤惨重。同时,俄军发起了夏季攻势,德国海军与英国海军在日德兰海战。战略的主动权逐步转向协约国。1917～1918年为第三阶段。1917年,美国加入对德国作战,协约国增加至27个国家。俄国爆发"十月革命",退出了世界大战。1918年11月11日,德国宣布投降。第一次世界大战以同盟国失败而告终。大战历时4年,30多个国家、15亿人口卷入战争,伤亡人员达3 000万。第一次世界大战给人类带来了空前浩劫。

第一次世界大战期间发生的一件大事,就是俄国发生的"十月革命"。俄国是一个封建农奴制国家。1861年2月19日,沙皇亚历山大二世签署法令,宣布废除农奴制,促进了俄国工业和资本主义经济发展。随着俄国工业发展,马克思主义在俄国传播,工人运动高涨。1883年,在格奥尔基·瓦连廷诺维奇·普列汉诺夫的领导下,俄国成立了第一个马克思主义的政治组织——劳动解放社。1898年3月1日,俄国建立了社会民主工党。在社会民主工党的策动下,俄国工人罢工和武装起义接连不断。1903年7月17日～8月10日,俄国社会民主工党第二次代表大会在布鲁塞尔、伦敦举行,大会在选举中央机构时拥护列宁(原名弗拉基米尔·伊里奇·乌里扬诺夫)的代表占了大多数,他们被称为"布尔什维克"(俄语"多数派")。1912年1月,在布拉格召开俄国社会民主工党第六次代表大会,大会选举了以列宁为首的中央委员会。1917年3月8日～12日,俄国爆发二月革命,推翻罗曼诺夫王朝,结束了俄国沙皇的封建专制统治。3月15日,第一届临时政府成立。临时政府掌握了政权,但武装起义中成立的工人士兵代表苏维埃(俄语"代表会议"或"会议")仍然存在。4月17日,长期流亡国外的列宁回到了彼得格勒,在党的会议上作名为"四月提纲"的报告,要求建立苏维埃政权。10月23日,党中央召开会议讨论武装起义问题,决定由列宁、列夫·达维多维奇·托洛茨基、约瑟夫·维萨里奥诺维奇·斯大林等7人负责武装起义工作。10月31日,左翼的《新生活报》刊登了反对武装起义的文章,泄露了武装起义的机密,党中央决定提前举行武装起义。1917年11月6日(俄历10月24日),列宁来到斯莫尔尼宫,亲自指挥武装起义。从6日晚至7日晨,起义的部队、赤卫队和水兵采取联合行动,占领了火车站、邮政局、发电厂和政府机关等,临时政府龟缩在冬宫负隅顽抗。11月7日上午,彼得格勒苏维埃军事革命委员会发布了列宁起草的《告俄国公民书》。下午6时,约2万名起义者包围了冬宫。晚上9时40分,彼得保罗要塞的大炮开始向冬宫轰击,停泊在涅瓦河畔的"阿芙乐尔"号巡洋舰也响起了炮声,起义者向冬宫发起进攻。11月8日凌晨2时10分,起义军攻占了冬宫。在攻打冬宫的隆隆炮声中,全俄罗斯第二次苏维埃代表大会在斯莫尔尼宫开幕,大会通过了列宁起草的《告工人、士兵和农民书》,宣告各地政权一律归工人、农民、士兵代表的苏维埃。大会还通过选举成立了苏维埃人民委员会,列宁当选为人民委员会主席。11月9日凌晨,大会胜利闭幕。它宣告了世界上第一个社会主义国家的诞生。

"阿芙乐尔"号巡洋舰

1918年11月,第一次世界大战宣告结束。1919年1月,胜利的协约国集团为缔结和约,召开了巴黎和会。会议上签订了处置战败国德国的《凡尔赛和约》之后,协约国又分别同奥地利、匈牙利、土耳其等国签订了一系列和约。

这些和约构成了凡尔赛体系。会议决定成立国际联盟，国际联盟以保障国际和平与促进国际合作为宗旨。《凡尔赛和约》将德国在中国山东侵占的全部利益"让与日本"，遭到中国的坚决反对，从而引发了"五四"爱国运动，中国代表最终没有在《凡尔赛和约》上签字。为解决远东、太平洋区域的国际关系，1921年11月华盛顿会议召开。与会国签订了一系列条约、协议和决议案。华盛顿会议确定的华盛顿体系与凡尔赛体系相互补充，基本建立了第一次世界大战之后的国际新秩序。从1923年底至1929年，世界经济出现了一个稳定发展的时期。发达国家的钢铁、煤炭、粮食产量分别达到或超过了战前水平，尤其是新兴的工业部门有了突飞猛进的发展。在世界经济发展中，苏联工业化、农业集体化有较好发展，第一、第二个五年计划顺利实现。从1923年初至1929年，美国经济高速发展，工业产值超过了整个欧洲，对外贸易总额超过英国而成为世界第一位。这一时期正是美国总统卡尔文·柯立芝的任内，被称为"柯立芝繁荣"。但是，美国经济的高速发展也隐含着巨大的泡沫。1929年9月3日，美国股票市值超过了历史的顶点。在人们的欢呼声中，10月23日股票价格急转直下。10月24日，股民们大量恐慌性抛售股票，这天是星期四，因此被称为"黑色星期四"。股市危机影响到美国的金融、工业、农业、商业等各个领域，美国最先陷入了经济危机。美国的经济危机逐渐蔓延到其他工业化国家，1929～1933年的世界性经济危机开始了。经济危机之中，大量的企业破产，大批的工人失业。1933年，世界主要工业国家的贸易总额仅为1929年的三分之一，出现了世界性的大萧条。各国政府纷纷采取各种措施以摆脱经济危机。1933年3月，富兰克林·罗斯福就任美国总统。罗斯福加强国家对社会经济生活的干预，促进了经济恢复，这些政策被称为"罗斯福新政"。经济危机蔓延至日本，日本统治阶层为了摆脱经济、政治困境，谋划发动侵华战争。1931年6月，日本军方参谋本部制定了《解决满蒙问题方策大纲》。9月18日晚，侵华日军挑起了"九一八"事变，次日占领沈阳。1932年1月2日，日军占领锦州，中国东北沦陷。"九一八"事变推动了日本以军事工业为中心的经济发展，促进了日本经济的恢复。经济危机对德国打击严重，1932年德国失业工人达到了全国工人总数的一半。德国国家社会主义工人党（即纳粹党）党魁阿道夫·希特勒大肆鼓吹民族主义、复仇主义。1933年1月30日，德国总统保罗·冯·兴登堡任命希特勒为德国总理。1934年8月，兴登堡逝世，希特勒集总统、总理大权于一身，此时的德国被称为德意志第三帝国。日本、德国遂成为远东和欧洲的两个战争策源地。

第二次世界大战在欧洲、亚洲两个战场展开。战争首先在东方战场打响。1937年7月7日，日军挑起卢沟桥事变，全面发动侵华战争。7月17日，中国国民政府主席蒋介石在庐山发表严正声明，号召全民族抗战。8月13日，日军向上海发起进攻，中国军队与日军奋战了三个月，即为"淞沪会战"。8月22日，中国工农红军改编为国民革命军第八路军。9月22日，国民政府承认中国共产党合法地位。10月12日，中国南方14省红军和游击队改编为国民革命军新编第四军。12月13日，日军侵占南京，制造了震惊中外的南京大屠杀。1938年6～10月，中日展开了武汉会战。武汉会战失败后，中国军队又组织了三次长沙会战等，中国抗日战争进入相持阶段。

在西方战场，1938年3月，德国吞并奥地利，并对捷克斯洛伐克提出领土要求。9月，英、法、德、意四国首脑在德国慕尼黑开会，把捷克斯洛伐克的苏台德等地区割让给德国，史称"慕尼黑阴谋"。1939年9月1日，德国对波兰发动突然袭击。9月3日，英、法对德宣战，第二次世界大战全面爆发。苏联趁德军入侵波兰之际，向西拓展疆域，建立了东方战线。1940年4～5月，德国发动"闪电战"，占领了丹麦、挪威、荷兰、比利时、卢森堡等国，绕过法军重兵设防的马其诺防线，侵入法国境内。5月，英法联军在法国进行敦刻尔克大撤退，为战争保存了有生力量。法国沦陷之后，法国夏尔·戴高乐将军于6月18日在伦敦发布广播讲话，发起"自由法国"运动。7月，德军实施"海狮计划"，对英国发动猛烈的空袭和潜艇战，企图迫使英国屈服。英国在首相温斯顿·丘吉尔的领导下，军民奋起反抗。9月，德、意、日在柏林开会，缔结《德意日三国同盟条约》。柏林会议以后，德国把匈牙利、罗马尼亚、保加利亚等国也拉入条约。1941年6月22日，德军执行"巴巴罗萨"计划，分兵三路向苏联发动了全面进攻。苏联在斯大林的领导下，展开了莫斯科保卫战并取得胜利。8月，美国总统罗斯福与英国首相丘吉尔会晤，签署了《大西洋宪章》，结成反法西斯联盟。12月7日凌晨，日本海空军袭击了美国太平洋军事基地——珍珠港，重创美国太平洋舰队。1942年1月1日，美国、英国、苏联、中国等26个国家在华盛顿发表《联合国家共同宣言》，表示赞成《大西洋宪章》，建立了世界反法西斯同盟。6月，美军取得了中途岛海战的重大胜利，太平洋战场形势发生转变。7月，斯大林格勒战役爆发。1943年2月，苏军取得了斯大林格勒战役胜利，苏军转入全面战略反攻。7月，美英军队在意大利西西里岛登陆，意大利贝尼托·墨索里尼政府垮台。11月22日，美、英、中首脑在埃及开罗会晤，签署了《开罗宣言》，声明世界反法西斯同盟将对日本作战，直至日本投降。11月28日，苏、美、英首脑在伊朗德黑兰举行会议，决定在欧洲开辟第二战场。1944年6月6日，280万美英等同盟国军队在法国诺曼底实施大规模登陆作战。8月，盟军进入巴黎。1945年2月，苏、美、英三国首脑在苏联的雅尔塔举行会议，研究战后世界秩序的重建。4月，美、苏军队在德国易北河会师。4月30日，希特勒在总理府地下室自杀身亡。苏军攻占德国首都柏林。5月9日，德国正式签署无条件投降书。在太平洋战场，美军展开猛烈的进攻，逐步逼近日本本土。中国驻印军和远征军也在缅北、滇西展开了反攻。7月，苏、美、英首脑在柏林附近的波茨坦举行会议，以中、美、英三国名义发表了促令日本投降的《波茨坦公告》。8月6日、9日，美军分别向日本广岛、长崎投掷了原子弹。8月8日，苏联对日宣战。8月9日，苏军兵分三路进入中国东北，围歼日本关东军。8月15日，日本裕仁天皇宣布无条件投降。9月2日，日本政府代表在美国密苏里号战舰甲板上签署了无条件投降书。

　　第二次世界大战结束后，各战胜国开始着手建立世界的新秩序。1944年8月，美、英、苏、中曾在华盛顿附近的敦巴顿橡树园举行会议，筹备建立新的国际组织。1945年4～6月，联合国家国际组织会议在旧金山召开。6月25日，大会一致通过了《联合国宪章》，联合国正式宣告成立，这一天被联合国定为"宪章日"。1946年1月，第一次联合国大会在伦敦举行，联合国安理会通过了安理会议事规则。

　　1946年7月，巴黎和平会议在卢森堡宫举行，参加会议的有美、英、苏、法、中、澳、比等21国，战败国意、保、罗、匈、芬也派代表列席。1947年2月，美、苏、英、法外长与意、保、罗、匈、芬五国签署了和约，就五国边界及战

联合国会徽

争赔偿等作出决定。1945年11月，国际军事法庭在德国纽伦堡正式开庭，即"纽伦堡审判"。法庭经过403次公开审讯，于1946年10月宣布判决。纽伦堡国际军事法庭共起诉德国战犯7万人，3.5万人被判刑。1946年5月，远东国际军事法庭在日本东京正式开庭，即"东京审判"。除东京以外，远东国际军事法庭还在横滨、南京、香港、马尼拉、新加坡等地设立了49个军事法庭，对战争罪犯进行审判。审判结果是937人判处死刑，358人终身监禁，1 046人无期徒刑，3 075人有期徒刑。纽伦堡审判、东京审判是伸张国际正义、维护国际和平、制裁战争行为的重要举措。1944年7月，美、英、苏、中等44国在美国新罕布什尔州的布雷顿森林召开国际货币金融会议，会议通过了《联合国货币金融会议的最后决议书》，称为"布雷顿森林协定"。布雷顿森林协定的主要内容是"双挂钩"，即美元与黄金挂钩（35美元=1盎司黄金），各国货币与美元挂钩。1947年3月，国际货币基金组织正式开展业务活动。1948年1月1日，由美国等23个国家在日内瓦签署的《关税与贸易总协定》正式生效。布雷顿森林协定、关税与贸易总协定、国际货币基金组织被统称为"布雷顿森林体系"。苏联实行的是高度集中的计划经济体制，与当时的国际经济体制迥然不同。苏联通过经贸协定及成立经互会，加强与东欧国家的经济联系，形成了与布雷顿森林体系完全不同的经济体系，奠定了两种经济体系并行的世界经济新格局。

1949年10月1日，中国在北京天安门广场举行开国大典，宣告中华人民共和国成立。中华人民共和国的成立，标志着中国共产党领导的中国革命取得了决定性胜利。中国共产党成立于1921年7月，陈独秀、李大钊为党的主要创始人。从1924年1月至1927年7月，中国共产党与中国国民党展开第一次合作，形成了大革命的热潮。1927年7月，国民党与共产党公开决裂，蒋介石、汪精卫分别发动"四·一二""七·一五"反革命政变，逮捕、杀害共产党人，共产党转入了地下，并开始开展武装斗争。8月1日，周恩来等组织了南昌起义。9月9日，毛泽东等发起了秋收起义，在全国建立了江西赣南苏区等多个革命根据地。1934年10月，中央红军第五次反"围剿"失败后被迫从江西瑞金进行战略转移，史称"红军长征"。经过两万五千里长征后，以毛泽东为首的共产党人在陕甘宁边区建立了革命根据地。1936年12月"西安事变"以后，国民党与共产党展开第二次合作，共同抗击日本侵略者。抗日战争中，共产党领导的八路军、新四军在敌后放手发动群众，广泛开展游击战、运动战，打击日本侵略者，武装力量得到了不断壮大。抗日战争胜利以后，国民党挑起了内战。经过辽沈、平津、淮海三大战役和渡江作战，中国共产党领导的人民解放军打败了国民党军队，解放了全中国，建立了新中国。

第二次世界大战改变了世界的政治格局。二战以后，亚洲、非洲、拉丁美洲广泛开展民族独立运动，许多国家赢得了国家独立。历史学家认为，在1945~1960年，大约有40个国家、8亿人口开展民族独立斗争，建立了独立国家。从"地理大发现"时期开始建立的世界殖民体系被瓦解。在民族独立斗争中，一些国家的共产党人发挥了积极作用。一些国家在独立以后，共产党掌握政权，成为了社会主义国家。至1949年，社会主义国家有苏联、波兰、民主德国、捷克斯洛伐克、匈牙利、罗马尼亚、保加利亚、阿尔巴尼亚、南斯拉夫、中国、蒙古、朝鲜、越南等13个国家。世界上形成了以美国为首的资本主义阵营和以苏联为首的社会主义阵营。1946年2月，斯大林在莫斯科发表演说，指出资本主义必然导致战争和危机。3月,丘吉尔在美国发表演说,首提"铁幕",呼吁共同对付共产主义。1947年3月,美国总统哈里·杜鲁门向国会发表咨文,要求国会拨款援助希腊、土耳其,遏制这两个国家倒向社会主义,被称为"杜鲁门主义"。杜鲁门主义的出现,标志着东西方冷战的开始。12月,美国国务卿乔治·卡特利特·马歇尔提出"美国支持欧洲复兴计划",即"马歇尔计划"。1949年1月,苏、保、匈、波、罗、捷6国在莫斯科举行经济会议,决定成立经济互助委员会。4月,美、加、英、法、荷、意等12国外长在华盛顿签署《北大西洋公约》,组建了"北约组织"。1946~1949年,在美、苏分别支持下,德国、朝鲜被分为两个国家。1950年2月,中苏签署《中苏友好同盟互助条约》。6月,朝鲜战争爆发。9月,美军在仁川登陆。10月,中国组织志愿军跨过了中朝边境的鸭绿江,进行抗美援朝。1953年3月,斯大林突患脑溢血逝世。7月,美国与中朝签订停战协议。9月,苏共中央全会选举尼基塔·谢尔盖耶维奇·赫鲁晓夫为苏共中央第一书记。1955年5月,苏、波、罗、捷、匈、保等8国在波兰华沙缔结《友好合作互助条约》,组建了"华约组织"。赫鲁晓夫及继任者执政期间,苏联的大国沙文主义倾向引起其他社会主义国家的不满。1956~1958年,苏联与南斯拉夫关系紧张。1960年7月,苏联撕毁与中国的援助协议,撤走苏联专家。1963~1965年,中、苏展开了公开的政治论战。1968年6月,阿尔巴尼亚宣布退出华约组织。从1962年起,美国介入越南战争。1965年,越南战争规模扩大,中国从人力、物资等方面援助越南抗美。1973年1月,美国与越南签署和平协定。越南战争使得美国的经济实力大受损害,欧洲重新崛起。1957年3月,法、德、意、荷、比、卢6国首脑聚会罗马,签署了《建立欧洲经济共同体条约》。后来,不断有新的欧洲国家加入条约,欧洲一体化进程逐渐加快。1961年9月,首次不结盟国家和政府首脑会议在南斯拉夫举行,会议通过了《不结盟国家和政府首脑宣言》。不结盟运动首脑会议每3年召开一次,至2012年德黑兰会议为止已召开了16次,参加的国家达到120个。至此,世界的多极化倾向日益明显。

第二次世界大战以后,世界总体出现了一个和平发展的新阶段。战争冲突主要集中在中东地区,尤其是巴勒斯坦地区。巴勒斯坦地区位于地中海的东部。在历史上,巴勒斯坦地区是犹太人和阿拉伯人共同的家园。1947年11

月,联合国通过《巴勒斯坦将来治理问题的决议》,即联合国第181号决议。决议规定,巴勒斯坦地区建立两个独立国家,一个是犹太国家,一个是阿拉伯国家。1948年5月14日,以色列宣布建国。犹太国家建立后,周边的阿拉伯国家认为,"在阿拉伯区域内建立一个异教徒国家是对阿拉伯人的侵略行为"。5月15日,以色列宣布建国后的第二天,阿拉伯国家组织的联军宣布对以色列展开"圣战",第一次中东战争爆发。阿拉伯联军分路向以色列进攻并占领了耶路撒冷。以色列利用停战的间隙迅速扩军并转守为攻。1949年2月,阿拉伯联军被迫签订了停战协定。1956年10月,埃及宣布将苏伊士运河收归国有,引发了第二次中东战争,即苏伊士运河战争。英国、法国出动空军轰炸埃及,以色列乘机兵分四路突袭埃及西奈半岛,埃及军队被迫撤离。1957年3月,以色列撤离西奈半岛。1964年5月,巴勒斯坦人国民大会召开,通过《巴勒斯坦民族宪章》,建立了巴勒斯坦解放组织。1965年6月5日凌晨,第三次中东战争爆发,以色列出动空军,对埃及、约旦和叙利亚发动突然袭击,以军占领了叙利亚戈兰高地。1973年10月,第四次中东战争爆发,埃及、叙利亚军队向以色列发动全面进攻,以军派出坦克部队对埃军形成包围,迫使埃、叙军队停火。1978年9月,在美国的协调之下,埃、以领导人签署了《关于实现中东和平的纲要》,即戴维营协议。埃、以和解以后,阿拉伯反以阵营出现了分化,阿、以冲突集中在以色列与巴勒斯坦解放组织之间。巴解组织以黎巴嫩为基地开展反以战斗,黎巴嫩成为冲突的新热点。1980年9月,伊拉克与伊朗因领土、教派和地区利益之争爆发"两伊战争",两伊战争导致了阿拉伯世界新的分化。1982年6月,以色列军队大举入侵黎巴嫩,最终迫使巴解组织撤离黎巴嫩。1985年1月,以色列从黎巴嫩撤军。1987年7月,联合国安理会通过了要求伊拉克与伊朗立即实现停火的第598号决议。1988年7月,伊朗宣布接受安理会第598号决议,伊拉克则宣布从伊朗领土上撤回军队。两伊战争持续了8年之久终于结束。11月,巴勒斯坦全国委员会通过《独立宣言》,《独立宣言》接受联合国第181号决议,宣布建立巴勒斯坦国。1994年5月,以、巴在开罗签署了具有历史意义的《关于在加沙和杰里科实现有限自治的决议》。以、巴矛盾有所缓解,但历史形成的民族仇恨仍难以完全消除。

20世纪80年代,苏联及东欧各社会主义国家改革步履艰难,经济陷入了困境,剧变从波兰拉开了序幕。1980年8月,波兰格但斯克列宁造船厂发生了工人罢工,被工厂开除的电工莱赫·瓦文萨领导罢工并成立了团结工会。1981年12月,波兰当局取缔了团结工会,并拘捕了瓦文萨等团结工会领导人。但迫于国内外的各种压力,1982年11月,波兰当局释放了瓦文萨,团结工会转入地下活动。1988年春天与秋天,波兰两次爆发全国性大罢工。波兰当局被迫与团结工会举行圆桌会议。圆桌会议之后,团结工会成为了合法组织,并在1989年的议会大选中获胜,波兰统一工人党丧失了政权。1990年12月,瓦文萨当选为波兰第一任民选总统。20世纪80年代后期,匈牙利经济状况日趋恶化,国内反对势力日益壮大。1989年2月、6月,匈牙利社会主义工人党两次召开中央全会,决定实行多党制和议会民主制,并筹划修改宪法、举行议会选举。在1990年3月举行的多党议会选举中,反对派的"民主论坛"获胜,已经改名为社会党的社会主义工人党丧失了政权。1989年11月,捷克斯洛伐克"七七宪章"等12个反对派组织在布拉格成立"公民论坛",成为一支重要的反对力量。在这样的局势下,捷共召开中央非常会议,改组了领导班子,决定修改宪法,实行多党议会民主制。1990年6月,在捷克斯洛伐克首次大选中,"公民论坛"获胜,捷共丧失了政权。南斯拉夫由20多个民族组成,各民族之间在历史上形成了错综复杂的矛盾。1989年10月,南共联盟中央全会通过了《政治体制改革纲领》,决定实行多党制。在新的形势下,民族分离主义日益活跃。克罗地亚、斯洛文尼亚、波黑、马其顿相继宣布成立独立主权国家,塞尔维亚、黑山两个共和国建立了南斯拉夫联盟共和国,南共联盟被迫解体。1989年5月,民主德国出现大批公民通过匈牙利逃往联邦德国的事件。11月,民主德国部长会议决定放宽公民出入境管理,柏林墙被拆毁。1990年3月,民主德国人民议会举行首次自由选举,民主德国统一社会党在大选中失败,基督教民主联盟获胜。8月31日,民主德国与联邦德国在柏林签署了统一条约。1989年3月,罗马尼亚共产党六名前领导人致信罗共总书记尼古拉·齐奥塞斯库要求进行改革。12月,首都布加勒斯特爆发大规模示威,齐奥塞斯库下令开枪镇压,军队发生了倒戈。齐奥塞斯库夫妇在逃跑中被捕并遭枪杀。这次事变之后,罗马尼亚社会主义共和国改名为罗马尼亚,实行三权分立和多党制。1990年2月,保加利亚共产党自行放弃一党专政体制。6月,保加利亚实行民主选举，反对派全面掌握了政权。1990年底，阿尔巴尼亚也宣布实行多党制，国家走上了多党制和议会民主道路。至此，整个东欧发生了历史性的剧变。

1985年3月，苏共中央全会选举米哈伊尔·谢尔盖耶维奇·戈尔巴乔夫为党中央总书记。苏共全会认为：国家已处在濒临危机的状态，必须进行根本性的变革。1986年2月，苏共召开第二十七次代表大会。会后推出一系列经济改革措施，但改革没有达到预期的效果。1988年6月，苏共召开第十九次全国代表会议，会议决定把一切权力归还给苏维埃，成立由全民直接选举产生的国家最高权力机构——人民代表大会。1989年5月，第一次苏联人民代表大会在莫斯科举行，戈尔巴乔夫当选为最高苏维埃第一任主席。1990年3月，第三次（非常）人民代表大会召开，大会决定修改宪法，取消苏共的法定领导地位，实行多党制和总统制。戈尔巴乔夫当选为苏联首任总统。这次大会之后，反对党派纷纷成立，大型集会、游行此起彼伏，各种政治力量十分活跃。立陶宛、拉脱维亚、爱沙尼亚、格鲁吉亚、亚美尼亚等一批加盟共和国要求退出苏联。6月，俄罗斯举行全民投票直接选举首任俄罗斯总统。鲍里斯·尼古拉耶维奇·叶利钦当选为俄罗斯首位民选总统。叶利钦就任后发布俄罗斯第一号总统令，实行俄罗斯国家机关非党化。8月19日清晨，苏联电台播发《苏联领导声明》，称"戈尔巴乔夫因健康原因不能履行总统职责"，总统权力移交副总统根纳季·伊万诺维奇·亚纳耶夫。亚纳耶夫等8人组成了国家紧急状态委员会，并宣布实行为期6个月的紧急状态。19日中午，叶利钦发表《告俄罗斯公民书》，宣称这是一次"反宪法的政变"，号召人民反抗全国紧急状态委员会。当晚，戈尔巴乔夫发表声明称他已经完全控制了局势。"8·19"事件是苏联传统势力试图挽救苏联的最后一次尝试。8月23日，叶利钦下令"中止"俄罗斯共产党活动。第二天，戈尔巴乔夫宣布辞去苏共中央总书记的职务，并建议苏共中央"自行解散"。12月7日，俄罗斯、乌克兰和白俄罗斯签署了《明斯克协定》，宣布成立独立国家联合体。12月21日，苏联11个加盟共和国（立陶宛、格鲁吉亚等4国除外）在阿拉木图签署协议，并发表了《阿拉木图宣言》，宣布"随着独立国家联合体的成立，苏联将停止存在"。12月25日，戈尔巴乔夫发表全国电视讲话，宣布辞去苏联总统职务，并把核武器控制器亲手交给了叶利钦。东欧剧变、苏联解体意味着长达一个世纪的社会主义运动遭受重大挫折。

中东富有石油资源,但民族矛盾错综复杂。伊拉克与科威特在历史上有着领土争端。两伊战争中,科威特曾借给伊拉克150亿美元以支持伊拉克。战争结束后,伊拉克萨达姆·侯赛因政权企图通过占领科威特以拓展财源,甚至影响世界经济。1990年8月2日凌晨,伊拉克出动10万大军、350辆坦克,向科威特发动突然袭击,9个小时即占领科威特王宫。随后,萨达姆总统宣布科威特并入伊拉克。伊拉克公然入侵科威特的举动激起了国际社会的强烈谴责。1991年1月17日清晨,美、英、法、加、澳等国组成的多国部队开始向伊拉克发动以"沙漠风暴"为代号的战争行动,海湾战争爆发。多国部队连续轰炸伊拉克一个多月之后,2月24日,又发起了代号为"沙漠军刀"的地面进攻,仅用100多个小时就结束了战斗。27日,伊拉克宣布无条件接受联合国安理会关于伊拉克问题的决议。海湾战争以后,以美国为首的西方国家对伊拉克进行经济制裁,但萨达姆政权以石油为武器向美国等施加压力。美国"9·11"恐怖袭击事件发生后,美国乔治·沃克·布什政府认为伊拉克萨达姆政权拥有大规模杀伤性武器,并暗中支持恐怖分子。2003年3月20日,以美国、英国为主的联合部队向伊拉克发起代号为"斩首行动"和"震慑行动"的大规模空袭和地面进攻,伊拉克战争爆发。4月8日,美军坦克开进巴格达。4月15日,美军宣布伊拉克的主要军事行动结束。12月13日,萨达姆在家乡被美军抓获。2006年11月5日,伊拉克高等法庭判处萨达姆以绞刑。2011年12月15日,美国驻伊拉克部队在巴格达附近的军事基地举行降旗仪式,标志着历时9年的伊拉克战争正式画上句号。

2001年9月11日上午8~9时,两架被恐怖分子劫持的美国民航客机分别撞向纽约世界贸易中心一号楼和二号楼,两座大楼在遭到攻击后相继倒塌,世界贸易中心其余5座建筑物也受震坍塌损毁。9时许,另一架被劫持的美国民航客机撞向位于华盛顿的美国国防部五角大楼,五角大楼局部结构损坏并坍塌。10时许,还有一架被劫持的民航客机在宾夕法尼亚州坠毁。"9·11"事件是发生在美国本土最为严重的恐怖攻击行动,遇难者总数达到2 996人,经济损失巨大。

"9·11"恐怖攻击事件发生以后,阿富汗塔利班发表声明称恐怖攻击事

美国"9·11"恐怖袭击事件

件与基地组织领导人奥萨马·本·拉登无关,但美国政府仍认定本·拉登就是恐怖攻击事件的头号嫌疑犯。2001年10月7日下午,美国总统布什宣布,美国和英国将对阿富汗塔利班当局军事目标和伊斯兰极端主义分子本·拉登的基地组织进行军事打击,标志着世界反恐战争全面展开。宣战的当天晚上,美、英空军即对塔利班和基地组织的多个据点进行了大规模空袭。随后,美、英联军与阿富汗当地的北方联盟合作,展开了猛烈的地面进攻,经过马扎里沙里夫、昆都士及坎大哈三次战斗,占领了阿富汗首都喀布尔,基本摧毁了塔利班和基地组织的抵抗力量。2011年5月1日,美国海豹突击队小分队乘坐直升机突袭了本·拉登位于巴基斯坦的住所,本·拉登因反抗而被击毙。2012年5月2日,对阿富汗进行突击访问的美国总统贝拉克·奥巴马表示,阿富汗战争即将结束。美国、英国等在进行阿富汗战争的同时,2011年3月,英国、法国、美国等多国部队发动了对利比亚的空袭,支持利比亚反政府武装推翻了奥马尔·穆阿迈尔·卡扎菲政权,卡扎菲被俘身亡。美国、英国、法国等声称将持续打击恐怖组织,但恐怖活动依然在世界各地发生。2006年,基地组织伊拉克分支成立"伊拉克伊斯兰国"。2011年,美军从伊拉克撤军,叙利亚内战爆发,该组织在伊拉克和叙利亚迅速攻城略地。2013年4月,该组织与叙利亚反政府武装"胜利阵线"联合,自称为"伊拉克和大叙利亚伊斯兰国"(英文缩写为ISIS)。2014年9月,美国组建了一个由多国参加的国际联盟以打击ISIS。ISIS利用现代社交手段扩大全球影响力,招募新的成员,并不断发起新的恐怖袭击。使用暴力和以暴力相威胁达到某种政治目的恐怖主义正在成为新世纪最严重的全球性痼疾。

工业革命促进了农业社会向工业社会的巨大转变,工业化国家的经济和社会事业得以迅速发展。早期的工业化国家为争夺资源、市场和殖民地,曾引发了两次世界大战。社会财富的积累及分配不公引起了不同阶层和阶级的激烈对抗,社会革命随之而起。马克思、恩格斯创立了社会主义、共产主义的理论。列宁、毛泽东等一批革命家把社会主义革命付诸实践,展开了波澜壮阔的社会主义运动。但是,在社会主义建设过程中,斯大林模式的计划经济致使经济效率低下、腐败蔓延,人民生活长期得不到改善,最终发生东欧剧变、苏联解体。而中国在中国共产党的领导下,走上了改革开放的道路。进入新世纪以后,世界贫富愈加悬殊、两极分化愈加严重,一些人借助极端主义思想搞恐怖主义,恐怖主义成为了全世界的现实威胁。打击恐怖主义,消除恐怖主义滋生的土壤,任重而道远!

现代的文化

工业革命打开了通向现代世界的大门,而现代世界是一个浸润着工业文明的世界。在工业文明时代,工业革命以雷霆万钧之力重塑整个世界,给世界经济、政治、文化带来了翻天覆地的变化。在工业文明的历史进程中,工业革命迅速推进,工业化国家的经济飞速发展,世界的政治格局由此展现了各种新的态势。今天,工业革命已经深入到人类社会生活的每一个角落,给人们的生活带来了许多的惊喜。我们几乎每天都用欣喜的目光关注着这些变化,赞叹琳琅满目的工业制品给生活创造的无数便利与愉悦。工业革命创造了现代世界的一切,也正在开拓着人类社会更加美好的未来。

毫无疑问,工业革命一样给这个时代的文化打上了鲜明的烙印。什么是文化?一般来讲,文化是人类的内在精神和内在精神的外在体现。工业文明给人类生活带来了不一样的体验。现代文化与古代文化相比有着鲜明的区别。首先,科学技术在人类社会发展中的作用愈加重要。在古代社会,人类的聪明才智主要反映在工具的发明、一般手工技能的改进方面,对客观世界的观察、认识不乏一些真知灼见,但总体上讲是幼稚的,科学技术处于一种萌芽状态。在现代社会,工业革命的兴起既为科学与技术提供了用武之地,也为科学与技术的发展提供了物质支撑。现代科学技术日新月异,成为人类社会持续发展的不竭动力源泉。其次,各种价值观念和社会思潮在政治中的作用愈加重要。在古代社会,政治往往是极少数人的事情,哲学则包罗万象,成为知识皇冠上的明珠。在现代社会,议会政治、民主选举及街头政治、网络问政等的出现,使得政治日趋大众化、社会化。哲学在诸学科发展之后成为一种专门学科,而各种价值观念、社会思潮则大行其道,成为影响政治的重要力量。再次,各种文化艺术在电子时代的表现方式显得愈加重要。在古代社会,文学艺术从口头文学、祭祀文化到书面文学、宫廷戏剧、舞蹈等,文学艺术的表现方式较为单一。在现代社会,尤其是电子时代,随着电影、电视和网络视频文化的兴起,文化艺术的表现方式日益多样化,给人们带来更多的感官享受和精神体验。现代文化与古代文化迥然不同。在现代社会瞬息万变的发展过程中,形成了创新性、多样性、流行性和影音化等诸多的现代元素,具有了更为强烈的时代特征。科学文化、思想文化、艺术文化既相互影响,又相互独立,沿着不同的发展路径形成了各自的历史。

人类始终充满了好奇心。在文明时代,这种好奇心转化为一种积极的科学探索精神。科学与技术是社会历史的发展产物,是人类智慧的共同结晶。一般来说,技术是人类利用自然、改造自然的方法技能;科学则是人类认识客观世界、反映客观事物规律的知识体系。在历史发展过程中,技术出现在先,科学出现在后。早期人类学会制作简单的工具,就表明了能够掌握某种技能。科学作为一个知识体系,则是经过了古代社会漫长的知识积累,在近现代社会发展中逐步形成的。在现代社会,科学与技术是辩证统一的整体,科学中有技术,技术中也有科学。技术是发明,科学是发现。科学回答"是什么""为什么",技术回答"做什么""怎么做"。科学提供知识物化的可能,技术提供知识物化的现实。对于科学来说,技术是科学的延伸;对于技术来说,科学是技术的升华。科学技术的发展促进了人类社会的不断进步。

从科学文化史来讲,近现代科学技术的发展要早于工业革命,为工业革命的蓬勃兴起奠定了思想观念和科学理论的基础。文艺复兴后的欧洲,古希腊的自然哲学传统得以恢复,地理大发现开阔了人们的视野,人们的思想观念逐渐从封建的、宗教的束缚中解脱出来。这时,哥白尼的"日心说"拉开了近代科学的序幕。1543年在科学史上是极为重要的一年,哥白尼的《天体运行论》和安德烈亚斯·维萨留斯的《人体结构》都在这一年出版。在哥白尼之前,托勒密的"地心说"在欧洲占有统治地位,中世纪教会以此来证明上帝的存在。哥白尼的《天体运行论》提出了太阳是宇宙的中心,地球不再是宇宙的中心,它只是围绕太阳运转的一颗普通行星。1619年,罗马教会将《天体运行论》列为禁书，试图阻止哥白尼学说的传播。文艺复兴以来，一批艺术家、医学家从事人体解剖研究。达·芬奇为了确定人体的正确比例和结构，亲自解剖尸体，画出了许多精细的解剖图。维萨留斯的《人体结构》一书详细地记叙了关于人体骨骼、肌肉、血液以及各种器官的解剖结果，奠定了近代解剖学的基础，被称为"解剖学之父"。维萨留斯的学说触犯了教会的权威，最后遭到了教会的迫害。1584年，乔尔丹诺·布鲁诺出版《论原因、本因和太一》和《论无限的宇宙和多世界》，发展了哥白尼的宇宙学说，提出了宇宙无中心说。1600年2月17日，布鲁诺被罗马教会烧死在罗马的鲜花广场。这些先驱者用生命为人类科学的发展开辟了道路。1602年，德国天文学家约翰尼斯·开普勒整理出版了丹麦天文学家第谷·布拉赫的《新天文学》。第谷曾提出一种介于地心说与日心说之间的宇宙结构体系。开普勒是近代天文科学的开创者之一，他发表了许多天文著作，发现了行星运动的三大定律。开普勒在光学领域也有杰出贡献，发明了开普勒望远镜。1610年，意大利天文学家伽利略出版了《星际报告》，记录了他用自制的天文望远镜进行天文观测的结果。伽利略还是一位数学家、物理学家。他认为经验是知识的唯一源泉。他运用实验的方法，对自由落体进行细致观察，提出了匀速运动、匀加速运动和惯性的概念。1630年，伽利略完成了《关于托勒密和哥白尼两大世界体系的对话》一书，在书中捍卫了哥白尼的日心说，以致被罗马教会判处终身监禁。1661年，英国化学家罗伯特·波义耳出版了《怀疑的化学家》一书，该书确立了近代化学的概念，指出任何物体都不是真正的元素或要素，因为它们都处于化合状态。波义耳的研究，使得化学成为一门科学理论，标志着近代化学的诞生。1686年，英国著名物理学家牛顿发表了科学史上最伟大的著作《自然哲学的数学原理》。牛顿汇集哥白尼、第谷、开普勒、伽利略等学者在天文学、物理学方面的成果，加上他在数学和力学方面的天才创造，把物体的运动规律归结为惯性、加速度、作用与反作用三条基本运动定律和万有引力定律，建立了一个完整的力学理论体系，构建了经典物理学的宏伟大厦。

1704年，牛顿又出版了《光学》一书，记载了有关光谱实验的情况，指出了光的衍射和折射现象。牛顿还发明了折射式望远镜。在数学方面，牛顿与德国数学家戈特弗里德·威廉·莱布尼茨共同独立发展了微积分学。1789年，

牛顿像

法国化学家安托万-洛朗·拉瓦锡出版了《化学纲要》。拉瓦锡认为,化学的任务就是将自然界的物质分解为基本的元素,并对元素进行检验。他在书中列出了化学史上最早的元素表。拉瓦锡被称为"近代化学之父"。近代科学技术的发展,促进了科学社团的日益兴起。从1560年开始,意大利先后成立了自然秘密研究会、林琴科学院、齐曼托学院等。17世纪40年代,英国成立了哲学学会。17世纪60年代,英国成立了伦敦皇家学会,法国成立了巴黎科学院。1700年,德国成立了柏林科学院。1624年,英国颁布《垄断法规》,建立了现代专利制度。这些都促进了科学与技术的蓬勃发展。18世纪,人类迎来了以机器工业和蒸汽机为标志的第一次技术革命。

18世纪初,在欧洲兴起的启蒙运动,以思想革命促进了科学知识与科学精神的传播。法国哲学家德尼·狄德罗主编的《百科全书》以大量的篇幅介绍了人类已经取得的科学与技术知识。在这一时期,物理、化学、生物三大学科都实现了系统化发展。在物理学领域,电学和热力学取得了突破性发展。1785年,法国物理学家查尔斯·奥古斯丁·库仑用自己发明的扭秤测定了带电小球之间的作用力,提出了库仑定律。1820年4月,丹麦物理学家汉斯·克里斯蒂安·奥斯特用自己的实验方式发现了电流的磁效应,即奥斯特实验。法国物理学家安德烈·玛丽·安培随即重复了奥斯特实验,发现了电流在磁场中的运动规律,并于年内发表了数篇论文,提出了右手螺旋定律,即安培定律。1826年,德国物理学家乔治·西蒙·欧姆利用温差电池和电磁扭秤进行金属的导电实验,得出了"通过导体的电流与电势差成正比,与电阻成反比"的结论,即欧姆定律。1831年,英国物理学家迈克尔·法拉第在实验中发现当一块磁铁穿过一个导体的闭合线路时,线路内就会有电流产生,这个效应就是电磁感应。法拉第提出了电磁感应定律。1864年,英国物理学家詹姆斯·克拉克·麦克斯韦发表了《电磁场的动力学理论》,将库仑定律、安培定律和法拉第电磁感应定律综合在一起,创立了电磁理论,实现了电与磁的统一。论文还预言了电磁波的存在,提出了著名的麦克斯韦方程组的电磁场方程。电磁理论的创立,为人类合理利用电能开辟了广阔前景。物理学家实现了电与磁的统一,还需要实现光学与电磁学的统一。17世纪,几何光学得以建立。牛顿出版《光学》一书后,几何光学进入了物理光学。但物理学家对光的本质存有争议。一部分学者赞成微粒说,一部分学者赞成波动说。1886年,德国物理学家赫兹通过放电实验证实了电磁波的存在,并于1888年1月发表论文《论动电效应的传播速度》,论证了电磁波具有类似光的特性,证明了电磁波的传播速度与光速有相同的量级,把电磁学与光学统一在了一起。这一时期,还有一个重要进展就是热力学与牛顿力学的统一。1824年,法国青年工程师萨迪·卡诺的论文《关于火的动力》在他逝世一年以后发表,卡诺在研究蒸汽机的热效率时建立了热力学。1840年,英国物理学家詹姆斯·普雷斯科特·焦耳测量电流通过电阻线时所产生的热量,得出了焦耳定律。焦耳定律为发现普遍的能量守恒与转化打下了基础。1847年,德国物理学家赫尔曼·路德维希·斐迪南德·冯·赫尔姆霍兹发表《论力的守恒》一文,第一次严密阐述了能量守恒原理。能量守恒原理揭示了自然科学各学科之间的普遍联系,称为热力学第一定律。1851年,英国物理学家威廉·汤姆孙(1892年被册封为开尔文勋爵)发表《论热的动力理论》一文,文中明确提出了热力第一定律和第二定律的概念。

1854年德国物理学家、数学家鲁道夫·尤利乌斯·埃马努埃尔·克劳修斯发表《论热的机械理论的第二原理的另一形式》一文,给出了热力学第二定律的数学表达式。他还提出了"熵"的概念,孤立系统的一切自发过程均向着状态更无序的方向发展,这种无序的状态被称为"熵",热力学第二定律被称为熵增加原理。

在化学领域,19世纪,物质的原子结构学说得到广泛认同,化学原子论引入了定量分析,使化学走向了系统化。1803年,英国化学家约翰·道尔顿将希腊思辨哲学的原子论改造成定量的化学原子论。1808年,道尔顿出版了《化学哲学的新体系》一书,系统阐述了他的化学原子论。1811年,意大利物理学家阿莫迪欧·阿伏伽德罗提出分子及原子、分子的区别等重要的化学概念,建立了原子-分子学说。1869年,俄国化学家德米特里·伊万诺维奇·门捷列夫发表了他关于元素周期性质的研究,提出元素性质与元素的原子量之间存在着周期性变化规律,并给出了第一张元素周期表。原子-分子学说建立之后,物理学家用分子运动论解释热力学。1877年,奥地利物理学家路德维希·玻尔兹曼提出,所谓热力学系统的"熵",就是分子排列的混乱程度。热力学中引入分子运动论后,牛顿力学和热力学就统一了。

生物学是一个庞大的学科群,包括了植物学、动物学、微生物学、生理学、遗传学、生态学等。1735年,瑞典生物学家卡尔·冯·林奈出版《自然系统》一书,把植物分为纲、目、属、种等,创立了生物分类学。1809年,法国博学家让·巴蒂斯特·拉马克出版了《动物学哲学》一书,阐述了用进废退和获得性遗传两个法则,较早提出了生物进化理论。1859年11月,英国生物学家查尔斯·罗伯特·达尔文出版了他的巨著《论通过自然选择的物种起源,或生存斗争中最适者生存》,简称《物种起源》。《物种起源》采用了大量的证据说明在自然选择作用下的物种进化规律。英国博学家托马斯·亨利·赫胥黎致力于传播进化论,被称为"达尔文的斗犬"。他的《进化论与伦理学》一书的部分内容被严复翻译成《天演论》,在中国产生了巨大而深远的影响。1856~1860年,法国微生物学家路易·巴斯德发表了多篇论文,提出了以微生物代谢活动为基础的发酵新理论,创立了微生物学。他在战胜鸡霍乱、炭疽病、蚕病病菌等方面取得了重要成果，还发明了巴氏消毒法。1865年，奥地利生物学家格雷戈尔·孟德尔发表了《植物杂交试验》的报告，提出了著名的第一、第二遗传定律。但他的报告在当时并未引起学界的广泛重视，直到几十年后，人们才重新认识孟德尔的遗传定律。生物学也逐步走向了系统化。19世纪，科学的各个主要门类都取得了重大发展，促使了第二次技术革命的兴起。第二次技术革命开启了电气时代，电力得到广泛运用，电灯、电话、电报、电影等进入了社会大众的普通生活。

自1687年牛顿发表《自然哲学的数学原理》以来，物理学基本上是在牛顿力学的理论框架之内发展起来的。19世纪，力学、热学、光学、电磁学都建立了完整的理论体系，形成了经典物理学。但19世纪末的一些新的发现，给经典物理学带来了新的挑战。1895年11月，德国维尔茨堡大学的威廉·康拉德·伦琴教授在做电子管放电实验时，发现了一种新的射线。此前，也有人发现了类似的射线。伦琴发表了《一种新射线》的论文，并将这种射线命名为X射线。X射线被应用于透视人体、金属探伤等领域，也为原子科学的发展奠定了基础。1896年初，法国物理学家安东尼·亨利·贝克勒尔发现了铀盐具有天然放射性。1898年，法国物理学家居里夫人（原名玛丽亚·斯可罗多夫斯卡）发现了钋也具有天然放射性，后来又发现了镭。居里夫人因长期从事放射性物质研究，最后死于恶性白血病。X射线是如何产生的呢？物理学家对此有着不同的认识。英国物理学家约瑟夫·约翰·汤姆孙在实验中发现了带电荷的粒子。1897年8月，汤姆孙发表了《论阴极射线》的论文，标志着电子的发现。电子的发现，打破了原子不可分的观念，开辟了一个新的领域：原子物理学。这一时期，物理学的许多新发现，预示着物理学一场新的革命即将到来。1905年5月，犹太裔物理学家阿尔伯特·爱因斯坦发表了著名论文《论动体的电动力学》，在论文中阐述了狭义相对论的原理。狭义相对论是对牛顿时空理论的修正，它认为空间和时间并不相互独立，而应该用一个统一的四维时空来描述。1916年3月，爱因斯坦又发表论文《广义相对论的基础》，提出了广义相对论的理论。狭义相对论给予绝对时空观以有力冲击，广义相对论又展现了一种"柔性"的时空观。在广义相对论中，引力被描述为时空的曲率，这种时空曲率与处于时空中的物质与辐射能量直接联系，联系方式即是爱因斯坦的引力场方程。在广义相对论建立之初,爱因斯坦提出了三个可供验证的推论,即水星近地点进动、光线弯曲、引力红移,都被天文观测所证实。1900 年 12 月 14 日,德国物理学家马克斯·卡尔·恩斯特·路德维希·普朗克在德国物理学会会议上宣读了论文《关于正常光谱的能量分布定律的理论》,论文阐述了"能量子"的假说。这一天被看作量子理论的诞生日。1913 年,丹麦物理学家尼尔斯·亨利克·戴维·玻尔发表论文《论原子结构和分子结构》,将量子思想引入到原子结构、分子结构之中,使量子理论取得了重大进展。从 1925 年开始,德国物理学家维尔纳·卡尔·海森伯发表了多篇论文,奠定了以矩阵形式表示量子力学的理论基础。1926 年,奥地利物理学家埃尔温·薛定谔陆续发表了《量子化就是本征值问题》等四篇论文,创立了量子力学的另一种表达形式——波动力学。薛定谔还提出了著名的思想实验——"薛定谔的猫"。实验假设一只猫被关闭在一个密封的盒子内,由放射性原子控制的开关决定猫的生死,因原子核的衰变是随机性事件,这一只猫匪夷所思地呈现一种所谓生死叠加状态。1944 年,他又发表著作《生命是什么?》,试图用热力学、量子力学和化学理论解释生命的本质。许多青年科学家阅读此书后转身投向了生命科学。量子力学建立后,有关量子力学的"测不准原理"等曾引起许多物理学家、哲学家的争论,爱因斯坦有句名言"上帝不会掷骰子"。这些争论促进了现代物理学、哲学的发展。19 世纪末、20 世纪初,相对论和量子力学的诞生标志着物理学从经典物理进入了现代物理的新时代,为现代科学与技术的发展作了充分的理论准备。

20 世纪的科学成就,除了相对论、量子力学理论之外,还有系统理论、基因理论等,最重要的科学发现可以归纳为四大基本模型,即宏观世界的宇宙大爆炸模型,微观世界的物质结构夸克模型,宏观世界的大地构造板块模型,微观世界的生物遗传物质 DNA 双螺旋结构模型。1917 年,爱因斯坦发表了《根据广义相对论对宇宙学所作的考查》一文,许多人据此构造宇宙模型。荷兰天文学家德西特提出一个膨胀的宇宙模型,苏联物理学家弗里德曼得出了均匀各向同性的膨胀或收缩模型。美国天文学家哈勃提出了著名的哈勃定律,天文观测证实了哈勃定律所展示的宇宙整体膨胀的图景。俄裔美籍物理学家伽莫夫等人把核物理知识与宇宙膨胀假说结合起来,提出了"宇宙大爆炸模型"。

1964年，美国物理学家莫瑞·盖尔曼提出了强子的夸克模型，认为强子是由更基本的单元——夸克所组成，最初解释强相互作用粒子的理论需要三种夸克，分别是上夸克、下夸克和奇异夸克。1969年，美国斯坦福实验室的直线加速器实验证实了盖尔曼预言的夸克模型。现在，人类发现的基本粒子达300多种，夸克模型中的夸克发展到了6种。在地理大发现时代，人们就发现大西洋两岸海岸线形状相互吻合的现象，先后提出了大陆漂移说和海底扩张说。1968年，美国普林斯顿大学、英国剑桥大学、美国哥伦比亚大学拉蒙特-多尔蒂地球观测所的一批学者联合提出把海底扩张说的基本原理扩大到整个地球岩石圈，并对地球岩石圈的运动和演化规律作重新认识，建立了全球构造理论，这个理论被命名为大地板块构造学说。大地板块构造学说建立的大地板块构造模型预言了地球未来的大地演化形态。1953年，两位年轻的科学家，美国生物学家詹姆斯·杜威·沃森和英国生物学家弗朗西斯·哈利·康普顿·克里克发现了DNA的双螺旋结构，这一发现宣告了分子生物学的诞生。在此以后，分子生物学、基因科学开始蓬勃发展。2000年6月26日，参加人类基因组工程项目的美国、英国、法国、德国、日本和中国科学家共同宣布，人类基因组草图的绘制工作已经完成。新的科学理论催生了新的技术革命。

从20世纪40年代开始，第三次技术革命蓬勃兴起。第三次技术革命的主要标志是原子能技术、空间技术、计算机技术、信息技术和生物技术等的应用。回顾科学与技术发展历程，从第一次技术革命以来，人类最激动人心的发明是蒸汽机、电力和计算机，最勇敢的发明是飞机和宇宙飞船，最有"文艺范儿"的发明是电影，最具广阔前景也最让人纠结的发明是人工智能。无论如何，科学与技术的革命正在引领着人类向新的更广阔的未知领域大步前进。

从思想文化史来讲，地理大发现、工业革命、科学与技术的发展，让哲学家、思想家在更深刻的社会变革中以更广阔的视野去认识这个变化的世界。而当人们睁眼相看新世界之际，必须打破的是旧时代留下的思想枷锁。纵观整个近现代历史，打破思想枷锁的第一人仍然首推哥白尼。哥白尼的"日心说"挑战中世纪教会的思想威权统治，标志着一个自由思想的新时代即将来临。思想家们探索宇宙生命，也议论国家政治。1576年，法国法学家让·博丹发表《国家六论》。博丹认为，主权是国家的主要标志。主权是指对内具有至高无上的权力，对外具有独立平等的权利。国家主权通过法律得以体现，并维护社会稳定，使得国家合法化。《国家六论》被誉为国家主权学说的重要论著。1620年，英国哲学家弗朗西斯·培根出版《新工具》一书，培根在书中批判了亚里士多德的逻辑学和三段论，提出认识自然界不能靠演绎法，而应靠归纳法，确立了实验科学的思想。培根有一句名言："知识就是力量！"1675年，荷兰哲学家巴鲁赫·斯宾诺莎发表了《几何伦理学》，随后出版了《神学政治论》《政治论》《哲学原理》等。斯宾诺莎强调人的天赋自然权利和在必要时反抗暴政的权利，政府的合法性必须建立于人民同意授权的基础之上。给人民以思想和言论自由，是统治者维护国家安全的最好办法。斯宾诺莎创立了自然权利学说。1689年和1690年，英国哲学家约翰·洛克发表了两篇《政府论》的论文，洛克在论文中第一次系统阐述了宪政民主政治，第一次倡导了权力分配。他把政治权力分为立法权、行政权和外交权，成为西方三权分立思想的最早理论来源。进入了近现代，思想家们竞相以自己的思考描绘着现代国家的理想形态。

17世纪末至18世纪初，欧洲兴起了启蒙运动，这是继文艺复兴运动之后欧洲近代的第二次思想解放运动。启蒙运动中出现了一大批思想家，他们用理性之光驱散了中世纪漫长的黑暗。1734年，法国思想家伏尔泰（原名弗朗索瓦－马利·阿鲁埃）发表了《哲学通信》。伏尔泰是启蒙运动的旗手，他以天赋人权为旗帜，以理性、社会契约理论为武器，宣扬理性至上，向传统封建宗教思想、向封建专制制度发动了猛烈的进攻。伏尔泰是他的笔名，他才思敏捷，多才多艺，他的作品以尖刻的语言和讽刺的笔调而闻名于世。1748年，法国思想家查理·路易·孟德斯鸠出版了《论法的精神》一书。他在书中把政体分为共和、君主、专制三种，认为共和政体的原则是品德，君主政体的原则是荣誉，专制政体的原则是恐惧。孟德斯鸠认为一切有权力的人都容易滥用权力。他主张三权分立，三项权力分别为立法权、行政权和司法权。德尼·狄德罗也是法国启蒙思想家、百科全书派的代表。狄德罗坚持国家起源于契约，君主的权力来自人民协议的观点。1755年，法国哲学家让－雅克·卢梭出版了《论人类不平等的起源和基础》。1762年，他又出版了《社会契约论》。卢梭在《社会契约论》中开宗明义："人是生而自由的，但却无所不在枷锁之中。"他认为人是生而平等与自由的，国家只能是自由人民自由协议的产物。自由一旦被强力剥夺，人民就有权进行革命，以强力夺回自由。国家主权在民，最好的政体为民主共和国。启蒙运动直接导致了18世纪欧洲资本主义和社会主义思潮的广泛兴起。

工业革命促进了工业国家的经济迅速增长，经济学家开始登上历史舞台。1759年，英国经济学家亚当·斯密发表了《道德情操论》。1776年，他又发表了不朽名著《国民财富的性质和原因的研究》（简称《国富论》）。亚当·斯密在《道德情操论》中寄希望于同情心与正义感，在《国富论》中寄希望于市场竞争机制。《国富论》是现代政治经济学研究的起点。亚当·斯密强调人在经济生活中的利己性是发展市场经济的前提，提出了依靠"看不见的手"管理经济、尽量减少政府干预的重要经济思想。伊曼努尔·康德是德国古典哲学的创始人。康德哲学被称作批判哲学，他的所谓批判主要是指对问题的考察、研究。1770年以前，他主要研究自然哲学，著有《宇宙发展史概论》。1770年以后，他主要研究哲学，著有《纯粹理性批判》（1781）、《实践理性批判》（1788）、《判断力批判》（1790）。康德的"三大批判"主要探讨了认识论、伦理学和美学三个领域的问题。

18世纪下半叶，北美殖民地兴起广泛的独立运动。1776年1月，托马斯·潘恩以"一个英国人"的名义发表了《常识》的小册子。潘恩继承了卢梭等人的人民主权思想，认为"国民是一切主权之源"，只有人民才是主权者。潘恩主张共和政体，将选举权看作人民的基本权利，也是其他权利的重要保障。《常识》对北美独立运动起到了广泛的思想动员作用。1776年7月，美国政治家托马斯·杰斐逊执笔起草了《独立宣言》，《独立宣言》体现了天赋人权的思想，继承和发展了孟德斯鸠的三权分立学说，代表了杰斐逊政治思想中最有价值的部分。杰斐逊与潘恩一样，主张在美国建立代议制的民主共和国。杰斐逊认为，大国固然不宜实行直接民主，但掌握国家权力的人民可以委派自己的代表处理公众事务，代议制的民主政府可以在不论多大幅员的国家履行职责。杰斐逊关于大国可以实行代议制民主的思想在政治思想史上具有重要意义。在美国的开国元勋中，还有一位杰出的政治家就是亚历山大·汉密尔顿。1787

年 10 月至 1788 年 5 月,汉密尔顿与他人一起以"普布利厄斯"的笔名在报纸上连续发表政论文章,对美国宪法的性质、作用以及分权制衡的原则作了详细的阐述。他认为联邦政府的权力必须划分为立法、行政和司法三种权力,这三种权力必须分开。汉密尔顿是财经专家,美国第一任财政部长,建立了美联储的前身——合众国第一银行。美国开国之初,曾就美国的未来展开了充分的政治论战,一批杰出的政治家、思想家为美国现代国家的建设贡献了他们的聪明才智。

早期资本主义的贪婪逐渐显露了"恶"的一面,一批思想家探寻理想社会,社会主义应运而生。法国思想家克劳德·昂利·圣西门就是一位早期社会主义者。19 世纪 20 年代,圣西门发表了多篇社会主义著作,如《论实业制度》《论文学、哲学和实业》《新基督教》等。圣西门设想在"实业制度"下,经济按计划发展,国家实行议会制度,人人都要劳动,没有不劳而获的人,社会呈现一种理想状态。1798 年,英国人口专家托马斯·罗伯特·马尔萨斯出版了《人口原理》一书。马尔萨斯论证,人口以几何级数增长,生活资料以算术级数增长,人口过剩和食物匮乏是必然的,人类必须控制人口增长。马尔萨斯的人口论至今仍有广泛影响。思想家愈来愈关注社会问题,而哲学家仍孜孜不倦探寻认识的规律。1817 年,德国哲学家乔治·威廉·弗里德里希·黑格尔出版了《哲学全书》,标志着黑格尔哲学体系的建立。黑格尔是德国古典唯心主义的集大成者,他最重要的思想是辩证法思想。黑格尔认为,事物都是对立统一的,能够质量互变。事物的发展经历了否定之否定的过程。主体与客体是辩证的统一。黑格尔哲学对后世产生了深远影响。1824 年,英国思想家、实业家、早期社会主义者罗伯特·欧文在美国印第安纳州创办"新和谐"公社,公社实行生产资料公共占有、权利平等、民主管理等原则,然而公社最终不幸遭受失败。欧文是一位社会主义实践者,也是一位早期社会主义思想家。他著有《新社会观》《新道德世界书》等,晚年还提出了共产主义主张。夏尔·傅立叶是法国的思想家、早期社会主义者。19 世纪初,他先后发表《全世界和谐》《四种运动论》《新世界》等著作。他理想的和谐社会由一个个名叫"法郎吉"的合作社构成。在"法郎吉"里,人人平等,共同劳动,共同享受劳动成果,接受免费教育等。

1817年，英国经济学家大卫·李嘉图发表了《政治经济学及税赋原理》。李嘉图是英国古典经济学的杰出代表，他继承了亚当·斯密经济理论中的科学因素，坚持商品价值由生产中所耗费的劳动决定的原理，建立起了以劳动价值论为基础、以分配论为中心的理论体系。李嘉图对货币流通及信贷、国际经济关系、税收等都有深入研究，是一位学识渊博的经济理论家。1818年，德国哲学家亚瑟·叔本华发表了《作为意志和表象的世界》。叔本华是现代意志主义的创始人，他认为，意志是人和世界的本质，生命的意志是生存的意志；人生是痛苦的，因为人的欲望不可能满足。他还认为否定生存意志必须实现"意志转移"，实现"意志转移"有三个途径：哲学沉思、审美活动和禁欲绝欲。近现代世界战争延绵不绝，军事理论成为一门科学。1832～1837年，德国军事理论家卡尔·菲利普·戈特弗里德·冯·克劳塞维茨逝世后，他的妻子整理出版了他的《战争论》。《战争论》被誉为西方近代军事理论的经典之作。该书揭示了战争从属于政治的本质，指出了人的因素尤其是精神力量的作用巨大，探讨了战略和战术、进攻和防御、战争的目的和手段之间的辩证关系，提出了集中优势兵力歼敌等理论。克劳塞维茨有一句名言：战争无非是政治通过另一种手段的继续。1830年，法国社会学家奥古斯特·孔德出版了《实证哲学教程》第一卷，其余五卷稍后陆续出版。其中，1838年出版的第四卷中提出了"社会学"的概念。1848年，孔德组织了"实证哲学学会"，形成了实证主义学派。孔德认为，实证是指能为事实所证明的、实在的东西，强调世界上只有人们亲身经验的事实和现实才是确实可靠的。他又认为，经验是人们对现象的主观感觉和体验的总和。事物的本质是超乎感觉经验或现象之外的东西，是不可认识的。孔德的实证主义对西方社会学发展有较大影响。1839年，德国哲学家路德维希·安德列斯·费尔巴哈发表了《论哲学和基督教》《黑格尔哲学的批判》。1841年，他又发表了《基督教的本质》。费尔巴哈批判了康德的不可知论和黑格尔的唯心主义，恢复了唯物主义的权威。他肯定自然离开人的意识而独立存在，时间与空间是物质的存在形式，人能够认识客观世界。费尔巴哈还认为，宗教、神、上帝的根源要在人的本性、要求、愿望、祈求中去寻找，建立了人本主义唯物观。从某种程度上讲，费尔巴哈的哲学观代表了德国古典哲学的终结。1848年，英国经济学家约翰·斯图亚特·穆勒发表了《政治经济学原理》。除了经济学,穆勒还有哲学、逻辑学等方面的著作。穆勒是一位激进的自由主义者。他不仅主张贸易自由和对外扩张自由,也在处理政府与个人关系中十分关注个人自由。穆勒认为,自由不仅是个人幸福所系,也是社会进步的重要因素之一。他对自由的唯一限制条件就是不伤害别人,按照自己的道德观念追求属于自己的自由。穆勒称自己是社会主义者,他主张取消工资制度,代之以社会主义性质的生产者合作社。

1848年,马克思、恩格斯发表了为共产主义者同盟起草的纲领——《共产党宣言》,这是国际共产主义运动的第一个纲领性文件,标志着马克思主义的诞生。马克思著有《黑格尔法哲学批判》《论费尔巴哈》《政治经济学批判大纲》《资本论(第一卷)》《哥达纲领批判》等。马克思、恩格斯合著有《德意

马克思与恩格斯塑像

志意识形态》《共产党宣言》《资本论（第二卷、第三卷）》等。恩格斯著有《反杜林论》《社会主义从空想到科学的发展》《自然辩证法》《家庭、私有制和国家起源》等。马克思和恩格斯的思想学说主要由三部分组成：哲学、政治经济学和社会主义理论。马克思主义哲学是关于自然、社会和思维发展一般规律的学说，它坚持唯物论和辩证法的统一，坚持唯物主义自然观和历史观的统一。马克思主义政治经济学主要研究社会生产关系及其发展规律。马克思提出了剩余价值的理论，认为生产资料的私人占有和产品的社会化必然导致周期性的经济危机，解决的办法只有实行计划经济。在社会主义理论方面，马克思提出了阶级斗争的学说，马克思认为，无产阶级要想获得自由和解放，必须在无产阶级政党领导下进行暴力革命，以推翻资产阶级专政，建立社会主义国家，直至消灭阶级和国家，实现共产主义理想。恩格斯是马克思主义理论的创始人之一，还建立了自然辩证法的学说。恩格斯认为，人与自然是既对立又统一的辩证关系，人类社会是自然界发展到一定历史阶段的产物。人类不断改造和支配自然界，创造自己的历史。恩格斯指出，人类的思维规律与自然规律是一致的，每一个时代的理论思维都是历史的产物。恩格斯还提出了"劳动创造人类本身"的论断。马克思主义学说是 19～20 世纪最有影响的社会革命理论。

19 世纪以来，科学技术飞速发展，许多哲学家、社会学家运用科学原理解析社会现象，创建了许多新的社会理论。1859 年，达尔文出版了《物种起源》，揭示了生物进化理论。英国社会学家赫伯特·斯宾塞把达尔文的进化论运用到社会学中来，提出了"社会有机体"的概念，认为人类社会像自然界的生物一样，通过生存竞争生长和变化，由低级向高级、由简单向复杂发展，形成了"社会达尔文主义"思想。英国博物学家赫胥黎是坚定的进化论者，但他并不主张用进化论来解释社会伦理过程。1894 年，赫胥黎发表《进化论与伦理学》。赫胥黎认为，人类社会的伦理过程不同于自然的生命过程。人类社会虽然存在竞争，而伦理法则，也就是人类本来的互助互敬、互亲互爱的善性，可以抑制社会的残酷竞争。严复将赫胥黎的《进化论与伦理学》译作《天演论》，并不是纯粹直译，而是既翻译又发挥。从这本书中，中国人普遍记住的恰恰是"物竞天择、适者生存"。1879 年，德国哲学家弗里德里希·威廉·尼采辞去了瑞士巴塞尔大学的教职，开始 10 年的漫游生活，这段时期成为了他创作的黄金时期。尼采是西方现代哲学的开创者、反传统思想的代表人物。尼采的反传统在于他猛烈揭露和批判传统的基督教道德和现代理性观念。他要建立的新的哲学,是将生命意志置于理性之上的哲学,是非理性的哲学。他提出强力意志说,用强力意志取代上帝的地位和传统形而上学的地位。尼采鼓吹人生的目的就是实现权力意志,扩张自我,成为驾驭一切的超人,这也成为了法西斯主义的理论基础。1899 年,奥地利心理学家西格蒙德·弗洛伊德出版了《梦的解析》,标志着精神分析心理学的诞生。弗洛伊德的精神分析学说将人的心理结构分成三个不同、又相互联系的层次系统:无意识系统、下意识系统和意识系统。在弗洛伊德看来,人的心理过程首先属于无意识系统,在一定条件下转化为意识系统的活动。弗洛伊德还是一位泛性主义者,他的心理分析,说到底就是用性本能的冲动来解释人的一切行为和活动的动机。晚年,他对自己的理论进行了补充,把人的个性分为三个组成部分:本我、自我和超我。他的学说从根本上改变了人们对人的基本看法,有人称之为"弗洛伊德革命"。

1889～1905 年,美国军事家阿尔弗雷德·赛耶·马汉完成了他的"海权论三部曲"。马汉的海权论认为,控制海洋应是海洋国家的国策,是海军战略的核心。要控制海洋就要有强大的海军和足够的海军基地,以确保对世界重要战略海道的控制。马汉强调,海军的存在是为了进攻,防御只是进攻的准备等。同样是面对海洋,地理学家从另一个角度看待国家之间的冲突。1902～1919 年,英国地理学家哈尔福德·约翰·麦金德发表了《不列颠和不列颠海》《历史中的地理学枢纽》《民主的理想与现实》等,形成了地缘政治学说。麦金德的地缘政治学说是基于他的世界史的地理观而构建的。他认为,世界史从根本上说,就是陆上国家与海上国家反复斗争的历史。地缘政治学带有较为明显的"地理决定论"色彩。1904 年,德国社会学家马克斯·韦伯发表了《新教伦理和资本主义精神》。韦伯著作丰富,被公认为现代社会学和公共行政学的创始人之一。韦伯提出了社会行动思想。他认为个体的特殊行动应是理解社会学的最基本的单位,是使社会学成为一门科学的建设性要素。韦伯在理论上的贡献是将社会行动的分析方法应用于社会的各个方面。根据社会行动理论,人的行动有的是理性因素决定的,有的是非理性因素决定的,需要作科学分析。韦伯的思想视野开阔,他的社会行动的概念几乎遍及人类社会的政治、经济、宗教、道德、文化和历史，他也成为了西方最有影响的思想家之一。20世纪，飞机开始成为一种常规性战争武器。1921年，意大利军事家朱利奥·杜黑出版了《制空权》一书，形成了他的空军制空权理论。杜黑认为，制空权是赢得一切战争胜利的前提。独立的空中作战是未来战争战略行动的主要样式，空中战场将是决定性的战场。空军应当成为国家军事力量的主体。杜黑的空军战略理论对各国空军建设产生了深远影响。1923年，苏联生理学家伊万·彼德罗维奇·巴甫洛夫发表了《动物高级神经活动（行为）客观研究20年经验：条件反射》。巴甫洛夫是高级神经活动学说的创始人，他提出了条件反射思想。巴甫洛夫通过狗唾液腺分泌条件反射的经典实验，建立了条件反射理论。条件反射是指在一定条件下，外界刺激与有机体反应之间建立的一种暂时神经联系。巴甫洛夫在条件反射的基础上发展了高级神经系统的理论。他的条件反射思想成为许多心理分析的重要理论依据。英国哲学家、数理逻辑学家伯特兰·罗素运用数学分析，创建了逻辑经验主义理论。罗素的著述很多，代表作品有《幸福之路》《西方哲学史》《数学原理》《物的分析》等。罗素以数学作为哲学原理的出发点，通过将哲学问题转化为逻辑符号，应用逻辑学的方法去寻找确定的答案。罗素认为，哲学家的工作就是发现能够解释世界本质的一种理想的逻辑语言。罗素是一名和平主义者，还积极参加各种社会政治活动。

20世纪上半叶，西方主要工业国家出现了严重的经济危机。为了摆脱经济危机，凯恩斯的国家干预理论大行其道。英国经济学家约翰·梅纳德·凯恩斯是现代最有影响的经济学家之一。在凯恩斯之前，主导经济理论的是新古典学派的自由放任经济学说，其核心是市场"自动均衡"理论。1936年，凯恩斯发表《就业、利息和货币通论》。凯恩斯认为，产生经济危机的主要因素是有效需求不足，解决有效需求最好的办法是国家直接干预经济，采取赤字财政政策、通货膨胀政策和对外扩张政策等，刺激消费，增加投资，促进就业和经济增长。有效需求原理被认为是凯恩斯经济理论的核心，也是他对西方经济学理论的重大贡献。

约翰·梅纳德·凯恩斯像

20世纪发生了两次世界大战,人们的思想意识发生剧烈变化,这时产生了萨特的存在主义理论。让-保罗·萨特是法国的哲学家、社会活动家。1938年,他的长篇小说《恶心》出版。1943年,他的哲学名著《存在与虚无》出版。萨特是存在主义的代表人物之一。他认为,存在先于本质。人是绝对的、无限制自由的,可以决定自己的本质和生命的主要价值。人首先得存在,然后才能面对世界而规定自己、模铸自己。萨特强调人的绝对自由,也认为自由与选择是联系在一起的,对人类的现实来说,存在就是选择。1954年,美国社会心理学家亚伯拉罕·马斯洛出版了他的代表作《动机和人格》,提出了需求层次理论。马斯洛把人的需求由较低层次到较高层次分为生理需求、安全需求、社交需求、尊重需求和自我实现需求五个大类。生理需求、安全需求和社交需求是低一级的需求,尊重需求和自我实现需求是高一级的需求。高一级的需求是无止境的。在人生一定的阶段,某一种需求得到满足了,人就能够感觉到幸福。马斯洛的需求层次理论和自我实现理论是人本主义心理学的重要理论，对心理学尤其是管理心理学有着重要的影响。"二战"以后，世界总体进入了一个和平发展的阶段，但各种社会矛盾与冲突依然存在。美国哲学家约翰·罗尔斯创建了社会正义理论。1971年，罗尔斯出版了《正义论》，随后又出版了《政治的自由主义》《公平的正义再陈述》等。罗尔斯正义理论的核心是平等的自由，公平即正义。他提出了正义两原则：第一，每个人都有权拥有与他人的自由并存的同样的自由；第二，对社会和经济的不平等应作如下安排，即人们能合理地指望这种不平等对每个人有利，而且地位与职位对每个人开放。他认为，实现社会的公平正义，最重要的是实现制度创新，完成制度保障。罗尔斯的正义理论反映了20世纪50～70年代在美国的社会冲突与危机下，如何调整既有的社会关系，进行制度的合理重组，实现平等的自由和机会的公正，最终达到社会的和谐与正义的理论创新。当代世界思想文化的发展更趋活跃，女权主义、生态主义、未来主义和新自由主义等，各种社会思潮精彩纷呈，思想家、社会活动家们争相以自己的思想去塑造未来的世界。

从文学艺术的发展来讲，工业革命促进了印刷出版业的蓬勃兴旺，电子时代成就了广播、电影、电视和网络等新兴媒体的创新发展。近现代社会革命跌宕起伏，政治与战争风云变幻，人类文明持续发展，这都给文学艺术提供了丰富素材，文学艺术逐渐进入了一个创作的繁荣时期。一大批杰出的文学家、艺术家不断出现，活跃了现代世界的文学艺术创作，新的题材、新的形式、新的作品不断涌现，为世界文学与艺术宝库增添了无数瑰宝。

17世纪的文学主要包括了古典主义文学、巴洛克文学和反映清教徒思想的文学。古典主义是17世纪欧洲的主要文学思潮。古典主义崇尚理性与自然，仍带有浓郁的宫廷色彩。被称为法国古典主义创始人的诗人弗朗索瓦·马莱伯最早提倡语言的"纯洁化"和诗歌的格律化。法国寓言诗人拉·封丹以严格押韵的诗体改写了伊索寓言，写出了别具一格的《寓言诗》等。皮埃尔·高乃依有法国"古典主义悲剧之父"称号，他以思想崇高和感情优美来代替传统古典悲剧的悲天悯人。高乃依的作品有《梅德》《熙德》《贺拉斯》《西拿》等，其中许多是以古希腊、古罗马历史故事为题材的英雄悲剧。法国悲剧作家还有让·拉辛。他的代表作《安德洛玛克》取材于古希腊的悲剧故事。《安德洛玛克》被认为是一部标准的古典主义悲剧，符合"三一律"原则。所谓"三一律"指戏剧的时间、地点、情节三者要达到高度统一。法国喜剧作家莫里哀（原名约翰·巴狄斯特·波克兰）是演员出身，莫里哀是艺名，法语意为常春藤。他一生创作了喜剧《可笑的才女》《丈夫学堂》《太太学堂》《伪君子》《悭吝人》等37部作品。莫里哀的作品揭露贵族和教会的伪善与腐朽，讽刺有钱人的贪婪与愚蠢，歌颂青年男女冲破封建牢笼追求爱情和幸福的生活。他的喜剧具有情节紧凑、结构严谨、语言简洁犀利的特点。法国文学批评家尼古拉·布瓦洛是古典主义理论家，他在《诗的艺术》中提出的古典主义原则，成为古典主义的艺术法典。英国的古典主义文学也有一定的成就。英国诗人约翰·屈莱顿在《论剧体诗》中阐述了古典主义的美学法则。英国诗人亚历山大·蒲柏的创作把英国古典主义文学推向了高潮，他的诗作有《夺发记》《愚人志》《道德论》等。他的许多诗句写得工整、精练、富有哲理性。巴洛克文学起源于意大利和西班牙，盛兴于法国。意大利巴洛克文学的代表诗人是贾姆巴蒂斯塔·马里诺。他的抒情诗集《七弦琴》《风笛》以及长诗《安东尼斯》等，追求绮丽、浮华的诗风，形成"马里诺诗体"。西班牙巴洛克文学的代表诗人是贡戈拉·伊·阿尔戈特。他有许多长篇叙事诗和寓言诗，代表作有《莱尔马公爵颂》《孤独》等，诗歌风格幽默、活泼。法国巴洛克文学分小说和诗歌两种体裁，各自都有代表作家和作品。17世纪的英国文学以体现清教徒思想的作家最为出色，代表作家有约翰·弥尔顿和约翰·班扬。弥尔顿是诗人，也是政治活动家，曾写有《为英国人民申辩》《再为英国人民申辩》等政论文。因遭政敌迫害，他双目失明，但仍坚持完成《失乐园》《复乐园》《力士参孙》三部长篇史诗。弥尔顿的作品表现了人的奋争和救赎，深深触及人类灵魂。班扬的代表作有宗教寓言《天路历程》，书中描述了基督徒及妻子寻找天国的经历，语言简洁平易，被誉为"英国文学中最著名的寓言"。17世纪欧洲的建筑艺术也日趋精美，较重要的是巴洛克风格。巴洛克建筑广泛使用圆柱、圆顶和雕刻，给人以华丽辉煌的感觉。巴洛克建筑最负盛名的是法国的凡尔赛宫及其花园。17世纪，荷兰的绘画也较有成就。荷兰画家伦勃朗·哈尔曼松·凡·莱因的绘画水平达到了时代高峰，代表作有《尼古拉·特尔普教授的解剖课》《参孙被弄瞎眼睛》《画家及其妻莎士基亚》等。他的画作善于运用光线对比突出主题思想,描绘人物的性格,造型具有厚重感。

18世纪,文学中古典主义仍占有一定的地位,但欧洲的启蒙运动导致的启蒙文学很快成为了文学的主流。启蒙文学具有鲜明的哲理性和政论性,洋溢着理性和人文精神的光芒。18世纪后期,伤感主义文学和德国"狂飙突进"文学也有一定影响。18世纪的英国文学非常繁荣,英国的启蒙文学以现实主义小说为代表。英国作家丹尼尔·笛福是现实主义小说的奠基人,他的代表作是《鲁滨孙漂流记》。小说通过鲁滨孙海上冒险、滞留并开辟海岛的故事,体现了一种冒险和奋斗的精神。英国作家乔纳森·斯威夫特是著名的讽刺文学大师,代表作为《格列佛游记》。作品通过主人公格列佛数次航海遇险,漂流至小人国、大人国等的遭遇,讽刺了社会现实。英国作家亨利·菲尔丁是剧作家、小说家,代表作有《大伟人江奈生·魏尔德传》《汤姆·琼斯》等。菲尔丁的小说将滑稽与史诗很好地结合。英国作家塞缪尔·理查逊是家庭小说的开创者,作品有《克拉丽莎》《帕米拉》等。他的小说关注婚姻和家庭,善于描写人物情感和心理。《帕米拉》开创了伤感文学的先河。18世纪中叶,英国伤感主义文学流行。英国作家劳伦斯·斯泰恩的代表作《伤感的旅行》,以主人公约里克牧师在法国的旅行为背景,抒发伤感情怀。英国作家奥立维·哥尔德斯密斯的长篇小说《威克菲尔德的牧师》、长诗《荒村》都是伤感主义文学的代表作。

法国是启蒙运动的中心,许多法国启蒙思想家也是文学家。孟德斯鸠的书信体小说《波斯人信札》是一部著名的启蒙哲理小说。伏尔泰曾创作了26篇优秀中短篇小说,以《老实人》最为脍炙人口。狄德罗创作的《私生子》《一家之长》两部市民剧,为现代话剧的兴起奠定了基础。他还有自白体小说《修女》、对话体小说《拉摩的侄儿》等,都极具创新价值。思想家卢梭也是一位小说家,他的小说《爱弥尔》是一部讨论教育的小说,《新爱洛伊丝》是一部讨论婚姻与家庭的小说,《忏悔录》是作者的一部自传体小说,小说坦诚地揭示了自己的内心世界。法国最后一位著名的启蒙作家是加隆·德·博马舍,他的代表作有《塞维勒的理发师》《费加罗的婚姻》,这是两部成功的政治喜剧,影响经久不衰。18世纪70年代，德国发起了一场称为"狂飙突进"的文学运动，这是启蒙运动在德国的发展。德国"狂飙突进"运动的文学代表人物有诗人、剧作家弗里德里希·席勒和作家、思想家约翰·沃尔夫冈·冯·歌德。席勒的代表作有戏剧《强盗》《阴谋与爱情》《华伦斯坦》《威廉·退尔》和诗歌《希腊的神》《欢乐颂》等。席勒的创作仍具有古典主义风格。歌德的代表作主要有书信体小说《少年维特之烦恼》、诗剧《浮士德》等。《少年维特之烦恼》反映了一代青年反封建的心声，受到了广泛欢迎。《浮士德》以德国民间传说为题材，以诗剧的形式写就，是歌德文学创作的巅峰之作，堪称世界古典名著。歌德一生创作丰富，喜欢绘画，对自然科学也有广泛研究，死后与席勒安葬在一处。

18世纪的欧洲艺术呈现了一种洛可可风格。洛可可风格是从巴洛克风格发展而来，在建筑上室内应用明快的色彩和纤巧的装饰，而不像巴洛克风格那样色彩浓艳，装饰奢华。洛可可风格在绘画上以上流社会男女的享乐生活为对象，描写全裸或半裸的妇女和精美华丽的装饰，配以秀美的自然景色或精美的人文景观。18世纪艺术创作有丰硕收获的还有音乐艺术，出现了许多音乐艺术大师。首先是德国音乐家约翰·塞巴斯蒂安·巴赫。巴赫是一位基督教徒，他的大多数作品是宗教音乐，呈现深沉、悲壮、广阔的特质，被称为"西方近代音乐之父"。奥地利音乐家弗朗茨·约瑟夫·海顿是维也纳古典音乐的奠基人。海顿的音乐幽默、明快，是一位具有创造精神的作曲家。奥地利音乐家沃尔夫冈·阿玛多伊斯·莫扎特小时候即被称为音乐神童。他4岁学习钢琴并作曲，短暂的一生留给世人600多首音乐作品。莫扎特的钢琴协奏曲、小提琴协奏曲风格典雅秀丽，热情而温暖，被誉为天籁之音。德国音乐家路德维希·凡·贝多芬是世界音乐史上最伟大的作曲家之一。他的主要作品以九首交响曲占重要的地位，尤其是《第三（英雄）交响曲》《第五（命运）交响曲》《第九（合唱）交响曲》，以独特的音乐语言，表现出奔放的热情、崇高的理想，给人以英雄史诗般的深切感受。贝多芬认为："音乐应当使人类的精神爆发出火花。"

路德维希·凡·贝多芬像

19世纪,世界文学进入了一个繁荣期,浪漫主义文学、批判现实主义文学、自然主义文学等,各种文学流派精彩纷呈,涌现出一大批优秀的文学家。18世纪末至19世纪30年代,欧洲流行浪漫主义文学。浪漫主义文学主张创作自由、个性解放,抒发对理想世界的追求。英国浪漫主义文学的主要体裁是诗歌。诗人乔治·戈登·拜伦是杰出的代表。拜伦的代表作有《哈尔德·哈罗德游记》《唐璜》《东方叙事诗》等。他在诗歌中塑造了一批"拜伦式"的英雄,他们孤傲、狂热,具有反抗精神,但又内心苦闷,遗世独立,成为悲剧式的人物。另一位浪漫主义诗人珀西·比希·雪莱,与拜伦是挚友。雪莱写了许多政治抒情诗,如《致英国工人之歌》《专制暴君的化装舞剧》《自由颂》《给意大利》等。《致英国工人之歌》成为英国宪章运动中广大工人的战歌。雪莱还写了许多描写自然景物的抒情诗,以景抒情,以诗言志,如《西风颂》《致云雀》等。雪莱著名的诗句"如果冬天已经来临,春天还会遥远吗"广为流传。法国浪漫主义文学的代表人物有维克多·雨果。雨果一生写过许多诗歌、小说、剧本、散文、文艺与政治评论等，代表作有小说《巴黎圣母院》《悲惨世界》《笑面人》《九三年》和诗集《东方诗集》《惩罚集》等。雨果是法国浪漫主义文学运动的领袖，但他的成熟作品充满了浪漫主义与现实主义相结合的写作风格。他的一生追随时代步伐前进，是世界文学史上的重要作家。

批判现实主义是从 19 世纪 30 年代开始几乎贯穿以后各个时期的文学流派。与浪漫主义不同，批判现实主义主张文学面向生活，真实地反映社会现实，对社会的各种弊端和丑恶现象予以无情的揭露与批判。司汤达（原名马里-亨利·贝尔）是法国第一位杰出的批判现实主义作家，批判现实主义文学的奠基人，司汤达是他的笔名。司汤达的代表作有《阿尔芒斯》《红与黑》《巴马修道院》等。在名著《红与黑》中，通过对主人公于连这个典型人物的刻画，极为深刻地反映了那个时代。法国小说家奥诺雷·德·巴尔扎克是世界文学巨匠，也是批判现实主义的杰出代表。他一生创作甚丰，写了 91 部小说，塑造了 2 472 个栩栩如生的人物形象，合称为《人间喜剧》。其中，较有影响的如《高老头》《欧也尼·葛朗台》《邦斯舅舅》《幻灭》《农民》等。巴尔扎克的小说对典型人物形象和社会风俗的描写细致深刻，丰富了小说创作的艺术手法，使小说获得了空前的表现力。法国小说家居伊·德·莫泊桑也是批判现实主义作家。他一生创作 300 多篇短篇小说，代表作有《羊脂球》《项链》《我的叔叔于勒》等。莫泊桑擅长从平凡琐屑的事物中截取富有典型意义的片段，以小见大地概括出生活的真实，提高了短篇小说的创作艺术水平。英国批判现实主义小说家有查尔斯·狄更斯，他的代表作有《匹克威克外传》《雾都孤儿》《双城记》《远大前程》《大卫·科波菲尔》等。狄更斯的小说描写了许多社会中下层的小人物，他生动的细节刻画，妙趣横生的笔触，塑造了众多令人难忘的形象，真实地反映了那个时代的社会面貌。丹麦作家汉斯·克里斯汀·安徒生是世界童话文学的代表人物之一，他的一些童话故事也具有批判现实主义风格。安徒生一生写了 160 多篇童话故事，如《坚定的锡兵》《拇指姑娘》《卖火柴的小女孩》《丑小鸭》《皇帝的新装》等。安徒生童话的题材广泛，带着微笑和温柔的情感进行悲剧式叙事是安徒生童话悲剧美的一个显著特点。挪威戏剧家亨利克·易卜生也是一位批判现实主义作家。他的戏剧作品有《玩偶之家》《人民公敌》等。易卜生的戏剧关注社会问题，把戏剧与社会生活紧密结合起来，为现实主义戏剧发展开辟了新的道路。马克·吐温(原名萨缪尔·兰亨·克莱门)是美国批判现实主义文学的奠基人。马克·吐温是笔名,他的代表作有《百万英镑》《哈克贝利·费恩历险记》《汤姆·索亚历险记》等。他的小说具有浓郁的幽默和讽刺意味,对现实社会充满了批判精神。

  19世纪,俄国文学崛起,涌现出一批浪漫主义和批判现实主义文学家。俄国著名作家亚历山大·谢尔盖耶维奇·普希金是浪漫主义与批判现实主义结合的代表,现代俄国文学的奠基人。他的代表作有诗歌《自由颂》《致大海》《致哈达耶夫》《假如生活欺骗了你》和诗体小说《叶甫盖尼·奥涅金》、小说《上尉的女儿》等。普希金的作品体现了思想性和艺术性的完美结合,使他具有世界性的影响。俄国戏剧家、小说家尼古莱·瓦西里耶维奇·果戈理-亚诺夫斯基是批判现实主义作家,他的代表作是讽刺喜剧《钦差大臣》和小说《死魂灵》。他的作品加强了俄国文学的讽刺和批判倾向。俄国小说家、戏剧家伊凡·谢尔盖耶维奇·屠格涅夫也是批判现实主义作家,他的主要作品有小说《前夜》《贵族之家》《父与子》《猎人笔记》等,屠格涅夫的创作具有强烈的批判精神和鲜明的时代特征,语言优美,富有诗意,展现了俄国特有的民族风情。俄国作家费奥多尔·米哈伊洛维奇·陀思妥耶夫斯基也是一位著名的现实主义小说家。他的代表作有长篇小说《穷人》《被侮辱和被损害的》《罪与罚》《白痴》《卡拉马佐夫兄弟》等。陀思妥耶夫斯基通过笔下一个个栩栩如生的经典人物拷问着人类的灵魂。俄国文学巨匠列夫·尼古拉耶维奇·托尔斯泰是批判现实主义小说家,他的巨著有《战争与和平》《安娜·卡列尼娜》《复活》等。托尔斯泰对现实社会给予了无情批判,但他始终强调"勿以暴力抗恶"的思想。俄国文学家安东·巴甫洛维奇·契诃夫是19世纪末期的批判现实主义作家,他的代表作品有中短篇小说《套中人》《小公务员之死》《变色龙》《草原》和戏剧《万尼亚舅舅》《樱桃园》等。契诃夫塑造具有典型性格的小人物,无情揭露社会的丑恶现象,坚持了现实主义的写作传统。自然主义也是这一时期的一种文学创作思潮。自然主义文学追求纯粹的真实性,主张事无巨细地再现生活。自然主义文学的代表有法国作家埃米尔·左拉。左拉的代表作有《萌芽》《娜娜》《小酒店》《金钱》等。左拉致力于自然主义文学理论研究,提出了"实验小说论"等自然主义文学思想。

列夫·尼古拉耶维奇·托尔斯泰像

19世纪，在建筑风格上主要有古典主义、浪漫主义和芝加哥学派。19世纪末期出现的芝加哥学派强调"形式服从功能"，出现了一些外表简洁、符合新的框架结构的现代高层建筑。在绘画上，各种流派争奇斗艳，新古典主义、浪漫主义、现实主义和印象主义等都有所发展。印象主义是19世纪下半叶在法国率先兴起的一个新画派。印象主义的杰出代表是荷兰画家文森特·威廉·梵高。他的代表作有《天空星夜》《新向日葵》《小乌鸦的麦田》等。梵高的画色彩强烈、色调明快，构图表现出了强烈的情感。这一时期，著名的雕塑家有法国艺术家奥古斯特·罗丹，他的代表作有《青铜时代》《思想者》《雨果》《巴尔扎克》《吻》等。罗丹偏爱悲壮的主题，从残缺中发掘出力与美，这使他的艺术具备博大精深的品格。19世纪，浪漫主义音乐兴起。奥地利音乐家弗朗茨·舒伯特是早期浪漫主义音乐家。他创作了千余首音乐作品，包括歌曲、歌剧、交响曲等。舒伯特的交响乐继承了古典传统，但他的艺术歌曲具有浪漫主义风格。舒伯特广为流传的是他600余首具有抒情风格的艺术歌曲。19世纪下半叶，奥地利又兴起了轻音乐。约翰·施特劳斯父子把这种抒情为主、结构简单、旋律优美的轻音乐发挥到了极致。波兰钢琴家弗里德里克·弗朗索瓦·肖邦是一位爱国主义的音乐家。他一生创作200余部音乐作品,以钢琴曲为主。肖邦的钢琴曲曲调热情奔放,和声丰富多彩,被誉为"浪漫主义的钢琴诗人"。19世纪俄罗斯音乐成就最为辉煌的是彼得·伊里奇·柴可夫斯基。他的代表作品有交响乐《第四交响曲》《第五交响曲》《第六交响曲》,歌剧《叶甫盖尼·奥涅金》《黑桃皇后》和舞剧《天鹅湖》《睡美人》《胡桃夹子》等。柴可夫斯基的音乐具有强烈的感染力,乐章抒情而华丽,带有管弦乐风格,体现了浓郁的俄罗斯风情。

20世纪20年代,西方盛行起现代派文学。现代派文学是各种文学新流派的一个总称,包括意象派、表现主义、未来主义、超现实主义和意识流小说等。现代派文学主张创作探索和创新,对传统文学产生了一种冲击。第二次世界大战前后,出现了一批社会主义国家,产生了社会主义文学。社会主义文学有着较为明显的意识形态倾向。苏联文学是社会主义文学的代表。苏联作家马克西姆·高尔基是苏联社会主义文学的一个象征。高尔基的代表作有长篇小说《母亲》,自传体小说三部曲《童年》《在人间》《我的大学》,以及《克里姆·萨姆金的一生》等。高尔基的笔触生动形象,文字清新,是社会主义文学的经典作品。苏联作家阿·托尔斯泰被称为小托尔斯泰。他早年醉心于象征派诗歌,后来转向现实主义小说创作。代表作有《苦难历程》三部曲:《两姐妹》《一九一八年》《阴暗的早晨》等。阿·托尔斯泰善于描写大规模的社会场景,塑造各种不同类型的人物。尼古拉·奥斯特洛夫斯基是苏联的工人作家,他双目失明后创作了长篇小说《钢铁是怎样炼成的》,被誉为社会主义文学的典范。苏联真正具有世界性影响力的作家是米哈依尔·肖洛霍夫。他的代表作有《静静的顿河》《被开垦的处女地》《一个人的遭遇》等。1965年,肖洛霍夫因其"在描写俄国人民生活各历史阶段的顿河史诗中所表现出来的艺术力量和正直品格"而获得了诺贝尔文学奖。这一时期,中国的著名作家有鲁迅。他原名周树人,鲁迅是笔名。他一生写了大量的杂文、散文和小说,代表作有杂文集《朝花夕拾》《野草》《华盖集》和小说集《呐喊》《彷徨》等。鲁迅是中国现代文学的奠基者,他的小说和杂文充满了一种战斗的精神。中国作家茅盾(原名沈德鸿)是现实主义文学家,他的代表作有小说《子夜》《霜叶红似二月花》《春蚕》和散文集《白杨礼赞》等。茅盾的文学创作主要在新中国成立之前，新中国成立之后主要从事文艺理论研究。中国作家巴金（原名李尧棠）是近现代中国有影响力的文学家，他一生著述甚多，代表作有小说《家》《春》《秋》《寒夜》和散文《随想录》等。巴金文学思想的核心是真与善，新中国成立之后创作较少。

在西方，这一时期有法国著名作家罗曼·罗兰，他的代表作有《名人传》《约翰·克利斯朵夫》《母与子》等。罗曼·罗兰是人道主义文学家、音乐评论家，写了许多音乐传记和音乐小说，被誉为"用音乐写作"的小说家。英国作家约翰·高尔斯华绥是现实主义小说家，他的代表作有《有产业的人》《福尔赛世家》等。他的小说文笔自然流畅，情节跌宕有致，1932年获得了诺贝尔文学奖。美国作家欧内斯特·米勒尔·海明威是蜚声世界文坛的美国现代小说家，他的代表作有《太阳照常升起》《永别了，武器》《丧钟为谁而鸣》《老人与海》等。海明威创造了一种简洁流畅、清新洗练的文体，在欧美文学界产生了巨大的影响。日本明治维新之后现代文学兴起，日本作家夏目漱石是日本近现代文学的杰出代表，他的代表作有《我是猫》《心》《三四郎》等。夏目漱石的小说语言幽默、形式新颖，对人物心理描写精确细微，在日本文学史上有很高的地位。日本作家芥川龙之介是日本有影响力的小说家，他的代表作有《竹林中》《侏儒的话》《夜来香》《傀儡师》等。《竹林中》被改编成电影《罗生门》。他的创作既有浪漫主义特点，又有现实主义倾向，是新思潮文学的代表作家。日本作家川端康成是日本文学界的"泰斗级"人物。他的代表作有《伊豆的舞女》《雪国》《古都》《千只鹤》等。川端康成的作品中保持了一种抒情、孤独与寂寞的格调，语言清新秀丽，1968年获得诺贝尔文学奖。黎巴嫩诗人纪伯伦·哈利勒·纪伯伦是阿拉伯现代文学复兴的先驱之一，是阿拉伯小说和散文诗的主要奠基者。他的代表作有散文集《泪与笑》、抒情散文诗集《先知》和箴言集《沙与沫》等。《先知》是纪伯伦最深刻、最优美的作品，具有教谕性和启示性。印度著名诗人、文学家有拉宾德拉纳特·泰戈尔。泰戈尔多才多艺，作品丰富，代表作有诗歌集《吉檀迦利》《飞鸟集》《园丁集》《新月集》和小说《沉船》《戈拉》及政论文《文明的危机》等。泰戈尔的诗在表现方法上大胆创新，体裁别具一格，具有浓郁的印度民族风格，1913年获得诺贝尔文学奖，为印度文学赢得了世界声誉。智利当代诗人巴勃罗·聂鲁达是拉丁美洲文学的一个代表。

他的诗歌代表作有《二十首情诗和一支绝望的歌》《西班牙在心中》《1948年纪事》《漫歌》《元素的颂歌》等和小说《邮差》等。聂鲁达的诗歌有两个主题：政治与爱情，这两个主题的诗歌都一样热情奔放，1971年获得了诺贝尔文学奖。

20世纪是电影崛起的一个世纪。早期电影代表人物是法国电影人乔治·梅里埃，他把许多优秀的戏剧搬上了银幕，开创了电影的故事片时代。他的电影代表作有《圣女贞德》《地狱的土风舞》《音乐狂》《仙女国》等。英国喜剧电影演员查理·卓别林把无声电影推向了艺术巅峰。卓别林自编自导自演，他的电影代表作有《淘金记》《马戏团》《摩登时代》《大独裁者》《舞台生涯》等。肥裤子、破礼帽、小胡子、大头鞋，再加上一根从来都不舍得离手的拐杖，卓别林创造了令世人难忘的银幕形象。1909年，电影《一个马赛情报员的心事》第一次在美国洛杉矶开拍。1911年，美国内斯特电影公司在洛杉矶的好莱坞正式落户。好莱坞逐渐成为全世界瞩目的电影产业基地。世界著名的影视公司和影视巨星聚集在这里，拍摄了《绿野仙踪》《乱世佳人》《公民凯恩》《卡萨布兰卡》《雨中曲》《教父》《辛德勒的名单》等一大批优秀的电影，成为了世界电影发展的一个风向标。20世纪20年代，西方世界兴起"先锋派"或称"现代派"的文化潮流，先锋或现代派文化潮流波及文学、绘画、建筑、音乐、电影等。这一时期的绘画大师有西班牙画家、雕塑家巴勃罗·毕加索。

毕加索是一个多产画家，一生创作绘画近3.7万件，包括了油画、素描、版画、平版画等。代表作有《亚威农少女》《卡思维勒像》《格尔尼卡》《和平鸽》《戴帽子男人的半身像》等，他的画法和风格几经变化，印象派、野兽派等的艺术手法都被他吸收进了自己的创作，成为当代艺术的创始人之一。20世纪上半叶，音乐的大众化和民族化趋势明显增强，出现了一批受社会大众欢迎的作曲家和歌唱家。美国女歌手、演员麦当娜·西科尼就是一位受大众欢迎的歌唱家。1983年，麦当娜出版了首张以她名字命名的音乐专辑。1997年，麦当娜因出演《贝隆夫人》而获得电影金球奖最佳音乐剧女演员奖。麦当娜还是一位女权主义者。美国男歌手、舞蹈家迈克尔·杰克逊是风靡世界的流行歌手，被称为流行音乐之王。1964年，杰克逊五人组首次登上了职业音乐舞台。1987年，杰克逊展开个人全球巡演。他的太空步、机械舞、霹雳舞通过舞台和电视表演红遍了全世界，成就了现代流行音乐的一个传奇。

巴勃罗·毕加索像

进入近现代，世界日益呈现多极化状态，民主自由、文明进步成为人类社会发展的总趋势，给现代文化的繁荣发展创造了一个较为宽松、友好的社会环境。科学与技术发展一马当先。相对论和量子力学奠定了现代物理学的基础，计算机技术、纳米技术、基因技术等飞速发展，尤其是人工智能技术的不断进步，给人类文明发展带来了不可估量的前景。科学主义与人文主义相结合，从量子物理令人匪夷所思的原理到人工智能给现实社会带来的种种冲击，极大地拓展了人们的视野与思路，为哲学与社会思潮繁荣开辟了无限广阔的天地。3D电影、高清电视、移动网络、虚拟现实等多媒体技术发展，增强了现代文学艺术的感染力和表现力，让传统文化也焕发出了现代科学文化的无穷魅力。当代世界文化的发展趋势，呈现了全球化、生态化、科技化和多元化的特点，日益成为支撑人类社会精神世界的坚实基础。

第五篇

回望历史，展望未来

回望从宇宙起源到人类文明的大历史进程，我们深切感悟，宇宙的一切，地球的一切，皆按自身的规律演化。宇宙、地球的演化过程中，充满了必然性和偶然性，偶然性包含在必然性之中，无数的偶然性和必然性共同构成了宇宙、地球演化的规律。这种规律本质上属于一种自然规律，遵循物理学的原理运行，一般不以人的意志为转移。按照物理定律的普适性原理，从宇宙到地球，物理学原理应该是普遍适用的。宇宙和地球运行的有些规律已经被人类认识，甚至得到了科学的验证。在人类社会、人类文明诞生之后，地球的演化增加了人为的作用因素，尤其是随着科学与技术的发展，人类利用自然、改变自然的能力显著增强，自然的地球逐渐变成了人类的世界。人类社会的发展遵循着人类社会运行的规律，这种规律本质上属于一种社会规律，社会规律受人类社会全体成员的共同行为支配，一般说来，不以少数人的意志为转移。人类对人类社会运行规律，有些也已经有所认识，有些则仍没有完全认识。这些社会运行规律既支配着人类社会的发展，也因人类社会的发展而对地球及地球生态圈的演化产生了日益增强的影响。客观地讲，人类社会的发展对地球演化的影响有正面的作用，也有负面的作用。当然，所谓正面或负面的作用，完全是基于人类现有认识所做出的一种判断。我们期盼，随着人类智慧的成长，科学与技术的发展，人类文明的发展最终能够使人类社会的发展与宇宙、地球的演化达成一种完美和谐。

以现有的人类文明而言，人类的影响仅仅作用于地球，甚至仅作用于地球表面的生态圈，远未涉及地球内核和地球以外的太阳系、银河系，更遑论整个宇宙。对于宇宙，我们的了解尚远远不够。据天文观测和研究分析，我们所知道的是宇宙仍在膨胀的过程之中。按照宇宙大爆炸的理论，未来的宇宙，或因不断地膨胀，宇宙大爆炸产生的能量耗尽，最终进入静寂状态；或因膨胀能量衰减，宇宙天体的引力重新发挥主导作用，最终回归原初奇点。当然，也可能存在第三种出乎现在预料的结果。茫茫宇宙，如暗物质、暗能量等，存在着许多我们现在所未知的领域。人类社会存在于宇宙的某一时空，从这个意义上讲，宇宙的命运就是人类、人类社会的终极命运！唯有认识宇宙，全面了解宇宙，最终掌握宇宙的运行法则和规律，人类才能趋利避害，获得真正的宇宙自由，开辟人类文明发展的新天地。

宇宙间的星球数以亿万计,地球是其中最为美丽的一颗。地球的美丽不仅在于雄伟的山川、多姿的河流、瑰丽奇幻的自然景色,还在于地球孕育了生命,大地上生长着绿色的植物,蓝天下活跃着各种生灵,生命使得山川变绿,河流澄碧,天地之间生气勃发,地球由此成为一颗洋溢着蓬勃生命活力的星球。茫茫宇宙中,星球浩瀚如恒河沙数。但时至今日,我们所知道的生命星球仅仅只有地球,这不能不说是一个奇迹,一个生命的奇迹。地球生命出现的时间大约在40亿年前,历经了漫长的生命进化过程,今天的地球生命形态才变得如此丰富多彩。现在,我们大体知道了地球生命出现的时间,但仍不确切知道地球生命产生的过程。我们大体知道了各种生命繁殖、生长、死亡的基本原理,但仍不能够完全控制生命的生老病死的整个过程。自地球生命创生以来,历经了各种自然劫难,曾有过多次生物大灭绝的事件,但每一次生物大灭绝事件之后,灭绝生物腾出的生态位又被新的物种所占据,新的生命依然顽强地成长。生命的河流源远流长,绵延不绝,从来未曾有过中断。我们对自然生命既充满了敬畏之心,也充满了好奇之心。我们相信,随着科学的发展、生命科学的发展,人类最终要做自己生命的主人,也要成为大自然各类生命的守护神。

在地球上,人类是无数生灵中的一个群体。现在我们知道,在生命的演化过程中,哺乳类动物出现的时间在1亿多年前,灵长类动物出现的时间在5 000多万年前,人类出现的时间在700多万年前,人类的文明从旧石器时期算起有300多万年,而人类有文字记载的文明史更不到1万年时间。在历史的长河中,人类的历史是如此短暂,人类文明的发展又是如此迅速,不由让我们无比赞叹。人类是一种高等智慧生物,一种客观上在地球生物群体中起着主导作用的优势生物。从旧石器时期到新石器时期,从农业文明到工业文明,人类的科学与技术进步飞速。科学技术促进了人类社会的文明进步,但科学与技术的发展并没有带来人类社会政治的根本改善。历史表明,人类社会一直在发展,但人类社会的有效管理方面始终存在着种种缺陷。科学技术被用于制造各种武器,使人类战争变得空前惨烈。工业发展直接导致了环境污染,使生态环境变得日益脆弱。文明进步没有促进社会制度的普遍改良,专制与暴政仍是一些地区和国家广大民众如影随形的梦魇。人类对金钱和权力的迷恋与贪婪,造成了人类资源和财富的极大浪费。人类社会政治文化的进步显然是落后于人类科学文化的发展的。我们讲，文明是使人类脱离野蛮状态的所有自然行为和社会行为构成的一种集合。今天，我们与蒙昧时代相比，似乎已经离野蛮状态很远很远，但与人类的美好理想相比，人类文明仍没有完全摆脱原始野蛮的种种羁绊。从本质上讲，人类社会存在的各种野蛮现象来源于人类群体中人性之恶。这种恶既包含了人性中原本隐藏的动物本能，也包含了人类社会发展中各种反文明现象的滋长。毫无疑问，我们必须在推进科学与技术发展过程中，持续促进人类社会的文明与进步，在文明进步中使得全人类的人性普遍得到升华。我们深信，人性是人类社会发展的关键因素，一个好的政治理想和社会制度只有在人性普遍升华的基础上才能完美地实现。我们只有在推进科学与技术发展的过程中，促进社会的文明进步，凝聚全人类共识，共同建设人类的理想社会，使人类社会的发展与人类社会的终极目标最终达成一致。

什么是人类社会的终极目标？不同的人可能会有不同的认识。但是，从某种程度上讲，世界上所有生物存活的意义都在于生命的繁衍。有机体的生命以繁衍为目的，生物的种群在一代代群体的更替中进化。进化是为了适应生存的环境，适应生存环境的目的是为了生命更好地存在。一个中断了进化的群体，将被生存环境淘汰而不复存在。由此而言，人类也是一个生物群体，人类存在的意义一样体现在人类群体生命的延续上。人类是高度社会化的生物。人类存在，人类社会就存在；人类社会存在，人类文明就发展。从这个意义上讲，人类的终极使命就是人类群体的不断繁衍，人类社会、人类文明的永久延续。一个高等智慧生物创造的文明社会能够永久延续、不断进步，具有非凡的意义。放眼整个宇宙，无数没有生命活动的天体按自己的法则和规律运行。而太阳系的地球产生了有机生命体，孕育了高等智慧生物——人类，人类不断发展的科学与技术最终或许能够窥破宇宙的奥秘，驾驭宇宙的能量，影响宇宙的演化进程，使宇宙的运行与演化出现新的积极因素，宇宙可能由此展现出全新的面貌，这将是何等令人激动的壮举。退一万步讲，即使宇宙的演化仍然不以人类的意志为转移，人类改变自然的能力最终仍无法对抗宇宙演化的法则与规律，而人类作为宇宙间唯一的高等智慧生物群体，见证宇宙轰轰烈烈的演变历史，同样是激动人心的场景。我始终认为，在宇宙的演化过程中孕育了生命，生命进化产生高等智慧生物，高等智慧生物创造的科学文明最终决定宇宙的演化结果，这本身就体现了一种宇宙演化的法则和规律。到目前为止，我们仍是宇宙间我们所知的唯一高等智慧生物群体。这些年来，天文学家发现了越来越多的系外行星。据估计，在系外行星中发现的宜居行星差不多有1 023颗，这是一个很大的数字。正是因为如此，许多科学家相信，宇宙中应该遍布生命群体，其中不乏高等智慧生物。但是，应该承认，我们并不确切知道生命的发生原因。认为生命不会广泛存在的科学家认为，生命是一种偶然的化学反应的产物，产生的概率可能低至不会再发生第二次。认为生命广泛存在的科学家认为，生命并非随机化学反应的产物，而是某种定向自组织过程的结果。自然界有一种生命的原理在发挥作用，只是我们尚未找到证据而已。我们说，即使宇宙间除地球之外的天体存在有机生命体，也会有两种可能：一是在某些行星上曾出现过有机生命体，但在行星的演化过程中有机生命体已经灭绝；二是在宇宙间的某一颗行星上仍存在着不断繁衍、进化的有机生命体。前者在现有的天文观察中曾发现一些痕迹，但没有能够获得确认；后者只是推测而已，现时还没有任何的发现。再进一步说，即使宇宙间除地球之外的某些行星存在着不断繁衍、进化的有机生命体，这些有机生命体的文明程度既可能落后人类，也可能超越人类。如果外星系有机生命体的文明程度落后于人类，不会对人类的文明发展构成威胁，我们继续发展我们的地球人类文明，进一步可以创造星系文明、宇宙文明，始终成为宇宙文明的引领者。如果外星系有机生命体的文明程度超越了人类，就会对人类文明发展构成现实的威胁。天体物理学家霍金曾多次警告：对外星文明要提高警惕，在我们没有充分准备之前，不要盲目向宇宙传递人类的信息。这是因为，外星生物与人类很可能不是同一类的生命形态，外星生物创造的文明很可能与人类文明相比不具有相同的价值观念，对外星文明保持警觉是十分正确的。无论如何，人类文明在我们所能观察到的宇宙中是唯一的、独特的。我们必须珍惜人类社会、珍惜人类文明，以人类不断成长的智慧探索宇宙的未知领域，破解宇宙之间的各种奥秘，从地球文明到星系文明、宇宙文明，使人类群体不断繁衍，使人类文明得到永续发展。

我们认为，人类的终极目标是保持人类繁衍、人类文明的永久延续。有人可能以为，设定这样一个目标是否有一点不符合自然逻辑。从理论上讲，任何一种生物、任何一种文明都有它的生命周期，有它的开始，必然会有它的结束,"永久延续"也许不切实际。其实,确定一个目标就是树立一个标杆,为人类文明的进步指出一个方向,最终的结果有待全人类的共同努力,也有待历史发展的最终检验。人类的诞生与发展本身就是一个奇迹,我们也期待人类能够创造出新的历史奇迹。也有人可能会认为,设定这样一个目标是否有一点在"杞人忧天"。从目前来讲,人类的人口持续增长,人类社会总体和平发展,并没有看到威胁人类繁衍、中断人类文明的迹象。以色列耶路撒冷希伯来大学历史学教授尤瓦尔·赫拉利在他的著作《未来简史》中认为,进入21世纪,曾经长期威胁人类生存、发展的瘟疫、饥荒和战争"已经不再是无可避免的悲剧"。但是我们要说,人类终极目标,绝不应仅仅从人类目前的情形来设定,而是需要从更长远的、更广阔的背景来考量。

从更长远的、更广阔的背景来考量,人类发展面临着来自人类社会内部和人类社会外部两个方面的重大威胁。从人类社会内部来讲,人类社会的人口正在不断增长,尤其非洲人口急剧上升,欧洲人口迅速老龄化,亚洲人口基数高企,世界人口问题已经成为一个突出的社会问题。据联合国人口基金会预测,到2050年,世界人口将达到100亿左右。到2100年时,非洲人口的总数可能就要达到60亿左右。世界其他地区人口的稳定或减少不能冲抵非洲人口的迅速增长。据此分析,世界总人口增长稳定或减少的概率,大约只有23%。世界人口的快速增长将带来一系列的社会问题。人口增长一旦超出了食物和其他资源承受的上限,容易导致食物短缺、环境污染、社会冲突加剧等,人类社会为争夺生存资源,甚至存在引发大规模战争的危险。人类社会已经经历了两次惨烈的世界大战,第一次世界大战是常规战争,第二次世界大战已经动用了核武器——原子弹。据位于瑞典斯德哥尔摩的国际和平研究所估计,全世界核国家现拥有的核弹头数量在1.5万枚左右。如果发生世界性的核战争,毫无疑问,必将对人类社会的发展造成重大的威胁。尤瓦尔·赫拉利的"战争避免论"建立在核威慑理论的基础之上,未必绝对可靠。

从人类社会外部来讲,人类面临着各种自然灾害和天文灾害的威胁。首先是气候变化。当前人类社会正经历着地球温室效应带来的气候变暖,气候变暖将会导致海平面上升、一些地区干旱蔓延等一系列自然灾害,但这些自然灾害仍不足以给人类社会的生存带来根本性威胁。我们更应该担心的是地球周期性出现的冰川期。人类从农业文明开始的文明社会是在上一个冰川期结束后至今的 1 万多年时间内创建的,这是地球的一个温暖的夏季。在 20 万～15 万年前的冰川期,地球冬天的严寒曾摧毁了几乎全部的早期人类。非洲幸存的早期人类在冰川逐渐消融之后走向了世界各地,才有了今天全人类的繁荣景象。在地球 40 多亿年的历史中,曾有过多次显著降温变冷的冰川期。天文学家推测,地球的冰川期与太阳系在银河系运行的周期有一定的关系。在太阳系运行到银河系某一个区域时,天体之间的相互引力作用导致太阳辐射变弱或太阳距地球的距离变远,便出现了严酷的冰川期。德国科学家在对南极冰芯研究之后预测,地球下一个冰川期最早将在 1.5 万年之后来临。即将来临的新的冰川期对人类社会是一个严峻的考验。

其次是天体撞击。2013 年 1 月 15 日上午,俄罗斯车里雅宾斯克州切巴尔库利湖地区上空发生了陨石侵袭事件,一颗陨石把冰封的切巴尔库利湖面砸出了一个直径约 8 米的冰窟窿,陨石爆炸导致多人受伤和众多的建筑物损毁。天文学家统计,每年到达地球附近质量大于 100 千克的陨星体大约有 1 500 颗。天文学家从概率估算,大约每 1 万年就会有一颗直径 100 米、相当于百万吨级炸弹的太空物体撞击地球,每 10 万年就会有一颗直径 1 000 米左右的太空物体撞击地球。大约在 6 500 万年前,一颗直径 10 千米的小行星撞击地球,最终导致了恐龙的灭绝。现在,美国、英国、法国、俄罗斯和中国等国家联手建立了近地天体国际监测网,先后发现了近千颗具有潜在威胁的近地小行星。积极应对小行星撞击地球,已经成为国际社会的一个共识。

再次是地质灾害。这里的地质灾害不是指一般性的地震和火山爆发。一般性的地震和火山爆发也会给人类社会造成严重伤害,但仍不会构成毁灭性的灾难。这里的地质灾害指的是能够给人类社会带来毁灭性灾难的地质灾害事件,如超级火山喷发、超级地幔柱引发的岩浆溢流灾难等。地质学家评估火山爆发的威力及喷发量,将火山爆发指数(VEI)定为 8 级。超级火山喷发一般指火山爆发指数达 VEI-8 级、喷发量 1 000 立方千米以上的大规模火山喷发。现在已知地球上大约发生过 40 多次 VEI-8 级的超级火山喷发。有些超级火山喷发并不只一个火山口，而是在宽广的地域上遍布着火山喷口，火山岩浆一起喷涌，喷发范围超过数千千米，这样形成的地貌被地质学家称为"大火成岩省"（LIP）。据地质学家考证，在3.73亿年前晚泥盆纪发生的火山喷发形成了韦路易大火成岩省，在2.52亿年前二叠纪末期发生的火山喷发形成了西伯利亚大火成岩省，在2.01亿年前三叠纪末期发生的火山喷发形成了中亚大火成岩省，在6 600万年前白垩纪末期发生的火山喷发形成了德干大火成岩省等。这些大规模的火山喷发都导致了生物大灭绝事件。有的地质学家还认为，大火成岩省的形成是地幔柱运动引发的岩浆溢流所导致。所谓地幔柱是指起源于地球核幔边界，直径达数千千米的热物质上涌体（即热地幔柱）。一般认为，地球现有两个超级地幔柱，分别位于南太平洋和非洲大陆下面。像这样的超级火山喷发、超级地幔柱引发的岩浆溢流灾难如果再次发生，势必会对人类社会造成极大的伤害。

最后是天文危机。天文危机是指宇宙演化过程中出现的各种天文现象给人类社会造成的毁灭性灾难。例如，一些天文学家、科幻小说家曾多次提到的超新星爆发、伽马射线暴、流氓黑洞等，每一样都足以给人类社会以毁灭性的打击。但这些天文现象大都是一些随机性事件，能够造成人类毁灭性灾难的概率非常之小，太阳系本身的演化结果才是地球真正的最后宿命。我们知道，太阳是一颗恒星，通过热核聚变产生巨大的能量，地球的光和热主要来自太阳的辐射。太阳的热核聚变反应已经延续了约46亿年，消耗了将近一半的物质，现在正处于恒星的主序星阶段。按太阳的质量和消耗量计算，太阳在主序星阶段大约还可以维持约54亿年。根据天文学家观测和计算的结果，在主序星阶段，太阳的光度和温度仍在缓慢地上升，大约每10亿年上升10%左右。太阳的光度和温度若按这个速率增加，10亿年后的地球就可能会变得过热，水分将逐步被蒸发殆尽，地球生物将面临重大威胁。大约在35亿以后，地球将与太阳系中的金星一样，变成一颗仅存沙漠和岩石的星球。大约在54亿年以后，太阳内核中的氢消耗殆尽后开始燃烧壳层中的氢，太阳将大规模膨胀，变成一颗红巨星。那时的地球，或被膨胀的太阳所吞噬，或因恒星风的作用致使轨道外移。最终，太阳将会变成一颗不发光的黑矮星。无论如何，这时的地球早已不是一颗宜居的星球，也不再是人类的理想家园了。

以宇宙宏大尺度的时间坐标衡量，人类的历史太短暂了，除了人类社会自身冲突造成的人为灾难外，人类社会至今尚未遭受毁灭性自然灾害和天文灾害的重创。应该讲，人类是非常幸运的，在不到 1 000 万年的时间内，人类迅速崛起，人类社会日益成长，人类的科学与技术持续进步。今天，人类已经脱离了蒙昧时代的幼稚期，我们对宇宙万物的运行规律有了初步的认识，应对未来可能发生的各种灾变也有了基本的想法。更重要的是，我们对人类不断进步的科学与技术充满了必胜的信心。假以时日，我们就有足够的本领去化险为夷，创造奇迹。但现在的问题是，我们本领还不够强大，当代的科学与技术的发展仍不足以应对各种重大灾变。我们希望各种自然灾害和天文灾害的发生能够再迟一点，我们也希望科学与技术的进步能够再快一点。当然，这些都是美好的愿望。宇宙按照自身的法则与规律运行，"天若有情天亦老"，说的就是自然规律变化的绝对无情。毋庸讳言，我是一个科学与技术决定论者。我相信，科学与技术的进步是解决人类一切问题的一把金钥匙。从人类社会的历史发展来看，在原始文明时代，我们依靠简陋的石器工具，在严酷的自然环境中生存了下来，初步建立了人类社会。在农业文明时代，我们依靠传统的农业生产方式，养活了人类这个大家庭，创造了灿烂的古代文明。在工业文明时代，我们依靠现代科学技术和机器制造，促进了人类社会经济、政治和文化的繁荣发展，开辟了人类发展的广阔天地。从制作简陋工具到发明各种技术，从发明各种技术再到建立庞大的科学理论，伴随人类成长的是知识的积累，本领的增强，认识的不断深化。今天，我们可以骄傲地宣称，人类无愧于智人的称号。对人类的未来，许多未来学家作过众多的预测，大体上有三种认识：第一种是前景光明、无限美好的未来；第二种是危机四伏、充满挑战的未来；第三种则是前两者交织在一起形成的复杂而不确定的未来。尤瓦尔·赫拉利属于乐观派，他认为，在 21 世纪，智人面临着的新议题是长生不死、幸福快乐、化身为神。我属于谨慎的乐观派，我认可科学技术的进步给人类社会发展带来了广阔前景，但我以为人类社会的发展也面临着巨大的挑战。这种巨大的挑战主要来自两个方面：从当前来讲，我们正处于一个知识经济时代，不同人群、不同阶层拥有不一样的知识资源，人类社会日益两极分化，激烈的社会冲突难以完全避免；从人类未来来讲，人工智能的发展终将超越人类智慧，面对人工智能的崛起，人类将如何协调人与机器的关系，对人类智慧是一个重大考验！

　　从现代社会的发展趋势看，未来的人类社会是一个智能文明的社会。人类文明的发展，经历了原始文明、农业文明、工业文明。现在可以断言，下一个文明时代必定是智能文明的时代。20世纪末以来，随着计算机技术的发展，人工智能技术迅速发展。人工智能（AI），原本是计算机技术发展的一个分支，一种对人的意识、思维的信息过程进行模拟计算的技术。1955年8月，美国达特茅斯学院邀请哈佛大学、贝尔电话实验室、IBM等一批具有远见卓识的年轻计算机学者聚在一起，共同探讨机器模拟智能等一系列问题，第一次提出了"人工智能"的概念。1997年5月，美国IBM公司研制的"深蓝"计算机战胜了俄罗斯国际象棋大师卡斯帕罗夫，社会大众第一次认识了人工智能。2011年2月，美国哥伦比亚广播公司一个叫作"危机边缘"的智力问答节目中，IBM公司的超级计算机"沃森"在人机对决中获胜。2016年3月，美国谷歌公司编制的"阿尔法围棋"（AlphaGo）电脑程序战胜了韩国国际围棋大师李世石九段。2017年7月，"阿尔法围棋"电脑程序战胜世界围棋排名第一的柯洁。人工智能不断创造挑战人类智慧的传奇故事。

　　这些年来，人工智能技术发展得越来越快，人工智能技术运用的领域越来越广泛。从我们身边的智能手机、智能家电、智能家居到谷歌的无人驾驶汽车、"达·芬奇"医用智能机器人系统、美国航空航天局的智能火星车等，人工智能创造了一个又一个的科技奇迹。无怪乎美国未来学家雷·库兹韦尔在《奇点临近》中大胆预言：到2045年，奇点来临，人工智能完全超越人类智能，人类历史将彻底改变。不过，人工智能要超越人类智能仍面临着许多的难题。按人工智能学者的分类，人工智能分为"弱人工智能"和"强人工智能"两大类，所谓弱人工智能是指完全基于人的数据和指令运行的人工智能，所谓强人工智能是指能够对人的数据和指令进行优化、创新的人工智能。到目前为止，许多人工智能仍处于弱人工智能阶段。因为基于现有计算机架构的人工智能总体上是一个逻辑电路，按照人类编制的程序进行运算。2006年，加拿大多伦多大学的计算机专家开发多层人工神经网络，提升了计算机的深度学习能力，为人工智能发展另辟了蹊径。向人的大脑学习，成为许多人工智能专家的共识，科学家开始重新认识人类智慧，探索人的大脑的奥秘。2013年1月和4月，欧盟和美国先后宣布启动"大脑计划"。通过实施"大脑计划"，理解人类大脑的运转机制，阐明意识发生、思维过程等一系列科学谜题，实施大脑逆向工程，推动弱人工智能逐步向强人工智能发展。当前，人工智能发展在深度学习方面取得了积极的进展。所谓深度学习是机器学习中一种基于对数据进行表征学习的方法；它通过构建多隐层的机器学习架构模型，采用大规模数据训练，得到大量更具代表性的特征信息，最终目的是让机器能够像人一样识别文字、图像和声音等数据，具有学习与分析的能力。说到底，深度学习是一种算法（数学模型），它与算力（运算能力）和大数据结合起来，获得了极大的成功。从当代科学与技术发展不断加快的历史来看，我们确实相信，总有一天人工智能会具有自我进化和创造的能力，最终超越人类智慧。到了这一天，人类社会的发展就开始进入智能文明时代。

从原始社会的石器工具制作到农业社会使用人力、畜力工具再到工业社会的大机器运用，总体上是不断减轻直至替代人类的体力劳动。人工智能的发展能够帮助人类提升智力劳动效能，甚至完全替代人类的某些体力劳动和智力劳动。人类智慧与人工智能相结合，使得人类智慧产生一个倍数效应，人类文明发展进入一个新的时代。由此而言，我们完全有理由把这个即将来临的时代称为智能文明的时代，或智慧文明时代。在智能文明时代，凭借人工智能赋予的强大力量，人类的智慧将得到充分的发挥，给人类社会的科学、经济、文化和政治等都带来全新的面貌，人类文明将出现一个新的飞跃。在智能文明时代，宇宙、生命和人工智能将是人类社会面临的三大命题，宇宙的最终演化关系着人类社会的未来，生命的奥秘关系着人类自身的命运，人工智能的发展将对人类在这个世界上的主导地位构成新的挑战。人类将进一步探索宇宙的奥秘，按许多物理学家所期盼的，从广义相对论与量子力学的统一到建立大一统的物理学终极理论等，人类不断深化对宏观世界和微观世界的认识，掌握宇宙万物运行的规律，增强人类走向宇宙的本领，最终冲出太阳系、银河系，在广阔无垠的宇宙空间寻找人类社会新的家园。人类将进一步探索生命的奥秘，揭示生命的本质与生物化学的原理，建立基于全人类大数据的精准医疗体系，开展人体基因的定期测序和自主编辑，人体器官自我修复和非生物器官的更新替换，实现人类思想、情感等的数字化保存和虚拟化运行，打造人体的2.0版、3.0版，让人类远离疾病与衰老的威胁，让生命永续的美梦终究能够成真。人类将进一步探索人工智能的奥秘，不断增强人工智能的效能，向人工智能的强度、深度、广度进军，从深度学习到智能创造，使人工智能进入自我进化的境界。在人工智能持续进步的基础之上，逐步建立人工智能的道德伦理体系，科学设置人工智能发展的"安全阀"，努力使人类智慧与人工智能友好相处，使人类社会不再为人工智能的日益发展或超越人类智慧而感到迷惘困惑，科学与技术永远为人类社会的发展服务。在智能文明时代，人类的食物生产、物质资料的生产将不再是人类社会令人烦恼的主要问题，植物工厂、智能工厂强大的生产产能应该能够满足人类的基本食物和物质的需求。人类更为重要的任务是开辟新的动力方式和能源领域，推动人类社会的可持续发展。人类将充分利用太阳能，实现热核聚变反应的安全可控，探索利用宇宙引力等作为宇航驱动动力的可能性，使太阳能、热核聚变和新的动力方式等成为人类社会发展的主要驱动力，为人类发展提供永不枯竭的能源。

无须讳言，人工智能的发展将给未来社会的文化、经济、政治等各个领域带来颠覆性的变化，一切将超乎我们的想象。在智能文明时代，随着电子技术的日益发展，虚拟现实（VR）、Web3D等技术将推动新的文化形态的产生，在超越真实的虚拟场景中，在匪夷所思的故事剧情中，每一个人都能化身故事的主角，参与剧情的发展，影像故事与游戏娱乐相结合，艺术享受与健康休闲相结合，全身心感受虚拟现实带来的新体验。人工智能也将与人类一起参与各种艺术形式的创造制作，机器的艺术将成为一种新的艺术范式，给人类带来不一样的全新艺术享受。在智能文明时代，未来教育将呈现更加开放的姿态，丰富的网络教育资源，个性化的定制教育模式，自由支配的学习时间，受教育者逐步摆脱文凭的羁绊而更注重素质养成和专业知识的学习。未来医疗正如美国著名心脏病学专家埃里克·托普在他的《未来医疗：智能时代的个体医疗革命》一书中所描述的那样：未来医疗将建立在个人基因测序、生理数据在线监测和移动终端的智能诊断基础上，自己掌握个人医疗信息，自主选择智能诊断系统，实现"以患者为中心"的医疗革命。基因编辑和人造器官技术发展将使人类寿命无限延长。在智能文明时代，各种P2P形式的数字货币大行其道，去中心化的数字货币将实现全球货币的统一。互联网和区块链技术等将不断改造传统金融业，新金融呈现主体多元化、要素市场化、产品多样化的特点，股权融资、众筹模式、共享经济等新概念层出不穷，云计算、大数据和移动终端终将创造一个没有银行的世界。新科学、新技术、新理念将会对未来社会的政治带来莫大的冲击。未来社会是人工智能高度发达的社会，智能社会不仅是法治社会、民主社会，也将是一个规则社会。社会运行更多地采用智能设施、智能引导、智能控制，遵守通行规则必将成为人类社会一种新的行为自觉。在智能文明时代，人类社会的法律、规则和治理目标仍由全体人类共同确定，或以人民代表大会的形式，或以传统议会的形式，或以全民公决的形式等，法律、规则和治理目标确定之后的社会管理则主要交由人工智能去执行，人工智能逐步替代公务人员实施现代社会的主要行政管理职能。现代社会管理的重点是人的管理，人工智能将通过大数据建立全社会公民档案，每一个公民出生即拥有身份编码，依法享受各种社会保障；人工智能分析公民行为特点实施精准管理，未来行政管理更具人性化；未来社会商业物品采取世界通行的分类编码，便于交易、运输、仓储、出入境等的电子监管和依法纳税；公民个人和企业法人依法纳税采取自行申报办法，人工智能进行系统审核，对漏报、瞒报的税款直接扣除或对行为人予以处罚；未来社会的生态环境、食品卫生、饮用水安全等将采用物联网技术实现在线监测，实时公布监测结果；人工智能的全天候、无死角影像数据监控既有利于社会治安管理，也有利于公民隐私保护；各种大数据构成了电子警察、智能法院的审判基础，人工智能将成为社会公平正义的守护神。以人工智能为主的社会管理将大幅度降低社会行政成本，减轻个人和企业税务负担，促进经济繁荣发展。人工智能替代公务人员实施现代社会的多种管理职能是一个渐进的过程，新无政府主义将成为一种时尚，人工智能政府逐步成为许多国家和地区社会管理的一种优先选择。在人类社会的文明程度整体提升的基础上，国家的功能逐步弱化，国际专业组织的功能逐步强化，人类社会的政治逐步走向全人类的共同治理，真正进入世界"大同"的至高境界。

我们只能从今天的发展对未来的趋势作一个大体的判断，任何试图对未来提供更多细节的努力都是徒劳无益的。但我们仍相信，人类社会的未来是值得期待的，人类文明的未来是超越任何想象的。人类社会的未来存在多种多样的可能，而我们今天的想象总是显得如此的苍白无力，真实的世界必将更加丰富而多彩。我们在深深地向历史致敬以后，稍稍地窥探一下人类社会与人类文明的可能未来，给正在大步走向未来的人类以信心与鼓舞。

我们真诚祈祷，人类日益增长的智慧能够始终引导人类作出正确的选择。我们衷心祝愿，人类社会的明天会更加美好！

后　　记

当我完成书稿时，从书桌前站起来，大大地伸了一个懒腰。我真切地感受到，写作是惬意的，出版是繁琐的。写作中，一个人静静地坐在书桌前，将跳跃的思想变成感性的文字，整个过程是愉快的。出版时，有许多具体的工作要做，请人审稿，安排插图，校勘谬误等，这些事情都是辛苦的。好在我是一个幸运的人，这期间遇到了许多热心的朋友。书稿中天文部分，我有幸找到了南京大学天文与空间科学学院的张博博士和余海博士审稿；书稿中生物进化和人类演变部分，我有幸找到了南京林业大学森林资源与环境学院方炎明教授、鲁长虎教授审稿；书稿中人类文明部分，我有幸找到了南京大学历史学院贺云翱教授审稿。这些同学、老师审稿认真、细致，对书稿的修改提出了很好的意见和建议。特别是南京大学的陈骏校长亲自为拙作写序，充分体现了对校友的一份诚挚感情。南京艺术学院的孟子茹同学为图书精心绘制了插图。对所有这些，我由衷地表示感谢！

《大历史：从宇宙起源到人类文明》是一部百科全书式的历史书稿。在写作时，我曾较广泛阅读天文、生物、人类学、人文历史方面的书籍，遇到一些独特观点、精彩论述，我都会记录下来，或加以引用，或借以参考。其中，关于宇宙大爆炸的论述，我曾参考天体物理学家林元章研究员撰写的《话说宇宙》中的有关数据；关于人类走出非洲的描述，我曾参考留美硕士张振撰写的《人类六万年》中的有关资料；关于古代社会农耕世界与游牧世界的冲突，我引用了吴于廑、齐世荣主编的《世界史》的有关观点等。如果今后有机会见到几位老师和专家，我将当面表示感谢！

我非常希望通过这本书结识更多新的朋友，大家一起交流关于科学、关于人文历史等有趣的话题，探讨关于人生、关于世界未来等奇妙的想法。当然，我同样非常期待各位读者能够斧正我书稿中的谬误，使本书不断完善。请允许我在这里留下我的邮箱：525723421@qq.com。希望我们借一本书成为好朋友，结伴去畅游知识的海洋。

谢谢！

徐鸣

2019 年 6 月 29 日